동북아 물류

The Logistics of North-East Asia

여기태 · 정태원 · 김운수 · 김근섭 · 김동열 · 송재영 · 유주영 · 장윤정 · 최민승

박영사

머리말

동북아지역은 세계 전체 GDP의 17.5%, 세계인구의 23.6%, 세계 외환보유고의 51.7%를 차지하고 있으며, 지난 20~30년간 고도경제성장의 결과에 따라 유럽연합(EU) 및 북미자유무역협정(NAFTA)과 더불어 세계 3대 경제권으로 성장하였다. 세계 지역별 컨테이너 처리실적 및 비중 추이를 살펴보면, 극동아시아 컨테이너 물동량 비중은 1980년 19.6%에서 2010년 38.1%로 급증하였다. 동북아 컨테이너 물동량은 2010년 201백만TEU를 기록하였으며, 연평균 증가율은 12.0%(2002-2010)로 세계 성장률의 2배 이상의 증가율을 나타내었다.

이러한 물동량 증가세에 힘입어 아시아·태평양 물류시장은 미주의 35.20%와 유사한 수준으로 세계 물류시장의 33.80%를 점유하는 것으로 나타났다. 아시아 물류시장의 성장세는 아시아 역내교역 활성화와 수출입 증가에 따른 무역의존도가 매우 높기 때문에 거대한 물류시장을 형성하고 있다. 이러한 배경 아래 글로벌 물류기업들이 중국을 중심으로 하는 동북아 시장을 공략하기 위해 본격적인 진출을 가속화하고 있으며, 서비스 범위와 네트워크를 지속적으로 확장해가고 있다. 본서에서는 세계의 물류 중심인 동북아시아의 다이내믹한 특징을 잘 드러내고자 다음과 같은 구성체계를 갖추었다.

제 1 장에서는 동북아 물류를 전체적으로 개관하기 위하여 본서에서 제시된 각 장의 중요내용을 발췌하여 소개하였다. 인천대학교 여기태 교수께서 집필하셨다.

제 2 장에서는 세계물류 중심, 동북아시아의 전체적인 모습을 제시하였다. 세계 교역구조의 변화, 동북아시아의 부상, 동북아 주요국가의 물류전략 및 물류여건 분석을 세밀하게 묘사하였으며, 인천발전연구원 김운수 박사께서 집필하셨다.

제 3 장에서는 동북아 주요국가별 인문경제 현황을 언급하기 위하여, 각 국가별 거시경제 및 산업, 대외무역, 해외 직접투자 분야로 나누어 상세히 다루었다. 인천발전연구원 장윤정 박사께서 집필하셨다.

제 4 장에서는 동북아 주요국가의 운송모드별 현황분석을 다루었다. 해운현황 분석은 AWT 김동열 박사께서 집필하셨으며, 항만현황 분석은 성결대학교 정태원 교수께서 담당하셨다. 도로현황 분석은 한진물류연구원 최민승 박사께서 원고작성을 하셨으며, 철도현황 분석은 인천발전연구원 유주영 박사께서 담당하셨고, 항공현황 분석은 한진물류연구원 송재영 박사께서 작성하셨다.

제 5 장에서는 동북아에 소속된 핵심국가들의 물류경쟁 및 협력에 대하여 기술하였으며, 인천대학교 여기태 교수께서 집필하셨다.

마지막으로 제 6 장은 동북아 국가의 물류미래에 대하여 기술하였으며, 한국해양수산개발원 김근섭 박사께서 집필하셨다.

이 책은 동북아물류 분야를 공부해 갈 적당한 교재가 없는 현실을 아쉬워하는 마음에서 집필되었다. 많은 연구자들의 귀중한 연구성과가 인용되어 있었으나 구성 및 체제상 인용한 사실을 상세히 밝히지 못한 점을 널리 양해해 주기 바라며, 아무쪼록 동북아물류 분야를 공부하는 분들에게 많은 도움이 되기를 바란다.

이 책이 묶여져 나오기까지에는 여러분의 도움이 컸다. 책을 만드는 계기와 지원에는 국토해양부 물류특성화인력양성사업의 후원이 심대했다. 이

자리를 빌어 지원에 감사 말씀을 전한다. 출판을 위해 수고가 많으신 도서출판 박영사의 안종만 대표에게도 감사드린다. 교정작업에 참여한 인천대 동북아물류대학원 권세민 조교, 전준우 조교에게도 감사한다.

2013년 2월
공저 저자일동

차 례

Chapter 1

동북아 물류 개관

Chapter 2

세계물류 중심, 동북아시아

Chapter 3

동북아 주요국가별 인문경제 현황분석

Chapter 4

동북아 주요국가의 운송모드별 현황분석

Chapter 5

동북아 국가의 물류경쟁 및 협력

Chapter 6

동북아 국가의 물류미래

1
동북아 물류 개관

Chapter 01

동북아 물류 개관

동북아는 EU, NAFTA와 함께 세계 3대 경제권의 하나로 부상하였다. 2010년 한·중·일 동북아 3국의 국내총생산(GDP)은 약 12조 4천억 달러로 12조 1천억 달러인 유로존을 뛰어넘고 있으며, 14조 5천억 달러인 미국을 뒤쫓고 있다. 또한 한중일 GDP는 1990년 이래 2010년까지 연 평균 6.3% 증가하고, 규모로는 3.4배 증가하여 전 세계의 19.6%를 차지하고 있다. 한편 2010년 기준으로 동북아지역이 세계 교역에서 차지하는 비중은 17.3%에 달하고 있으며, 특히 한·중·일 3국이 전 세계 수출 및 수입 면에서 차지하는 비중은 각기 18.4%, 16.3%를 기록하였다.

이러한 추세에 힘입어 동북아지역은 세계 경제발전의 핵심구역이자 국제교역의 중심지역으로서 교역량과 물동량이 급증하고 있다. 세계 주요 물류 선진국은 물류산업을 통해 막대한 부가가치와 고용을 창출하기 위해 인프라의 확충, 물류의 규제완화, 전문물류기업의 육성 등의 다각적인 물류정책을 추진하고 있다. 동북아 국가의 인프라 수준은 일본이 13위로 가장 높고 우리나라는 18위를 점하고 있으며, 중국은 전체적인 경쟁여건이 69위로 나타났다. 항만의 경쟁여건 변화를 살펴보면, 세계 1위 항만은 싱가포르→홍콩→

그림 1-1 동북아 물류 전체 체계도

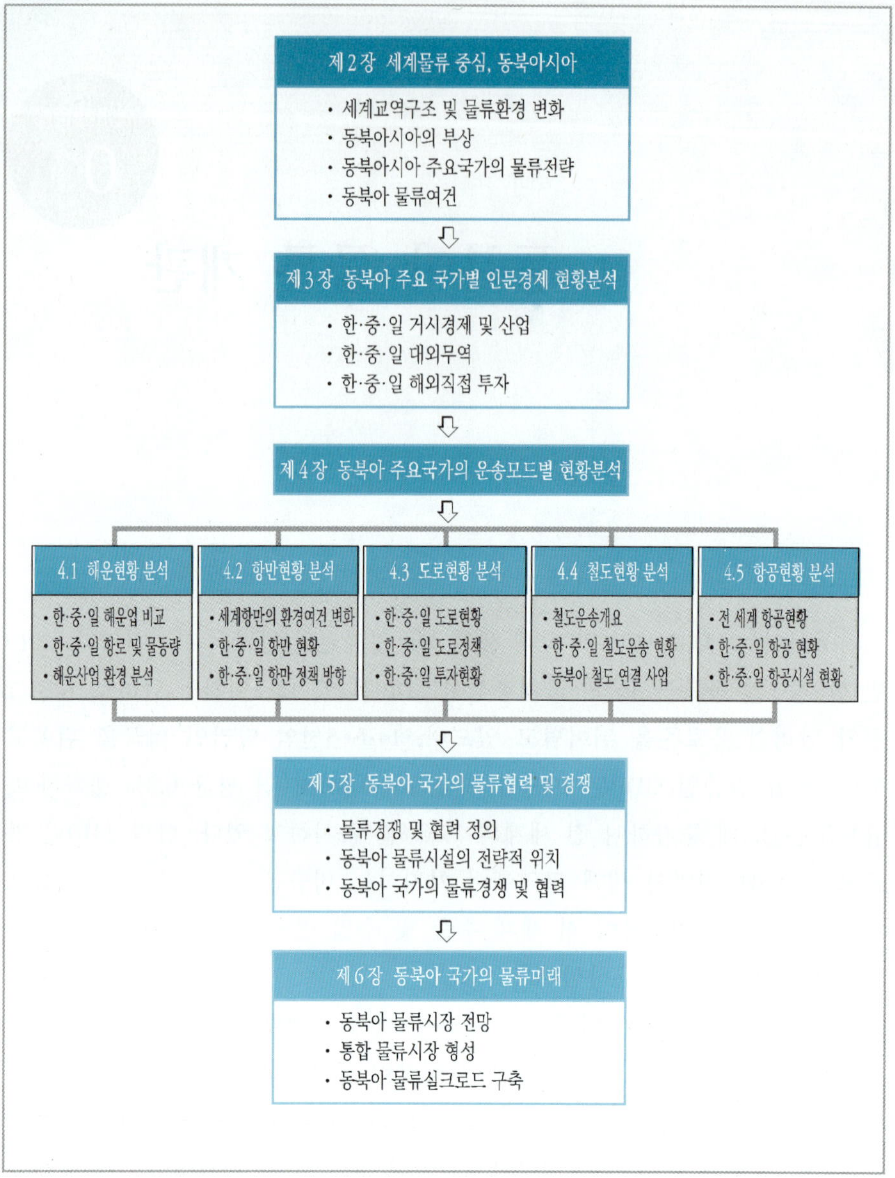

싱가포르 → 상하이항으로 이동되었다. 개별항만에서 살펴보면 '70년대 일본의 도쿄, 고베항에서 '90년대 한국의 부산항으로 2000년대에는 중국의 상하

이, 선전항 등으로 이동하고 있다. 즉 아시아권의 중심항만의 변화가 점차 남→북, 동→서 방향으로 이동되고 있음을 알 수 있다. 본서에서는 이러한 다이내믹한 변화의 특성을 보이는 동북아지역의 물류여건을 살펴보기 위하여 다음과 같은 체계에 의거하여 저서의 내용을 구성하였다.

전술한 제 2 장의 동북아시아 물류에 대한 전체 개괄적인 현황을 바탕으로 하여 제 3 장에서는 동북아 주요 국가별 인문경제 현황을 분석한다.

세계 경제는 2009년 금융위기 이후 선진국의 경우 그 회복 속도가 느린 반면 신흥국들은 빠른 회복세를 보이며 새로운 경제주체로 부상하고 있다. 이 중에서도 중국은 가장 빠르게 성장세를 회복하며 2010년에는 GDP규모가 일본을 추월하였다. 또한 2019년 이후에는 미국을 추월하여 세계 최대 경제대국으로 부상할 것으로 예측되고 있다. 세계 금융위기 이후 중국의 역할이 세계의 공장에서 방대한 잠재력을 지닌 새로운 소비시장으로 부각되면서, 한국과 일본은 내수시장 진출을 목적으로 투자를 확대하기 시작하였다.

이러한 한중일 3국간 교역과 산업네트워크 확대에도 불구하고, EU나 NAFTA와 같은 타 경제권에 비해 통합의 움직임이 미비했으며, 정치적으로도 갈등 구조를 여전히 유지하고 있는 실정이다. 그러나 글로벌 경제의 중심이 동북아를 포함한 아시아로 이동하면서 한중일 각 국이 동반 성장하기 위해서는 정치·경제적 협력 방안이 모색되고 가속화될 것으로 전망된다. 이러한 측면에서 제 3 장에서는 한중일 3국을 중심으로 국가별 인문경제 현황을 제시한다.

제 4 장에서는 동북아 주요국가인 한중일을 중심으로 운송모드별 현황을 분석한다. 특히 해운, 항만, 도로, 철도, 항공 등의 주요운송 모드를 자세히 분석하여 제시한다.

먼저 4.1절에서는 해운현황을 분석한다.

한국의 경우, 외항 해운산업을 통한 외화 가득액은 2010년에 331.9억 달러를 달성하여 1972년 1억 달러에 불과했던 것에 반해 40년 만에 332배 규모로 성장하였다. 일본은 에너지 자원의 거의 전량을 해외에 의존하고 있어서 한국과 마찬가지로 많은 자원수입을 해운에 의존하고 있다. 철광석은 100% 해외수입에 의존하고 있고, 원유는 99.6%. 천연가스 96.4%, 양모와 면화 역시

100% 수입하고 있다. 중국의 해운산업은 세계 4위 규모이며 대표적인 해운기업은 국유기업이 주를 이루고 있다. 전체 선박 수는 18만4천7척이며 적재량은 1억2천백만 톤 규모이다.

4.2절에서는 항만현황을 분석한다.

동북아경제의 급속한 성장에 따라 세계무역의 중심이 동북아로 이동하고 있다. 이에 따라 중국의 상하이항 및 칭다오항, 일본의 동경항 및 요코하마항, 우리나라의 부산항, 광양항 등에서는 항만 및 항만배후부지의 조성 등 컨테이너 운송과 관련된 기능 확충을 대대적으로 추진하고 있다. 상하이항과 선전항은 물량 및 시설규모 면에서 이미 부산항을 능가하고 있으며 대형선의 북중국항만 직기항도 점차적으로 증대하고 있다. 2010년 상하이항은 처리실적 기준 세계 1위(약 29백만 TEU)를 기록하였다. 또한 선전항이 약 22백만 TEU로 세계 4위를 기록중이며, 닝보－저우산항이 13백만 TEU로 세계 6위, 광저우항이 약 12백만 TEU으로 세계 7위에 랭크되었다. 그 외에도 청도항, 천진항이 2010년 기준 세계 8위와 11위를 기록하였다. 2010년 기준 세계 컨테이너 10대항만 중 5개 항만이 중국항만이어서 중국항만의 성장세가 당분간 지속될 것으로 예상된다. 하지만 일본의 경우, 다분산 개발로 인한 대형항만의 육성 실패를 깊이 반성하고 이를 바탕으로 2002년 이후 수퍼중추항만 육성정책으로 정책기조를 변경하여 운영하고 있다.

4.3절에서는 도로현황을 분석한다.

한국의 도로는 2010년 기준 총 연장 105,565km, 도로포장률 79.8%에 이르고 있으며, 도로등급은 크게 고속국도, 일반국도, 특별·광역시도, 지방도, 시도, 군도로 구분된다. 주 간선도로인 고속국도는 전체 도로 연장의 3.7%를 차지하고 있으며, 포장률은 100%에 이르고 있다. 한편, 중국의 도로 등급별 연장을 살펴보면, 2010년 기준 등외도로를 제외한 총 연장은 약 330만km이며, 이중에서 고속도로는 약 7만km(1.8%), 1급도로는 약 6만km(1.6%), 2급도로는 약 31만km(7.7%), 3급도로는 약 39만km2, 4급도로는 약 247만km(61.6%)인 것으로 나타나고 있다. 일본의 도로 종류별 연장 추이를 살펴보면, 2009년 기준 총 연장은 약 121만km, 고속자동차국도는 7.6천km(0.6%), 일반국도는 5.5만km(4.6%), 도부현도는 12.9만km(10.7%), 시정촌도는 약 102만km(84.1%)

로 나타났다.

4.4절에서는 철도현황을 분석한다.

한국은 철도 밀도가 국토면적 1,000㎢ 당 35.9km로 일본의 52.9km보다 크게 낮은 것으로 나타났으며 중국의 경우는 세계의 철도밀도(2008년 기준)인 9.1km보다 낮은 수준인 6.8km에 불과하였다. 한국의 철도화물운송 현황을 살펴보면, 철도의 화물수송은 2003년 4,700만톤을 정점으로 감소와 증가를 거듭하고 있으며 2009년과 2010년은 최근 10년간 최저 수치인 3,800~3,900만톤의 화물량을 기록하여 철도를 이용한 화물운송은 전반적인 하락세에 있는 것으로 나타났다.

2010년 말 현재 중국철도의 총연장은 9.1만km로 미국에 이은 세계 2위이며, 2015년까지 12만km로 연장할 계획이며, 복선(复線)구간과 전철화구간도 현재 3.7만km, 4.2만km에서 2015년 각각 6만km, 7.2만km로 확대할 계획이다. 중국철도는 세계 철도 운송량의 24%를 차지할 정도로 이용률이 매우 높은 편이나 최근 폭증하는 인적·물적 수송량의 증가추세를 따라잡지 못하는 포화상태이다.

일본의 철도는 일본국유철도(국철)에서 JR그룹으로 1987년 분할·민영화되어 화물운송사업과 부대사업을 중심으로 운영되고 있으며 2010년 기준 총 영업구간은 약 26,915km, 여객수송량은 약 22,669백명, 화물수송량은 약 43,647백톤을 유지하고 있다.

4.5절에서는 항공현황을 분석한다.

전세계 권역별 항공화물 운송량은 2010년 기준(화물운송 톤킬로) 한국, 중국, 일본 등 동북아시아가 포함된 아시아 태평양 구간이 약 508억 톤킬로로 약 36%의 가장 많은 비중을 차지하고 있으며, 그 다음으로 북아메리카(26%), 유럽(24%)의 순이다. 아시아 태평양, 북아메리카, 유럽 등 이들 3개 권역의 항공화물 운송량 비중은 86%를 차지하고 있다. 동북아시아의 한국, 중국, 일본은 각각 2005년 6위, 4위, 2위에서 2010년 3위, 2위, 6위 등 항공화물 운송량 기준 상위 순위를 유지하고 있을 뿐 아니라 전세계에서 차지하는 비중이 점차 증가하고 있다.

제 5 장에서는 동북아 주요국가의 물류경쟁 및 협력을 분석 제시한다.

항만의 경쟁측면에서 살펴보면, 국제간선 항로상(Main Trunk Route)에 부산항, 고베항, 카오슝항, 홍콩항, 싱가포르항 등과 같은 항만들이 생성되었으며, 이들 간에 경쟁이 가속화되고 있다. 특히 신흥 항만이 거대화되면서 서울을 중심으로 반경 1,000km 이내에 위치한 광양항, 닝보항, 상해항, 청도항 및 천진항 등이 경쟁하고 있다. 항공측면에서도 공항의 확충 및 화물유치를 위한 경쟁현상이 전개되고 있다. 일본의 간사이 공항, 홍콩의 첵랍콕공항, 상하이 푸동공항, 인천공항 등이 지속적인 확충을 유지하며 허브공항 경쟁을 가속화하고 있다. 각 국별로 살펴보면, 중국은 3대 허브공항인 베이징, 상하이, 광저우 공항을 집중적으로 발전시키고 있으며, 일본은 일본 제 1의 관문공항인 나리타공항의 지속적인 확장을 계획하고 있다.

한편 최근 상호보안성의 필요성이 커지면서 중국과 북한의 우수한 노동력, 극동러시아와 몽골의 풍부한 천연자원, 한국과 일본의 기술 및 자본력이 상호협력의 대상으로서 주목받고 있다. 특히 경제발전 단계가 상이하여 경제협력 관점에서는 수직적 통합이 필요하며, 경제구조의 보완에 대한 필요성 때문에 좀 더 빠르게 협력할 수 있는 요소를 가지고 있다. 이러한 측면에서 동북아 국가의 물류협력은 지속적으로 제기되어 왔고, 몇 가지 의미있는 계획들이 만들어지거나 시도되었다. 남북철도, 중국횡단철도 및 시베리아 횡단철도의 연계를 구축하는 동북아 통합 교통물류망 구상이 수립된 바 있으며, 유엔경제사회이사회(UN ESCAP)에 의해 추진된 범아시아 철도망(TAR: Trans Asian Railways) 추진을 위한 정부 간 협정이 맺어지기도 했다.

2
세계물류 중심, 동북아시아

Chapter 02

세계물류 중심, 동북아시아

1. 세계교역구조 및 물류 환경 변화

1.1 세계교역구조의 변화

세계교역구조가 과거에는 미국, 영·불·독, 일본 등 개별국가중심의 3극체제에서 지역경제협력의 강화에 따라 NAFTA, EU, 동북아라는 지역경제권중심의 3극체제로 발전해 왔으며, 현재에도 이와 같은 형태는 계속 유효한 것으로 보인다. 하지만 경제구조의 글로벌화와 지역간 자유무역지역의 확장으로 인해 신흥지역의 급부상 등 기존 중국, NAFTA, EU를 중심에서 점차 인도, 일본·한국, ASEAN, 동유럽, 남미경제공동체(MERCOSUR) 등이 연계된 다극화체제로 전환되고 있다. 이는 최근 전세계적으로 확산되고 있는 자유무역협정(FTA)과 함께 중국의 세계 생산 및 소비시장으로의 부상, 저비용국가로의 다국적기업 아웃소싱 확대, EU가입에 따른 동유럽의 생산기지화, 아세안자유무역협정(AFTA)의 활성화 그리고 ASEAN과 한·중·일간 경제협력체제 구축(ASEAN+3) 등에 따른 것으로 풀이될 수 있다.

그림 2-1 세계교역구조 변화 및 전망

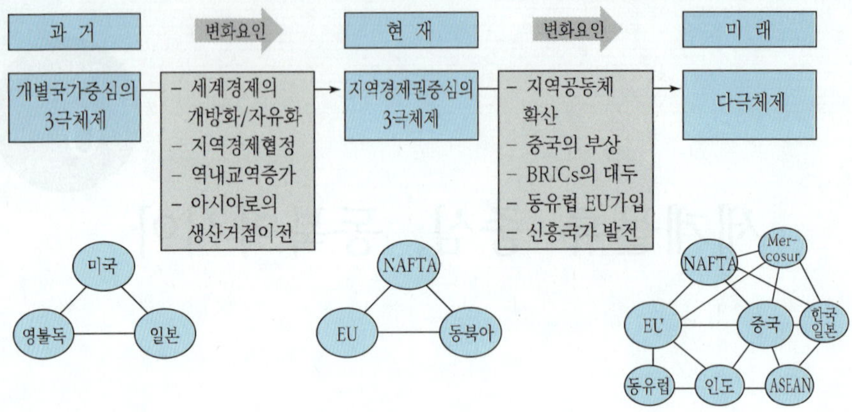

자료: KMI, 2006.

이와 같은 세계 경제의 글로벌화와 WTO체제의 출범에 따라 모든 상품과 서비스 시장의 개방과 FTA의 확산 등으로 세계 교역량이 증가하여 물류의 공간적 범위가 급속히 확대되고 있다. 그리고 세계 제조산업이 중국, BRICs 등 신흥시장으로 국제분업화됨에 따라 제조, 물류거점, R&D 등이 분야별로 경쟁력을 확보할 수 있는 거점으로 분산되고 있어 산업의 수직적·수평적 분업화의 경향이 뚜렷하게 나타나고 있다.

1.2 공급사슬관리 체계의 변화

다국적기업들을 중심으로 국제교역의 확대와 생산의 분업화는 비용이 최소화되는 혹은 최대이윤이 창출되는 국가에 생산거점 및 판매·유통거점을 구축하고자 한다. 특히 다국적 기업들은 신상품 및 신기술개발뿐만 아니라 제조거점 등을 특정 지역본부를 중심으로 생산거점과 판매거점을 다양한 해운·항공운송망이 확보된 곳에 입지시키고 있다. 이러한 다국적 기업의 생산거점과 판매거점을 유치하기 위해 개별 유치국가에서는 물류 인프라시설을 확충하고 기업유치를 위한 다양한 인센티브 정책을 추진하고 있다. 그 중심

그림 2-2 SCM체계의 발전과정

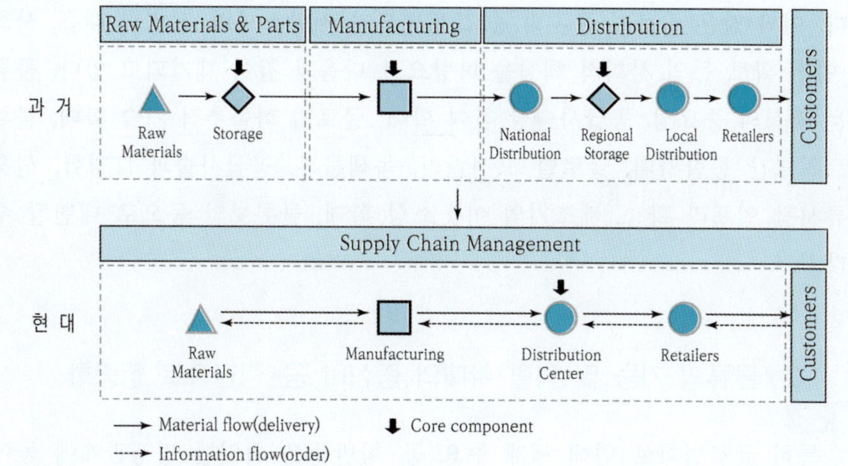

자료: Hesse and Rodrigue(2004).

에서 물류산업의 중요성은 한층 높아가고 있으며, 물류산업이 국가 기간산업으로 그리고 국부창출의 동력산업으로 부상하고 있다.

과거의 물류체계가 원료구입, 제조, 판매 등 단절된 물류체계였다면 현재에는 물류산업의 영역이 지속적으로 확장되어 조달, 판매, 조립가공 등 제조 및 유통의 영역으로 확장되어 영역 구분이 모호해지고 통합적인 관리체계로 전환되고 있다. 이처럼 물류의 추세 중 하나인 통합적 공급사슬관리(Supply Chain Management)는 공급연쇄상 관련된 많은 기업들이 상호 협조체제를 구축하면서 가치연쇄상 확장된 기업 또는 전문물류업체를 최대한 활용하는 기법으로 발전되고 있다. 좁은 의미에서는 기업내 또는 자국내에서의 통합화와 넓은 의미로 국경을 초월한 범세계적 또는 대륙간 국제물류 네트워크의 형성을 들 수 있다. 즉 대륙간 물류 연계체계의 구축은 거대항만, 거대공항뿐만 아니라 항만과 공항을 대규모 유통센터화, 부가가치운영, 조립생산기지, 컨트롤 센터화의 기능까지 확대되고 있다.

이처럼 물류의 흐름이 보다 통합추세로 확대됨에 따라 글로벌기업들은 차별화된 경쟁력을 확보하기 위해 고객 대응력, 친환경 녹색(Green)물류, 고객 지향성 등 유연성 확보를 중시하는 차세대 SCM으로 개념 전환 추진 중에 있다. 이와 같은 글로벌 물류의 중요 트렌드가 저탄소사회, 고령화 대응, 사회적 안전 확보 등의 사회적 핵심을 바탕으로 다음과 같이 제기되고 있다. 물류 전문 지식의 중요성, 공급사슬상 참여 확대, 글로벌 화물추적 기술 확대, 물류 네트워크간 통합확대, 글로벌 고객관리, 녹색물류, 공급사슬과 IT결합, 신흥 물류시장 인프라 확충, 제조기업 아웃소싱 확대, 물류보안 등으로 대변될 수 있다.[1)]

1.3 물류의 기능 및 역할 확대의 중심이 공·항만으로 집중화

특히 글로벌화로 인해 세계 주요 공·항만들은 치열한 경쟁관계에 놓이게 되었다. 이들은 글로벌 경쟁력 제고와 화물창출형 공·항만배후단지 개발을 통해 국가 및 지역경제 활성화를 실현하고자 노력을 기울이고 있다. 과거 공·항만은 배후 산업단지나 소비지를 지원하기 위한 하역 또는 보관기능을 주로 처리하였다. 그러나 1990년대 이후 국제분업화의 심화로 다수의 공장에서 생산된 제품들이 특정지역에 모여 가공·조립되는 글로벌 생산체계에 대

그림 2-3 물류시설의 항만 집적화 현상

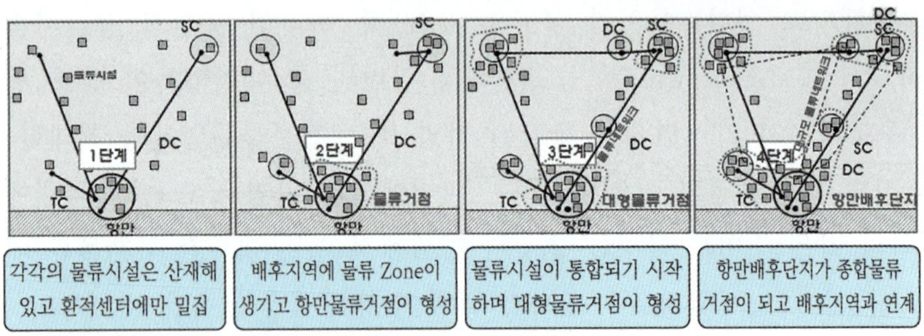

자료: Notteboom & Rodrigue(2005).

1) American Shipper, 2009, 12.

응하고자 다양한 물류서비스를 제공하는 공간으로 탈바꿈하게 되었다. 이는 유럽 및 싱가포르 등 물류선진국에서는 지난 20년간 공·항만배후의 물류거점 입지변화에서 확인할 수 있다. 즉 공항·항만의 기본적인 기능에서 더 나아가 배후물류단지를 통한 제품의 제조, 가공, 수리 및 보수, 전시·판매 기능 등 부가가치 창출 기능을 담당하고 있다. 또한 인근에 배후물류단지를 신속하게 개발하고, 이를 최저 비용으로 이용할 수 있도록 자유무역지대화하여 운영하여 보다 경쟁여건을 높이고 있다. 과거 배후지에 산재한 물류시설들이 점차 항만 또는 공항을 중심으로 공간적으로 통합화되는 형태로 발전하여 항만과 공항이 물류거점, R&D 거점, 제조거점화되고 있다.

1.4 세계물류시장의 급성장

세계적으로 물류시장의 성장은 경제성장을 상회하는 것으로 나타나고 있다. 하지만 이러한 물류시장의 규모가 정확히 산정되기에는 많은 어려움이 있다. 또한 국가별, 발표기관별로 물류시장의 범위를 어디까지 규정할 것인가에 따라 몇 배의 차이를 보이고 있어 정확한 액수보다는 물류시장의 성장과 규모가 중요함을 강조하는 의미로 파악되는 것이 더 타당할 수 있다. 물류시장의 규모를 통상 GDP의 10%~13% 수준으로 보는 견해가 다수이며, 선진국은 부가가치 활동이 단순한 물류활동에 머무르는 저개발국가보다 높아 물류가치의 비중이 더 높게 나타나고 있다.

세계 경제의 글로벌화와 산업의 수직적 분업화가 이루어지면서 국제물류시장은 초고속으로 성장하고 있다는 점이 글로벌 물류서비스에 대한 필요성과 물류시장 성장을 주도로 이어지고 있다. 세계 전체 물류시장은 2007년 기준 6조 달러를 기록(ALC: Australia Logistics Council)하여 세계 GDP 55.3조달러(IMF)의 10.9%를 점유하고 있는 것으로 분석되었고, 2014년에는 8조 달러를 돌파할 것으로 전망하였다. 그만큼 물류시장은 지속적인 성장세를 유지할 것이라는 전망이다.

특히 아시아-태평양 물류시장은 미주의 35.20%와 유사한 수준으로 세계 물류시장의 33.80%를 점유하는 것으로 나타났다. 이처럼 아시아 물류시장

표 2-1 물류시장 규모 전망 (단위: 조 달러)

구 분	2009년	2010년	2011년	2012년	2013년	2014년
세계 물류시장 규모	6.21	6.56	6.88	7.25	7.66	8.10

자료: KMI(2008).

의 성장세는 아시아 역내교역이 활성화와 수출입 증가에 따른 무역의존도가 매우 높기 때문에 거대한 물류시장을 형성하고 있다.

2. 동북아시아의 부상

2.1 동북아시아 교역여건

동북아가 EU, NAFTA와 함께 세계 3대 경제권의 하나로 부상한 사실은 이미 알려진 사실이다. 현재 동북아지역은 세계 경제발전의 핵심구역이자 국제교역의 중심지역으로서 교역량과 물동량이 급증하고 있으며, 이러한 배경 아래 글로벌 물류기업들이 중국을 중심으로 하는 동북아 시장을 공략하기 위

표 2-2 세계 및 한중일 수출입 규모 (단위: 억 달러)

구 분	1990		2000		2010	
	수 입	수 출	수 출	수 입	수 출	수 입
세 계	34,490	35,500	64,560	67,240	152,740	154,640
중 국	621	533	2,492	2,251	15,778	13,951
일 본	2,876	2,354	4,792	3,795	7,698	6,941
한 국	650	698	1,723	1,605	4,664	4,252
한 중 일	4,147	3,586	9,007	7,651	28,140	25,144
점 유 율	12.0%	10.1%	14.0%	11.4%	18.4%	16.3%

자료: http://stat.wto.org

해 본격적인 진출을 가속화하고 있으며, 서비스 범위와 네트워크를 지속적으로 확장해가고 있다.

2010년 기준으로 동북아지역이 세계 교역에서 차지하는 비중은 17.3%에 달하고 있으며, 특히 한·중·일 3국이 전세계 수출 및 수입 면에서 차지하는 비중은 각각 18.4%, 16.3%를 기록하였다. 이처럼 동북아지역은 전세계 교역에서 매우 중요한 위상을 점유하고 있다.

중국경제가 급성장하면서, 한중일 3국이 주도하는 동북아지역[2)]이 세계에서 차지하는 경제적 위상이 지속적으로 증가하고 있다. 인구 규모로는 2010년 중국의 인구는 13억 3,800만으로 세계 인구 68억 9,200만 명의 19.4.% 를 차지하고 있으며 일본은 1억 2,740만 명으로 세계 인구의 1.8%, 한국은 4,800만 명으로 0.7%를 차지하여 한중일의 인구는 세계인구의 22.0%를 차지하고 있을 만큼 시장규모가 크다 할 수 있다.

2010년 한·중·일 동북아 3국의 국내총생산(GDP)은 약 12조 4천억 달러로 12조 1천억 달러인 유로존을 뛰어넘고 있으며 14조 5천억 달러인 미국을 뒤쫓고 있다. 한중일 3국의 GDP는 지난 10년 동안 한국 약 3.8배, 중국 16.6배, 일본 1.8배 성장하였으며 이에 따라 각국의 1인당 국민소득(GNI)도 각각 약 3.6배, 9.6배, 1.8배 증가하였다.

지난 20년간 한·중·일 경제가 세계 GDP에서 차지하는 비중은 1990년 16.8%에서 2010년 19.6%로 증대되었다. 이 같은 한중일 경제의 양적 확대는

표 2-3 지역별 GDP 추이 (단위: 억 달러)

구 분	1990	1995	2000	2005	2010	CAGR
한 중 일	36,788	65,095	63,993	76,540	123,999	12.9%
유 로 존	56,881	72,886	62,484	101,318	121,454	7.9%
미 국	57,508	73,384	98,988	125,797	145,867	9.8

자료: World Bank.

2) 지리적으로 한국, 북한, 일본, 중국(동북지역), 러시아(극동지역), 몽골을 포괄하나 본서에서는 한중일을 중심으로 기술한다.

세계 경제에서 중국이 차지하는 비중이 1.6%에서 9.5%로 크게 성장한 것에 기인될 수 있다. 한편 같은 기간 한중일 경제에서 중국 경제의 비중은 9.7%에서 47.8%로 크게 증가하고 있으며 2010년에는 중국의 GDP가 일본을 추월한 반면, 일본 경제의 비중은 1990년 한중일 GDP의 83.1%에서 2010년 44%로 크게 감소하였다.

표 2-4 한중일 GDP 비중 추이 (단위: %)

구 분		1990	1995	2000	2005	2010
전 세계 대비	한 국	1.2	1.7	1.7	1.9	1.6
	중 국	1.6	2.5	3.7	4.9	9.4
	일 본	14.0	17.7	14.5	10.0	8.6
	한중일	16.8	21.9	19.8	16.8	19.6
한중일 대비	한 국	7.2	7.9	8.3	11.0	8.2
	중 국	9.7	11.2	18.7	29.5	47.8
	일 본	83.1	80.9	72.9	59.5	44.0

자료: World Bank.

한중일의 교역규모는 2000년 이래 지난 10년간 지속적인 상승세를 보이고 있다. 수출액 기준으로는 연평균 12.1%의 성장세를 지속하고 있으며 수입액 기준으로는 연평균 12.6%의 성장률을 기록하였다. 동북아 경제권을 형성하는 한·중·일 3국간 총 무역의 거래규모를 살펴보면, 2010년 기준 한국은 중국으로 1,168억 달러, 일본으로 282억 달러를 수출하였는데 이는 한국 전체 수출의 24.8%, 6%에 해당된다. 수입은 중국으로부터 716억 달러, 일본으로부터 643억 달러를 수입하였는데 이는 한국 전체 수입의 16.8%, 15.1%에 달하고 있다.

중국은 전체 수출의 4.4%에 해당하는 688억 달러를 한국으로 수출하였고, 7.6%에 해당하는 1,203억 달러를 일본으로 수출하였으며 수입의 경우는 전체 수입의 10%에 해당하는 1,380억 달러를 한국으로부터 수입하여 전체 무역규모의 12.6%에 달하는 1,763억 달러를 일본으로부터 수입하였다. 같은 해

표 2-5 한중일 국가간 무역거래 (단위: 10억 달러)

연 도		한 국	중 국	일 본	세 계
2000	한 국	수 출	18.5	20.5	172.7
		수 입	12.8	31.8	160.5
	중 국	11.3		41.7	249.2
		23.2		41.5	225.2
	일 본	30.7	30.4		478.5
		20.5	55.2		379.6
	세 계	145.6	211.8	340.0	6,388.3
		175.4	398.4	512.5	6,593.7
2010	한 국	수 출	116.8	28.2	471.1
		수 입	71.6	64.3	425.3
	중 국	68.8		120.3	1,580.4
		138.0		176.3	1,393.9
	일 본	62.3	149.6		771.7
		28.6	153.4		694.0
	세 계	399.0	1,233.0	616.6	14,902.1
		478.7	1,839.5	800.6	15,335.1

자료: 한국무역협회, http://stat.kita.net 재구성.

일본은 한국으로 623억 달러, 중국으로 1,496억 달러를 수출하였는데 이는 대세계 수출의 8.1%, 19.5%를 차지하는 수치이며, 수입은 전체 수입의 4.1%에 해당하는 286억 달러를 한국으로부터 수입하였으며, 22.1%에 해당하는 153억 달러를 중국으로부터 수입하였다.

그리고 동북아시아 한중일 3국의 역내무역 추이를 살펴보면 3국의 총수출에서 역내 수출입이 차지하는 비중이 점차 상승하고 있다. 이들 3국의 지난 10년간(2000-2010) 연평균 역내 교역규모의 증가율을 살펴보면 수출액 기준으로는 13.6% 증가하였으며 수입액 기준으로는 13.1% 증가하여, 역내 수입보다는 역내 수출에서 더 높은 증가율을 보이고 있다. 한중일의 역내 수출이 총수출에서 차지하는 비중은 2000년의 17.0%에서 2010년 19.3%로 2.3% 증가하였고, 역내 수입이 총수입에서 차지하는 비중은 2000년의 24.2%에서 2010년 25.2%로 1.0% 증가하였다.

표 2-6 한중일 간 수출입 비중(무역거래) (단위: 10억 달러)

구 분		1995	2000	2005	2010	CAGR ('00-'10)
수 출	총 수 출	723.9	900.4	1,643.2	2,823.2	12.1
	역내수출	114.5	153.1	331.8	546.0	13.6
	비중(%)	15.8	17.0	20.2	19.3	-
수 입	총 수 입	603.6	765.3	1,436.6	2,513.2	12.6
	역내수입	132.5	185.0	397.2	632.2	13.1
	비중(%)	22.0	24.2	27.6	25.2	-

자료: 한국무역협회, http://stat.kita.net 재구성.

국가별 역내 교역 비중을 살펴보면 한국과 일본의 역내 수출 비중은 지속적으로 증가하고 있으나 중국의 역내 수출 비중은 2000년 21.3%에서 2010년 12%수준으로 크게 감소추세에 있다. 그만큼 우리나라와 일본은 중국 지향적이며, 중국의 경우는 전세계적으로 교역상대국이 고르게 나타나는 것으로 풀이된다. 특히 한국은 수출입 모두에서 역내 비중이 30% 수준을 유지하여 3국 중 역내 교역비중이 가장 높은 것으로 나타나고 있다. 역내 수입의 경우, 2010년 한국의 역내 수입 비중이 5년 전과 비교하여 소폭 감소하긴 했으나 지난 10년간 한국과 일본의 역내 수입은 증가세를 유지하고 있다고 할 수 있다. 중국의 역내 수입 비중은 2000년 28.7%였으나 2010년에는 6.2% 감소한 22.5% 수준을 기록하였다.

표 2-7 한중일의 역내 교역비중 추이 (단위: %)

구 분		1995	2000	2005	2010
한 국	수 출	19.9	22.6	30.1	30.8
	수 입	29.6	27.8	33.3	32.0
중 국	수 출	23.6	21.3	15.6	12.0
	수 입	29.7	28.7	26.9	22.5
일 본	수 출	12.0	12.8	24.6	27.5
	수 입	15.8	19.9	25.8	26.2

자료: 한국무역협회, http://stat.kita.net 재구성.

또한 한중일 역내 교역국가별 비중을 살펴보면 2000년에 한↔일 33.4%, 중↔일 47.1% 등의 교역 비중이 높게 나타났으나 2010년에는 한↔중 34%, 중↔일간이 49.4%를 차지하고 있다. 특히 한↔일간 비중은 지난 10년간 절반 수준으로 감소하였으나 한↔중간 비중은 지속적인 증가추세에 있어 중국의 중요성이 증대되고 있다고 할 수 있다.

표 2-8 동북아 주요국간 교역규모 (단위: 10억 달러)

구 분		한↔중	한↔일	중↔일	합 계
1995	규 모	15.8	48.3	50.4	114.5
	비 중	13.8	42.2	44.0	100.0
2000	규 모	29.8	51.2	72.1	153.1
	비 중	19.5	33.4	47.1	100.0
2005	규 모	97	70.7	164.1	331.8
	비 중	29.2	21.3	49.5	100.0
2010	규 모	185.6	90.5	269.9	546
	비 중	34.0	16.6	49.4	100.0

자료: 한국무역협회, http://stat.kita.net 국가간 수출입실적.

그림 2-4 한중일 3국간 교역 흐름

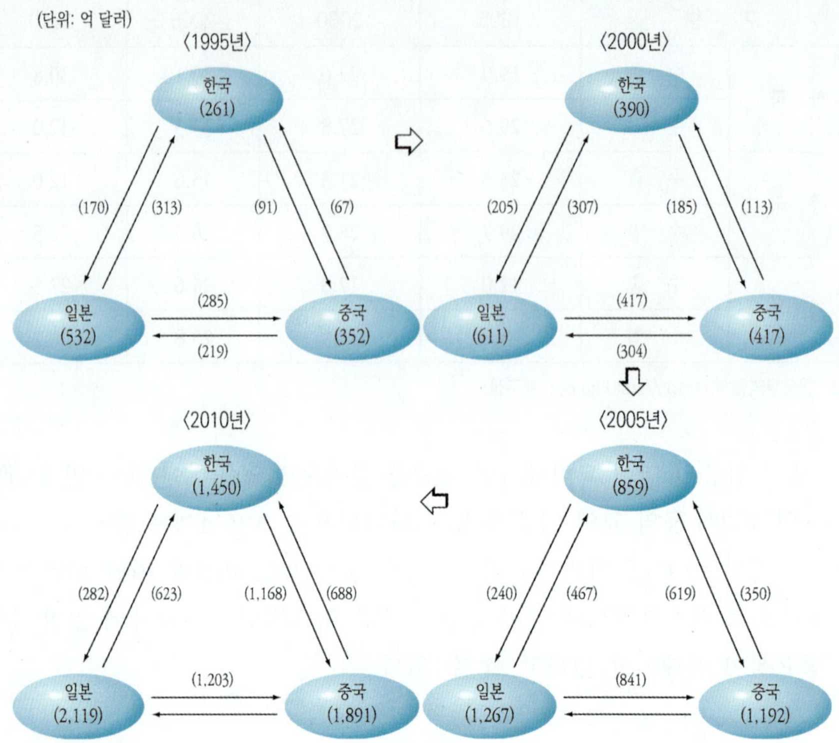

자료: 한국무역협회, http://stat.kita.net 국가간 수출입실적을 기초로 구성함.

3. 동북아시아 주요국가의 물류전략

물류산업의 중요성이 한층 강조되어 세계 주요 물류 선진국은 국가별 특성에 맞게 물류산업을 통해 막대한 부가가치와 고용을 창출하기 위해 인프라의 확충, 물류의 규제완화, 전문물류기업의 육성 등의 다각적인 물류정책을 추진하고 있다. 이를 통해 자국을 국제물류 중심지로 육성하려는 노력을 활발히 전개하고 있다. 유럽지역에서는 네덜란드가 유럽의 관문화(Gateway to Europe)라는 비전아래 물류산업을 국가성장동력으로 육성하고 있으며, 독일은 유럽의 물류시장을 장악하기 위해 10년 전부터 유럽 철도망에 대한 막대한 자본을 투자하고 글로벌 물류기업 M&A를 적극 추진하고 있다. 아시아권에서는 싱가포르가 좁은 국토와 부족한 자원의 한계를 극복하기 위하여 대외개방정책을 통한 물류강국으로의 도약 정책을 추진하고 있다. 다음은 동북아 국가중 우리나라, 중국, 일본의 주요 물류정책의 추진사례를 통해 국가별 물류발전전략을 살펴보기로 한다.

3.1 우리나라 물류발전 전략

현재의 우리나라 물류정책의 근본적인 골격은 국가물류기본계획(2001)보다는 2003년 8월에 수립된 동북아 물류중심 추진 로드맵에서 정책적 비전을 잘 나타내고 있다. 특히 물류중심로드맵은 기존에 정부의 여러 부처들에 의해 부문별로 추진하여 왔던 많은 정책들이 하나의 종합계획안에 체계적으로 통합·보완되면서 우선순위와 추진시기가 체계적으로 정해졌다는 데 의미가 있다. 그러나 물동량 위주의 "동북아 물류중심국 구축" 전략이 한계를 보임에 따라 이를 대체할 새로운 글로벌 물류전략 수립의 필요성이 대두되고 글로벌 경제위기 대응, 녹색성장, 물류보안 등 국내외의 새로운 정책이슈 및 여건변화를 반영할 필요성 증대되어 육·해·공 통합적 관점에서 새로운 물류계획을 수립하여 통합적인 관점에서 수립되기 시작하였다.

동북아 물류중심 추진 로드맵은 2003년 8월 27일 대통령 주재 제19회 국정과제회의에서 확정되었다. 인천공항과 부산항·광양항, 그리고 그 배후지를 "세계의 화물과 정보, 그리고 사람이 모이는 동북아의 관문"으로 육성시킨다는 비전아래 세부전략이 수립되었다. 이를 달성하기 위해서 세계 최고수준의 공항, 항만과 배후단지를 개발하여, 세계적 기업의 물류센터와 지역본부를 유치함은 물론 물류관련제도와 시스템을 선진화하고 물류전문인력을 양성 및 물류전문기업 육성도 계획에 포함되었다.

그림 2-5 동북아 물류중심의 비전

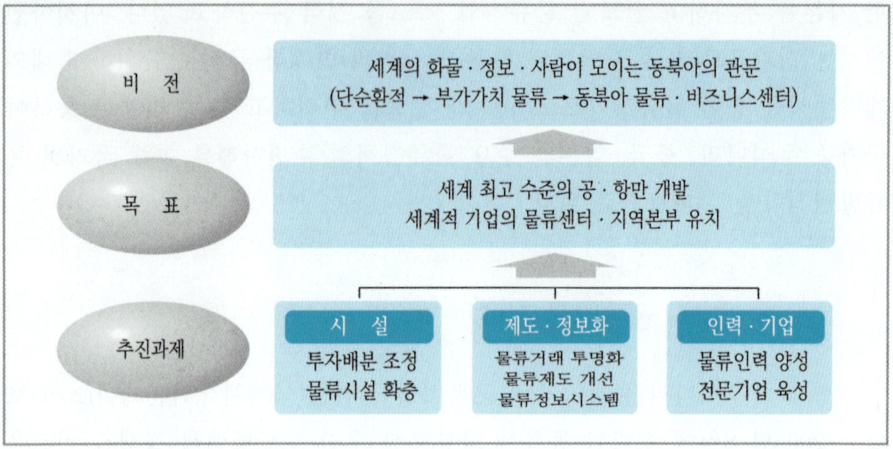

또한 공항, 항만, 그리고 배후단지의 개발 이외에도 7대 주요과제를 선정하였다. ① 교통시설 투자배분 조정, ② 국제경쟁력을 가진 물류전문기업 육성, ③ 물류거래 투명화, ④ 물류인력 양성, ⑤ 국제물류지원제도개선 및 물류기업유치, ⑥ 막힘 없고, 서류 없는 물류정보시스템 구축, ⑦ 동북아철도망 구축 등이 있다.

이후 2006년에 수립된 국가물류기본계획 수정계획에서는 국가물류체계의 효율성 강화와 물류를 통한 국부창출을 통해 2020년 '글로벌 물류강국' 실현의 비전 아래, '동북아 공동번영을 주도하는 물류중심국', '글로벌 부가가치를 창출하는 물류산업국', '첨단 지식기반경제를 선도하는 물류선진국' 추진목표를 대외적으로 글로벌, 동북아 공동물류네트워크 확보와 대내적으로 물류산업이 국가기간산업의 경쟁력 강화에 일조하면서 국가경제의 새로운 성장동력 중 하나로 자리매김하도록 하였다. 즉 국내물류산업의 활성화 및 글로벌 물류체계의 강화를 통해 물류산업을 글로벌 부가가치를 창출하는 신성장동력으로 육성이 큰 목표로 설정되고 있다. 추진목표를 달성하기 위한 5대 추진전략으로는 △글로벌 물류체계의 강화, △물류산업의 활성화, △하드웨어 인프라 구축 및 재정비, △소프트웨어 중심의 물류체계 강화, △국가물류기반체계 확립 등을 제시하고, 이를 두 가지 추진목표에 따라 위계화하고 각 추진전략별 세부추진과제를 제시하고 있다.

3.2 중국의 물류발전 전략

중국은 계획경제 하에서 '자가 물류'가 기본을 이루었다. 중국 정부가 공식적으로 '물류'의 개념을 사용한 것은 1992년 상무부(구 상업부)의 '상품 물류배송센터 발전건설에 관한 의견'이며, 2001년 3월 '현대 물류발전을 가속화하는 것에 관한 약간의 의견'을 제시함으로써 공급사슬관리(SCM), 제 3 자물류(3PL) 등 선진 물류개념을 처음으로 도입하였다.[3] 이후 10대 산업 조정과 진흥규칙(2009)에서 세계금융위기를 극복하기 위한 내수확대 및 구조조정 방안으로 서비스업 중 유일하게 물류업을 포함시켰고, 중국 물류업 관련 최초의 특별계획인 물류업 조정 및 진흥계획(2009)에서 물류업 진흥 9대 중점 항목을 설정하였다.

표 2-9 「물류업 조정과 진흥규획」의 주요 내용

4대 추진방향	주요 내용
물류시장 수요확대	▪ 물류시장의 수요를 적극 확대 ▪ 물류기업과 생산 및 판매기업간의 상호발전 촉진 ▪ 물류서비스의 사회화, 전문화 추진
구조조정	▪ 기업 M&A 가속화, 서비스 수준이 높고 국제경쟁력을 갖춘 대형 현대적 물류기업 육성
중점분야 물류발전	▪ 에너지, 광산, 자동차, 농산물, 의약 등 중점분야 물류 발전 ▪ 국제물류 및 보세물류 발전 가속화
물류인프라 건설강화	▪ 물류 인프라설비 건설 강화 ▪ 물류 표준화정도 및 정보화 수준 제고

자료: 국제무역연구원, 『중국 10대 산업 조정과 진흥규획의 주요 내용과 시사점』, 2009. 4.

3) 원동욱·조기영, 「중국 물류산업의 발전추세와 한국 물류기업의 중국진출 방안 연구」, 한국교통연구원, 2006, pp. 15~16.

그러나 중국의 물류정책은 아직 완전히 정비된 체계를 갖추지 못하고 있는 실정이다. 이는 전체 물류산업 발전을 위한 전략적 강령(綱領)적 성격으로 정책의 방향 부정확, 중점목표 불명확, 현실성 결핍 등 선언적 의미의 목표를 설정하고 있기 때문이다.[4)]

중국의 물류정책 수립은 국무원에서 국가차원의 물류정책 수립 지시를 받아 중앙부서 연석회의에서 국가 물류정책의 개괄적 계획을 수립하여 관련 부처 및 각 성 및 시정부에 하달하는 하향식과 중국교통운수협회, 중국물류구매연합회 등 물류관련협회에서 업계의 의견을 수렴하여 국가발전개혁위원에 상정하면 이를 연석회의에 상정하여 기능별로 분리하여 관련부서협의를 거친 후 최종적으로 국무원에서 발표하는 상향식으로 국가물류정책에 반영하고 있다

중국의 5개년 계획에 따른 물류정책의 추이를 살펴보면, 먼저 제10차 5개년계획(十五計劃, 2001－2005년)에서는 지방정부들이 물류발전계획을 수립·추진하였다. 2001년 상하이시는 현대물류산업 발전 중점 항목계획을 제정하고, 2002년부터 이를 시행하여 항공과 해운, 무역유통에 있어서 육·해·공 물류인프라의 경쟁력을 이용하여 "3대 물류 플랫폼(三大物流平臺)"구축을 중점적으로 추진하는 목표를 두고 3PL 발전을 적극적으로 추진, 물류단지 건설을 육성, 글로벌 SCM의 중심 전략을 수립하였다. 11차 5개년(十五計劃, 2006－2010년) 경제개발 기간 중 중국 중앙정부가 물류발전의 촉진을 위해 적극 추진하였다. 물류발전의 기본계획은 큰 변화 없이 지속되고 특히 물류부문의 에너지 소모를 최소화하기 위한 대책으로 철도운송을 획기적으로 발전시킬 계획이 특징적으로 나타났다. 뿐만 아니라 3자물류와 물류비용관점에서 원가산출 등 비용관점에서도 적극적인 추진의지를 천명하였다. 물론 항만, 도로, 항공, 물류단지 등 인프라확충을 기본적으로 포함하고 있다.

11·5계획과 비교한 12·5계획의 물류산업 발전방향은 큰 틀에서 차이가 없어 보이지만, 11·5계획에서 인프라 확대를 주요 성과를 바탕으로 보다 물류체계의 효율, 통합, 선진화에 초점을 맞추는 것으로 변화되고 있다는 점이다. 즉 물류부문의 하드웨어 부문의 효율 및 통합과 물류 소프트웨어 부문의

4) 김범중 외, 한중물류협력연구, 한국해양수산개발원, 2008.

선진화를 달성하는 것이 12·5계획 기간의 핵심목표라 할 수 있다. 이는 2009년 중국정부가 발표한 '10대 중점산업 조정과 진흥규획'과 '물류업 조정 및 진흥계획'의 물류전문계획의 영향이 큰 것으로 나타났다.

표 2-10 물류부문 11·5계획과 12·5계획 비교

11·5계획	12·5계획
제 4 편 제16장 생산성 서비스업 확대 발전, 제 2 절 현대물류업 대대적 발전	제 4 편 제15장 생산성 서비스업 가속화, 제 2 절 현대물류업 대대적 발전
• 현대물류관리 기술 확대 보급, 기업내 물류 사회화 촉진, 기업의 물자구입, 생산조직, 상품판매 및 재생자원 회수 등 업무 시스템화 실현 • 전문화된 물류기업 육성, 제 3 자물류 적극 발전 • 물류기술 표준화 시스템 건설, 물류 신기술 개발 및 활용 강화, 물류정보화 추진 • 물류인프라 통합 강화, 대형 물류허브건설 및 지역적 물류중심 발전	• 사회화, 전문화, 정보화된 현대물류서비스 시스템 건설 가속화, 제 3 자물류 대대적 발전, 기존 물류자원의 우선적 통합·활용, 물류인프라 건설 및 연결 강화, 물류효율 제고 및 물류원가 절감 • 농산품 및 대량광산품, 중요공업품 등 중점영역의 물류발전 추진 • 물류산업 발전의 지역구도 최적화, 물류원구 등 물류기능집적구의 질서 정연한 발전 지지 • 현대물류관리 확대 보급, 물류 지능화 및 표준화 수준 제고

자료: 中央政府門戶网站(www.gov.cn), 國民經濟和社會發展第十二个五年規划綱要(全文), 2011. 3. 16.
신화망(news.xinhuanet.com), 國民經濟和社會發展第十一个五年規划綱要(全文), 2006. 3. 16.
KMI, 중국물류리포트, 2011. 3. 23. 제11-3호 p. 6 재인용.

중국물류산업의 특성은 아직까지 초보적인 단계로서 '자가 물류'가 사회 전체 물류활동의 중점이지만, 전문적 물류서비스에 대한 수요가 이미 나타나고 있으며, 물류 기초설비 및 장비 등의 경우에서도 초보적이나마 규모의 발전을 진행하고 있다. 그러나 중국 물류산업은 아직까지 선진국과 비교할 때, GDP 대비 물류비 비중이나 3PL의 비율 등에서 상당한 격차를 보이고 있다. 중국정부도 2012년 양회(两会)에서 '물류'가 주요 키워드 중 하나로 떠올라 양회를 통해 접수된 489건의 의안(议案)과 6,069건 제안(提案) 중 물류관련 안건은 240건을 초과하는 등 중국정부의 물류 유통에 대한 관심이 크게 제고되고

그림 2-6 중국 사회물류총비용

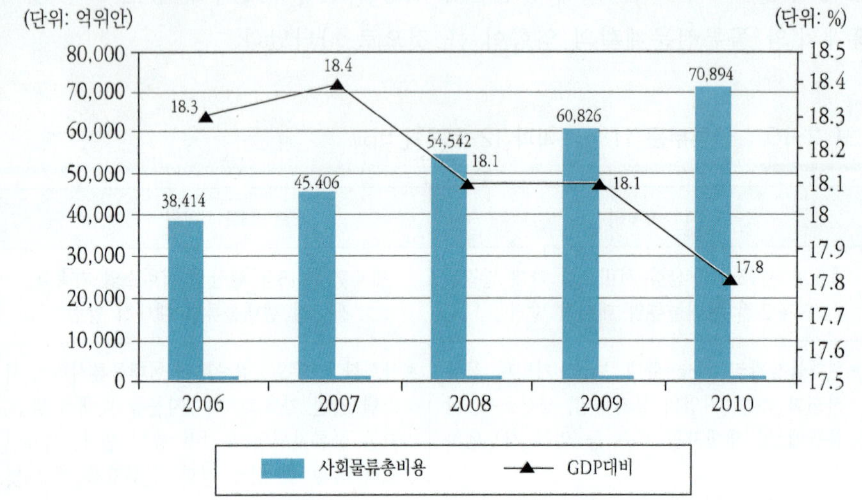

자료: 중국구매물류연합회

있다. 이처럼 중국 경제가 향후 12차 5개년 계획 기간(2011~2015년) 동안에도 평균 GDP성장률이 7%대를 유지할 것으로 예상됨에 따라 중국 물류업의 성장 가능성이 매우 클 것으로 전망되고 있으며, 현재의 GDP의 17.8%대인 물류비용을 10% 초반까지 낮추기 위해 다각적인 노력을 펼치고 있다.

3.3 일본의 물류정책

일본은 1950년대 이후 경제의 고도 성장기를 맞아 물류 분야에 성장세를 유지하였고 1970년 후반 유통 혁신기를 맞이하면서 물류유통 체계의 선진화를 이루었다. 이후 1990년 초까지 지속된 일본 경제의 고도성장에 힘입어 물류산업도 고도화, 공동화, 전문화 등으로 변화하게 되었다. 2000년대부터는 무역자유화 및 글로벌화에 힘입어 전문물류기업들이 주도하는 공급사슬체계가 더욱 확산되었다.

표 2-11 일본 물류정책과 물류기업 발전관계

구 분		제1기	제2기	제3기	제4기	
연 대	1945	1955	1965	1975	1985	1995
물 류	(유통) 물류혁신이전 ----------〉 유통혁신기 --------〉 유통혁신이후 (기능) 단일기능개선 -------〉 기업 내 시스템개선 ---〉 기업 간 시스템개선 (시점) 수송보관기능중시 -----------〉 물류서비스기능중시 (시설) 단독물류시설 -----------------〉 복합형유통센터					
물류정책	물류시설 교외이전 / 유통업무 단지정비 ---〉도시내물류 ---〉도시내물류 지구내물류					
경제계획	(경제성장) 고도성장기 ----------〉 안정적성장기 (경제정책) 수요대응형 ---〉 문제해결형 ---〉 목표설정형 ---〉 조화우선형					

자료: 日交研研究プロジックト, 1994, p. 4.

일본 정부는 2005년에 발표한 종합물류시책대강(總合物流施策大綱)은 빠른 막힘 없는 물류, 친환경 물류 등 물류효율성 향상과 환경보존 축의 목표로 시장중심 물류, 안전 물류, 정보화를 적극 실현하고 있다.

표 2-12 일본 종합물류 정책(2005~2009)

구 분	내 용
Speedy하고 Seamless, 저렴한 국제 및 국내 일체 물류	슈퍼 중추항만 프로젝트, 동아시아 SCM 형성, 대도시 거점 공항 정비 국내외 물류 네트워크 구축, 항만·공항의 접근도로 정비, 로지스틱스 기능강화
그린물류는 위시한 효율적이고 친환경적인 물류	그린물류 파트너 회의의 활용, 에너지 사용합리화, 화물교통관리, 정보화 및 표준화 추진, 인재육성
수요자 중심 효율적 물류시스템	고객을 중심으로 생각하는 효율적 물류체계를 구축
국민생활의 안전성을 지원하는 물류시스템	물류보안의 확보, 교통안전의 확보, 재해 시의 적절한 대응, 소비자 요구에 대응한 유통시스템 및 먹거리의 안전 및 신뢰 확보

자료: 김수엽 외, 글로벌 리더 물류기업 성장전략 연구, 한국해양수산개발원, 2009. 12, p. 130.

종합물류시책대강의 구체적인 정책으로는 슈퍼 중추항만 프로젝트, 동아시아 SCM 형성, 대도시 거점 공항 정비 국내외 물류 네트워크 구축, 항만·공항의 접근도로 정비, 로지스틱스 기능강화, 그린물류 파트너 회의의 활용, 에너지 사용합리화, 화물교통관리, 정보화 및 표준화 추진, 인재육성, 고객을 중심으로 생각하는 효율적 물류체계를 구축, 물류보안의 확보, 교통안전의 확보, 재해 시의 적절한 대응, 소비자 요구에 대응한 유통시스템 및 먹거리의 안전 및 신뢰 확보 등의 실천 전략을 수립하였다. 특히 물류인프라 건설, 그린물류, 물류보안 등 공공의 이익을 목적으로 하는 물류시스템 구축에 정부 차원에서 많은 노력을 펼치고 있다.

4. 동북아 물류여건 분석

4.1 동북아 물류경쟁력

세계경제포럼(World Economic Forum)은 1994년부터 전세계 국가를 대상으로 글로벌 경쟁력을 평가하고 있다. 그중에서 인프라관련의 경쟁여건을 통해 한중일 물류인프라의 효율성이 어느 정도 수준인가를 살펴보고자 한다. 글로벌 경쟁력지수는 모든 지수의 약 50% 이상이 설문조사에 의존하고 있으며, 기업 경영자들이 대상자로 선정되어 사업환경에 대한 인식문제로 나타나고 있다. 따라서 국가 경쟁력 순위를 지나치게 민감하게 반응할 필요는 없지만 투자유치를 위한 국가의 경쟁관계를 개괄적으로 살펴본다는 의미에서 참고가 될 만하다.

동북아 국가중 인프라 수준은 일본이 13위로 가장 높고 우리나라는 18위를 점하고 있다. 그러나 중국은 전체적인 경쟁여건이 69위로 2008년 조사시 58위보다 11단계가 하락하는 것으로 조사되었다. 특히 항만과 공항인프라 수준은 전체적인 인프라 수준보다 훨씬 열위로 나타나 유럽 및 미주의 수준과 비교하여 경쟁력 확보가 시급한 것으로 나타났다.

표 2-13 글로벌 인프라경쟁력 순위

구 분	국 가	인프라	도 로	철 도	항 만	공 항
2008-2009	한 국	18	13	7	29	26
	중 국	58	51	28	54	74
	일 본	16	19	3	25	49
↓						
	국 가	인프라	도 로	철 도	항 만	공 항
2011-2012	한 국	18	17	8	25	28
	중 국	69	54	21	56	72
	일 본	13	16	2	33	50

자료: World Economic Forum, The Global Competitiveness Report, 각년도.

다음은 세계은행이 2년마다 평가하는 국가별 물류성과지수(LPI: Logistics Performance Index)를 통해 물류부문의 효율성을 살펴본다. 물류성과지수에 있어 우리나라와 중국은 경쟁국에 비해 여건이 미약한 것으로 나타났다. 물류

표 2-14 주요국가 세부부문별 물류성과 평가

구 분		종합 순위	LPI 지수	통 관	인프라	국제 운송	물류 역량	물류 추적	적시성
2007	Singapore	1	4.19	3.9	4.27	4.04	4.21	4.25	4.53
	Netherlands	2	4.18	3.99	4.29	4.05	4.25	4.14	4.38
	Japan	6	4.02	3.79	4.11	3.77	4.12	4.08	4.34
	Hong Kong	8	4.00	3.84	4.06	3.78	3.99	4.06	4.33
	Korea	25	3.52	3.22	3.44	3.44	3.63	3.56	3.86
	China	30	3.32	2.99	3.2	3.31	3.4	3.37	3.68
↓									
2011	Germany	1	4.11	4.00	4.34	3.66	4.14	4.18	4.48
	Singapore	2	4.09	4.02	4.22	3.86	4.12	4.15	4.23
	Japan	7	3.97	3.79	4.19	3.55	4.00	4.13	4.26
	Hong Kong	13	3.88	3.83	4.00	3.67	3.83	3.94	4.04
	Korea	23	3.64	3.33	3.62	3.47	3.64	3.83	3.97
	China	27	3.49	3.16	3.54	3.31	3.49	3.55	3.91

자료: World Bank, LPI 2008, 2012.

성과를 구성하는 세부부문별 지표를 살펴보면, 2007년에는 싱가포르가 가장 높고, 네덜란드 순이었으나, 2011년에는 새롭게 독일이 1위로 진입하였다. 한중일 중에서는 일본이 가장높은 7위권을 유지하였고, 우리나라는 23위, 중국은 27위를 기록하였다. 이는 2007년에 비해 일본은 한 단계 낮아졌지만, 우리나라는 2단계, 중국은 3단계가 상승하였다. 특히 부문별로는 우리나라는 국제운송부문(15위)에서, 중국은 국제운송(27위), 인프라(27위), 일본은 인프라(5위), 물류역량(7위) 등으로 나타났다. 물류성과지수에서의 동북아 지역 국가는 전체평균에서는 경쟁력이 상회하지만 물류선진국에 비해서는 아직까지 열위에 놓여 있다.

4.2 한중일 컨테이너 물동량 변화

세계 100대 항만은 전세계 컨테이너물동량의 85%를 차지할 만큼 집중되어 있다. 따라서 주요 권역별 100대 항만의 개수변화에 따라 항만의 성장과정을 확인할 수 있을 것이다. 1990년에는 유럽권이 22개, 북미권이 23개로 45%의 점유율을 기록하였으나, 2008년에는 각각 9개와 14개로 오히려 절반이 감소한 23개로 나타났다. 그러나 지중해, 서남아, 동남아, 남미, 중동 지역의

표 2-15 세계 100대 항만 지역별 추이

구 분	1990	2000	2008
유 럽	22	12	9
지 중 해	11	14	12
아프리카	5	3	2
중 동	5	5	7
서 남 아	1	3	5
동 남 아	11	11	12
동 북 아	15	24	27
북 미	23	18	14
카 리 브	5	7	3
남 미	2	3	9
합 계	100	100	100

자료: CI Yearbook 각년도.

표 2-16 세계 및 한중일 컨테이너물동량 추이 (단위: 천TEU)

구 분	1990	2000	2005	2010	연평균 증가율	
					'90-'00	'00-'10
세계전체	85,597	231,689	391,883	503,512	10.47%	8.07%
China	6,304	35,483	89,847	148,802	18.86%	15.41%
Korea	2,348	9,030	15,113	18,947	14.42%	7.69%
Japan	7,956	13,621	17,055	17,727	5.52%	2.67%
한중일	16,608	58,134	122,015	185,477	13.35%	12.30%
점유비율	19.4%	25.1%	31.1%	36.8%	-	-

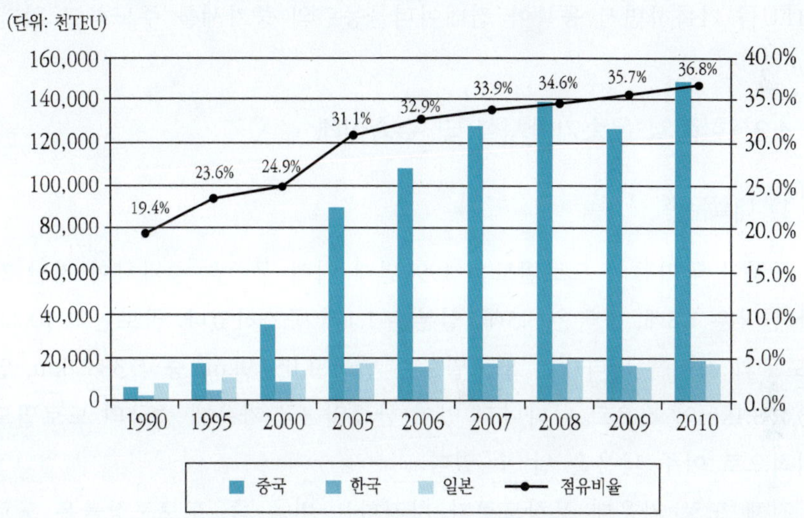

자료: The National Magazine, Containerisation International Yearbook 각년도.

항만들은 지속적인 성장을 시현하였다. 특히 동북아권은 1990년 15개에서 2000년 24개, 2008년 27개로 17년 동안 2배 정도의 성장세를 기록하였다.

특히 세계 1위 항만은 싱가포르→홍콩→싱가포르→상하이항으로 이동되었고, 개별항만에서 살펴보면 '70년대 일본의 도쿄, 고베항에서 '90년대 한국의 부산항으로 2000년대에는 중국의 상하이, 선전항 등으로 이동하고 있다. 즉 아시아권의 중심항만의 변화가 점차 남→북, 동→서 방향으로 이동되고 있다.

동북아 지역의 물동량은 세계 성장률의 2배 이상 증가하고 있으며, 세계 컨테이너 물동량의 36.8% 이상을 점유하고 있다. 국가별 순위로는 중국 1위, 홍콩 4위, 우리나라 5위, 일본 7위를 점하고 있다. 2000년 이후 2010년까지 세계 컨테이너 물동량은 연평균 8.7% 성장하여 2010년에는 5억 351만 TEU에 달하고 있다. 한중일로 대표되는 동북아 지역 컨테이너 물동량의 연평균 성장률('00~'10년)은 12.3%로 동일 기간 세계의 컨테이너 물동량 성장률보다 높은 수준을 기록하여 2010년 1억 8천 5백만 TEU를 달성하였다. 특히 홍콩을 포함한 중국의 컨테이너 물동량은 연평균 15.41% 증가하여 2010년 1억 4,880만 TEU를 기록하면서 동북아 컨테이너물동량의 증가세를 주도하고 있다.

4.3 한중일 운송기반시설 및 수송실태

1) 내륙운송

동북아 국가들의 도로밀도는 1990년대 이래 꾸준히 증가하여 지난 20년 동안 한국은 1.8배, 중국은 3.5배, 일본은 1.1배 증가하였다. 국토면적 1000km² 당 도로의 길이를 나타내는 도로밀도는 한국 1,057.9km, 중국 388.7km, 일본이 3,178.1km인 것으로 나타나고 있어 한중일 3국 가운데 중국의 도로밀도가 상대적으로 아주 낮음을 알 수 있다.

전체 도로 가운데 포장도로가 차지하는 비율 즉, 도로포장률은 도로의 질적 수준의 지표가 되는데 한중일 3국 가운데 중국의 포장상태가 열악한 것으로 나타나고 있다. 한국과 일본의 도로 포장률은 비슷한 수준으로 각각 80.0%, 79.3%인 것으로 나타났으며 중국은 한일의 63% 수준인 49.6%인 것으로 나타났다.

표 2-17 한중일 3국의 내륙운송 기반시설 현황

구 분		한 국	중 국	일 본
인구(백만 명)		48.6	1,338.6(2009)	127.1(2008)
국토면적 (천 ㎢)		100.2	9596.9(2009)	377.9(2008)
도 로	도로(천 km)	106	3730.2(2008)	1,201(2007)
	도로밀도(km/천㎢)	1,057.9	388.7	3,178.1
	도로의 인구부담(명/km)	458.5	358.9	105.8
	도로 포장률	80.0(%)	49.6%(2007)	79.3(2007)
철 도	철도 총 연장(천 km)	3.6	65.5(2009)	20.0(2009)
	철도밀도(km/천㎢)	35.9	6.8	52.9
	철도의 인구부담(명/km)	13,444.4	20,436.6	6,355

주: 한국기준년도(2010).
자료: 통계청, Database, ESCAP(2011), Statistical Abstract of Transport in Asia and the Pacific, 2011 ESCAP, DATER CENTER(http://www.unescap.org/stat/data).

표 2-18 한중일 3국의 도로밀도 추이 (단위: km/1,000㎢)

구 분	1990	1995	2000	2005	2010
한 국	574	752	881	1,056	1,058
중 국	110	124	150	359	389
일 본	3,057	3,133	3,200	3,271	3,284

주: 〈표〉의 2010년 도로밀도 중국은 2008년, 일본은 2007년 data에 기초함.
자료: http://www.unescap.org/stat/data/

도로 및 철도 1km당 인구 수로 표시되는 도로의 인구부담률과 철도의 인구부담률은 한중일 3국 가운데 일본의 상황이 가장 나은 것으로 나타났다. 또한 도로의 인구부담률의 경우, 한국이 459명/km으로 중국 359명/km, 일본 106명/km에 비해 높은 것으로 나타났으며 철도의 인구부담률은 한국 13,444명/km, 중국이 20,437명/km으로 일본 6,355명/km보다 높다.

동북아 한중일 국가 가운데 철도수송시설의 수준이 가장 높은 국가는 일

본으로 글로벌 인프라지수의 효율성에서도 세계 2위의 철도인프라를 보인 결과에서도 확인되었다. 한국은 철도 밀도가 국토면적 1,000km^{2}당 35.9km로 일본의 52.9km보다 크게 낮은 것으로 나타났으며 중국의 경우는 세계의 철도 밀도(2008년 기준)인 9.1km보다 낮은 수준인 6.8km에 불과하였다.

2) 항공운송

한중일 3국의 항공운송실적을 살펴보면 2009년 기준 세계항공운송시장은 글로벌 금융위기의 영향으로 전년대비 감소한 모습을 보였으나 한중일 3국의 경우, 여객은 오히려 증가하였고 화물의 경우는 상대적으로 감소폭이 적은 것으로 나타났다. 세계항공운송실적에서 한중일 3국이 차지하는 비중을 살펴보면 여객의 경우 12.7%를 점유하고 있으며 화물은 이보다 6.5% 높은 19.2%를 점유하고 있다. 한국은 여객 1.9%, 화물 6.1%를 차지하고 있으며 중국은 여객 7.8%, 화물 8.1%를, 일본은 여객 3.0%, 화물 5.0%를 차지하고 있다. 국제선 항공운송실적만을 살펴보면 한중일 3국의 화물운송비중이 전세계의 약 20%를 차지하고 있어 세계시장에서의 중요성이 한층 높아짐을 알 수 있다.

표 2-19 세계 항공운송 대비 한중일 3국의 항공운송 비중(2009)

(단위: 백만인-km, 백만톤-km. %)

구 분	국 제			
	여 객	비 중	화 물	비 중
한 국	77,276	3.0	8,480	7.2
중 국	50,831	2.0	7,020	6.0
일 본	66,575	2.6	6,171	5.3
한중일	194,682	7.5	21,671	18.5
세 계	2,596,410	100	117,050	100

자료: 항공정보포탈시스템, 통계청 Database.

국제선 여객과 화물의 톤킬로를 기준으로 국가간 순위를 살펴보면, 2005년 이후 미국은 1위를 굳건히 지키고 있는 반면, 일본의 항공운송의 추락이 가장 눈에 띈다. 일본의 경우 2005년 4위에서 2010년 9위, 2011년 10위권으로 지속적인 하락세를 기록하였고, 중국은 2009년까지 10위권에서 2010년 이후 6위권으로 4계단이나 상승하였다. 만약 홍콩을 포함할 경우에는 미국 다음으로 2위권에 해당하는 실적을 보였다. 우리나라는 5위권으로 항공운송시장에서는 높은 지위를 점하고 있다.

표 2-20 ICAO 국제선 톤킬로 국가 순위

순 위	2005	2006	2007	2008	2009	2010	2011
1	미 국	미 국	미 국	미 국	미 국	미 국	미 국
2	독 일	독 일	독 일	독 일	독 일	독 일	아랍연합
3	영 국	영 국	영 국	영 국	영 국	아랍연합	독 일
4	일 본	프랑스	프랑스	프랑스	아랍연합	영 국	영 국
5	프랑스	싱가포르	걸프연합	걸프연합	프랑스	한 국	한 국
6	싱가포르	일 본	싱가포르	싱가포르	한 국	중 국	중 국
7	네덜란드	걸프연합	한 국	한 국	네덜란드	프랑스	프랑스
8	한 국	네덜란드	일 본	일 본	싱가포르	싱가포르	싱가포르
9	걸프연합	한 국	네덜란드	네덜란드	일 본	일 본	네덜란드
10	중 국	중 국	중 국	중 국	중 국	네덜란드	일 본

자료: ICAO, 2012.

■ 참고문헌 ■

관세청 통계자료, 2009. 10.

국민경제자문회의, 「참여정부 물류정책 백서」, 2007. 12.

국제무역연구원, 중국 10대 산업 조정과 진흥규획의 주요 내용과 시사점, 2009. 4.

김수엽 외 3, 「글로벌 리더 물류기업 성장전략 연구」, 한국해양수산개발원, 2009. 10.

김범중 외 4, 「한중물류협력연구」, 한국해양수산개발원, 2008. 12.

세계경제포럼(WEF), The Global Competitiveness Report, 격년도.

원동욱·조기영, 「중국 물류산업의 발전추세와 한국 물류기업의 중국진출 방안 연구」, 한국교통연구원, 2006.

이성우 외 3, 「국제분업화에 따른 항만배후단지 기업유치 방안 연구」, 한국해양수산개발원, 2007.12.

한국해양수산개발원, 중국물류리포트, 각호.

Containerization International Yearbook, 각년도

Notteboom, T. and Rodrigue, J., Port Regionalization: Towards a New Phase in Port Development, Maritime Policy and Management, Vol. 32, No. 3, 2005, pp. 297~313.

ICAO, Annual Report of the council, 각년도.

1_ 한국의 경제 사회

2_ 중국의 경제 사회

3_ 일본의 경제 사회

4_ 한중일 협력 전망

3

동북아 주요국가별 인문경제 현황분석

Chapter 03

동북아 주요국가별 인문경제 현황분석

1. 한국의 경제 사회

1.1 한국의 거시경제 및 산업

한국은 부족한 자원과 열악한 산업기반에도 불구하고, 1960년대 이후 '경제개발 5개년 계획' 등을 추진하여 제조업과 중공업을 적극적으로 육성하고 이를 통한 수출신장으로 빠르게 공업국가로 변신하면서, 타이완, 홍콩, 싱가포르와 함께 '아시아의 네 마리 용'으로 불리며 급속한 성장을 이루었다. 1990년대 말과 2009년 경제위기를 겪기는 했지만 빠른 속도로 회복하여 이제는 한국의 위상과 경제적 영향력이 세계속에 부각되면서 'G20'회원국으로서 당당히 선진국 대열에 들어서고 있다.

그림 3-1 한국의 GDP 성장추이

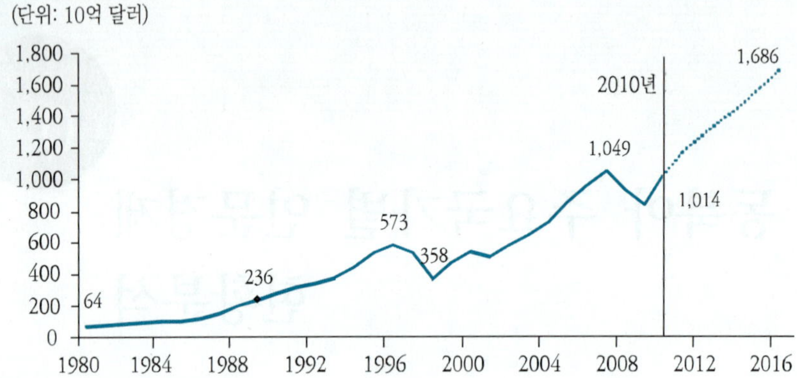

주: 2011년부터는 추정치임.
자료: IMF, World Economic Outlook, September 2011.

경제개발이 초기인 1980년 한국의 GDP는 640억 달러에 불과했으나 30년 후인 2010년에는 1조 140억 달러에 달해 약 20배 가까운 성장을 보였다. 또한 세계 경제에서 차지하는 비중도 점차 높아져 2010년 한국이 전 세계 GDP에서 차지하는 비중은 1.97%로 12위의 순위를 기록하고 있다. 이는 1980년 세계 GDP의 0.77%에 불과하던 것과 비교하면 2.5배 성장한 것이다. 한국이 이러한 경제성장 추세를 꾸준히 유지할 경우 2016년에는 GDP규모가 1조 686억 달러에 달할 것으로 IMF는 전망하고 있으며,[1)] 골드만삭스는 2050년에 한국의 GDP 규모가 4조 달러를 넘어서 G7국가인 이탈리아와 캐나다를 앞지를 것으로 내다봤다.[2)]

1) 그러나 전 세계 GDP대비 비중은 1.94%로 다소 줄어들 것으로 전망.
2) Goldman Sachs, "The N-11: More Than an Acronym," Global Economics Paper No: 153, March 28, 2007.

그림 3-2 한국의 1인당 PPP GDP 성장추이

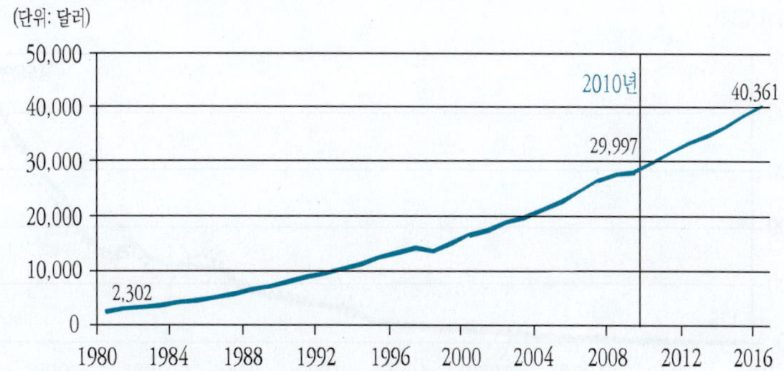

자료: IMF, World Economic Outlook Database, September 2011.

이와 함께 한국의 1인당 GDP 순위 역시 크게 올라갈 것으로 전망된다. 먼저 IMF에 의하면 한국의 1인당 GDP는 2010년 29,997 달러로 세계 순위 25위를 기록하고 있으며, 이는 1980년 2,302 달러에 대비하여 약 13배 성장한 것이다. 또한 현재의 경제성장 추세를 유지할 경우 IMF는 한국의 1인당 GDP가 2016년에는 4만 달러를 넘어설 것이라고 내다보고 있으며, 골드만 삭스는 2050년 한국의 1인당 GDP를 90,294달러로 추정하고 있어, 이러한 결과가 실현될 경우 한국이 일본을 제치고 미국에 이어 두 번째로 높은 수준에 오를 것으로 보인다.

1.2 한국의 대외무역

한국은 수출주도형 경제성장정책을 통해 고도의 성장을 이루어 오고 있다. 따라서 수출은 한국경제 성장의 주동력이라 할 수 있으며, 이러한 수출장려 정책으로 1965년 1.7억 달러에 불과하던 수출액이 2010년에는 4천7백억 달러를 기록하는 등 비약적인 성장을 이루게 된다. 수입규모도 크게 늘어나, 1965년 4.63억 달러에서 2010년에는 4,252억 달러에 달하는 등 수출입 모두 양적인 성장을 이루었다.

그림 3-3 한국의 수출입액 변화 추이

자료: KOSIS.

2009년에는 미국의 금융위기 영향으로 교역규모가 다소 감소했으나, 2010년부터는 회복세를 보이며 다시 성장궤도로 들어서고 있다. 이를 반영하듯 2010년 무역흑자는 전년대비 7억 달러 증가하여 412억 달러에 달해 과거 최고액을 갱신했으며, 2011년 11월에는 세계에서 9번째로 무역 1조 달러를 달성하였다.[3] 이로써 한국은 "아시아의 네 마리 용"에서 독자적인 위상을 확보하고, 신흥국 대열에서 무역 분야의 선도국가로 도약하며 강소국에서 '무역대국'으로 변모하였다.

한국의 수출입을 품목별로 살펴보면, 먼저 수출의 경우 초창기에는 제조업을 중심으로 한 소비재가 전체 수출의 54.6%를 차지하며 주를 이루었으나, 2010년에는 15.3%로 그 비중이 대폭 줄어들었다. 반면 자본재의 경우 그 비중이 1988년에는 22.28%에 불과했으나, 2010년에는 53.51%로 늘어났다. 원자재의 경우 90년대 후반에는 37.92%까지 그 비중이 늘어나는 추세를 보이다가 2000년대 들어서면서 30% 전후의 비중을 보이며 큰 변화를 보이지

3) 전 세계 200여개 국가 중 무역 1조 달러를 달성한 국가는 지금까지 8개 국가에 불과하며, 이들 국가들이 전 세계 무역의 50% 가량을 차지하면서 세계무역질서를 주도해 왔으며, 세계시장에 대한 제품 공급과 수요에 있어 매우 중요한 의미를 지님.

그림 3-4 한국의 품목별 수출비중 변화

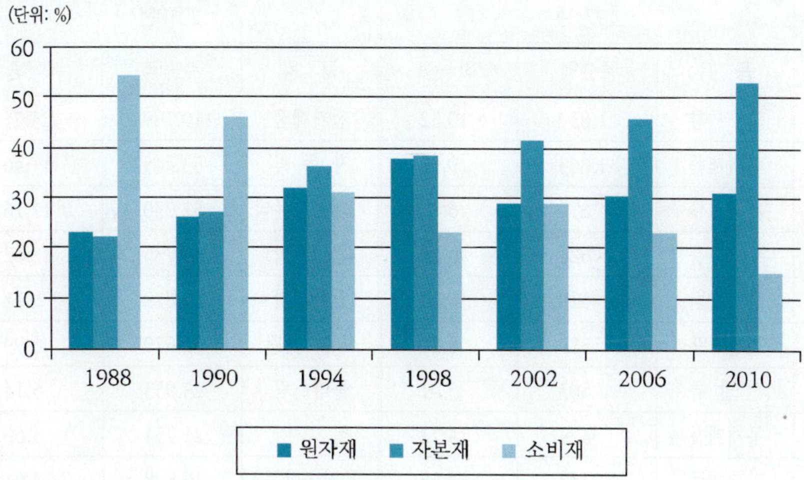

자료: 한국무역협회.

않고 있다.

이는 80년대 후반부터 고수위 기술업종인 IT와 반도체 산업이 발달하고, 국내 제조업의 생산비용이 높아지면서 저수위 기술의 제조업이 중국과 동남아 등 상대적으로 생산비용이 저렴한 국가로 이전하는 등 산업구조가 고도화되었기 때문으로 분석된다. 즉, 글로벌 생산 네트워크의 확대에 따라 최종재보다는 해외생산거점으로의 중간재 및 부품 수출이 지역별 수출구조에 미치는 영향이 점점 더 커지고 있는 것이다.

수출의 품목별 비중 변화와 달리 수입의 경우 원자재와 자본재 소비재의 비중이 80년대 후반과 비교하여 5% 내외의 증감을 보이기는 했지만 큰 변화를 나타내지는 않았다.

세부 품목별로 수출입을 살펴보면 이러한 변화가 경제발전 현황에 기인한 것임을 더 명확히 알 수 있다. 먼저 수출 품목을 살펴보면, 1977년의 경우 수출규모 상위를 기록한 품목으로는 의류, 전기제품, 편직의류, 수산품, 선박 등이 있으며, 이중 패션·신발 관련 품목이 전체 수출의 32%로 가장 큰 비중

표 3-1 한국의 상위 10대 수출품목 (단위: 백만 달러, %)

순 위	1977년			2010년		
	품 목	수출액	비 중	품 목	수출액	비 중
1	의 류	1,057	10.52	전기제품	110,789	23.75
2	전기제품	1,003	9.98	자 동 차	53,445	11.46
3	편직의류	674	6.71	기계 · 컴퓨터	52,030	11.16
4	수 산 품	624	6.21	선 박	46,735	10.02
5	선 박	529	5.27	광학기기	37,829	8.11
6	철강제품	524	5.22	석유 · 석탄	32,579	6.99
7	신 발 류	503	5.01	플라스틱	23,953	5.14
8	목재제품	474	4.72	철 강	21,751	4.66
9	가죽제품	457	4.55	유기화학품	16,828	3.61
10	철 강	263	2.62	철강제품	7,685	1.65
합 계		6,108	60.80	합 계	403,624	86.55

주: HS2단위 상위10개 품목.
자료: 수출입무역통계(www.customs.go.kr).

을 차지하고 있으며, 수산 및 목재제품도 약 11%의 높은 비중을 보이고 있어 제조업과 1차산업이 수출에 큰 역할을 하였다.

그러나 경제부흥과 함께 산업고도화로 수출품목에도 변화를 초래하여 2010년에는 전기제품, 자동차, 기계, 선박 등이 주를 이루고 있으며, 의류와 신발, 수산, 목재 제품이 수출에서 차지하는 비중은 현저히 낮아졌다.

수입품목에 있어서는 70년대 후반과 비교하여 상위품목에 있어 큰 변화를 보이지 않고 있다. 2010년에도 여전히 석유·석탄, 전기제품, 기계, 철강이 변함없이 상위를 차지하고 있으며, 그 비중이 47%에서 61%로 더욱 높아졌다. 그러나 의류수출 비중이 감소하고 중화학공업과 자동차 산업의 발전으로 면, 원피·가죽의 수입은 줄어들고, 광학기기, 플라스틱, 자동차, 화학공업품과 같은 품목의 수입이 늘어났다.

표 3-2 한국의 상위 10대 수입품목 (단위: 백만 달러, %)

순 위	1977년			2010년		
	품 목	수입액	비 중	품 목	수입액	비 중
1	석유 · 석탄	2,173	20.40	석유 · 석탄	122,597	28.83
2	기계류	1,413	13.26	전기제품	63,072	14.83
3	전기제품	866	8.13	기계 · 컴퓨터	47,575	11.19
4	철 강	555	5.21	철 강	24,870	5.85
5	목재제품	537	5.04	광학기기	15,076	3.55
6	유기화학품	501	4.70	광 석	14,127	3.32
7	곡 물	469	4.40	유기화학품	12,152	2.86
8	면	409	3.84	플라스틱	9,858	2.32
9	원피 · 가죽	245	2.30	자 동 차	7,867	1.85
10	코드 99	211	1.98	화학공업품	6,949	1.63
	합 계	7,379	69.26	합 계	324,143	76.23

주: HS2단위 상위10개 품목.
자료: 수출입무역통계(www.customs.go.kr).

한국무역협회의 분석에 의하면[4] 우리나라의 경우 다른 국가들에 비해 수출품목 구조가 소수 품목에 집중되어 있는데, 이들 품목의 수출 비중은 각각 6~10% 내외를 차지하여 전체 수출에 대한 영향력이 상대적으로 크다. 이들 선박, 석유제품, 반도체, LCD, 자동차, 휴대폰 등 상위 10대 품목이 수출에서 차지하는 비중은 50%('08~'10년 평균)를 초과하고 있으며, 이는 미국(27.1%), 중국(28.8%), 일본(34.5%)에 비해 월등히 높은 수준이라 할 수 있다.

최근 우리나라의 수출은 이 중 주요 6개 품목(선박, 석유제품, 반도체, LCD, 자동차, 휴대폰)이 경기순환에 따라 일부 품목의 부진을 다른 품목의 호조가 보완해주는 보완작용을 통해 성장을 이루고 있다. 예로 글로벌 금융위기 이후 2009년 대부분 품목의 수출이 감소했음에도 선박의 호황으로 전체 수출성

4) 제현정 외(2011), "한국 무역의 1조 달러 달성과 그 의미"(Trade Focus vol. 10 No. 55), 한국무역협회 국제무역연구원.

그림 3-5 주요 6대 품목의 수출 증가율 추이

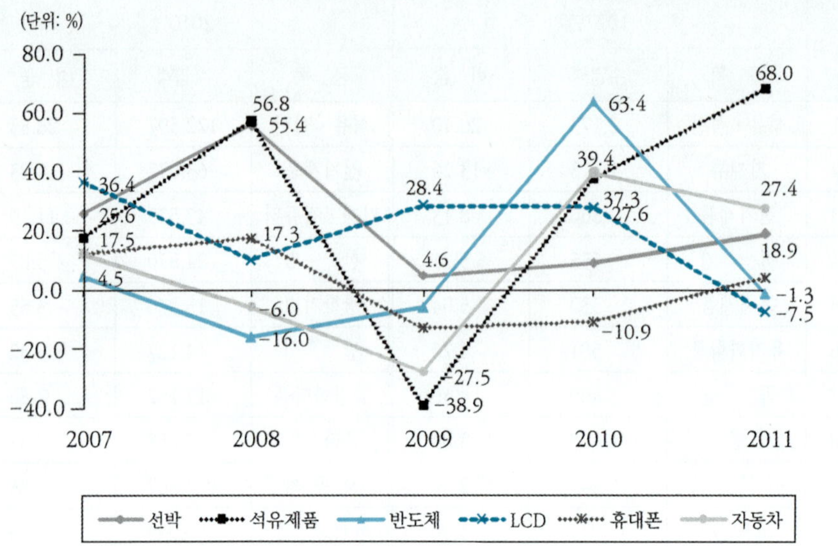

주: 2011년은 1월~10월 누적수치임.
자료: 한국무역협회.

장기조를 유지할 수 있었다. 이러한 우리나라의 소수 주력품목 중심의 수출 구조는 대내외 환경의 영향으로 동시에 하락기조로 접어들 경우 수출의 급감을 초래하는 취약점도 내포하고 있어 이들 소수 품목에 대한 집중도를 낮추고 다양한 분야의 수출 강소기업 육성이 필요하다는 우려도 낳고 있다.

우리나라의 지역별 수출은 유럽의 무역대국들에 비해 수출지역이 상당히 다변화되어 있기는 하지만 신흥개도국의 비중이 상대적으로 높은 구조이다. 이는 최종재보다는 해외생산거점으로의 중간재 및 부품 수출이 많기 때문으로, 앞으로 해외생산이 더 늘어남에 따라 중국을 비롯한 신흥국 생산거점지에 대한 수출 비중 확대가 지속될 것으로 보인다.

특히 한·중·일 삼국 중에서 동북아에 대한 수출 비중이 32.7%로 일본(29.5%), 중국(12.3%)에 비해 상당히 높은 편이며, 동남아와 북미, 유럽에 대한 수출은 일본, 중국에 비해 낮은 비중을 보이고 있다. 따라서 향후 해외 생산

그림 3-6 주요 국가의 지역별 수출 비중(2010년)

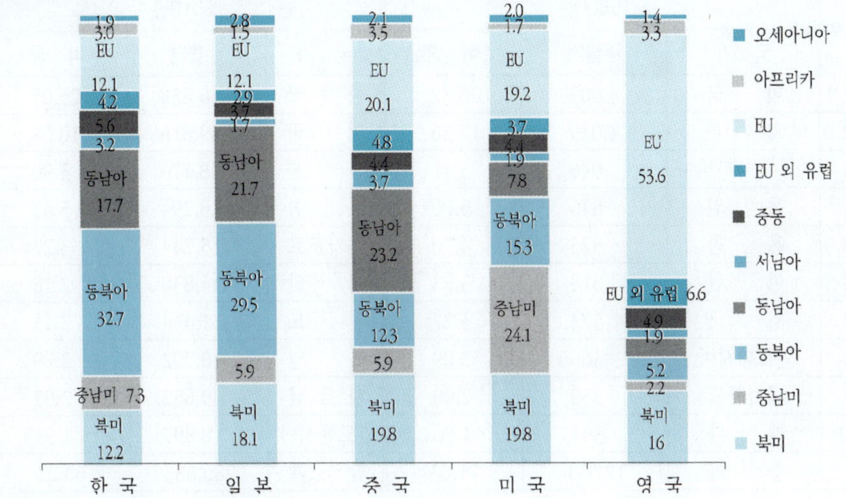

자료: UN Comtrade; 제현정 외(2011)에서 재인용.

거점에서 벗어나 내수시장의 성장 가능성이 큰 지역을 중심으로 수출시장을 보다 다변화할 필요가 있는 것으로 분석되고 있다.

국가별 수출입을 살펴보면 80년대 한국의 수출은 미국, 일본 그리고 중동 진출에 따라 사우디아라비아와 이란에 대한 수출이 높은 비중을 차지했다. 그러나 최근 들어서는 중국의 경제부상과 함께 중국이 수출대상국 1위를 차지하고 있으며, 그 다음으로 미국과 일본, 홍콩이 차지하고 있다. 그러나 수출 다변화와 함께 상위 10개 국가가 전체 수출에서 차지하는 비중은 1980년 71.63%에서 2010년에는 60.22%로 낮아졌다.

수입의 경우 80년대 일본(26.28%)과 미국(21.94%)이 전체 수입의 48%를 차지했으나, 2010년에는 그 비중이 각각 15.12%와 9.5%로 크게 낮아졌다. 반면 중국으로부터의 수입이 16.8%에 달해 수출과 수입 모두 중국이 한국의 최대 대상국이 되었다. 그리고 수입 역시 수출과 같이 대상국이 다변화되면서, 상위 10개 국가가 전체 수입에서 차지하는 비중이 85.6%에서 68.1%로 17.5%나 낮아졌다.

표 3-3 한국의 상위 10대 수출대상국가 (단위: 백만 달러, %)

순 위	1980년			2010년		
	국 가	수출액	비 중	국 가	수출액	비 중
1	미 국	4,607	26.32	중 국	116,838	25.05
2	일 본	3,039	17.36	미 국	49,816	10.68
3	사우디아라비아	946	5.40	일 본	18,176	3.90
4	독 일	876	5.00	홍 콩	25,294	5.42
5	홍 콩	823	4.70	싱가포르	15,244	3.27
6	이 란	618	3.53	대 만	14,830	3.18
7	영 국	573	3.27	인 도	11,434	2.45
8	인도네시아	366	2.09	독 일	10,702	2.29
9	네덜란드	350	2.00	베 트 남	9,652	2.07
10	캐 나 다	343	1.96	인도네시아	8,897	1.91
	합 계	12,541	71.63	합 계	280,883	60.22

자료: 수출입무역통계(www.customs.go.kr).

표 3-4 한국의 상위 10대 수입대상국가 (단위: 백만 달러, %)

순 위	1980년			2010년		
	국 가	수입액	비 중	국 가	수입액	비 중
1	일 본	5,858	26.28	중 국	71,573	16.83
2	미 국	4,890	21.94	일 본	64,296	15.12
3	사우디아라비아	3,288	14.75	미 국	40,402	9.50
4	쿠웨이트	1,753	7.86	사우디아라비아	26,820	6.31
5	호 주	680	3.05	호 주	20,456	4.81
6	이 란	643	2.88	독 일	14,304	3.36
7	독 일	637	2.86	인도네시아	13,985	3.29
8	인도네시아	485	2.18	대 만	13,647	3.21
9	말레이시아	472	2.12	아랍에미리트 연합	12,170	2.86
10	캐 나 다	378	1.70	카 타 르	11,915	2.80
	합 계	19,084	85.62	합 계	289,568	68.09

자료: 수출입무역통계(www.customs.go.kr).

1.3 한국의 해외직접투자

한국은 경제발전 초기부터 적극적인 해외진출전략을 추진하였으나, 이는 해외직접투자보다는 수출이 중심이었다. 그러나 다양한 수출시장 개척과 함께 생산비용 절감, 각종 무역장벽 회피, 자원 확보를 위해 해외직접투자는 점차 확대되는 추세를 보이고 있다.

1968년 한국남방개발의 인도네시아 산림개발업투자로부터 시작된 한국의 해외직접투자는 1980년대까지는 자원개발이나 원양어업 관련 분야가 주를 이루었으며, 투자 금액이나 건수 모두 미미한 수준이었다. 그러나 1980년대 후반들어 국내외 경제여건이 변화하면서 해외직접투자가 자유화가 이루어지면서, 대기업의 해외직접투자가 중화학공업분야를 중심으로 증가하였으며, 해외시장 개척을 위해 제조업을 중심으로 한 중소기업의 해외진출도 활발히 이루어지기 시작했다.

그림 3-7 한국의 해외직접투자 현황

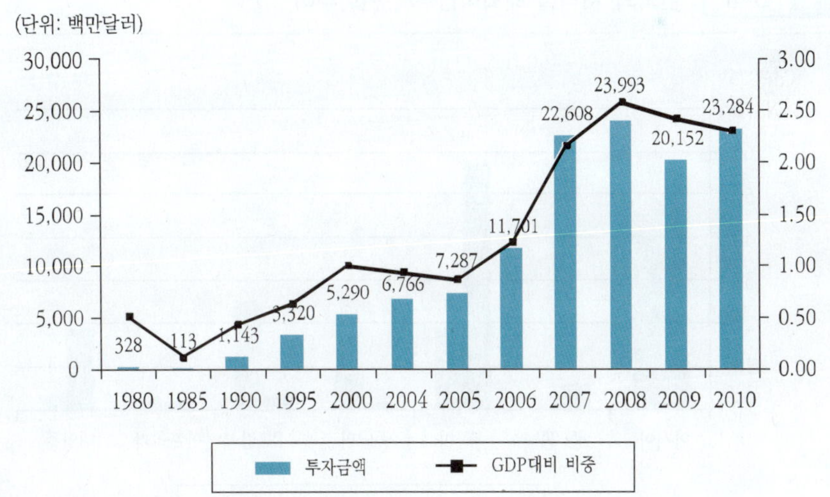

주: 80년 실적은 68~80년까지의 누계.
자료: 한국수출입은행, 해외투자통계.

이와 함께 1994년 외환제도 개혁의 일환으로 발표된「해외직접투자 확대방안」에 따라 해외투자규제가 완화되자 세계화 경영전략을 추진하는 대기업을 중심으로 해외직접투자가 더욱 활기를 띠게 된다. 그 결과 1994년 한국의 해외직접투자는 전년대비 63.1% 증가한 23.6억 달러를 기록하였다.

1990년대 후반 동아시아 금융위기로 한국의 해외직접투자는 잠시 주춤하는 추세를 보였으나, 해외 M&A 투자 증가, 자원개발 참여 확대, 부동산업 투자 증가 등에 힘입어 매우 가파른 증가세를 보였다. 이는 2006년 3월 해외직접투자의 전면적 자유화와 함께 개인의 해외투자 한도를 300만 달러에서 1,000만 달러로 확대하는 등 해외직접투자 정책 변화가 큰 요인으로 작용한 것으로 보인다.

이로 인해 2007년 해외투자는 전년대비 93.2% 증가하여 226.8억 달러에 달했으며, 2008년에는 한국의 해외직접투자가 전년대비 5.8% 증가해 239.9억 달러로 사상 최고치를 기록했다. 그러나 2008년 말에 시작된 글로벌 금융위기의 여파가 본격화된 2009년에는 201.5억 달러로 전년대비 16.1% 감소하였

그림 3-8 한국의 지역별 해외직접투자 변화추이

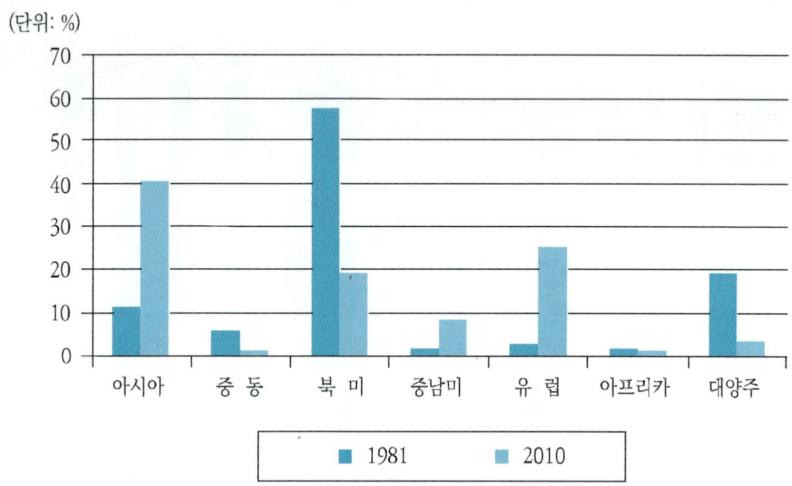

자료: 한국수출입은행, 해외투자통계.

으나, 2010년에는 232.8억 달러로 다시 증가세로 돌아서면서 역대 최고치 수준에 근접하였다.

지역별 해외직접투자를 살펴보면, 〈그림 3-8〉과 같이 80년대 초에는 주로 북미지역(57.6%)에 집중되었으며, 그 다음으로 대양주(19.37%)와 아시아(11.31%), 그리고 중동개발과 함께 중동(5.87%) 지역에 대한 투자가 활발하게 이루어졌다.

이후 제조업의 해외진출과 중국의 부상, 시장확대 등으로 해외직접투자도 다변화되면서 북미와 중동, 대양주에 대한 투자는 감소하고 아시아와 중남미, 유럽에 대한 투자가 증가하였다. 이에 2010년 아시아지역에 대한 투자는 41%에 달했으며 유럽은 25%, 남미는 8%로 크게 증가한 반면 북미지역에 대한 투자 비중은 19%로 대폭 축소되었다.

국가별로는 1980년까지 30여개 국가에 불과하던 투자지역이 2010년에는 137개 국가로 크게 증가하였다. 투자금액 누계 기준으로 미국이 37조로 가장

표 3-5 한국의 상위 10개 국가 해외직접투자 누계 (단위: 백만 달러)

순 위	국 가	신고건수	신규법인수	신고금액	투자금액
1	미 국	21,474	10,878	55,254,560	37,369,509
2	중 국	46,010	22,340	50,113,098	35,581,690
3	홍 콩	3,893	1,469	14,438,071	12,251,282
4	영 국	779	308	10,054,027	8,763,675
5	베 트 남	6,435	2,490	14,212,325	7,188,148
6	캐 나 다	1,086	538	9,911,818	6,241,789
7	네덜란드	487	156	8,401,380	6,211,183
8	인도네시아	4,070	1,494	9,293,607	5,325,155
9	싱가포르	1,531	524	4,720,468	3,809,411
10	일 본	4,972	2,164	5,053,642	3,650,733

자료: 한국수출입은행.

많은 액수를 차지하고 있으며, 그 다음으로는 중국이 35조에 달하고 있다. 신고법인수 기준으로는 중국에 설립된 법인수가 22,340개로 미국의 10,878개의 배를 넘어서고 있어, 중국에 대한 투자는 미국에 비해 소규모로 이루어지고 있다.

투자규모와 주체를 살펴보면 해외자원개발, M&A, 금융 및 보험업 투자 증가 등으로 대기업 중심의 투자가 이루어지면서 대형화 추세를 보여, 1억달러 이상 규모의 투자가 2010년에는 전체 투자의 54.2%를 차지하였다. 대기업의 투자비중 역시 2008년 70.2%에서 2010년 82.9%로 크게 높아졌으며, 에너지 공기업의 해외자원 개발, 국민연금의 대체투자 등으로 공공부문의 투자비중 역시 증가 추세를 보이고 있다.

그 외 최근 5년간 산업별 해외직접투자를 살펴보면 해외자원개발 활성화에 힘입어 광업투자가 증가하고 있으며, 제조업, 금융 및 보험업 등 업종의 투자가 모두 증가하면서 그 비중이 확대되고 있다. 특히 광업의 경우 신규법인 수의 감소에도 불구하고 투자금액은 전년대비 증가하여 건별 투자규모가 대형화되고 있는 것으로 나타났다.

표 3-6 한국의 업종별 해외직접투자 금액 (단위: 백만 달러)

업 종	2006	2007	2008	2009	2010	누 계
광 업	1,431	2,031	4,104	5,430	7,225	20,221
제 조 업	5,568	8,158	7,200	4,571	6,567	32,064
금융 및 보험업	621	1,685	2,158	1,774	3,204	9,442
부동산업 및 임대업	868	1,612	1,768	2,462	1,509	8,219
전문, 과학 및 기술서비스업	387	2,973	1,846	1,829	1,443	8,478
도매 및 소매업	1,121	2,511	3,730	1,810	1,149	10,321
기 타	1,624	3,230	3,039	2,217	2,090	12,200
합 계	11,620	22,200	23,845	20,094	23,187	

자료: 수출입은행(2011), 「2010년 해외직접투자 동향 분석」.

표 3-7 제조업 세부 업종별 해외직접투자 금액 (단위: 백만 달러)

업 종	2006	2007	2008	2009	2010	누 계
석유화학계 기초화학물질 제조업	171	20	110	61	1389	1,751
그 외 기타 전자부품 제조업	153	230	202	172	312	1,069
다이오드, 트랜지스터 및 유사 반도체소재 제조업	591	941	130	121	314	2,097
승용차 및 기타 여객용 자동차 제조업	705	1255	1026	543	262	3,791
그 외 기타 자동차 부품 제조업	180	300	316	222	251	1,269
합 계	1,800	2,746	1,784	1,119	2,528	

자료: 수출입은행(2011), 「2010년 해외직접투자 동향 분석」.

제조업의 경우 최대 해외투자국인 중국을 포함하여 말레이시아, 베트남에 대한 투자가 증가하고 있으며, 말레이시아의 경우 화학 및 철강부문 제조업 투자 증가가 두드러지고 있다. 세부 업종별로는 석유화학과 전자부품, 자동차 관련 제조업이 상위를 차지하고 있으며, 자동차 제조업을 제외하고는 모두 증가추세를 보이고 있다.

그 외 광업부문은 캐나다, 미국, 오스트레일리아, 서비스업 중 부동산 및 임대업은 영국, 도소매업의 경우는 미국이 단연 높은 비중을 차지하고 있으며, 전문·과학 및 기술서비스업의 경우는 미국과 아일랜드가 주요 투자대상지역인 것으로 나타났다. 수출입은행이 2007년부터 집계해오고 있는 M&A형 해외직접투자 현황을 업종별로 살펴보면 연도별로 편차는 있으나 대체로 도매 및 소매업, 제조업의 비중이 높은 것으로 나타났다.

한국의 산업별 해외직접투자는 여전히 아시아지역을 중심으로 제조업분야의 투자가 높은 비중을 차지하고 있으나, 특히 금융, 보험, 부동산임대업 등을 중심으로 북미, 유럽 등 선진국으로의 투자가 확대되고 있다. 또한 그 규모는 아직 미미하지만 M&A를 통한 해외투자도 자원개발과 더불어 이 서비스산업들에 집중되고 있다. 즉, 크게 볼 때 제조업 중심에서 서비스업 중심으로 전환되고 있다고 할 수 있다.

2. 중국의 경제 사회

2.1 중국의 거시경제 및 산업

중국이 전세계 GDP 및 무역, FDI에서 차지하는 비중은 1990년대 중반부터 급속도로 증가하기 시작하여 지난 10년간 10.5%의 GDP성장률을 보이며 급성장하였다. 이에 따라 중국이 전세계 GDP에서 차지하는 비중도 2000년 3.8%에서 2009년 8.6%로 2배 이상 높아졌다. 이러한 중국의 부상으로 2010년에는 중국의 GDP 규모가 5조 8,783억 달러로 일본을 초월하여 미국 다음으로 세계 2위의 경제대국으로 떠올랐다.

중국이 앞으로도 이러한 성장세를 지속적으로 유지할 경우 IMF는 2016년에는 중국의 GDP가 11조 달러를 넘어서고, 2019년에는 미국을 따라잡아

그림 3-9 중국의 PPP GDP 규모

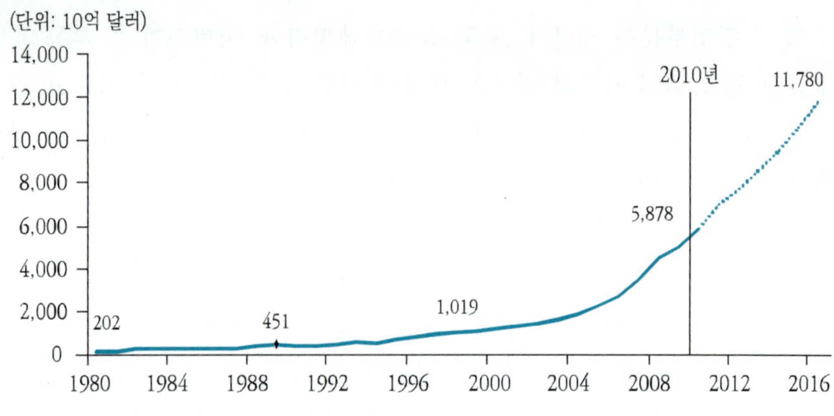

주: 2011년부터는 추정치임.
자료: IMF.

그림 3-10 세계 경제에서 차지하는 중국경제의 비중

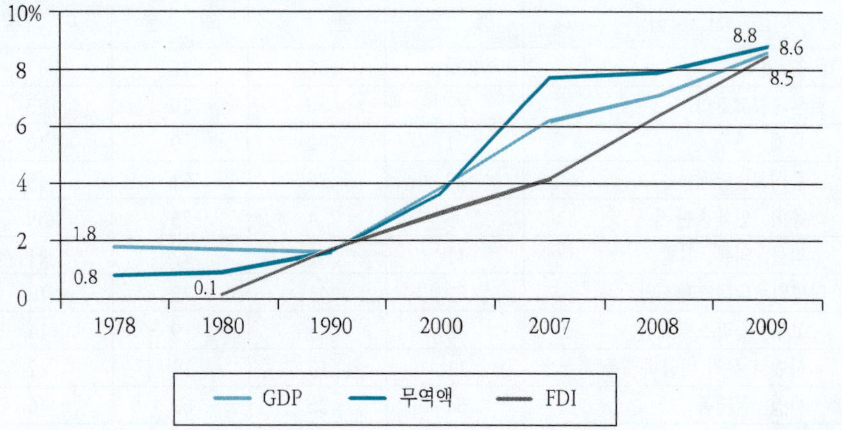

자료: UNSD Database; World Bank WDI Database; IMF Database 자료를 바탕으로 中華人民共和國國家統計局작성(www.stats.gov.cn).

세계 1위의 경제대국으로 자리매김할 것으로 전망하고 있으며, 이코노미스트誌는 중국이 연간 7.75%의 성장률을 유지할 경우 2019년 GDP가 20조 달러에 달하면서 미국을 따라잡게 되고, 2025년에는 GDP가 50조 달러를 넘어서 세계 최대의 경제대국으로 성장할 것으로 내다보고 있다.

이러한 중국의 경제규모 성장과 함께 중국이 무역과 FDI에서 차지하는 비중도 높아져, 개혁개방 이전에는 1%에도 미치지 못하던 것이 2009년에는 각각 8.8%와 8.5%를 차지하고 있으며, 무역수지 흑자와 해외투자의 지속적 유입으로 2002년 2,864억 달러였던 외환보유고가 2010년에는 2조 8,000억 달러로 급증하여, 전세계 금융시장에서의 영향력도 확대되고 있다.

중국의 이러한 경제적 성장은 1998년 이후 주요 산업 구조조정을 통해 국유기업을 대형화하는 '조대방소(抓大放小)'정책을 실시하여 규모의 경제로 성장전략을 전환하며 수출경쟁력을 제고한 결과라 할 수 있다. 이러한 중국의 산업정책으로 2000년 이후 경제에서 차지하는 중공업의 비중이 빠르게 증가하여 2005년부터 그 비중이 70%를 상회하고 있다. 그 결과 2010년 중국 수출에서 중공업, 전기전자, 경공업이 차지하는 비중은 각각 38%, 24%, 33%로

표 3-8 세부 산업별 국가별 기업 수

산 업	중 국	한 국	일 본	미 국
제 조 업	282	156	575	567
로우테크제조업	37	36	120	125
목재, 가구	1	2	9	16
음식료, 담배	20	25	61	49
종이, 인쇄출판	5	4	23	39
직물, 의류, 신발	11	5	27	21
미디엄로우테크제조업	83	41	79	72
고무, 플라스틱제품	8	5	9	14
시멘트,유리,비금속제품	11	10	10	12
제철, 철제품	64	26	60	46
미디엄하이테크제조업	133	70	333	293
정 유	3	3	5	17
기계, 설비	32	4	66	55
운송기계	33	22	64	29
의료기기	1	-	23	51
전기, 전자제품	31	19	88	78
화 학	31	22	69	53
하이테크제조업	29	9	43	77
사무기기, 컴퓨터	8	2	14	18
제 약	16	6	21	27
통신장비	3	1	7	20
항 공	2	-	1	12
건 설	18	28	83	26
광 업	31	2	7	84
농림수산	5	3	1	4
서비스업	115	58	416	654
총 합 계	451	247	1,082	1,335

주: 해당 국가, 산업에 속하는 5억 달러 이상의 기업의 수.
자료: 중국의 시장·기술·산업의 잠재력 평가 및 발전 전망(2011), 삼성경제연구소.

나타나고 있다.

특히 자본집약적 산업의 구조조정을 통해 주력 수출기업이 대형화되며

'투자증가 → 가격경쟁력 제고 → 수출증가'의 선순환 구조가 형성되면서 수출이 빠르게 증가하여 수출 주도 경제성장을 견인하고 있다.

이를 〈표 3-8〉과 같이 세부 산업별 기업수로 분석해 보면, 중국의 매출 5억 달러 이상 대기업 수는 451개로 한국보다 약 1.8배가 많은 수준이며 산업 전반에 골고루 분포하고 있다. 특히 하이테크제조업(29개)과 서비스(115개) 기업의 수가 우리나라의 3배에 달하고 있으며, 미디엄하이테크산업까지 포함할 경우 162개로 한국의 79개의 2.1배 많은 것으로 나타났다. 광업의 경우 31개로 미국(84개)보다는 적지만 일본(7개)의 4배, 우리나라(2개)의 15배에 달하고 있다. 반면 건설업의 경우 18개로 일본(83개)과 우리나라(28개)보다 현저히 그 수가 적은 것으로 나타났다.

삼성경제연구소의 보고서[5]에 의하면 이들 중국 대기업의 잠재력은 운송기계(96%), 전기전자제품(72%), 사무기기·컴퓨터(84%)를 제외한 전 산업에서

그림 3-11 중국의 7대 성장산업

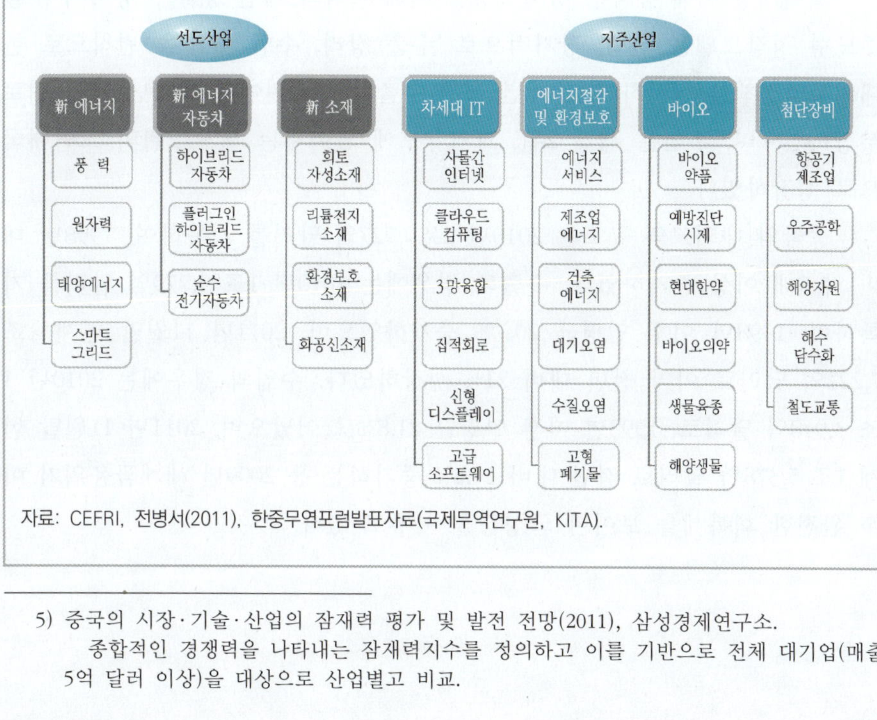

자료: CEFRI, 전병서(2011), 한중무역포럼발표자료(국제무역연구원, KITA).

5) 중국의 시장·기술·산업의 잠재력 평가 및 발전 전망(2011), 삼성경제연구소.
종합적인 경쟁력을 나타내는 잠재력지수를 정의하고 이를 기반으로 전체 대기업(매출 5억 달러 이상)을 대상으로 산업별고 비교.

한국보다 높은 수준에 도달한 것으로 나타났다. 제조업 전체로는 10%, 서비스업은 20% 정도의 우위를 나타내고 있으며, 특히 의료기기와 항공, 정유 부문에서는 미국보다도 우위를 보이고 있으며, 건설의 경우 기업수에 있어서는 우리나라와 일본보다 적었으나, 잠재력에 있어서는 훨씬 우위인 것으로 나타났다.

중국은 앞으로도 '12·5 계획'과 산업정책을 통해 정부 주도의 성장방식을 지속할 것으로 전망되는 가운데, 新에너지, 新에너지 자동차, 신소재, 차세대 IT, 에너지 절감 및 환경보호, 바이오, 첨단장비를 7대 신성장 산업으로 육성하고 성숙산업의 구조조정을 통해 산업고도화와 함께 경쟁력을 제고해 나갈 방침이다. 또한 고용과 소비촉진을 위해 서비스 산업의 비중을 2015년까지 GDP의 47%까지 끌어올릴 계획이다.

2.2 중국의 대외무역

개혁개방 이래 중국은 경제성장을 위해 한국과 대만 등을 모방하여 수출주도형 성장모델을 선택, 장기적으로 '수출 장려, 수입 제한'을 원칙으로 한 대외무역정책을 실시하여, 1978년 세계 수출순위 30위에서 2009년부터 1위로 부상하였으며, 수입은 세계 2위, 교역규모에 있어서는 세계 2위의 교역대국으로 성장하였다.

중국의 대외교역 규모는 2010년 2조9,727억 달러를 기록하여, 1998년 대비 약 9배 이상 증가하였다. 수출의 경우에는 2010년 1조 5,779억 달러를 기록하여, 1998년 이후 연평균 20.7% 증가하였으며, 2011년 11월말 현재 1조 7,222억 달러로 이미 전년 대비 21% 성장하였다. 수입의 경우에는 2010년 1조 3,948억 달러로, 1998년 이후 연평균 21.8% 늘어났으며, 2011년 11월말 현재 1조 5,378억 달러로 전년 대비 24.2% 증가하는 등 2009년 세계금융위기 이후 완전한 회복세를 보이며 급성장을 이루고 있다.

그림 3-12 중국의 수출입 규모

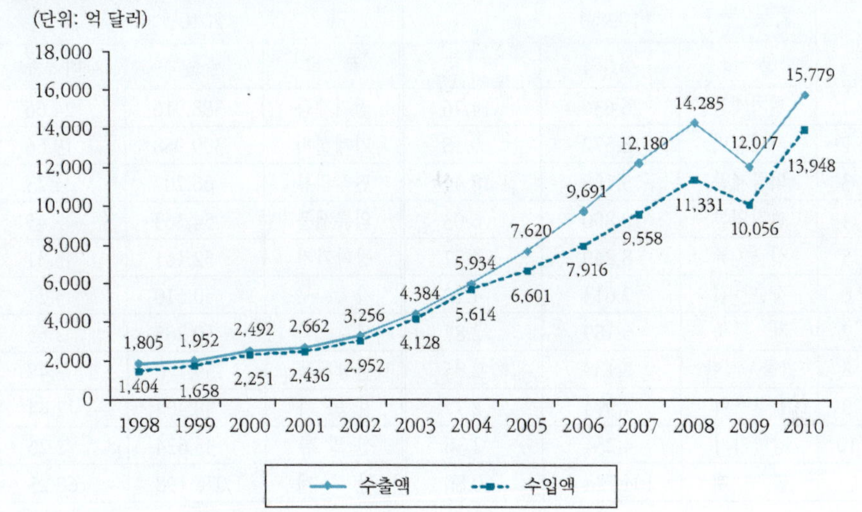

자료: 中華人民共和國國家統計局.

주요 수출품목을 살펴보면, 2010년 기준 전기제품이 24.66%로 전체 수출에서 가장 많은 비중을 차지하고 있으며, 전년대비 29.1%의 높은 증가율을 기록하였다. 그 다음으로 기계설비, 편직의류, 의류제품, 광학기기, 가구, 선박 등이 많은 비중을 차지하고 있으며, 특히 선박의 경우 전년대비 42.3%의 높은 증가율을 기록하였다.

수입 품목에서도 전기제품이 2010년 기준 3,144억 달러로 전체 수입의 22.86%를 차지하고 있으며, 전년대비 29.1% 증가하는 등 1998년 이후 26.2%의 높은 성장률을 기록하고 있다. 그 다음으로는 광물·석탄, 기계설비, 광석·광재, 광학기기 등의 비중이 높은 것으로 나타났다. 수입에서 증가율이 가장 높은 품목은 자동차 등 운송장비로서 전체 수입에서 차지하는 비중은 3.59%로 낮으나 전년 대비 74.5% 증가하는 등 1998년 이후 연평균 33%의 높은 증가율을 보이고 있다.

표 3-9 중국의 상위 10대 수출품목 (단위: 백만 달러, %)

순 위	1998년			2010년		
	품 목	수출액	비 중	품 목	수출액	비 중
1	전기제품	26,636	14.76	전기제품	388,916	24.66
2	기계설비	16,572	9.18	기계설비	309,958	19.66
3	의류제품	15,188	8.41	편직의류	66,707	4.23
4	편직의류	10,890	6.03	의류제품	54,363	3.45
5	신 발 류	8,249	4.57	광학기기	52,161	3.31
6	장 난 감	7,613	4.22	가 구	50,610	3.21
7	가 죽	5,189	2.87	선 박	40,285	2.55
8	광물 · 석탄	5,139	2.85	철강제품	39,170	2.48
9	플라스틱	4,994	2.77	자 동 차	38,404	2.44
10	광학기기	4,254	2.36	신 발 류	35,624	2.26
	합 계	104,724	60.80	합 계	1,076,198	68.25

주: HS2단위 상위10개 품목.
자료: 수출입무역통계(www.customs.go.kr).

표 3-10 중국의 상위 10대 수입품목 (단위: 백만 달러, %)

순 위	1998년			2010년		
	품 목	수입액	비 중	품 목	수입액	비 중
1	전기제품	26,353	18.77	전기제품	314,405	22.86
2	기계설비	24,738	17.62	기계설비	172,403	12.53
3	플라스틱	10,477	7.46	광석 · 광재	107,969	7.85
4	광물 · 석탄	6,694	4.77	광학기기	89,738	6.52
5	철 강	5,840	4.16	자 동 차	49,447	3.59
6	광학기기	4,003	2.85	유기화학품	48,283	3.51
7	종이 · 판지	3,614	2.57	구리제품	45,992	3.34
8	유기화학품	3,510	2.50	산업유지	27,059	1.97
9	인공섬유	3,348	2.38	광물 · 석탄	18,381	1.34
10	항공부품	3,176	2.26	플라스틱	6,389	0.46
	합 계	91,753	60.80	합 계	880,066	63.97

주: HS2단위 상위10개 품목.
자료: 수출입무역통계(www.customs.go.kr).

그림 3-13 중국의 대상 지역별 수출입 비중(2009년)

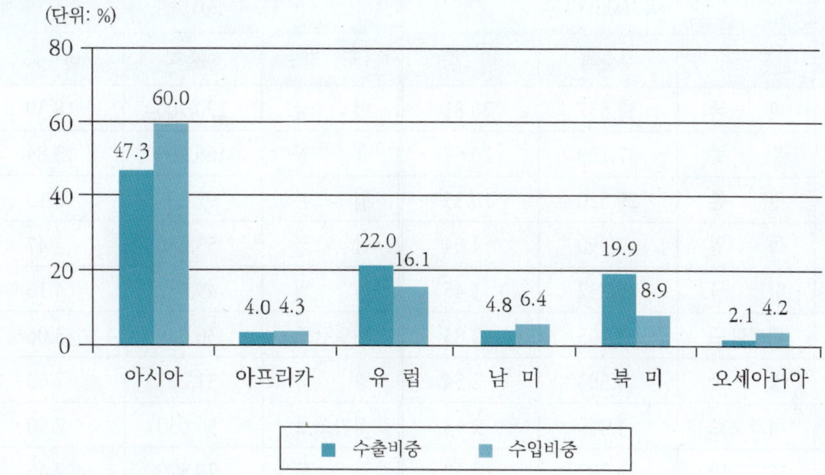

자료: 중국통계연감(2010).

중국은 세계의 공장으로서 전세계 200여개국과 교역을 추진하고 있다. 먼저 〈그림 3-13〉과 같이 권역별로 중국의 무역 대상지역을 살펴보면, 아시아가 가장 높은 비중을 차지하고 있으며, 그 다음으로 유럽, 북미가 차지하고 있다. 특히 아시아의 경우 수출이 47.3%로 유럽(22%)과 북미(19.9%)의 2배, 수입은 60%로 유럽(16.1%)과 북미(8.9%)의 4배 이상 큰 비중을 차지하고 있어, 중국의 아시아 역내 교역이 증가하고 있음을 알 수 있다.

국가별로 수출대상국을 살펴보면 미국이 2010년 현재 기준 전체 수출액의 18.39%로 여전히 가장 높은 비중을 차지하고 있으나 그 비중은 1998년 대비 약간 줄어들고 있다. 그 다음으로 홍콩(13.84%)과 일본(8.10%), 한국(4.47%)이 뒤를 잇고 있다. 특히 홍콩과 일본의 경우 1998년 대비 그 비중이 각각 6.37%와 8.25%포인트 감소하였으나, 한국의 경우 3.45%에서 4.47%로 그 비중이 증가하였다. 권역별로는 중국의 수출이 아시아에 집중되는 현상을 보이고 있으나, 국가별로는 상위 10개국의 수출비중이 1998년 76.36%에서 2010년 61.27%로 감소하는 등 수출대상국이 다변화되는 것을 알 수 있다.

표 3-11 중국의 상위 10대 수출대상국가 (단위: 백만 달러, %)

순 위	1998년			2010년		
	국 가	수출액	비 중	국 가	수출액	비 중
1	미 국	37,557	20.81	미 국	220,706	18.39
2	홍 콩	37,129	20.57	홍 콩	166,109	13.84
3	일 본	29,520	16.35	일 본	97,209	8.10
4	독 일	7,290	4.04	한 국	53,630	4.47
5	한 국	6,232	3.45	독 일	49,932	4.16
6	네덜란드	5,105	2.83	네덜란드	36,689	3.06
7	영 국	4,583	2.54	영 국	31,267	2.60
8	싱가포르	3,849	2.13	싱가포르	30,050	2.50
9	대 만	3,782	2.10	인 도	29,570	2.46
10	프랑스	2,786	1.54	이탈리아	20,246	1.69
	합 계	137,833	76.36	합 계	735,408	61.27

자료: 中華人民共和國海關總署(www.customs.gov.cn).

수입의 경우에는 수출과 달리 일본으로부터의 수입이 가장 높은 것으로 나타났는데, 2010년 일본으로부터의 수입은 1,763억 400만 달러로 전체 수입의 12.8%를 차지하였다. 그 다음으로는 한국(10.03%)과 대만(8.41%)이 차지하고 있다. 중국이 일본과 한국, 대만으로부터 수입이 많은 이유는 생활재 수입보다는 수출제품 생산에 필요한 고가 부품 및 부분품에 대한 수입이 많이 증가했기 때문인 것으로 판단된다. 특히 원자재의 수요증가로 호주, 브라질 등 신흥국으로부터의 수입도 증가하는 것으로 나타났다.

표 3-12 중국의 상위 10대 수입대상국가 (단위: 백만 달러, %)

순 위	1998년			2010년		
	국 가	수입액	비 중	국 가	수입액	비 중
1	일 본	28,307	20.16	일 본	176,304	12.82
2	미 국	16,997	12.11	한 국	138,023	10.03
3	대 만	16,694	11.89	대 만	115,645	8.41
4	한 국	15,021	10.70	중 국	106,778	7.76
5	독 일	6,998	4.98	미 국	101,310	7.37
6	홍 콩	6,667	4.75	독 일	74,378	5.41
7	싱가포르	4,226	3.01	호 주	59,698	4.34
8	러 시 아	3,627	2.58	말레이시아	50,375	3.66
9	프 랑 스	3,205	2.28	브 라 질	38,038	2.77
10	중 국	3,021	2.15	태 국	33,201	2.41
	합 계	104,763	74.61	합 계	893,750	64.98

자료: 中華人民共和國海關總署(www.customs.gov.cn).

2.3 중국의 해외직접투자

중국은 최근 수년간 국제수지 흑자로 외환보유고가 2010년 말 기준 2조 8,473억 달러로 2005년 대비 2.5배 증가하였고, 5년간 연평균 28.3%의 성장을 보이며 전세계 외환보유고의 31.7%[6])를 차지하고 있다. 2002년부터 2010년까지 중국의 해외직접투자는 연평균 52%의 성장을 보이고 있으며, 자국기업의 해외투자를 적극 장려하면서, 세계 투자시장의 큰 세력으로 등장하였다.

2010년 중국의 비금융부문 해외직접투자 규모는 590억 달러로 전년대비 36.3% 증가하였으며, 개혁개방이래 전세계 170개국에 걸쳐 약 1.6만개의 해외기업에 총 2,458억 달러를 투자하고 있다.

6) IMF자료에 의하면 2010년 말 현재 전세계 외환보유액은 8조9,860억 달러.

그림 3-14 중국의 해외직접투자 추이

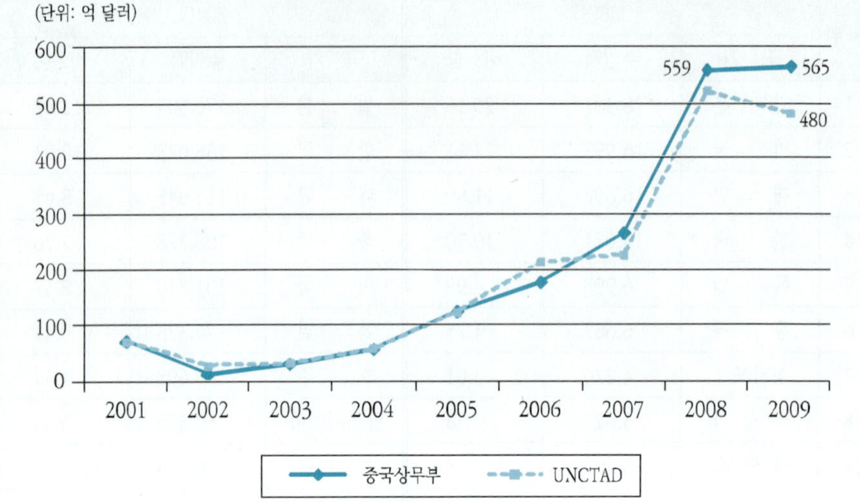

자료: 중국상무부, UNCTAD.

UNCTAD 자료에 의하면 2009년 금융위기의 여파로 전세계 직접투자량(FDI outflow)은 1조 1,010억 달러로 전년대비 43% 감소하였다. 그러나 중국의 대외직접투자는 꾸준히 증가하여 2009년 말 기준 미국과 프랑스, 일본, 독일에 이어 5위를 차지하고 있으며, 전세계 해외직접투자 유동량의 5.1%를 차지하고 있다.

중국의 대외직접투자를 주식투자와 이윤재투자, 기타투자로 유형을 나누어 살펴보면, 〈그림 3-16〉과 같이 2009년 중국의 대외직접투자액 565억 3,000만 달러 중 주식을 통한 투자는 172억5천만 달러로, 전체의 30.5%를 차지하고 있으며, 당기(當期)이윤재투자는 161억3천만 달러로 28.5%를, 기타투자는 231억5천만 달러로 41%를 차지하고 있다.

2009년 말 기준 중국의 대외직접투자 누계액 2,457억5천만 달러 중 주식을 통한 투자는 769억2천만 달러로, 전체의 31.3%를, 당기(當期)이윤재투자는 816억2천만 달러로 33.2%, 기타투자는 872억천만 달러로 35.3%의 비중을 나타내고 있다.

그림 3-15 2009년 전 세계 주요국의 해외직접투자 유동량

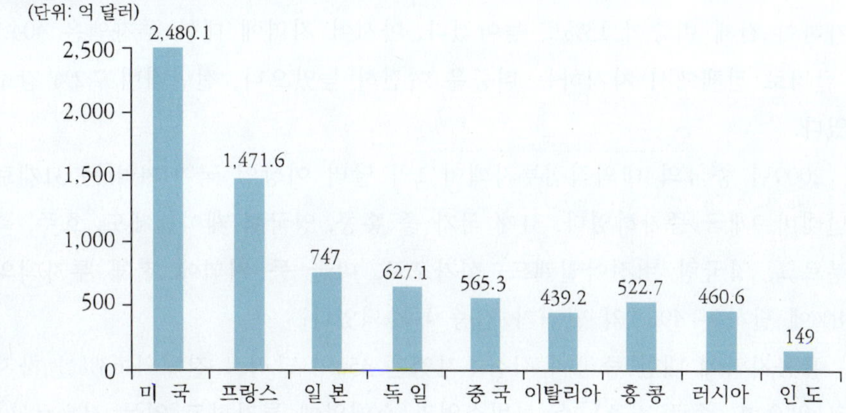

자료: UNCTAD, 2010 World investment report.

그림 3-16 중국의 대외직접투자 유동량 구성비

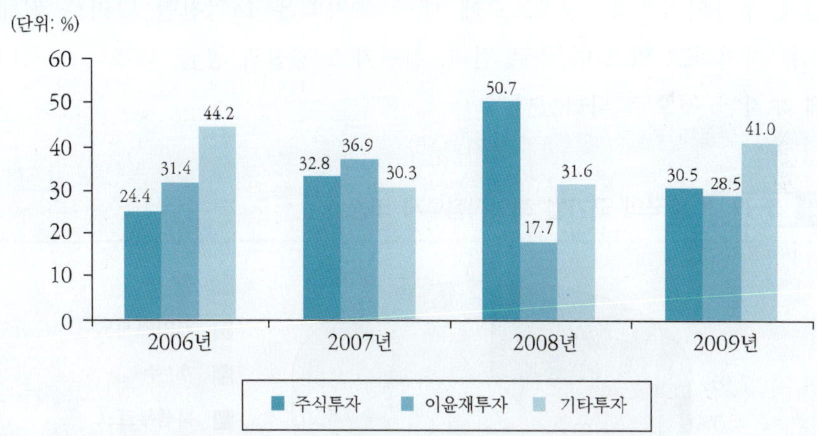

자료: 中國國際貿易促進委員會, 2009中國企業 "走出去"發展報告, 人民出版社.

중국의 해외직접투자를 지역별로 살펴보면, 2009년 아시아 지역에 대한 투자가 전체 투자액의 71.4%를 차지하여 가장 큰 비중을 보이고 있으나, 증가율은 감소세를 보이며 유럽에 대한 투자가 대폭 증가하고 있다. 유럽의 경

우 33.53억 달러로 전년대비 2.8배의 성장을 보이며 전체 투자액의 5.9%를 차지했으며, 그 다음으로 남미에 대한 투자액이 73.3억 달러로 전년대비 100% 증가하여 전체 비중이 13%로 높아졌다. 아시아 지역에 대한 투자액은 404.1억 달러로 전체에서 차지하는 비중은 여전히 높았으나, 전년대비 7.2% 감소하였다.

2009년 중국의 대외직접투자액이 1억 달러 이상인 국가(지역)는 31개로 전년대비 9개국 증가하였다. 31개 국가 중 홍콩, 영국령 케이맨제도, 호주, 룩셈부르크, 영국령 버진아일랜드, 싱가포르, 미국 등 지역에 전체 투자액의 87.8%에 달하는 496.1억 달러가 집중 투자되었다.

홍콩지역에 대한 중국의 직접투자액은 356억 달러로 전체의 63%를 차지하고 있으며, 주로 비즈니스 서비스업과 소매업에 투자하고 있는 것으로 나타났다. 영국령 케이맨제도의 경우 투자액이 53억7천만 달러로 9.5%를 차지하고 있으며, 주로 비즈니스 서비스업과 소매업에 투자되었다. 호주에 대한 투자액은 24억4천만 달러로 전체의 4.3%를 차지하고 있으며, 주로 광업과 소매업에 투자되었으며, 싱가포르에 대한 투자액은 14억천만 달러로 전체의 2.5%를 차지하고 있으며, 주로 전력, 천연가스 생산과 공급, 비즈니스 서비스업에 투자된 것으로 나타났다.

그림 3-17 중국의 국가별 해외직접투자 비중

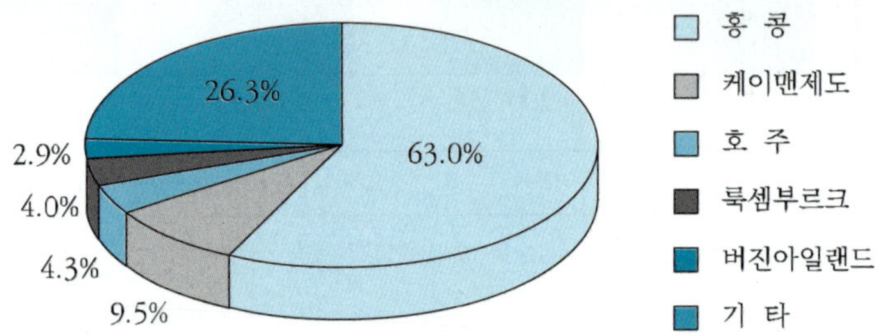

자료: 中國國際貿易促進委員會, 2009中國企業 "走出去"發展報告.

2009년 중국의 해외직접투자는 비즈니스 서비스업과 채광업, 금융업, 도소매업, 교통 운수, 제조업 등 업종에 전체 투자액의 93.8%가 집중되었다. 이를 투자기업의 종사업종으로 분석해 보면, 2009년 중국의 해외직접투자 기업의 주요종사업종은 도소매업, 제조업, 건축업 순이었으며, 제조업의 비중은 여전히 높기는 하지만 점차 줄어들고 있는 것으로 나타났다. 도소매업에 대한 투자 비중은 2007년 23%에서 2009년 36.6%로 점차 상승, 해외직접투자가 매우 활발하게 추진되는 업종 중 하나로 제일 높은 비중을 차지했으며, 제조업에 대한 투자 비중은 2006년 53.4%에 달했으나 점차 하락세를 보이며, 2009년에는 31.9%로 감소하여 2위를 기록하였다. 그 다음으로는 건축업으로 4.5%의 비중을 나타내고 있다.

중국의 해외직접투자를 투자 기업의 유형별로 살펴보면, 과거에 비교하여 점차 기업 형태가 다양화되는 추세를 보이고 있으나 투자규모에 있어서는 여전히 중앙기업에 집중된 현상을 보이고 있다.

〈그림 3-18〉과 같이 2009년 말 기준, 중국이 해외에 투자한 기업은

그림 3-18 중국의 해외직접투자 주체 유형별 비중

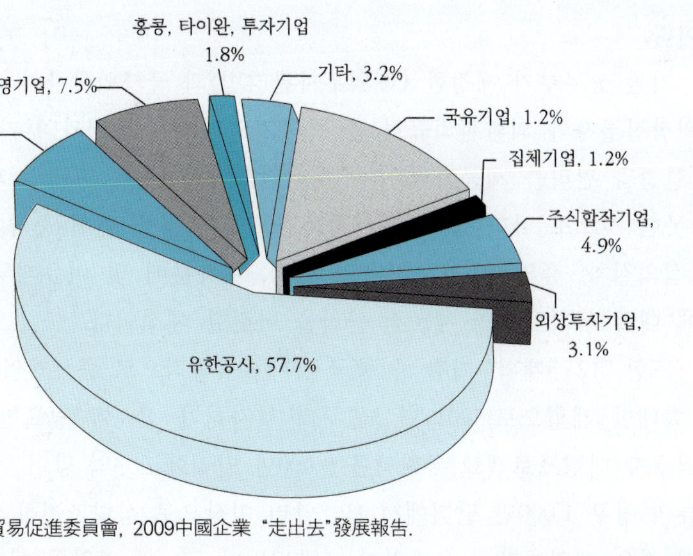

자료: 中國國際貿易促進委員會, 2009中國企業 "走出去"發展報告.

12,000여개로 이중 57.7%는 중국의 유한공사로부터 투자가 이루어진 것으로 집계되었다. 그 다음으로는 국유기업으로 전체 해외직접투자의 13.4%에 달했으며, 민영기업과 주식회사는 각각 7.5%와 7.2%를 차지하고 있다. 그 외 주식합작회사(4.9%), 외상투자기업(3.1%), 홍콩·대만 투자기업(1.8%) 등이 중국의 해외직접투자를 주도하고 있는 것으로 나타났다.

비금융부문의 해외직접투자에서 기업수로 그 규모를 살펴보면 중앙기업이 전체 투자 기업수의 4.9%에 불과, 그 외 각 성시 지역의 기업으로부터 투자가 이루어진 것으로 나타났다. 이중 저장, 장쑤, 산동, 광동, 푸젠, 상하이, 헤이룽장 등 6개 성시에 등록된 기업의 투자가 전체 투자 기업수의 71%를 차지하고 있으며, 특히 민영기업의 70%가 저장과 푸젠 지역에 등록된 기업이다.

그러나 투자 기업수에 있어서는 지방기업이 큰 비중을 차지하고 있는 반면, 투자규모로 비교할 경우 중앙기업의 해외직접투자액이 지방기업 투자액의 3.97배인 381억9천만 달러(전체 투자액의 79.9%)에 달해 중앙기업의 투자가 여전히 중국의 해외직접투자를 주도하고 있는 것으로 나타났다.

중국은 앞으로도 새로운 시장 개척과 중국기업의 선진화를 위해 지속적으로 해외직접투자를 확대해 나갈 방침을 세우고 있으며, 이를 위해 《해외투자촉진법》과 같은 제도적 기반을 마련하여 중국기업의 해외진출을 촉진할 계획이다.

기존 상무부가 제정한 《해외투자관리법》과 국가외환관리국의 《국내기구 해외직접투자와 외환관리규정》은 중국기업의 해외경영과 투자를 위한 제도적 환경과 편리를 제공하였으나 "해외진출"의 현실적 요구와 환경에 부응하지 못한 것으로 나타나, 《해외투자촉진조례》제정을 통해 중국기업의 해외투자 심의절차, 출입국, 자금융통, 노동력, 이자분배 및 이윤재투자, 관세정책 등에 대한 국가차원의 제도적 근간을 마련할 예정이다.

또한 "12·5계획" 기간 중 중국정부는 지속적으로 중국기업의 "해외진출"을 확대할 계획으로, 2011년 3월부터 투자허가 심사가 필요한 자원(資源)류 해외투자 대형프로젝트 투자액을 3,000만 달러에서 3억 달러 이상으로, 비자원류의 경우 1,000만 달러에서 1억 달러 이상으로 상향조정하였으며, 중앙기업의 경우 해외투자 심사과정이 생략되었다. 그 외 기업의 해외투자 문제해

표 3-13 중국 非금융부문 해외직접투자 성 · 시별 현황 (단위: 만 달러)

성 · 시명	2008년 유동량	2009년 유동량	전년대비 증감(%)	누 계 량
중앙합계	3,598,284	3,819,275	6.14	16,014,326
지방합계	587,633	960,250	63.4	3,961,809
베이징시(北京市)	47,299	45,185	▼4.5	375,865
톈진시(天津市)	8,200	20,992	256.0	58,116
랴오닝성(辽宁省)	10,600	75,786	714.9	149,230
다롄시(大连市)	4,427	46,384	1047.7	83,094
상하이시(上海市)	33,714	120,869	358.5	358,937
장쑤성(江苏省)	49,384	85,061	172.2	249,872
저장성(浙江省)	38,768	70,226	181.1	295,923
푸젠성(福建省)	16,169	36,582	226.2	158,800
샤먼시(厦门市)	4,159	12,389	297.9	38,813
산둥성(山东省)	47,478	70,441	148.4	262,255
칭다오시(青岛市)	1,547	10,472	676.9	46,487
광둥성(广东省)	124,251	92,298	▼27.8	954,523
선전시(深圳市)	76,375	41,447	▼47.8	473,986
충칭시(重庆市)	10,448	4,747	▼54.6	30,323

자료: 中國國際貿易促進委員會, 2009中國企業 "走出去"發展報告.

결을 위해 세관, 검역, 비즈니스 등 각 부문의 소통과 연계를 위한 메커니즘을 구축할 예정이며. 특히 "12·5계획"기간 동안 에너지자원개발, 기초시설, 가공제조, 농업 분야의 해외진출을 장려하기 위해 계획을 수립하고 국제적 경쟁력을 갖춘 중국 기업을 다국적 기업으로 육성할 계획이다.

3. 일본의 경제 사회

3.1 일본의 거시경제 및 산업

일본의 GDP는 IMF 통계에 의하면 2010년 5조 4,588억 달러로 미국과 중국 다음으로 세계 3위의 규모를 가지고 있으며, 2016년에는 6조 달러를 넘어설 것으로 전망되고 있다. 일본은 그동안 미국과 함께 세계 경제의 양대축으로 경제흐름을 주도해 왔으나, 최근 들어 지속적인 성장을 도모하고 있는 한국, 중국과는 달리 그 경제적 위상이 점차 저하되고 있는 실정이다. 2010년에는 GDP순위가 중국 다음으로 밀려났으며, 전세계 GDP비중도 1990년 14.3%에서 2008년 8.9%로 축소되었다. 또한 1인당 GDP의 경우 2000년 3위에서 2010년 16위로 하락하였으며, IMD국제경쟁력 순위도 1990년 1위까지 올랐으나 20년 후인 2010년에는 27위까지 내려가는 등 그 위상이 저하되고 있는 실정이다.

이에 따라 일본은 저하된 경제적 위상과 경쟁력을 되찾고 성장의 한계를 극복하기 위해 산업구조를 재편하고 신흥국 시장개척에 주력하는 모습을 보

그림 3-19 일본의 GDP 성장 추이

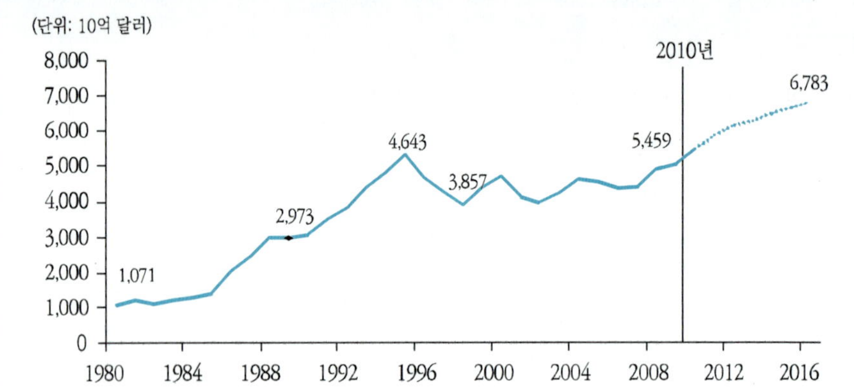

주: 2011년부터는 추정치임.
자료: IMF.

이고 있다.

일본은 방대한 내수시장 덕분에 3차산업이 발달하였으며, 제조업도 강세를 보여 가공 무역이 발달하였으며, 기술력도 세계 최고의 수준을 보이고 있다. 특히 2000년 이후 일본의 경제는 국제경쟁력이 높은 특정 제조업에 의존하고 있는데, 2001년부터 2007년에 걸쳐 전산업에서 발생된 경제이익 증가분 25.2조엔 가운데, 36%(9.1조엔)가 운송기계, 전기, 철강, 일반기계 등 4가지 업종에서 창출되었다. 2003년부터 2007년까지 일본의 명목GDP는 13조엔이 늘어났으며, 이 가운데 자동차관련 산업에서 차지하는 액수가 6조엔에 달하고 있다. 일본의 특정 제조업이 높은 임금에도 불구하고 경제성장의 기반이 될 수 있었던 원인은 꾸준히 높아진 이들 글로벌 대기업의 노동생산성 덕분인 것으로 나타났다.

그러나 그 외 산업에서는 점차 저조한 실적을 보이고 있다. 탁월한 기술우위로 신제품시장에서 80% 이상의 높은 점유율을 보이던 액정판넬, DVD플레이어, 태양광발전판넬, DRAM메모리 등은 그 점유율이 20% 이하로 떨어지는 등 일본 제품의 시장점유율은 급속히 하락하고 있다.

또한 외국기업의 아시아 거점으로서의 입지경쟁력도 급격히 하락하여

표 3-14 외국기업에 의한 거점 기능별 평가 (단위: %)

	일 본	중 국	인 도	한 국	홍 콩	싱가포르
아시아지역총괄거점	8	①35	8	2	11	②14
제조거점	1	①53	②11	1	1	1
R&D거점	②15	①24	14	3	1	6
백오피스	6	①32	②15	1	8	12
물류거점	2	①48	6	1	4	9
금융거점	8	①24	7	3	②18	17
판매거점	6	①42	6	3	②11	9

자료: 日本經濟産業省(2009), 歐米アジアの外國企業の對日投資關心度調査.

제조거점, R&D거점, 백오피스, 물류, 금융, 판매 거점 등 대부분 중국과 인도, 홍콩, 싱가포르보다 경쟁력이 현저히 떨어지고 있는 것으로 나타났다.

3.2 일본의 대외무역

일본은 EU, NAFTA와 더불어 세계무역의 축을 이루어 왔으며, 아시아에서는 최초로 1974년에 무역 천억 달러를 초과하였으며, 1981년 이래 지속적으로 무역수지 흑자를 기록하고 있다. 2010년 일본의 수출은 7,698억 달러, 수입은 6,940억 달러에 달해 전체 무역액은 1조4,639억 달러를 기록했다.

그러나 세계적인 통상 확대와 중국경제의 급속한 부상으로, 세계무역에 있어 중국, EU, NAFTA를 중심으로 새로운 축이 형성되면서 일본의 위상이 점차 낮아지고 있는 실정이다. 그 결과 일본은 2003년 세계 무역 순위 3위를 기록했으나, 2004년 중국이 무역 1조 달러를 달성하면서 4위로 밀려나게 되었다.

그림 3-20 일본의 수출입 추이

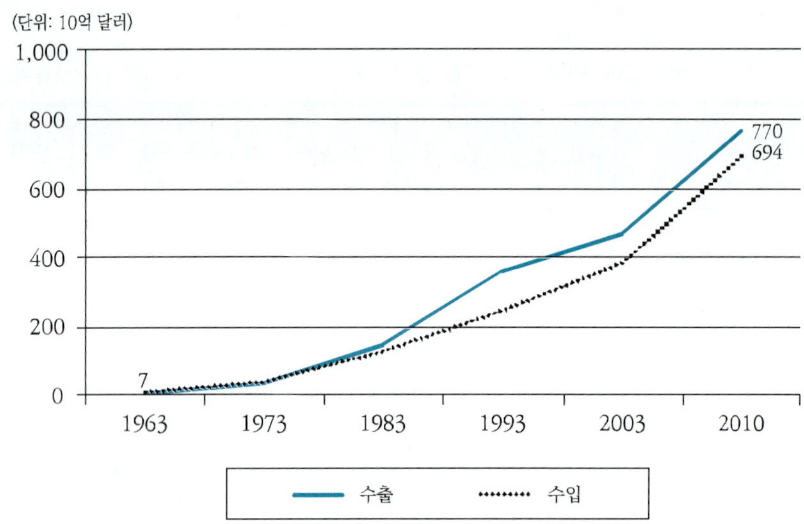

자료: UNComtrade.

그림 3-21 일본의 수출 상대지역별 비중 추이

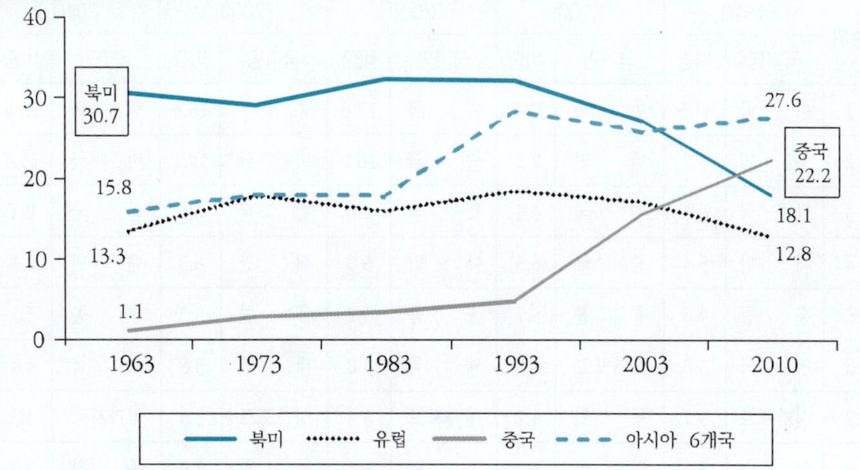

자료: WTO, International Trade Statistics 2011.

일본의 수출을 지역별로 살펴보면 90년대 초반까지는 북미지역에 대한 수출이 30%를 웃돌며 큰 비중을 차지해 왔으나, 80년대 중반부터 아시아지역에 대한 수출이 증가하면서 15.8%였던 비중이 2000년대에는 북미지역을 넘어서 2010년 27.6%로 가장 높게 나타났다. 유럽의 경우 다른 지역과는 달리 소폭의 증감을 보일 뿐 수출 비중에 있어서는 큰 변화를 보이지 않았다. 반면 중국의 경우 1993년부터 급속하게 증가하기 시작하여 4.8%였던 비중이 2010년에는 22.2%로 크게 높아졌다.

이러한 지역적 추세에 따라 일본의 국가별 수출 상대국 추이에도 변화를 보이고 있다. 일본의 수출에서 꾸준히 1위를 차지하던 미국은 1990년 31.5%의 비중을 보이고 있지만, 그 비중이 점차 감소하면서 2009년에는 수출 대상국 2위로 그 순위가 내려갔고, 비중도 15.4%로 절반 가까이 축소되었다. 반면 중국의 경우 1990년 일본의 수출에서 차지하던 비중이 2.1%에 불과했으나, 비약적으로 급증하여 최근 10년간 그 비중이 6.3%에서 19.4%로 13% 증가하면서 일본의 수출 대상국 1위의 자리를 차지하고 있다. 그 외 한국, 대만, 홍

표 3-15 일본의 수출 상대국 추이 (단위: %)

순위	1990		2000		2008		2009		2010	
	국가명	비중	국가명	비중	국가명	비중	국가명	비중	국가명	비중
1	미 국	31.5	미 국	29.7	미 국	17.6	중 국	18.9	중 국	19.4
2	독 일	6.2	대 만	7.5	중 국	16.0	미 국	16.1	미 국	15.4
3	한 국	6.1	한 국	6.4	한 국	7.6	한 국	8.1	한 국	8.1
4	대 만	5.4	중 국	6.3	대 만	5.9	대 만	6.3	대 만	6.8
5	홍 콩	4.6	홍 콩	5.7	홍 콩	5.2	홍 콩	5.5	홍 콩	5.5
6	영 국	3.8	싱가포르	4.3	태 국	3.8	태 국	3.8	태 국	4.4
7	싱가포르	3.7	독 일	4.2	싱가포르	3.4	싱가포르	3.6	싱가포르	3.3
8	태 국	3.2	영 국	3.1	독 일	3.1	독 일	2.9	독 일	2.7
9	호 주	2.4	말레이시아	2.9	네덜란드	2.7	네덜란드	2.3	말레이시아	2.3
10	캐나다	2.3	태 국	2.8	호 주	2.2	말레이시아	2.2	네덜란드	2.1

자료: JETRO.

콩, 태국, 상가포르, 말레이시아 등 아시아 6개 국가가 모두 수출 상위 10위 국가에 포함되는 등, 일본에 있어서 중국과 아시아 국가들이 미국과 유럽 국가에 비해 중요한 위상을 가지게 되었다.

지역별 수입의 경우도 북미지역은 수출과 마찬가지로 그 비중이 1963년 37.6%에서 2010년 12%로 크게 감소하였다. 반면 아시아와 중국으로부터의 수입은 크게 늘어났다. 중국의 경우 1963년 1%에 불과했던 수입 비중이 일본과 중국간의 수교와 중국의 개혁개방 등 양국 관계의 호전과 중국의 경제성장으로 급속하게 증가하기 시작하여 2010년에는 전체수입에서 22.1%를 차지하게 되었다. 아시아 6개국의 경우 중국과 같은 급속한 증가폭을 보이지는 않았지만, 꾸준한 증가세를 보이며 2010년에는 일본의 전체수입에서 15.1%를 차지하였다. 유럽의 경우 북미지역과 같은 급감추세와는 달리 안정적 형태를 보이고 있다. 2010년에는 10.9%의 비중을 차지하며 90년대 초반보다는 비중

그림 3-22 일본의 수입 상대지역별 비중 추이

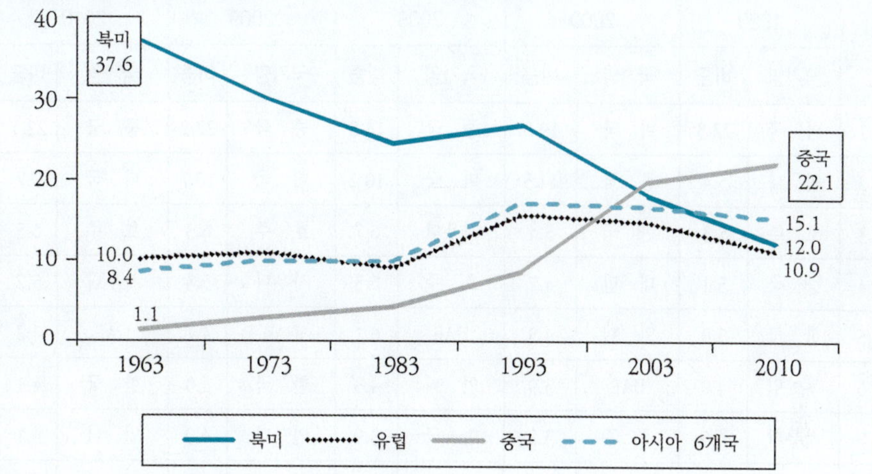

자료: WTO, International Trade Statistics 2011.

이 다소 낮아졌지만 1963년과 비교하여 약 2.5% 증가하였다.

이러한 지역적 추세를 반영하듯, 국가별 수입에 있어서도 미국의 비중은 1990년 22.3%에서 2010년 9.7%로 절반 이상 감소한 반면, 중국의 경우 1990년 5.1%에서 2010년 22.1%로 4배 이상의 성장을 이루고 있다. 그리고 수입의 경우 석유와 같은 자원이 차지하는 비중이 높아, 호주, 사우디, UAE, 카타르 등 풍부한 자원을 소유한 국가의 순위가 높게 나타났다.

일본의 수출을 원자재와 자본재, 소비재로 나누어 살펴보면 자본재의 비중이 2010년 52.6%로 가장 높은 비중을 차지하고 있으며, 그 다음으로는 원자재가 25%, 소비재가 15.6%를 차지하고 있다. 이는 10년 전과 비교하여 자본재의 비중이 7.52% 감소한 것으로, 반면 원자재 수입은 10년간 7.65% 증가하였다.

세부 품목별로는 일반기계와 전기기계, 자동차 및 관련 부품, 선박 등 수송기계가 수출에서 차지하는 비중이 각각, 19.8%와 17.6%, 11.2%로 상위를 기록하고 있다. 그 외 컴퓨터 및 컴퓨터 관련 부품의 수출 비중은 감소하고 반도체 제조용 장비와 석유제품의 수출 비중은 확대된 것으로 나타났다.

표 3-16 일본의 수입 상대국 추이 (단위: %)

순위	1990		2000		2008		2009		2010	
	국가명	비중	국가명	비중	국가명	비중	국가명	비중	국가명	비중
1	미 국	22.3	미 국	19.0	중 국	18.8	중 국	22.2	중 국	22.1
2	인 니	5.4	중 국	14.5	미 국	10.2	미 국	10.7	미 국	9.7
3	호 주	5.3	한 국	5.4	사우디	6.7	호 주	6.3	호 주	6.5
4	중 국	5.1	대 만	4.7	호 주	6.3	사우디	5.3	사우디	5.2
5	한 국	5.0	인 니	4.3	UAE	6.1	UAE	4.1	UAE	4.2
6	독 일	4.9	UAE	3.9	인 니	4.3	한 국	4.0	한 국	4.1
7	사우디	4.5	호 주	3.9	한 국	3.9	인 니	4.0	인 니	4.1
8	UAE	3.9	말레이시아	3.8	카타르	3.5	대 만	3.3	대 만	3.3
9	대 만	3.6	사우디	3.7	말레이시아	3.1	말레이시아	3.0	말레이시아	3.3
10	캐나다	3.6	독 일	3.4	대 만	2.9	독 일	3.0	카타르	3.1

자료: JETRO.

표 3-17 일본의 품목별 수출추이 (단위: 백만 달러)

	2000	2005	2008	2009	2010
식료 및 직접소비재	1,968	2,663	3,651	3,678	4,370
공업용원료	83,383	125,204	185,638	148,376	191,743
원 료	3,166	6,618	9,878	8,649	10,507
광물성연료	1,741	4,570	18,315	10,617	13,234
화학공업생산품	34,556	52,122	67,852	60,148	76,515
금 속	20,111	35,064	58,002	42,288	57,009
섬유제품	6,698	6,567	6,943	5,752	6,669
자 본 재	289,460	329,420	394,433	300,904	404,174
일반기계	103,454	121,711	152,982	103,842	151,924
전기기계	116,472	123,173	137,778	108,435	135,338

수송기기	40,443	55,718	76,959	65,861	85,832
비내구소비재	3,602	3,883	4,875	4,504	5,107
섬유제품	778	747	870	770	803
내구소비재	83,909	108,711	144,806	83,746	114,416
가정용품	631	496	633	563	681
가정용전기기기	2,266	2,504	1,812	1,055	1,252
승 용 차	57,015	79,989	114,278	62,324	89,949
이륜자동차류	6,681	7,817	7,703	4,683	4,757
완구·악기류	11,900	10,538	10,722	7,531	7,327
기 타	18,378	28,332	42,514	39,579	47,214
합 계	480,701	598,215	775,917	580,786	767,025

자료: JETRO.

3.3 일본의 해외직접투자

일본은 전형적인 해외직접투자 유출국으로 분류할 수 있다. 2008년 일본의 해외직접투자 유출액(스톡 기준)은 GDP 대비 13.9%의 점유비중을 보였으나 유입액은 4.2%에 불과하다. 그 결과 유출액/유입액 비율이 3.3배로 한국 1.0배, 미국, 1.6배, 영국 1.2배, 독일 2.0배에 비해 월등히 높은 수준을 유지하고 있다.[7)]

일본의 해외직접투자는 2차 대전 이후 1951년부터 시작하였는데, 초기에는 북미시장 개척과 동남아지역의 자원개발 및 브라질에서의 방적업 투자 등이 중심이 되었으며, 자원개발형 투자비중이 높은 특징을 보였다. 1960년대에 들어서면서부터 개발도상국의 수입대체공업화에 대응한 투자가 발생하기 시작하였다. 이후 1970년대 일본의 국내 노동비용 상승과 해외자유화조치로 해외직접투자가 급증하여, 1983년 36억 달러에 불과하던 것이 1990년에는 투자액이 480억 달러로 연평균 44.7%의 증가율을 기록하기도 하였다. 2000년대 중반 이후 일본의 해외직접투자는 다시 크게 증가하여 2008년에는 1,308억

7) 정형곤 외(2011).

그림 3-23 일본의 해외직접투자 추이 및 GDP 대비 비중

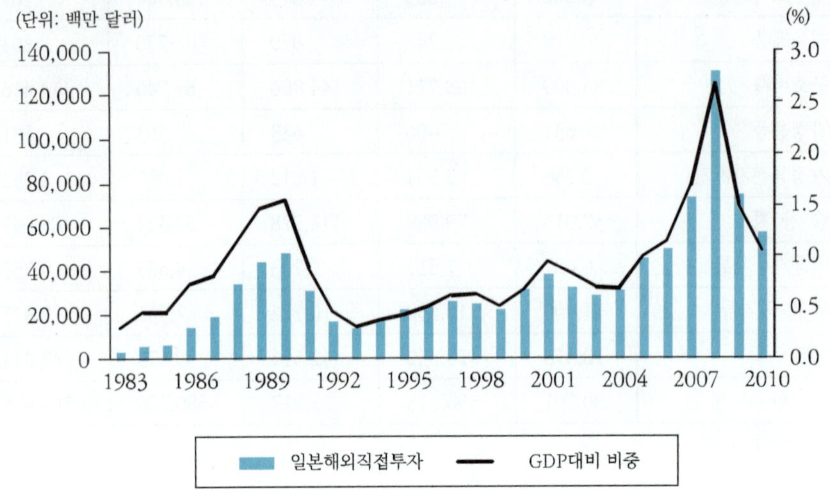

자료: IMF, World Economic Outlook, April 2011, JETRO.

달러를 기록하였다. 그러나 2009년 글로벌 금융위기의 여파로 다시 크게 감소하여 2010년에는 572억 달러에 머물렀다.

정형곤(2011)에 의하면 일본의 해외직접투자는 M&A형 투자가 견인하고 있는 것으로 나타났으며, 2000년대 이후 들어서는 과거에 비해 M&A 건수는 낮으나 금액이 점차 높아지는 특징을 보이는 등 질적 측면이 강조되고 있는 것으로 분석되었다. 또한 딜로이트社[8]의 조사에 의하면 일본기업의 해외시장 점유율 확대가 가장 큰 투자 동기인 것으로 나타났으며, 그 외 시장 잠재성과 신기술 획득, 기업인수 용이성을 고려하고 있는 것으로 조사되었다.

일본의 해외직접투자는 기간에 따라서 일부 차이가 있으나 미국이 속한 북미지역에 집중되는 것으로 나타났다. 이는 일본기업이 경상수지의 지속적인 흑자로 인한 미국과의 무역마찰을 회피하기 위한 수단으로 해외직접투자를 활용하였기 때문으로 보인다. 최근 북미지역 다음으로 높은 해외투자비중을 보이는 지역은 서유럽으로, 1995년에는 14.6%의 비중을 차지하였으나 이

8) Deloitte(2009), *Japanese Outbound M&A: Targeting Global Growth in Volatile Times*; 정형곤 외(2011)에서 재인용.

표 3-18 일본의 주요 지역별 해외직접투자 (단위: %)

지 역	1995	2000	2005	2006	2007	2008	2009	2010	
								투자액	비 중
아 시 아	8,447	2,132	16,188	17,167	19,388	23,348	20,636	22,131	38.68
북 미	9,411	14,176	13,168	10,188	17,385	46,046	10,889	9,016	15.76
중 남 미	-	3,982	6,402	2,547	9,482	29,623	17,393	5,346	9.34
오세아니아	-	282	943	723	4,204	6,060	7,629	6,407	11.2
서 유 럽	3,297	10,950	7,509	18,029	20,456	22,418	17,073	14,450	25.3
동유럽·러시아	-	166	721	367	509	650	757	593	1.04
중 동	-	△ 42	542	242	958	1,138	575	△ 348	-0.61
아프리카	-	△ 192	25	899	1,101	1,518	△ 301	△ 372	-0.65
전 세 계	22,651	31,534	45,461	50,165	73,483	130,801	74,650	57,223	100.00

주: 「△」는 철수액이 투자액을 초과.
자료: JETRO.

후에는 그 비중이 점차 높아져 2010년에는 25.3%에 달했다. 이는 EU통화통합과 함께 일본기업들이 단일시장으로서의 EU를 중요하게 고려하였기 때문인 것으로 볼 수 있다. 그 외 케이맨제도로의 금융 및 보험 산업부문 진출과 브라질로의 광공업부문 진출 확대로 중남미 지역에 대한 해외직접투자도 빠르게 확대되고 있다.

국가별로 살펴보면, 일본의 주요 해외직접투자 국가는 미국, 중국, 호주, 영국 등으로, 일본의 최대 해외투자지역인 북미는 대부분 미국에 투자되고 있고, 미국 다음으로 중국, 호주 등에 투자가 집중되는 것으로 나타난다. 한편 2008년에 중남미 국가인 브라질은 일본의 해외직접투자에서 7위로 부상하여 2010년에는 5위로 전체 해외직접투자 비중이 7.54%에 달했다. 이는 전술한 바와 같이 철강기업의 브라질 광공업기업 투자에 따른 것으로, 이는 일본 주요 철강 회사인 Nippion Steel Corporation 외 4개 기업과 한국의 포스코 간에 컨소시엄을 구성하여 브라질 철광석회사인 NAMISA의 40% 지분 소유에 따른 것이다.

표 3-19 일본의 주요 해외직접투자 대상국가 (단위: %)

순위	1995		2000		2008		2009		2010	
	국가명	비 중	국가명	비 중	국가명	비 중	국가명	비 중	국가명	비 중
1	미 국	39.81	미 국	44.78	미 국	34.15	케이맨제도	17.28	미 국	16.07
2	중 국	14.05	영 국	21.57	케이맨제도	17.24	미 국	14.28	중 국	12.67
3	영 국	5.89	케이맨제도	11.61	영 국	5.16	호 주	9.56	호 주	11.13
4	필 리 핀	4.68	네덜란드	7.22	네덜란드	4.98	중 국	9.24	영 국	8.08
5	인도네시아	4.18	한 국	3.41	중 국	4.97	네덜란드	8.97	브 라 질	7.54
6	태 국	4.13	중 국	2.96	인 도	4.24	브 라 질	5.03	싱가포르	6.72
7	네덜란드	3.69	스 웨 덴	2.66	브 라 질	4.11	인 도	4.91	네덜란드	5.75
8	싱가포르	2.98	태 국	1.88	호 주	4.00	룩셈브루크	4.39	인 도	5.00
9	프 랑 스	2.13	인도네시아	1.86	독 일	2.99	싱가포르	3.86	태 국	3.93
10	독 일	1.95	독 일	1.73	한 국	1.81	영 국	2.85	홍 콩	3.64

자료: JETRO.

반면 일본의 동북아지역에 대한 투자를 살펴보면 1999년과 2000년, 2003년에는 아시아에 대한 투자 대부분이 동북아지역에서 이루어졌으나, 2003년 이후부터는 일본의 아시아에 대한 투자는 늘어났으나 동북아지역이 차지하는 비중은 크게 낮아져, 2010년 동북아지역의 아시아지역 투자 전체에 대한 비중은 14.6%에 그쳤다.

동북아지역에 대한 투자 중 중국에 대한 투자는 2006년 61.6억 달러로 전년대비 6.17% 감소했으나 다시 회복세를 보이며 2010년에는 72.5억 달러에 달했다. 그러나 한국에 대한 투자는 2008년 23.7억 달러로 예년 최고의 투자 실적을 보였으나 2009년에는 전년대비 54.5% 감소하였고, 이후 2010년에는 10.9억 달러로 저조한 실적을 보였다.

그림 3-24 일본의 對동북아지역 해외직접투자 규모

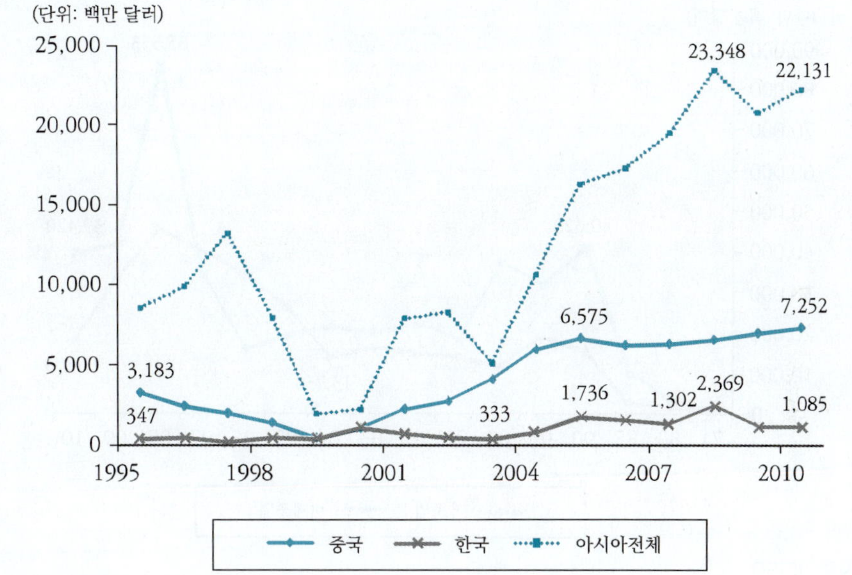

자료: JETRO.

일본의 해외직접투자는 주로 비제조업에 대한 투자가 제조업보다 높게 나타났으나, 2005년부터 2007년에는 제조업에 대한 투자가 비제조업을 추월하였다. 그러나 2008년부터는 다시 비제조업에 대한 투자가 제조업보다 높게 나타나, 2010년 비제조업이 전체 해외직접투자의 68.9%에 달해 제조업의 2배를 넘어서고 있어, 일본의 해외직접투자에서 비제조업부문이 중요한 비중을 차지하는 것을 알 수 있다. 2010년 일본의 해외직접투자를 세부 산업별로 보면 비제조업에 속하는 금융·보험업(19.9%)이 가장 큰 비중을 차지하고 있으며, 그 다음으로 통신업(17.3%), 광업(15.8%)이, 그리고 제조업의 화학·의약업(13.8%)에 대한 투자가 주를 이루고 있다. 이러한 투자추세는 일본이 금융기관의 자본기반(capital base)을 강화시키기 위한 일환으로의 해외투자 확대와 함께 희토류를 포함한 천연자원 확보를 위한 광업관련 투자가 증가했기 때문인 것으로 보인다.

그림 3-25 일본의 산업별 해외직접투자 추이

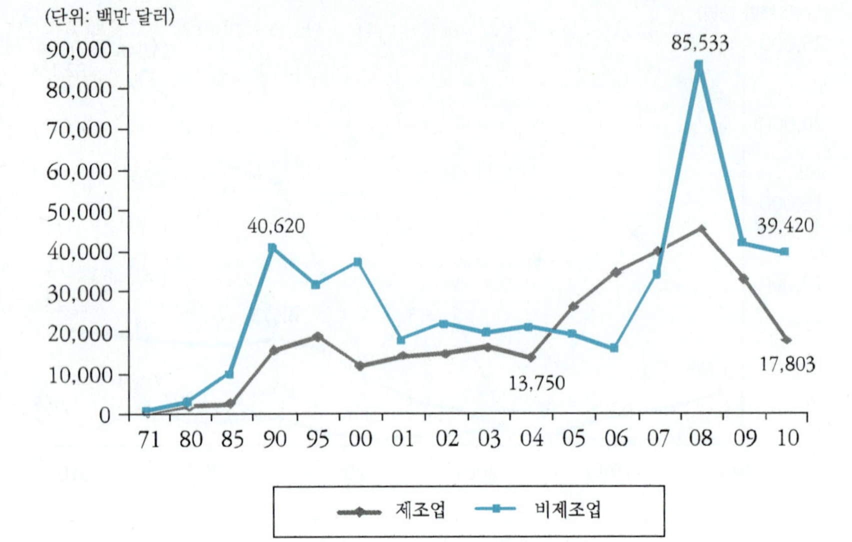

자료: JETRO.

표 3-20 일본의 세부산업별 해외직접투자 규모 (단위: 백만 달러)

		2005	2006	2007	2008	2009	2010
제 조 업		26,146	34,513	39,515	45,268	32,934	17,803
	식 료 품	1,685	1,025	12,776	3,601	8,954	2,017
	섬 유	416	180	371	716	477	377
	목재·펄프	826	420	745	734	1,207	1,068
	화학·의약	3,363	4,413	3,744	11,647	7,407	7,902
	석 유	531	2,921	△ 280	652	△ 51	△ 837
	고무·피혁	831	1,107	835	771	445	634
	글라스·토석	258	2,759	837	1,417	2,042	377
	철·비철·금속	1,331	1,795	2,202	3,152	3,738	3,873
	일반기계기구	1,296	1,663	2,642	3,726	4,411	4,385
	전기기계기구	4,377	7,041	4,691	5,675	2,505	1,361

수송기계기구	8,611	8,597	8,671	10,924	566	△ 3,582
정밀기계기구	1,419	1,420	1,293	953	609	51
비제조업	19,315	15,652	33,968	85,533	41,717	39,420
농·림업	23	42	93	59	10	145
어·수산업	△ 44	28	64	119	36	47
광 업	1,372	1,577	4,053	10,518	6,482	9,061
건 설 업	148	△ 64	490	389	499	302
운 수 업	824	1,507	2,133	2,283	2,894	2,294
통 신 업	1,712	△ 3,368	△ 331	1,675	3,870	9,899
도매·소매업	4,623	5,483	4,792	13,319	8,418	1,946
금융·보험업	9,227	5,562	19,458	52,243	15,463	11,397
부동산업	△ 851	△ 811	162	162	463	765
서비스업	1,086	188	1,406	2,721	2,163	1,596
합 계	45,461	50,165	73,483	130,801	74,650	57,223

자료: JETRO.

4. 한중일 협력 전망

2009년 금융위기 이후 세계 경제가 위축되면서 마이너스 성장을 기록하고 2010년부터 서서히 회복하기 시작했다. 선진국의 경우 그 회복 속도가 느린 반면 신흥국들은 빠른 회복세를 보이며 새로운 경제주체로 부상하고 있다. 이 중에서도 중국은 가장 빠르게 성장세를 회복하며 2010년에는 GDP규모가 일본을 추월하였다. 또한 2019년 이후에는 미국을 추월하여 세계 최대 경제대국으로 부상할 것으로 예측되고 있다. 한국과 일본 역시 중국의 성장 속도보다는 낮지만 지속적인 경제성장을 이룰 것으로 전망되는 가운데, 이

그림 3-26 한중일 GDP 성장 전망

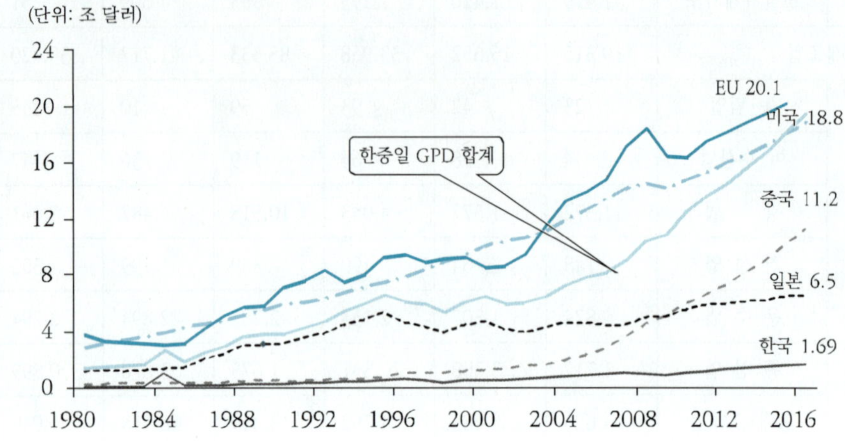

자료: IMF.

들 삼국에 속해 있는 동북아의 GDP규모역시 세계 경제에서 높은 비중을 차지하며, 경제의 EU와 NAFTA와 어깨를 겨누며 경제의 축으로 확고한 자리매김을 할 것으로 보인다.

IMF의 추정치를 사용하여 분석해보면 한중일 삼국의 GDP는 2015년에는 19조에 달해 미국을 추월하고, EU와 비슷한 수준을 보일 것으로 전망된다. 이처럼 한중일 삼국의 경제 규모와 시장 잠재력이 커지면서, 삼국간에 교역과 투자가 더욱 활발해지고 있으며, 그 결과 2011년 한중일 사무국을 설립하는 등 앞으로 동북아의 경제통합과 협력을 위한 움직임이 더욱 가속화될 것으로 전망된다.

그림 3-27 한중일 3국의 최종재·소비재 교역 변화추이 (단위: 억 달러)

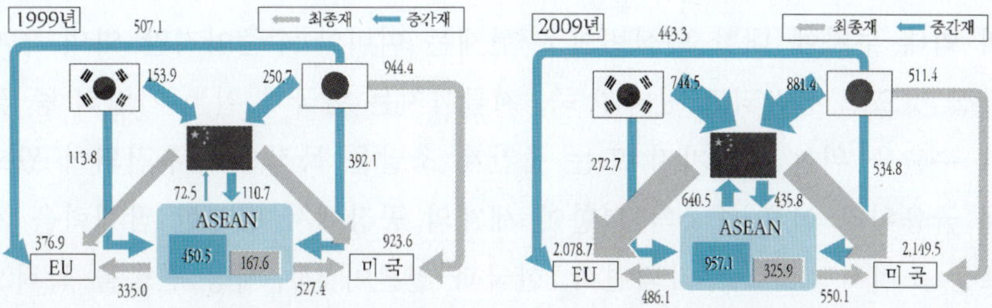

자료: 일본경제산업성(2011), 경제통상백서 2010.

그림 3-28 한중일 3국의 역내 투자 및 역내 무역 비중

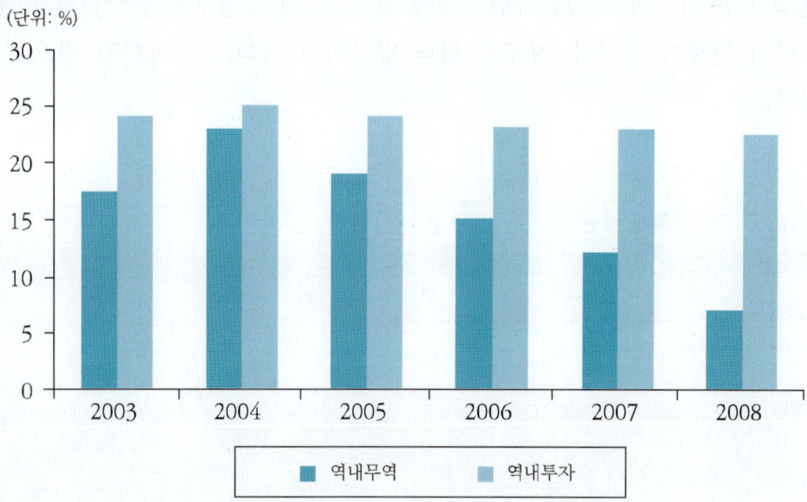

자료: 한국수출입은행, 중국 MOCOM, 일본JETRO; 정형곤(2011)에서 재인용.

한·중·일 3국의 역내교역 비중은 1992년 14.0%로 EU(65.2%), NAFTA (39.7%)에 비교해볼 때 높지 않은 수준이었다. 그러나 2010년 현재 한·중·일 3국간 역내교역의 비중은 여전히 EU(56.3%) 및 NAFTA(40.5%)에 비하면 낮은 수치이긴 하지만 22.5%로 증가하여 한·중·일 3국의 대외무역에서 상호 중요

성이 상대적으로 강화되었음을 알 수 있다.

아울러 한중일 3국의 해외투자 규제완화정책과 해외진출 확대, 그리고 3국의 역내 투자에 대한 인식변화로 현재는 미비한 수준이지만 역내 투자도 높아질 것으로 전망되고 있다.[9] 즉, 지금까지는 한국과 일본 기업의 중국 투자가 수출을 위한 생산기지 또는 중간재 조달을 목적으로 추진되어 왔으나 세계 금융위기 이후 중국의 역할이 세계의 공장에서 방대한 잠재력을 지닌 새로운 소비시장으로 부각되면서, 한국과 일본이 내수시장 진출을 목적으로 투자를 확대하기 시작한 것이다.

한중일 3국 간에는 교역과 산업네트워크 확대에도 불구하고, EU나 NAFTA와 같은 타 경제권에 비해 통합의 움직임이 미비했으며, 정치적으로도 갈등구조를 여전히 유지하고 있는 실정이다. 그러나, 글로벌 경제의 중심이 동북아를 포함한 아시아로 이동하면서 한중일 각 국의 경쟁우위를 강화하고 동반성장하기 위해서는 정치·경제적 협력 방안이 모색되고 가속화될 것으로 전망된다.

9) 정형곤 외(2011), "한·중·일 역내 직접투자 동향과 활성화 방안," 대외경제정책연구원.

■ 참고문헌 ■

〈문헌자료〉

강경락, 근대 중국 대외무역을 통해 본 중국경제, 중국근대사 연구, 2008, 제37집, 2008, pp. 27－49.

이성호, "중국의 시장·기술·산업의 잠재력 평가 및 발전 전망," 삼성경제연구소, 2011.

정형곤 외, "한·중·일 역내 직접투자 동향과 활성화 방안," 대외경제정책연구원, 2011.

정형곤·방호경, "경제협력 강화를 위한 한·중·일 사무국의 역할과 과제," 대외경제정책연구원, 2011.

제현정 외, "한국 무역의 1조 달러 달성과 그 의미"(Trade Focus vol.10 No.55), 한국무역협회 국제무역연구원, 2011.

기획재정부, "경제백서2010," 2011.

한국수출입은행, "2010년 해외직접투자 동향분석," 2011.

中国国家统计局, "十一五"经济社会发展成就系列报告之二: 对外开放再上新台阶.

______(2010), 中国统计年鉴2010.

经济参考报, "本月起境外投资大幅放宽两部委正起草促进法," 2011. 3. 2.

李桂芳, 储贺军, "中国企业对外直接投资分析报告," 中国经济出版社, 2010.

中国商务部·国家统计局·国家外汇管理局, "2009中国对外直接投资统计公报," 2010.

中国商务部, 2010年我国非金融类对外直接投资简明统计, 2011.

経済産業省, 産業構造審議会産業競争力部会報告書－産業構造ビジョン2010.

______(2010), 日本の産業を巡る現状と課題, 2010.

______(2009), 欧米アジアの外国企業の対日投資関心度調査.

Economist, *Becoming number one China's economy could overtake America's within a decade*, Sep 24th 2011.

Goldman Sachs, *The N-11: More Than an Acronym*, Global Economics Paper No. 153, March 28, 2007.

IMF, *Currency Composition of official Foreign Exchange Reserves*(COFER).

______, *World Economic Outlook*, April 2011.

〈인터넷 자료〉

한국무역협회:

中华人民共和国国家统计局: http://www.stats.gov.cn

IMF Datamap: http://www.imf.org/external/datamapper/index.php

JETRO: www.jetro.go.jp

World Bank: http://www.worldbank.org/

WTO: http://www.wto.org/

4-1_ 해운현황 분석
4-2_ 항만현황 분석
4-3_ 도로현황 분석
4-4_ 철도현황 분석
4-5_ 항공현황 분석

4
동북아 주요국가의 운송모드별 현황분석

Chapter 04

동북아 주요국가의 운송모드별 현황분석

4-1 해운현황 분석

해운은 다른 제조업이나 건설업과 달리 독특한 특징을 가진다. 해운은 선박을 매개로 하고, 국제무역에서는 선박법에 의한 상선 중에서 화물선만을 대상으로 한다. 해운은 선박을 운송수단으로 하여 일시에 대량화물을 운송하는 경제적인 산업이고, 원거리 대량운송으로 다른 운송수단보다 운임이 저렴해 경쟁력이 있는 산업이고, 수출입화물의 대부분이 해상운송으로 운송되고 있기 때문에 국가적으로도 중요한 전략산업이다. 또한 해운은 스스로 운송을 완료하지 못하고 항만과 결합되어야 완전한 운송을 하는 특징을 가지고 있다.

2000년 들어와 최고 호황을 누리던 해운경기가 2008년 하반기부터 국제금융 불안과 함께 극심한 불황으로 돌아섰고, 세계 경제의 불황이 계속되면서 해운산업의 불황의 끝이 언제가 될지 아무도 모르는 상황이 되었다. 특히 한중일 3국은 모든 산업분야에서 경쟁이 치열하지만, 해운산업간 경쟁은 매우 치열한 상태이다. 따라서 동북아 해운산업의 현황분석을 통해 국가간 해상화물 운송능력과 경쟁력을 확보할 수 있는 방법을 찾는 것이 필요하게 되었다.

동북아 근해 해운은 중일간 항로자유화로 중국 연안선사가 중일항로를 과점상태로 점유해 일본 연안선사가 중일항로에서 고전을 면하지 못하고 있다. 아직 한중항로가 개방이 되지 않았지만, 개방을 위한 협상이 계속되고 있기 때문에 조만간 개방될 것으로 예상되며, 개방될 경우 중일항로에 나타난 중국선박의 항로과점 경우와 유사할 것으로 예상된다.

부정기선의 경우 탱커시장을 제외한 벌크시장은 주요 5대 벌크화물(철광석, 석탄, 보크사이트/알루미나, 인광석)의 수급에 따라 경기영향을 많이 받는다. 신흥국의 경제발달에 의한 영향을 많이 받기 때문에 세계적인 경제 불황은 물동량 감소로 이어져 부정기선 시장을 압박하고 있다. 그동안 유래 없는 해운시장의 호황에 따라 급증한 부정기선 선복은 공급과잉으로 이어졌고, 2008년 이후 발생한 세계경제 불황에 따른 용선료 및 운임이 급락해 부정기 해운선사들이 생존을 위한 경쟁을 벌이고 있다.

정기선사들은 최근 들어 규모의 경제를 확보하기 위하여 10,000TEU가 넘는 컨테이너선박을 발주해 투입하고 있기 때문에 새로운 정기선 해운시대를 열어 갈 것으로 예상된다. 이에 따라 초대형선의 보유와 이에 상응한 물동량 확보가 정기선사의 생존의 열쇠가 될 것이며, 미국과 유럽의 해운동맹 금지는 생존과 발전을 위해 기존의 전략과는 다른 전략을 정기선사에게 요구하고 있다. 향후 정기선사는 동맹금지와 불황의 환경에서 생존과 경쟁력 확보를 위한 새로운 형태의 서비스를 개발하고 있다.

한편, 선박건조기술과 항해술의 발달로 인하여 1회 해상운송 화물량이 증가하면서 원료와 제품수송을 확대시켜 교역의 활성화를 통해 세계 경제발달에 기여하고 있다. 우리나라가 경제발전을 꾀하던 70년대부터 해상운송은 국가 경제발전에 큰 공헌을 하였다. 부존자원이 부족한 우리나라는 경제발달에 필요한 자원을 국외로부터 장거리 해상운송을 통하여 수입하고, 재가공의 절차를 거쳐 수출하였다. 따라서 자국선의 확보와 해상운임은 국가 경쟁력에 있어서 중요한 의미를 가져왔다. 해운산업에 대한 중요성을 국민경제와 관련시켜 보면 그 중요성이 더욱 명확해진다. 우리나라의 전략물자인 원유, 철광석, 연료탄, LNG 등은 100% 해상운송을 이용하고 있다(2008년 원유 1억2,000만 톤, 석탄 9,500만 톤, 철광석 5,880만 톤 등).[1] 우리나라 해운산업은 전후방 경제효과가 큰 조선업을 세계 제일로 육성시킨 원동력이 되었는데, 조선업과 밀접한 철강산업의 발달은 충분한 원료를 공급할 수 있는 해운산업이 없었다면 불가능했을 것이다. 또한 해운산업의 발달은 항만의 발달을 가져왔고, 부산항의 컨테이너 처리 능력은 세계 3위를 기록하기도 했으며, 해상보험업과 금융업 및 각종 해운부대사업[2]을 발전시키는 원동력으로 역할을 해 왔다. 아울러 해상운송주선업 등 많은 산업과 연계되어 영향을 미치고 있고, 해운 및 관련 업종이 8,000여 개 사로 이에 따른 고용 창출 및 효과 또한 크다.

한국해운산업이 국민경제에 미치는 영향에 대하여 구체적으로 살펴보면 다음과 같다.

표 4-1-1 해운 서비스 외화 가득액 증가 추이 (단위: 억 달러, %)

구 분	2001	2002	2003	2004	2005	2006	2007	2008	2009	2010
서비스전체(A)	290.5	283.9	329.6	418.8	451.3	498.9	633.5	771.8	585.1	827.2
- 서비스수지	-38.7	-82	-74.2	-80.5	-136.6	-189.6	-197.7	-166.7	-172	-112.3
운수부문(B)	131.8	132.2	171.8	225.3	238.8	258.1	335.6	447.7	289.4	380.4
- 운수수지	21.4	19.1	35.7	48.7	37.3	26.7	44.8	80	55.7	92.5
해운부문(C)	96.2	94	138.7	183.2	189.9	203	274.7	379.6	231.6	302.7
- 해운수지	17.4	13.4	32.8	44.3	34.3	20	38.2	72.3	37	66.3
운수부문비율 (B/A)	45.4	46.6	52.1	53.8	52.9	51.7	53	58	49.5	36.6
해운부문비율 (C/B)	73	71.1	80.7	81.3	79.5	78.7	81.9	84.8	80	79.6

출처: 한국은행(ECOS경제통계시스템).
* 서비스전체는 우리나라 전체 국제수지중 서비스부문 전체수입(외화 가득액).

1) 녹색성장을 위한 지식경제, 2009 가을호.
2) 창고업, 하역업, 선용품업, 급유업, 통선업 등등.

우리나라 해운산업의 운임수입은 1972년 1억 달러를 최초로 달성하고, 그 후 많은 성장을 거듭해 와, 1995년 100억 달러, 2004년 225억 달러 및 2008년에는 447억 달러를 달성했다. 그러나 2008년 하반기부터 세계 금융 불안에 따른 해운불황으로 인하여 2009년도에 하락했던 것이 2010년도에 어느 정도 회복한 것을 알 수 있다. 2010년 해운 서비스 수입은 약 302.7억 달러로서 2009년(229.4억 달러) 대비 32% 증가하였으며, 해운수지는 66.3억 달러로서 전년(34억 달러)대비 약 95% 증가했다. 2008년 글로벌 경제위기 이후 선복량의 증가가 해운선사의 경영난으로 이어짐에 따라 2009년 일시적으로 수입이 감소하였으나, 2010년 경기가 회복되면서 증가한 것이다. 이로써 해운산업은 우리나라 서비스 총 수출액의 40% 내외를 차지하면서, 반도체, 핸드폰 등 주요 제조업과 함께 우리나라에서 가장 많이 달러를 벌어들이는 서비스 산업으로 다시 자리매김하였다.3)

해운산업의 외화 가득액은 우리나라 국제수지 가운데 외항 해운산업이 한 해 동안 벌어들인 외화의 총액이다. 이것은 전체 서비스 산업과 국제수지에 대해 해운산업의 비중을 나타내는 지표로서 해운산업이 국민경제에 미치는 영향을 나타낸다. 따라서 우리나라의 서비스 산업에서 해운산업의 비중을 알 수 있다. 한편, 외화 가득액에 국내수입까지를 포함한 매출액 기준(선주협회 통계기준)으로 보면 '10년에 331.9억 달러를 달성하여 1972년 1억 달러에 불과했던 우리 해운산업이 40년 만에 332배 규모로 성장하였다.

표 4-1-2 국적선사 매출액 추이 (단위: 억$)

구 분	'70	'80	'85	'95	'00	'05	'06	'07	'08	'09	'10
운임수입	0.8	18.9	21.1	39.7	148.6	241.8	262.2	365.6	469.7	244.2	331.9

출처: 한국선주협회.

해운산업은 우리나라 수출입물량의 99.8%를 운송하고 있고, 철강·조선·항만 등 전후방 산업에 미치는 파급효과도 매우 큰 점을 감안하면, 해운산업이 우리경제 성장에 선도적 역할을 해왔다고 할 수 있다. 2011년 3월 대외경제 연구원의 자료에 따르면 해운업의 생산유발효과는 GDP의 3% 규모로 나

3) 국토해양부 보도자료, 2011. 6. 13.

타나 이를 증명하고 있다.

1. 한중일 3국간 해운

1.1 3국간 해운업의 비교

전세계 해운선사들이 해운경기 불황에 따른 물동량 감소와 이에 동반한 운임 및 선가의 하락으로 고전중이다. 여기에 선박연료유 값의 지속적인 상승은 해운선사의 운항채산 악화에 많은 영향을 미치고 있다. 이러한 악재들 속에서 해운선사들이 보유하고 있는 선박의 평균연령(선령)은 운항채산에 매우 큰 영향을 미치고 있다. 선령이 오래된 선박일수록 엔진효율이 낮아 연료비의 증가, 유지보수비용 및 보험료 등과 같은 직접적인 비용이 높아지고 있다. 노후선박의 고장 등으로 인한 유지보수를 위해 일시적으로 운항이 중단되면, 선박 가동률은 저하되고 이에 따른 고정비 부담증가로 채산에 부정적인 영향을 미치거나, 손실이 발생하게 되므로 전체적인 경영성과에 영향을 미치게 된다. 또한 높은 선령의 선박일수록 사고 발생 위험이 높아지기 때문에 화주가 기피하는 대상선박으로 분류되어 화물 유치경쟁에서 밀리게 된다. 이러한 문제점을 고려할 때, 일반적으로 평균 선령이 낮을수록 운항효율이 높아 경영성과에 기여하게 된다. 2009년 말을 기준으로 일본이 지배하는 상선대의 평균선령은 8.3년으로 세계에서 제일 낮은 선령 선대를 유지하고 있고, 우세한 자본력으로 해운시장에서 경쟁력을 확보하고 있다. 중국이 지배하는 상선대의 평균선령은 19.7년으로 비교적 높은 선령대의 선박을 보유하고 있으나, 국가적 지원과 내수물동량이 충분히 확보되어 다른 경쟁국가보다 앞선 경쟁력을 보유하고 있다. 그러나 한국지배선대[4]의 평균선령이 15.8년으

4) 지배선대(Controlled Fleet): 선박의 국적을 기준으로 동 선사가 직접 운영하여 실질적으로 지배하는 모든 선박의 규모를 나타내는 지표이다. 국적선사가 소유한 국적선박(national flag)과 장기용선 등을 통해 국적선사가 실질적으로 운영하는 외국적 선박(foreign flag)을 포괄하며 한 국가의 해운산업 규모 및 경쟁력을 비교할 수 있는 대표적인 지표이다. 국적선사란 선박의 국적(Flag), 소유권(Ownership), 관리권(Management) 3가지 중 어느 한 가지라도 한국인 또는 한국법인에 속하는 선사를 의미한다.

로 중국이 지배하는 선대의 평균선령과 비교할 때 약 4년 정도 차이가 나고, 일본이 지배하는 상선대의 평균선령과는 7.5년의 차이가 나 자국보유 물동량과 환적물동량이 충분하지 못한 한국해운선사는 해운경기가 호전될 때까지 구조조정과 물동량 확보를 통해 생존을 위한 노력을 기울이고 있다.

1) 한국해운

우리나라의 외항해운기업은 2008년 현재 총 161개 선사가 있으며, 총 선박 수는 786척, 총 선박량은 2,138만 톤(GT)이다. 이 가운데 자사선 보유 규모가 50만 톤(GT) 이상인 대형 선사는 9개 업체로 (주)한진해운, 현대상선(주), STX팬오션(주), 대한해운(주), SK해운(주), 창명해운(주), 장금상선(주), 유코카캐리어스(주), 폴라리스쉬핑(주) 등에 불과하나, 전체 선박량에서 이들이 차지하는 비중은 66%에 달한다. 반면, 규모가 10만 톤(GT) 미만인 소형 선사는 전체의 95%인 139개이지만, 전체 선박량에서 이들이 차지하는 비중은 25.3%에 머문다. 특히 1만 톤(GT) 미만의 영세한 선사가 61개로 전체의 38%를 차지하지만, 전체 선박량에서 이들이 차지하는 비중은 1.8%에 불과해, 우리나라 외항해운업체는 소수의 대형선사와 다수의 소형선사로 양분되는 이중 구조 속에서 대형선사가 시장을 지배하는 형태를 띠고 있다.

표 4-1-3 우리나라 외항선사 현황[5] (단위: GT, %P)

구 분	선사수(개)	비중(%)	선박량(천톤)	비중(%)
100만 톤 이상	6	3.7	14,052	65.7
50~100만 톤	3	1.9	1,912	8.9
10~50만 톤	14	8.7	2,608	12.2
1~10만 톤	78	48.4	2,425	11.3
1만 톤 미만	61	37.9	381	1.8
총 계	161	100.0	21,378	100.0

자료: 국토해양부, SPIDC(해운항만물류정보시스템).
주: 2008년 12월 31일 기준.

5) 김천곤, 김숙경, 하헌구, 물류산업 효율성 분석 및 경쟁력 강화 방안, 산업연구원, 2010. 12.

전세계 선박량을 기준으로 우리나라 해운산업의 위상을 살펴보면 우리나라는 2008년 현재 세계 7위[6] 수준이다. 우리나라의 실질 지배 외항선대는 2010년 1월 현재 총 1,121척(44백만 톤)으로, 세계 제5위(전세계 선복량의 3.6%) 수준이다. 우리나라 지배선대 규모는 2000~2010년 동안 연평균 5.9% 성장하여, 세계 선대 증가율인 5.0%보다 높았다. 이러한 선대확대는 선박투자회사제도, 선박톤세제도 도입, 국가필수선대 및 선박특구제 등 각종 선진해운제도의 도입과 실시에 따른 것이다. 이들 제도가 도입되기 전인 2000년대 초반에는 0.3%의 성장에 머물렀다.

표 4-1-4 우리나라의 실질 지배 외항선대

순 위	1	2	3	4	5	6	7	8	9
국 가 명	그리스	일 본	독 일	중 국	한 국	노르웨이	홍콩	미 국	전세계
선복량(백만톤)	188	183	104	102	44	38	36	35	1,225
전세계 비중(%)	15.3%	14.9%	8.5%	8.3%	3.6%	3.1%	2.9%	2.9%	100.0%

그러나 2010년 말 현재 국내 해운업계는 181개 외항화물선사가 영업 중이다. 해운시장의 호황에 힘입어 외항해운사업에 신규 진출하는 기업이 늘면서 2004년 이후 입제수가 급격히 증가한 상태로 181개 외항선사 중에 정기선사는 16개 선사이고, 부정기선사는 165개 선사로 부정기선사를 위주로 구성되어 있다.

표 4-1-5 국내 해운업체 증가 추이

연 도	2000	2003	2005	2007	2009	2010	CAGR
업 체 수	36	44	64	129	170	181	17.5%

2010년에 정기선해운에서 한진해운과 현대상선은 각각 세계 8위와 18위를 기록하였고, 부정기선 해운에서는 한진해운과 STX 팬오션 및 대한해운이

6) 전게서.

각각 10위, 14위, 16위를 기록하여 4개의 국적선사가 세계 20위권 안을 유지하고 있다. 국적선사의 컨테이너 수송량은 세계경제 침체 여파로 2008년 10,021천TEU 대비 2009년에 9,761천TEU로 2.6% 감소하였다. 이중 삼국간 수송물량이 60.5%이고, 수출물량은 22.0%, 수입물량은 17.5%를 차지했다. 또한 국적선사의 벌크화물 수송량은 2008년 495,558천RT[7)] 대비 2009년에 487,981천RT로 1.6% 감소하였다.

2009년말 현재 선복량은 23,737천GT[8)] 규모로, 상위 10개 선사의 선복량 비중이 전체 선복량의 73.2%를 차지해, 소수 대규모 해운업체가 선복량의 대부분을 차지하고 있다. 선복량 십만 GT 이하인 소규모 업체 비중은 전체의 84%로 몇 개 대형 선사를 제외하고 규모가 영세한 형태이다.

한국 상선대는 급변하는 해운환경 속에서 2001년 1천 1백만GT에서 2009년 2천 3백만 GT까지 증가해, 2000년 대비 213% 정도 성장해 왔다. 2006년부터 2009년까지 전체 선박의 증가는 578척에서 861척으로 49.0% 증가했고, 총톤수는 1,426만 톤에서 2,372만 톤으로 66.2%가 증가했다. 이 기간 동안 벌크선이 103척(85.1%), 일반화물선은 26척이 증가했다. 풀컨테이너선은 170만 톤(82.7%)이 증가했으나, 세미컨테이너선은 1척이 줄어드는 것 외에 변화가 없었다. 이와 같이 드라이 벌크화물을 운송하는 선박의 증가가 두드러졌는데, 이것은 우리 경제발달에 따른 수출입물량이 늘어났기 때문이다. 경제발달로 생산량이 많아지면서 에너지 자원수입이 함께 증가했기 때문에 원유운반선이 241만 톤으로 68.1% 증가했고, LPG와 LNG선은 10만 톤(40.8%)과 50만 톤(31.4%)씩 증가했다. 또한 석유제품·케미칼 겸용선이 39척에서 76척이 증가해 약 3배로 증가했고, 총톤수는 18만 톤에서 66만 톤이 증가했는데, 원유수입의 증가에 따른 제품생산의 증가가 그 원인이다. 수출을 동반한 한국의 자동차산업의 비약적인 성장은 자동차운반선을 9척에서 24척으로 15척이 증가되었고, 44.9만 톤에서 109.8만 톤으로 약 144.6% 증가시켰다.

---

7) RT(Revenue Ton)는 용적이나 중량 중 높은 운임을 산출해 낼 수 있는 쪽의 톤수이다.

8) GT(Gross Tonnage, 총톤수): 선복량을 나타내는 단위 중 하나로 선박의 크기를 부피로 나타내는 용적톤수의 하나로 선박내부의 용적을 환산하여 표시한 톤수로 선박의 총용적을 의미한다.

표 4-1-6 국내 주요 해운선사 선박보유 현황(2009년 말 기준) (단위: 천GT, %)

순 위	선 사 명	척수(척)	선복량(GT)	비중(%)
1	한진해운	68	4,262	17.93
2	현대상선	41	3,336	14.04
3	STX팬오션	70	2,412	10.15
4	SK해운	26	2,115	8.90
5	창명해운	22	1,699	7.15
6	대한해운	14	1,239	5.21
7	유코카캐리어스	11	719	3.02
8	장금상선	12	615	2.59
9	폴라리스쉬핑	4	598	2.52
10	코리아엘엔지트레이딩	4	397	1.67
소 계		272	17,392	73.18
기타 선사		589	6,374	26.82
합 계		861	23,766	100.0

2006년부터 2009년까지 선형별 국적 외항상선대 증감추이는 다음 〈표 4-1-7〉과 같다.

표 4-1-7 선형별 국적외항선 보유선박 추이

	2006년		2007		2008		2009	
	척	총톤수	척	총톤수	척	총톤수	척	총톤수
벌 크 선	121	3,859,079	176	5,770,784	203	6,759,630	224	8,667,511
원 목 선	10	280,953	9	241,405	10	259,608	10	259,608
광 탄 선	29	2,525,529	31	2,764,133	31	2,764,133	27	2,473,786
시멘트선	4	19,313	4	19,313	4	19,313	3	22,462
자동차선	9	449,042	13	537,121	18	763,558	24	1,098,284
핫코일선	6	104,058	6	104,058	6	104,058	4	53,680
철강재운반선	6	19,727	8	23,296	10	51,150	13	55,482

냉동냉장선	1	5,578	5	25,355	2	9,497	5	15,997
일반화물선	130	1,001,350	136	1,069,828	136	963,544	156	1,021,729
풀 컨 선	105	2,059,748	104	2,673,142	111	3,594,208	117	3,762,404
세미컨선	7	16,334	7	16,334	7	27,077	6	12,784
원유운반선	11	1,494,369	14	1,731,354	20	2,331,079	19	2,417,286
석유제품선	22	211,609	25	224,321	28	345,128	25	333,963
케미칼 운반선	40	150,150	50	183,286	43	159,412	38	162,199
케미칼, 가스선	2	6,707	2	6,707	2	6,707	2	6,707
LPG선	15	262,206	21	338,185	30	456,139	30	369,311
LNG선	16	1,596,671	17	1,700,435	21	2,097,876	21	2,097,876
석유제품, 케미칼겸용	39	186,981	62	387,651	89	636,993	115	847,846
예부/부선	5	19,727	14	33,506	15	29,298	19	42,724
총 계	578	14,269,131	704	17,850,214	786	21,378,408	861	23,721,639

자료: 국토해양부(SP-IDC: 해운항만물류정보시스템).

실질 지배 외항선대는 그리스가 188백만 톤으로 세계 1위의 지배선대를 유지하고 있고, 일본이 그 뒤를 이어 183백만 톤(14.9%)이다. 일본의 지배선대는 NYK, MOL 및 K-Line 등 주요 3개사의 공격적인 경영결과로 2000년 이후 연평균 6.8%씩 증가해 왔다. 중국은 중앙정부의 해운부흥 정책에 힘입어 매년 5.5%씩 증가했고, 홍콩의 지배선대를 포함해 102백만 톤(8.3%)으로 4위를 차지하고 있다. 한국은 중국의 뒤를 이어 2010. 1월 현재 총 1,121척(44백만 톤)으로 3.6%를 차지해 세계 제 5 위(3.6%) 수준이다.

무역의존도가 큰 우리나라는 수출입 화물의 99.8%가 해상을 통해 운송된다. 우리나라의 해상물동량의 추이는 2000년도 약 5억 6,960만 톤에서 2009년 약 8억 4,825만 톤으로 증가했다. 2008년 하반기에 불어 닥친 불황으로 인하여 2009년에는 감소했으나, 수입물동량은 2000년도에 4억 1,882만 톤에서 2009년도 5억 6,608만 톤으로 35% 증가했고, 수출물동량은 1억 5,077만 톤에서 2억 8,221만 톤으로 18.7% 증가했다. 우리나라 외항물동량이 전세계 해상물동량에서 차지하는 비중은 1996년 8.7%에서 2009년 10.7%로 상승했다.

표 4-1-8 우리나라 수출입해상물동량 추이(환적포함) (단위: R/T)

연 도	합 계	수 입	수 출
2000	569,599,403	418,821,483	150,777,920
2001	610,910,071	433,344,669	177,565,402
2002	635,545,272	459,746,744	175,798,528
2003	667,608,033	472,982,504	194,625,529
2004	733,377,114	501,705,811	231,671,303
2005	754,936,409	512,445,424	242,490,985
2006	809,829,604	545,927,393	263,902,211
2007	862,523,478	576,501,068	286,022,410
2008	894,693,317	601,616,510	293,076,807
2009	848,298,644	566,081,863	282,216,781

출처: 2010 해사통계.

외항화물 운송실적은 국적 정기선사의 컨테이너 수송량은 세계경제 침체 여파로 2008년 10,021천 TEU에서 2009년 9,761천 TEU로 전년대비 2.6% 감소했다. 삼국간 물동량이 60.5%, 수출물량 22.0%, 수입물량 17.5% 차지하고 있다.

표 4-1-9 컨테이너 외항화물 운송실적 (단위: TEU)

구 분	합 계	수출화물(%)		수입화물(%)		삼국간화물(%)	
2009년도	9,760,592	2,143,332	22.0	1,707,338	17.5	5,909,922	60.5
2008년도	10,021,037	2,033,596	20.3	1,756,286	17.5	6,231,155	62.2

자료: 해운산업 장기발전계획(2011-2015), 국토해양부, 2010. 12.

국적 부정선사의 벌크 수송량은 2008년 495,558천 RT에서 2009년 487,981천 RT로 전년대비 1.6% 감소했다.

표 4-1-10 벌크화물 운송실적 (단위: 천RT)

구 분	합 계	수출화물(%)		수입화물(%)		삼국간화물(%)	
2009년도	487,981	52,399	10.7	221,385	45.4	214,197	43.9
2008년도	495,558	53,108	10.7	214,056	43.2	228,394	46.1

자료: 해운산업 장기발전계획(2011-2015), 국토해양부, 2010. 12.

우리나라 수출입 물동량은 719백만 톤으로 이중 국적선사 수송량은 전체의 46.1%인 332백만 톤으로 추정된다.

표 4-1-11 국적선사 수출입물동량 운송량 (단위: 천RT)

구 분			합 계	수 입	수 출
2009년	국가전체		719,203	502,840	216,363
	국적선사 수송량	부 정 기	273,784	221,385	52,399
		정 기	57,760	25,610	32,150
		합 계	331,544	246,995	84,549
		분 담 률	46.10%	49.12%	39.08%
2008년	국가전체		752,921	531,399	221,522
	국적선사 수송량	부 정 기	267,164	214,056	53,108
		정 기	56,848	26,344	30,504
		합 계	324,012	240,400	83,612
		분 담 률	43.03%	45.24%	37.74%

주: 컨테이너 수송량 1TEU를 15RT로 가정하고 환산.
자료: 해운산업 장기발전계획(2011-2015), 국토해양부, 2010. 12.

한국 외항해운선사의 수입은 2000년도 16조 8천억 원에서 2009년 31조 1천억으로 85% 증가했다. 그러나 2008년 하반기부터 해운업계의 불황이 시작되면서 2010년까지 영업실적은 만족할 만한 결과를 내지 못했다. 국내선사의 영업실적을 살펴보면 2009년에는 불황의 영향으로 운임이 급락하면서 SK 해운을 제외한 국내 대형선사들은 적자에 허덕였고, 이를 타개하기 위하여 적자폭이 큰 한진해운은 4,100만 달러(약 487억 원)를 차입했고, 대한해운은 일본으로부터 약 160억 엔(미화 약 1억 6,000만 달러) 상당의 외자를 차입해 자금

난으로부터 유동성을 확보하였다. 그러나 창명해운과 장금상선 및 폴라리스 해운은 견실한 경영을 통해 불황 속에서도 대형선사에 비해 안정적인 영업이익을 확보했다.

표 4-1-12 국내 주요 선사의 영업실적 (단위: 억원, %)

구 분	선 사 명	매 출 액			영업이익			영업이익률(%)	
		2008	2009	2010	2008	2009	2010	2009	2010
대형 선사	한진해운	93,557	71,234	94,233	3,343	-9,426	6,298	-13.2	6.7
	현대상선	80,030	61,155	80,870	5,867	-5,654	6,017	-9.2	7.4
	STX팬오션	82,673	39,893	57,689	6,747	-822	1,223	-2.1	2.1
	SK해운	27,985	18,768	19,899	2,230	60	600	0.3	3.0
	대한해운	33,114	22,793	21,614	5,155	-4,247	-1,714	-18.6	-7.9
중소 선사	창명해운	3,589	3,472	3,373	1,794	1,319	1,422	38.0	42.2
	장금상선	6,229	6,292	7,237	323	855		13.6	12.4
	폴라리스쉬핑	621	1,321	2,325	154	247	461	18.7	19.8

주: '09년 선복량 기준 상위 10개 선사 중 상위업체순(K-GAAP).
자료: KIS LINE, 금감원.

2) 일본해운

일본경제는 에너지 자원의 거의 전량을 해외에 의존하고 있어서 한국과 마찬가지로 경제발전을 위해 많은 자원을 수입에 의존하고 있다. 2011년도 일본해운시황 보고서에 따르면 해상수송을 하는 해외수입 자원을 살펴보면 생산원료와 식료품 등에 대한 해외 의존도가 매우 크다. 원유와 철광석은 100% 해외수입에 의존하고 있고, 천연가스 96.4%, 양모와 면화는 100%, 곡물인 대두와 소맥 등을 수입하고 있다.

2008년 세계 해상수송량은 전년 대비 4.3% 증가한 77억 4,500만 톤으로 되었지만, 그중 석유 수송량은 2.0% 증가한 23억 7,500만 톤이었다. 2008년 세계 선복량은 전년 대비 6.7% 증가한 11억 570만 중량톤[9]이 되었다. 2008년 현재

9) 배수톤수와 여기에서 파생되는 경하중량, 재화중량은 중량톤이다. 중량톤은 Metric ton(1,000kg), Long ton(2,240lb=1,016kg) 및 Short ton(2,000lb=907kg)과 같은 단위로 표현된다.

선박량 기준으로 세계 1위 국가는 일본으로 3,720척, 1억 2,056만 톤(GT)을 보유하고 있으며, 이는 전세계 선박량의 14.9%에 해당한다. 1985년을 기점으로 한 세계 해상운송량 증가와 세계 선복량 증가는 아래 〈표 4-1-13〉과 같다.

표 4-1-13 세계 해상운송량 증가와 선복량 (단위: 백만톤)

연 도	해상운송량(백만톤)		선 복 량	
	총 계	석 유	총 계	탱 커
2000	5,595	2,027	792	282
2001	5,653	2,017	802	284
2002	5,820	2,002	823	280
2003	6,133	2,113	847	288
2004	6,493	2,215	889	300
2005	6,604	2,215	951	317
2006	7,055	2,281	1,015	332
2007	7,428	2,328	1,084	347
2008	7,745	2,375	1,157	357

주: 1) 해상 수송량은 Fearnleys "Review 2008"에 의함.
단, 2008년은 추정치임
2) 선복량은 "World Fleet Statistics"에 의한 연말 값임.

2000년 일본의 전체 수출량 101.7백만 톤 중에서 일본상선대에 의한 수출 화물 운송은 약 34.9백만 톤으로 34.4%의 적취율을 보였으나, 2008년은 전체 수출량 153.9백만 톤 중 자국상선대에 의한 운송은 48.8백만 톤으로 31.7%의 적취율을 보이고 있다. 반면 수입화물은 2000년에 788백만 톤 중에서 자국상선대에 의한 운송량은 538.8백만 톤으로 68.4%의 적취율을 보이고 있으나, 2008년 총 수입량 816.1백만 톤 중에서 556.3백만 톤을 자국상선대로 운송해 68.2%의 적취율을 보이고 있다. 일본은 자국상선대에 의한 수출화물의 적취율보다 수입화물의 적취율이 2배에 이른다. 이것은 일본의 수출물동량보다 수입물동량이 5배 이상 상대적으로 많기 때문에 자국상선대를 이용한 수입화물 운송을 통해 일본 해운회사의 경영성과 개선에 크게 도움이 되도록 하고 있기 때문이다.

2008년 일본 상선대의 운임 수입은 전년에 이어 중국을 중심으로 한 경기에 힘입은 지속적인 물동량 증가를 배경으로 정기선, 부정기선 및 유조선 등 모든 부문에서 운임시황이 호조로 출발했지만, 전체적으로는 전년 대비 619억 엔(1.8%) 감소한 3조 3,361억 엔의 수입을 올렸다. 2008년도 외항 해운기업(3개사)의 영업수익은 3조 7,288억 엔으로 전년 대비 2,360억 엔(6.0% 감소)의 수입이 감소하였으며, 영업비용은 3조 5,021억 엔으로 477억 엔(1.3% 감소) 감소되었다. 따라서 경상이익은 3,069억 엔에서 1,478억 엔(32.5% 감소)으로 대폭적인 이익감소가 발생되었다. 2008년도 실적은 상반기에 부정기선 시황이 사상 최고치를 기록했고, 컨테이너선의 운임회복도 일정한 기여를 했는데, 가을 이후 세계적인 경기후퇴의 영향으로 상황은 급변하여 부정기선 시황의 급격한 하락과 컨테이너 물동량의 둔화와 운임 하락, 급격한 엔고 등의 요인에 의해 전년도 대비 수입 감소와 이익 감소가 발생되었다. 2009년 7월 1일 현재 외항에 종사하는 2,000총톤 이상의 일본 상선대는 2,535척이고, 2008년 대비 118척이 감소하였고, 중량톤으로는 약 1억5,032만 중량톤(1.0%)이 감소하였다. 이 중 일본 국적선은 107척, 964만 중량톤이다.

표 4-1-14 일본 해상무역량 및 수송상황

수 출

연 도	수출량 (천 M/T) A	운송량 (천 M/T)			적취율 (%)		
		일본국적 B	외국용선 C	일본상선대 B + C	일본국적 B／A	외국용선 C／A	일본상선대 (B+C)/A
2000	101,735	1,514	33,445	34,959	1.5	32.9	34.4
2001	106,986	1,525	32,239	33,764	1.4	30.1	31.6
2002	119,385	1,483	34,838	36,321	1.2	29.2	30.4
2003	120,710	1,473	37,396	38,869	1.2	31.0	32.2
2004	129,866	1,810	40,160	41,971	1.4	30.9	32.3
2005	134,365	1,803	43,500	45,303	1.3	32.4	33.7
2006	144,367	2,139	52,558	54,697	1.5	36.4	37.9
2007	150,220	2,353	54,349	56,702	1.6	36.2	37.7
2008	153,918	1,929	46,925	48,854	1.3	30.5	31.7

수 입

연 도	수출량 (천 M/T) A	운송량 (천 M/T)			적취율 (%)		
		일본국적 B	외국용선 C	일본상선대 B+C	일본국적 B/A	외국용선 C/A	일본상선대 (B+C)/A
2000	788,002	98,143	440,727	538,870	12.5	55.9	68.4
2001	772,996	85,256	429,327	514,583	11.0	55.5	66.6
2002	762,329	75,940	430,075	506,015	10.0	56.4	66.4
2003	796,059	64,310	490,627	554,937	8.1	61.6	69.7
2004	811,873	60,259	487,343	547,602	7.4	60.0	67.4
2005	815,628	53,463	476,242	529,705	6.6	58.4	64.9
2006	814,565	45,927	457,224	503,151	5.6	56.1	61.8
2007	813,843	43,138	484,329	527,467	5.3	59.5	64.8
2008	816,173	52,727	503,579	556,306	6.5	61.7	68.2

출처: 국토교통성 해사국 "해양보고서"에서 작성, 2010 일본해운 통계 편람.

그림 4-1-1 일본의 품목별 수출비중 변화

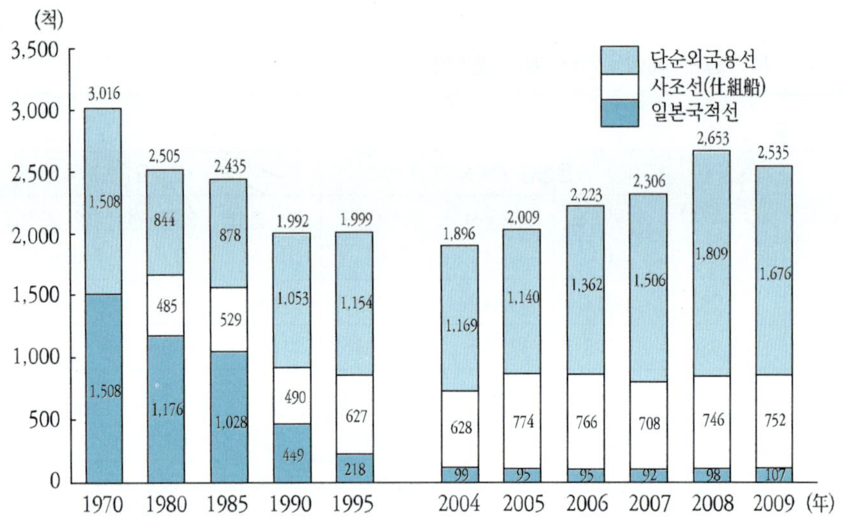

주: 사조선: 일본의 해운회사가 장기간 용선할 목적으로 일본조선소를 외국해운회사에 알선해 건조시키는 선박
출처: 일본상선대의 구성 추이에 대해서는 국토교통성 "해양보고서"(구 교통부 "일본해운의 현황") 각 년도 판.

3) 중국해운[10)]

중국 경제의 내수성장에 따라 중국 해운경기는 비교적 빠르게 침체를 벗어나고 있으며, 세계 경제의 불황이 약간 완화되면서 해운경기 회복도 가속화되고 있다. 중국의 해운물동량은 내수비중이 56%를 초과해서 수출부진으로 인한 해운산업 침체요인을 내수시장 확대효과가 상쇄해 왔다.

중국 연안의 물동량 특성을 보면 전반적으로 내수의 비중이 무역비중보다 높은 것을 볼 수 있다. 중국 해운산업은 세계 경제의 발전뿐만 아니라 중국경제 자체의 발전에 더욱 큰 영향을 받는다. 향후 내수시장의 확대에 따라서 이러한 경향은 더 강해질 것으로 보인다. 중국의 수출입 화물증가세가 본격화될 경우 컨테이너 물동량도 빠르게 증가할 것으로 예상된다.

그림 4-1-2 중국 해운물동량 추이

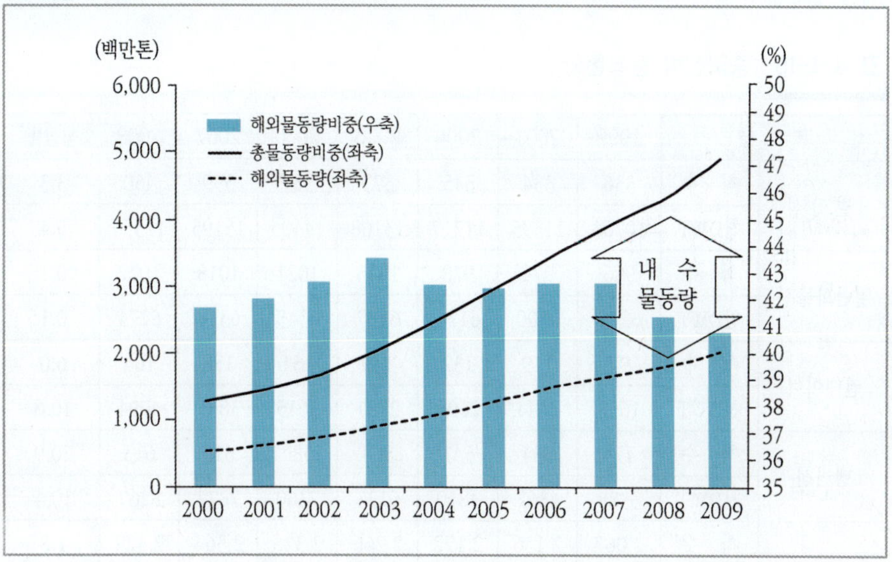

10) 오대원·이원호, 중국 해운기업 경쟁력분석 및 우리기업의 진출전략, 산업은행조사보, 제656호, 2010. 7, 한국산업은행.

중국의 해운산업은 세계 실질지배선대의 8.3%를 차지해 세계 4위 규모이며, 대표적인 해운선사는 주로 국유기업들이다.

중국의 해운산업은 다른 나라와 다른 형태를 띠고 있다. 중국해운산업의 관리당국은 국무원산하의 교통부와 대외무역경제 합작부로 이원화되어 있다. 주요 기업은 대부분 교통부소속(COSCO) 및 대외무역 경제합작부 소속(SINOTRANS) 국유기업과 그 자회사들이다. 외항해운은 교통부의 국유기업인 중국원양운수집단(中國遠洋運輸集團, China Ocean Shipping Co.: COSCO)이 담당해 오고 있다.

중국의 선대규모는 2008년 기준 총 2,428척, 36,211천DWT였으며, 1999년에서 2008년 동안 척수기준 1.8%, DWT 기준 5.6%가 성장했다.[11] 선대규모 중 일반화물선이 1,022척으로 가장 많은 비중을 차지하고 있고, 탱커선이 613척, 벌크선이 450척 순이다. 톤수기준으로는 벌크선이 613척, 17,350천 DWT로 가장 많은 비중을 차지하고 있다.

표 4-1-15 중국선박 등록현황

구 분		1999	2003	2004	2005	2006	2007	2008	성장률
벌크 선	척 수	336	334	345	373	387	399	450	3.3
	천DWT	10766	11395	11717	13168	14406	15195	17350	5.4
일반화물선	척 수	986	974	978	1015	1021	1018	1022	0.1
	천DWT	6219	6100	6176	6337	6345	6313	6274	0.1
컨테이너	척 수	97	119	132	139	151	158	164	6.0
	천DWT	1658	2044	2605	2981	3615	3855	4094	10.6
탱커선	척 수	474	534	541	564	587	610	613	20.9
	천DWT	3388	4362	4810	6133	7360	7877	8267	10.4
합 계	척 수	2,067	2,136	2,172	2,266	2,326	2,364	2,428	1.8
	천DWT	22,230	24,102	25,508	28,814	31,986	33,440	36,211	5.6
	비 중	3.0	3.1	3.2	3.4	3.4	3.3	3.4	

자료: ISL, Shipping Statistics Yearbook, 2008.

11) 中国水运报 2009. 9. 3.

국영기업의 경영에 대한 정부의 간섭이 줄어들고 책임경영 풍토가 조성되어 중국해운기업의 경영여건이 크게 개선되고 있다. 중국의 대표적인 외항선사인 COSCO사와 China Shipping사는 자율경영에 의한 보다 신속한 의사결정이 가능해져 세계 해운환경변화에 능동적으로 대처하면서 경영성과를 크게 나타내고 있다. 중국 대표해운기업의 경영성과, 특징 및 기타 주요 기업 정보는 다음 〈표 4-1-16〉과 같다.

중국 해운산업은 경기회복에 따라서 완만한 상승세를 보일 것으로 예상되며, 해운산업의 수요는 국내외 경기에 민감하며 해상물동량에 의해 결정되는데, 이는 세계 경제의 성장률과 교역량에 의존된다. 금융위기 이후 중국경제가 회복되면서 공업생산량은 가파르게 증가하여 향후 중국물동량도 크게 늘어날 것으로 예상된다.

표 4-1-16 중국대표 해운기업의 경영성과 및 특징 (단위: 백만 달러)

	China csoco holdings	China shipping container lines('09)	China shipping development	Nanjing tanker	Cosco shipping
자 산	17,326	6,480	4,394	1,732	1,042
부 채	9,645	2,683	1,255	1,073	404
자 본	7,680	3,797	3,139	659	639
매 출 액	19,148	2,914	2,526	461	994
당기순이익	1,700	-949	786	87	212
ROA(%)	22	-14.6	25	13	33
ROE(%)	10	-25.0	18	5	20
최대주주지분	52.01%	45.89%	46.36%	49.18%	50.13%
주력사업	컨테이너운송	컨테이너운송	연안, 원양, 내륙 화물운송	석유 및 화학 제품 운송, 저장	원양운수 및 연해운수

내수비중	약 10%	약 20%	약 60%	약 40%	약 40%
주가(4.30) (위안)	12.18	4.34	11.23	5.68	9.31
특 징		세계컨테이너 업계 8위규모, 세계금융위기로 인한 수출감소의 직접적 타격을 받음			아시아 내 유일한 반잠수선 보유회사 시추시설 운반 등 특수작업

자료: OSIRIS 및 각 기업 홈페이지.

출처: 오대원·이원호, "중국 해운기업 경쟁력분석 및 우리기업의 진출전략," 산업은행조사보, 제656호, 2010. 7, 한국산업은행.

그림 4-1-3 중국의 경제성장률 추이

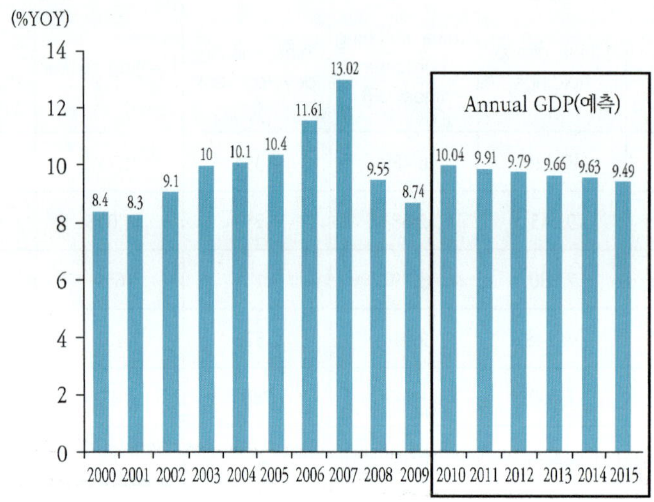

자료: Clarkson Research Services 2010.

1.2 한중일 3국간 항로와 물동량

한국, 일본, 중국은 자체적으로 자국 중심의 해상 컨테이너물동량에 대해서는 발표를 하고 있지만, 각국의 통계 데이터는 각국의 독자적인 기준에 따라 작성되고 있어 상호간의 비교에 어려움이 발생하고 있다. 예를 들면, 우리나라는 중량이나 용적 중 큰 것을 택하는 운임톤(Revenue Ton)을, 일본은 중량톤(Metric Ton) 기준의 운임톤(Freight Ton)을 사용하고 있기 때문이다.

2010년 한중일 3국간 컨테이너 물동량이 691만 TEU로 700만 TEU에 육박했다. 한국근해수송협의회(한일항로), 황해정기선사협의회(한중항로), 일본해운동맹사무국(SCAGA=일중항로) 등 3국을 관할하는 해운협의체에 따르면 지난해 한중일간 협의체선사들이 실어 나른 컨테이너개수는 전년대비 12.4% 증가한 691만 7,547TEU에 달했다. 한중일 3국간 컨테이너수송량은 2007년 699만 7,934TEU로 700만 TEU가 되기 직전 글로벌금융위기가 발생하면서 2008년에는 2.5% 감소했으며, 2009년에도 9.8% 감소했다.

표 4-1-17 한중일 컨테이너 물동량

구 분	2009	2010	증 감	
			TEU	%
한 일	1,220,995	1,469,098	248,103	20.3
한 중	2,145,160	2,467,586	322,426	15.0
중 일	2,789,950	2,980,863	190,913	6.8
합 계	6,156,105	6,917,547	761,442	12.4

출처: 월간해운 2011. 2월.

한중항로의 2010년 물동량은 전년대비 15% 증가한 246만 TEU였고, 일중항로도 전년대비 6.8% 증가한 298만 TEU를 각각 수송했다. 그러나 2009년의 경우 물동량 감소폭이 워낙 컸다는 점에서 지난해 컨테이너 물동량은 2007년 수준을 회복하는 수준에 그쳤다.

표 4-1-18 한중간 컨테이너 물동량

구 분	2009	2010	증 감	
			TEU	%
한 국 발	1,149,096	1,434,054	284,958	24.8
중 국 발	996,064	1,033,532	37,468	3.8
합 계	2,145,160	24,67,586	322,426	15.0

출처: 월간해운 2011. 2월.

2010년 한일항로에서 한국발 물동량이 약 82만 TEU였고, 중국발 물동량이 약 65만 TEU로 전년대비 평균 20.3%의 높은 증가율을 보이면서 약 147만 TEU를 운송했다.

표 4-1-19 한일간 컨테이너 물동량

구 분	2009	2010	증 감	
			TEU	%
한 국 발	679,212	819,146	139,934	20.6
일 본 발	541,783	649,943	108,106	20.0
합 계	1,220,995	1,469,089	248,040	20.3

출처: 월간해운 2011. 2월.

1) 한·중 항로

한중간 컨테이너 항로는 우리나라 선사, 한중합작선사, 중국단독운항선사, 제 3 국 선사들이 함께 취항하고 있는데, 중국단독선사의 비중이 취항선사 수나 선박 수에 있어 다른 경우보다 많은 실정이다. 한중항로는 2009년부터 컨테이너 항로를 개방하기로 하였으나 무기한 연기되어 오다가 2010년 11월 한중해운회담에서 컨테이너 항로개방에 대한 기본입장을 재확인하였기 때문에 조만간 항로가 개방될 것으로 보고 있다.

한중항로를 운항중인 컨테이너 선박은 35개사 72척으로 57,000 TEU의 운송능력을 보유하고 있다. 운항중인 선사는 황해정기선사협의회의 회원선사와 중국의 주요 정기선사들이 참여하여 운항을 하고 있다. 한국의 기항지는 7개 항만(부산, 광양, 인천, 평택, 여수, 울산, 마산)이며, 중국기항지는 11개항만(상해, 대련, 청도, 위해, 영파 등)으로 한국의 현대상선, 한진해운, STX팬오션, 고려해운 등 11개 선사가 운항중이며, 그 밖에 China Shipping, CK Line, Co－Heung/COSCO, CSC 등 19개 선사가 운항하고 있다.12)

2000년 수출 52만 TEU, 수입 69만 TEU에서 2009년 수출 99.6만 TEU, 수입 114.9만 TEU를 기록해 수출은 91.4%, 수입은 66.5%의 경이적인 증가 기록을 나타냈다. 2000년을 기준으로 수출량의 증가는 91.4%이고, 수입량의 증가는 66.5%를 기록했다. 수출입화물 중 환적화물의 증가율은 2000년 대비 2009년에 78.8%의 증가율을 나타냈으나, 2006년 증가율이 31.4%(74.9만 TEU)였고, 그 후 2007년에 13.8%(64.9만 TEU), 2008년에 10.0%(62.7만 TEU), 2009년에는 －21.2%(44.9만 TEU)를 기록해 환적화물의 현저한 감소가 나타났다. 이것은 중국의 항만개발이 완료되면서 대형정기선들이 중국항만에 직접 기항하면서 한국항만에서의 환적하는 물동량이 감소했기 때문이다. 그러나 최근의 유럽의 금융위기를 비롯한 국제경기 불황과 중국의 원자재 수입 감소와 제품수출 부진은 한중항로의 물동량 감소를 가져오고 있다.

표 4-1-20 한-중 항로 수출입 컨테이너물동량 추이 (단위: TEU)

구 분	수 출		수 입		합 계	
	Local	T/S	Local	T/S	Local	T/S
2000	340,870	179,411	298,923	391,082	639,793	570,493
2001	376,442	179,151	345,266	403,031	721,708	582,182
2002	483,190	171,883	486,795	450,892	969,985	622,775
2003	610,107	176,848	598,907	393,741	1,209,014	570,589
2004	637,054	204,847	688,325	447,601	1,325,379	652,448

12) 글로벌 물류네트워크 구축 제 2 차 기초조사 연구: 한중일 Fast Ro-Ro 운영 사업, 국토해양부, 2009.

2005	725,133	234,573	816,383	488,496	1,541,516	723,069
2006	731,572	213,991	1,020,866	535,758	1,752,438	749,749
2007	757,890	181,942	1,165,993	467,407	1,923,883	649,349
2008	735,642	187,318	1,074,919	440,488	1,810,561	627,806
2009	787,044	209,020	908,779	240,317	1,695,823	449,337

자료: 선주협회(황해정기선사협의회).

중국의 지속적인 경제발전과 제조업의 중국이전에 따라 한중간의 무역규모는 지속적으로 증가하는 추세이다. 한국에서 중국으로 무역량은 2008년에 91,930백만 달러를 기록해, 1995년 이후 연평균 19.4%의 성장을 해 왔고, 중국에서 한국으로 무역량은 76,930백만 달러로 연평균 19.7%의 증가율을 나타내 한중간의 무역규모는 지속적으로 높은 성장을 해오고 있다. 그러나 중국통계에서는 연평균 성장률이 20.2%를 나타내, 약간의 차이를 보이고 있다.

표 4-1-21 한중간 무역규모 (단위: 백만 달러)

구 분	중국통계		한국통계	
	중 → 한	한 → 중	중 → 한	한 → 중
1995	6,688	10,288	9,144	7,401
2000	11,293	23,208	10,455	12,799
2008	73,095	112,154	91,389	76,930
성장률	20.2%	20.2%	19.4%	19.7%

자료: 무역협회, 중국경제 DB, "글로벌 물류네트워크 구축 제 2 차 기초조사 연구" 재인용.

2) 한·일 항로

일본은 우리나라의 2대 교역국으로서 매년 교역 규모가 증가하고 있으나, 전체 교역액 중 2008년 교역규모 892억 달러로 2000년 이후 70.6% 증가했다. 그러나 우리나라의 전체 교역규모에서 차지하는 비중은 2000년 수출비중이 12%, 수입비중이 20%이었으나, 2008년에는 각각 7%와 14%로 매년 감소하고 있다. 이와 같은 대일교역 규모의 감소는 중국의 경제성장에 따른 대중국 교역규모의 증가가 원인이다.

부산항은 "부산항+일본 지방 항구"라는 비즈니스 모델을 만들어 부산항과 일본 대부분 지역항을 연결하는 항로를 구축하였다. 일본의 피더화물이 많고, 중국 북동부 컨테이너 터미널의 정비와 물동량 증가를 배경으로 중국에 직접 기항하는 서비스가 증가하고 있다. 한국 선사도 한일 항로를 수정 및 한중일 펜들럼 서비스를 실시하는 경우가 늘고 있다.

한국근해수송협의회(KNFC)에 따르면 2011년 6월 수출 물동량은 8만 2천536 TEU를 기록한 것으로 집계됐다. 지난해 같은 달의 6만 9,662TEU에 비해 18.5%나 상승했지만 5월의 8만 9,364TEU에 비해 7.6% 감소했다. 일본 대지진 효과로 2011년도 상반기 한일항로 물동량은 작년 71만 7,782TEU에서 83만 9,500TEU인 17% 늘어나 큰 폭의 성장세를 보여, 역대 최고치를 달성했다. 수출물동량은 48만 7,490TEU로 22.6%, 수입물동량은 35만 2,010 TEU로 10% 성장했다.[13)]

한일항로는 아직 개방이 되지 않은 한중항로와 달리 1995년부터 글로벌 선사들에게 시장이 개방되었다. COSCO, SINOTRANS 등과 같은 중국선사와 한진해운을 비롯한 국내선사와 제3국의 글로벌 선사들이 한일항로를 운항하면서 일본 물동량 확보에 치열한 경쟁을 벌이고 있다.

한일항로는 한국의 5개 항만과 일본의 50개 항만을 연결하여 운항하고 있는데, 항로에 따라 특징적인 현상들이 항로의 경쟁력과 관련되어 나타나고 있는데, 한국선사들이 적취율이나 취항이 일본선사에 비해 약 90%로 압도적인 우세를 보이고 있다.

2000년 57.4만 TEU에서 2009년 122만 TEU로 112.4%가 증가하여 연평균 증가율이 23.6%를 기록하였다. 금융위기가 발생하기 전인 2007년 한일항로의 물동량은 139.4만 TEU(142.6%)이었으나, 이후 점차 감소하여 2008년에 135.7만 TEU(136.1%), 2009년 122만 TEU(112.4%)를 기록했다.

---

13) 쉬핑가제트 2011년 7월 29일.

표 4-1-22 한 · 일 항로 수출입 컨테이너물동량 추이 (단위: TEU)

구 분		물 량			
		Local	Feeder	자사T/S	합 계
2000	수 출	273,949	98,798		372,747
	수 입	171,705	30,314		202,019
	합 계	445,654	129,112		574,766
2001	수 출	286,622	125,911		412,533
	수 입	175,753	47,920		223,673
	합 계	462,375	173,813		636,188
2002	수 출	282,794	172,471	228,302	383,567
	수 입	208,251	77,395	89,539	375,185
	합 계	491,045	249,866	317,841	1,058,752
2003	수 출	303,080	153,566	263,685	720,331
	수 입	213,228	131,136	108,291	452,655
	합 계	516,308	284,702	371,976	1,172,986
2004	수 출	329,944	182,103	274,297	786,344
	수 입	239,757	105,340	117,695	462,792
	합 계	569,701	287,443	391,992	1,249,136
2005	수 출	330,417	194,118	244,629	769,164
	수 입	244,436	104,995	116,674	466,105
	합 계	574,853	299,113	361,303	1,235,269
2006	수 출	321,582	207,941	259,193	788,716
	수 입	269,069	157,207	126,945	553,221
	합 계	590,651	365,148	386,138	1,341,937
2007	수 출	314,155	195,330	261,544	771,029
	수 입	304,769	172,620	145,785	623,174
	합 계	618,924	367,950	407,329	1,394,203
2008	수 출	319,336	179,371	261,098	760,101
	수 입	283,547	162,371	150,911	596,829
	합 계	602,883	342,038	412,009	1,356,930
2009	수 출	282,712	155,259	241,401	679,212
	수 입	242,289	150,259	149,235	541,783
	합 계	525,001	305,358	390,636	1,220,995

출처: 2010해사통계연보.

2011년 일본대지진으로 한일항로에 물동량이 순간적으로 급증하여 일본 대지진 효과로 상반기 한일항로 물동량은 큰 폭의 성장세를 보였다. 2010년에 71.8만TEU에서 17% 늘어난 83.9만TEU를 기록, 역대 최고치를 달성했다. 수출물동량은 48.7만TEU로 22.6%, 수입물동량은 35.2만TEU로 10% 성장했었으나 5월을 기점으로 점차 감소하고 있다.

3) 중·일 항로

2006년 중·일 컨테이너 항로 수송실적은 일본 내 중국수출이 96만 TEU, 중국 내 일본수출이 216만 TEU, 총 312만 TEU였다. 전년 대비 9% 증가했다. 그러나 유가 상승에 따른 연료비의 상승, 높은 용선료에도 불구하고 경쟁은 격화되고 있으며, 운임은 오르지 않아 선박회사의 채산에 나쁜 영향을 미치고 있다. 기존 선사들은 비용절감을 위해 선사 간의 공동배선 및 기항지 축소 등의 대책을 마련하고 있다. 또한 JR화물이 COSCON과 손잡고 기타큐슈화물터미널을 통해 모지–상해 사이를 JR12 피트 컨테이너에 의한 Sea & Rail 서비스를 제공하고 있다. 그러나 중일항로에서는 중국선사가 압도적으로 지배하는 현상이 나타나고 있다.[14)]

표 4-1-23 중 · 일 항로 항만별 컨테이너 운송실적 (단위: TEU)

구 분	일→중	중→일	총 계	증감률(%)
Shanghai	502,637	1,024,725	1,527,362	11.2
Tianjin	141,564	181,910	323,474	9.9
Qingdao	75,053	310,669	385,722	7.1
Dalian	96,133	227,315	323,448	5.0
Others	149,291	415,226	564,517	6.3
Total	964,678	2,159,845	3,124,523	9.0

출처: 일본해사신문 2007. 2. 7.

14) 김수엽·이호춘, "한·중·일 3국간 물류정보 공유 및 활용방안 연구(1차 연도)," 한국해양수산개발원, 2007. 12.

금융위기 이후 중일항로의 물동량에 대한 일본해운동맹사무국 자료에 따르면 2009년 1분기 중국－일본 해상항로 컨테이너 물동량은 61.7만 TEU로, 지난해 동기의 74.5만 TEU에 비해 16.8% 감소했다. 이중 일본에서 중국으로 수송된 물동량(북향물동량)은 14.9% 감소한 20.5만 TEU, 중국에서 일본으로 수송된 물동량(남향물동량)은 17.8% 감소한 41.1만 TEU를 각각 기록했다.

표 4-1-24 2009년 3월 중일 해상컨테이너 수송실적 (단위: TEU)

구 분	2008. 3	2009. 3	전년대비	2008. 1-3	2009. 1-3	전년대비
일→중	87,759	84,278	-4.0%	241,627	205,613	-14.9%
중→일	177,097	156,821	-11.4%	499,820	411,061	-17.8%
계	264,856	241,099	-9.0%	741,447	616,674	-16.8%

자료: 일본해운동맹사무국.

1.3 부정기선 해운

부정기선 해운은 해운의 발달 초기형태로 화주가 운송을 요구하는 시간과 장소에 맞춰 부정기적으로 운항하는 형태이다. 주요 운송화물은 원유, 석탄, 광석, 원목, 곡물 등의 대량화물로 운임부담력이 작은 저가화물이다. 운임은 매 운송마다 화주와 협상을 통해 결정되며, 운송계약은 화주와 선주 쌍방이 서명한 용선계약서(Charter Party)에 의한다.

부정기선 해운은 수요에 의해 항로가 결정되는 완전경쟁시장이기 때문에 운임은 선복수요와 물동량 및 비용구조 등에 의한 시장경쟁 원칙에 의해서 결정된다. 그러나 시장경쟁 원칙에 영향을 주는 상황이 많아 부정기선 시장의 운임은 더욱 변동폭이 커 불안정한 운임으로 시황에 따라 극과 극의 형태로 전개되기도 한다.[15)]

15) 부정기선 해운에서 운임에 영향을 주는 시장상황이란 완전경쟁이 이루어지는 부정기선 시장에 완전경쟁시장을 형성하지 못하는 경우를 말한다. 즉, 전쟁 등에 의한 화물의 급증, 계절적 수요불균형, 기상이변, 농산물작황, 세계경제의 성장과 불황 및 특정지역의 경제발전 등의 경우를 말한다.

1) 부정기선 시장의 주요 운송화물

탱커를 제외한 부정기 해운시장에서 철광석, 석탄 및 곡물이 벌크화물 교역량에서 가장 큰 비중을 차지하므로, 이들의 변화가 벌크선 시황을 좌우하게 된다. 철광석과 석탄은 물량규모가 크고 수급지간 운항거리가 길어 해운시장에서 벌크선 수요가 가장 큰 부분을 차지하기 때문이며, 이로 인하여 경기상황에 따른 철광석과 석탄의 물동량변화가 벌크선 시황으로 연결되기 때문이다. 중국을 비롯한 신흥국의 경제성장에 따른 원자재의 수요확대가 주요원인으로 해상으로 운송되는 벌크화물량은 꾸준히 증가하고 있다.

표 4-1-25 세계해운시장 수급 현황 (단위: %, %p)

구 분	2005	2006	2007	2008	2009	2010
물동량증가율(A)	4.4	5.2	4.1	2.5	-4.3	6.8
선복량증가율(B)	6.9	7.0	2.1	6.7	7.0	9.6
B-A(%p)	2.5	1.8	-2.0	4.2	11.3	2.8

자료: Clarkson.
출처: 국내 해운산업의 구조변화와 발전방향.

2008년 Clarkson의 추정에 의하면 철광석 843백만 톤, 석탄 798백만 톤, 곡물 313백만 톤, 보크사이트/알루미나 86백만 톤, 인광석 33백만 톤으로 5대 주요벌크화물 물동량은 2,072백만 톤이었으며, 전체 드라이 벌크 물동량의 40.1%를 차지하는 것으로 나타났고, 그 외 설탕, 시멘트, 철강제품, 원목, 농산품, 비료 등이 있으며 991백만 톤으로 추정되어, 전체 드라이 벌크 물동량의 19.1%를 차지하였다.

2009년 부정기선 시황은 2008년 가을 이후의 세계 동시 불황으로 해운시황 전체가 침체하는 가운데 중국의 철광석 석탄 수입량의 급증과 인도 등 신흥 국가의 거대한 인프라 수요 등을 배경으로, 연중 급격한 회복세를 보이고, 특히 가을 이후 다양한 선종에서 시황의 상승 경향이 현저하다.

2010년 부정기선 시황은 지금까지 시장을 견인해 온 중국의 철광석 수입량과 가격상승 등으로 전년에 비해 감소했지만, 침체하고 있던 일본, 유럽 등 선진국의 조강생산이 회복되고 또한 인도 등 신흥국가에 석탄, 곡물수요의 증가 등을 성장배경으로 다양한 선종이 비교적 완만하게 증가했다. 2008년 세계 금융위기로 인한 실물경기 침체로 물동량이 감소한 2009년을 제외하면 벌크물동량은 2000년 이후 10년간 매년 평균 3% 이상 증가세를 유지하고 있는데, 산업연관성이 높은 5대 벌크화물인 철광석, 석탄, 곡물, 보크사이트/알루미나, 인광석 등의 교역량이 늘면서 벌크화물 수요증가를 이끌었다.

그림 4-1-4 5대 벌크화물 물동량 구성비

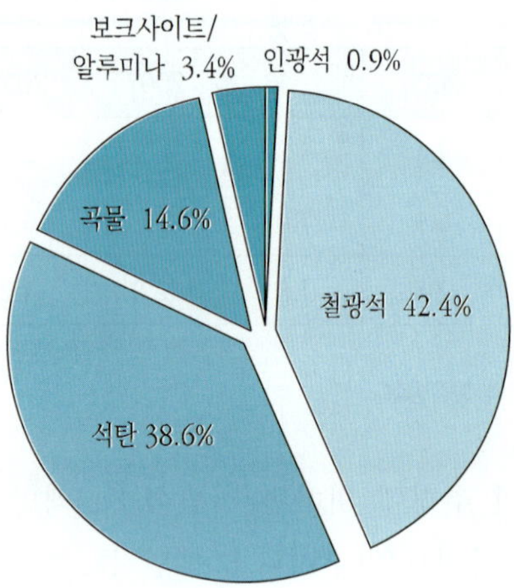

자료: Clarkson, 2010년 추정치 기준.

2010년 중국의 철광석 수입물량은 2000년 대비 9배 수준으로 전세계 철광석 수입물량의 62%를 차지했고, 일본은 2000년 물동량 수준을 유지했으나, 한국은 2000년 대비 30% 증가했다. 중국은 국내수요 증가로 석탄수출국에서 수입국으로 전환되었다. 중국과 인도에서 철강생산 증가로 원료탄 수요가 늘고 전력공급을 위한 발전용 연료탄 수요가 증가한 것이 주원인이다.

이처럼 주요 벌크화물의 수요증가는 부정기선 해운시황에 긍정적인 영향을 미치고 있다. 중국을 비롯한 신흥국들의 경제성장에 따른 주요 5대 벌크화물의 수요증가가 해상운송량을 이끌고 있기 때문이다. 그러나 중국을 비롯한 특정 국가의 경제상황에 따라 물동량이 변동되기 때문에 주요 벌크화물의 수급현황의 민감하게 변동될 수 있다. 최근 중국의 경기조절과 세계 경제의 불황에 따라 철광석 수입감소로 벌크선 현황이 크게 둔화되고 있다.

그림 4-1-5 주요 벌크화물 수입비중 추이

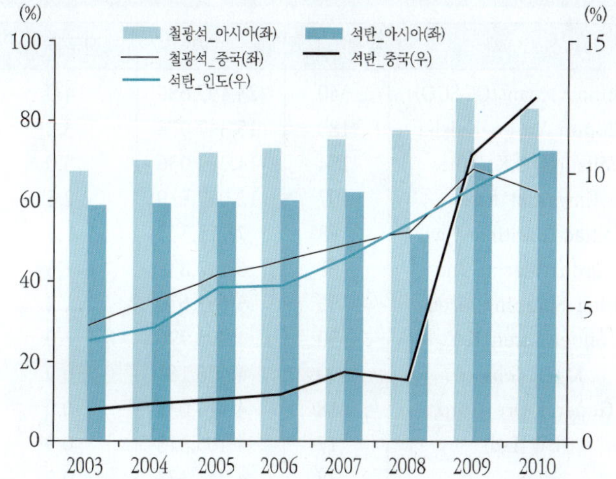

자료: Clarkson.

2) 부정기선사의 선대구성

우리나라와 중국, 일본의 벌크선대가 전세계에서 차지하는 비중이 24%에 달하는 등, 전세계를 압도하고 있는 것으로 나타났다.

Clarkson에 따르면 2009년 말을 기준으로 한 나라별로 용선을 제외한 선박규모가 일본이 689척 6,291만 2,746DWT(세계 점유율 13.2%)로 1위를 차지했고, 이어 중국 539척 3,548만 8,594DWT(점유율 7.4%)로 2위, 그리스가 284척 2,982만 6,088DWT(6.3%)로 3위를 각각 차지했다. 우리나라는 143척 1,531만

6,109DWT(3.1%)를 보유하고 있다. 이에 따라 한중일 3국이 보유하고 있는 벌크선대는 1,371척 1억 1,371만 7,449DWT(점유율 23.7%)에 달했다.

선사별로는 중국 COSCO가 총 340척 총 2,349만 DWT의 선복량을 확보해 1위를 굳건히 지켰으며 뒤이어 NYK가 180척, 1,534만 DWT의 선복량을 확보해 벌크선 보유 순위 중 2위를 차지했다. 뒤이어 MOL이 총 154척, 1,427만 DWT의 선복량을 보유해 3위를, K-LINE 107척 1,203만 DWT의 선복량을 보유해 4위를 차지한 것으로 나타났다.

표 4-1-26 세계 상위 벌크선사 소유선복량(2010. 3월 기준)

순 위	선 사	척 수	DWT	점유율(%)	국 가
1	China Ocean (COSCO)	340	23,497,656	4.9	중 국
2	Nippon Yusen Kaisha	180	15,347,078	3.2	일 본
3	Mitsui O.S.K. Lines	154	14,272,036	3.0	일 본
4	Kawasaki Kisen	107	12,037,519	2.5	일 본
5	Zodiac Maritime Agy.	48	7,115,347	1.5	영 국
6	Cardiff Marine Inc.	58	6,150,832	1.3	그리스
7	China Shipping Group	156	5,663,630	1.2	중 국
8	Shoei Kisen K.K.	50	4,995,996	1.0	일 본
9	K. G. Jebsen	90	4,426,164	0.9	노르웨이
10	General Ore Corp.	18	4,416,033	0.9	미 국
11	BW Ltd.	17	4,405,313	0.9	싱가포르
12	HOSCO	28	4,243,373	0.9	중 국
13	Angelicoussis Group	26	4,231,121	0.9	그리스
14	Hanjin Shpg Co.	33	3,919,093	0.8	한 국
17	STX 팬오션	53	3,415,017	0.7	한 국
19	대한해운	22	3,038,847	0.6	한 국
22	창명해운	21	2,848,858	0.6	한 국
합 계		340	23,497,656	4.9	

출처: Clarkson Shipping Review Database, Spring 2010.

우리나라의 경우는 한진해운이 14위로 33척 391만 DWT를 기록했고, STX 팬오션이 53척 341만 DWT로 17위를 차지했다. 이어 대한해운이 22척 303만 DWT로 19위, 창명해운이 21척 284만 DWT로 22위, 현대상선이 14척

209만 DWT로 36위를 각각 기록했다.[16)]

아시아 지역이 벌크화물 교역의 중심지 역할을 함에 따라 한중일 3국의 벌크선사들에게는 성장의 호재를 맞이하고 있다. 특히 물동량이 많고 자국물량 운송률이 높은 중국과 일본 선사들의 공급점유율이 당분간 확대될 것으로 보인다. 그러나 선복량 기준으로 볼 때 중국과 일본선사가 세계 10대 벌크 선사중 6개사를 차지하고 있고, 이들의 선복량이 전세계 벌크 선복량의 15% 이상을 점유하고 있는 현실을 고려할 때, 한국 벌크선사들은 중국과 일본선사

표 4-1-27 선종별 세계 주요선사 선복량 현황

(단위: 벌크선/탱커선-백만 DWT, 컨테이너선-천 TEU)

순위	벌 크 선		탱 커 선		컨테이너선	
	선 사 명	선복량	선 사 명	선복량	선 사 명	선복량
1	COSCO(중)	24.9	MOL(일)	16.0	APM-Maersk(덴)	2,174
2	NYK(일)	17.1	Fredriksen Group(노)	15.4	MSC(스)	1,927
3	MOL(일)	14.8	Teekay Co(카)	11.7	CMA-CGM(프)	1,228
4	K Line(일)	13.3	NYK(일)	11.4	Evergreen(대만)	607
5	Zodiac Maritime(영)	7.3	NIOC(이란)	10.7	Hapag-Lloyd(독)	601
6	CSG(중)	7.2	SCF Group(러)	10.4	CSAV(칠)	581
7	Angelicoussis Group(그)	5.6	MISC(말)	8.7	APL(싱)	581
8	Enterprise Shpg(그)	5.3	Angelicoussis Group(그)	8.1	COSCO(중)	545
9	한진해운	4.9	Overseas Shipholding(미)	7.4	한진해운	483
10	HOSCO(중)	4.8	CSG(중)	7.3	CSCL(중)	456
	STX Pan Ocean(13위) 창명해운(18위)	4.3 3.6	SK 해운(28위)* 현대상선(40위)*	3.8 2.7	현대상선(18위) 고려해운(28위)	317 50

주: 선복량 기준(2011년 3월말 현재).
* 탱커선 국내선사는 2010년 9월말 현재 순위임.
자료: Clarkson, AXS-Alphaliner.
출처: 월간해운 2011. 1월호.

16) 월간해운 2011. 1.

들에 비해 선복량이 적어 수송물량과 운임수입의 증가에 한계가 있을 것으로 보인다. 벌크선은 철광석, 석탄 등 주요 벌크화물 수입국이 중국, 일본 등 아시아이므로 벌크선의 보유는 아시아 국가가 상대적으로 많이 보유하고 있다.

1.4 정기선 해운

정기선이란 화물의 유무와 관련 없이 특정항로를 규칙적으로 반복 운항하는 운송형태를 말한다. 정기선은 재래정기선과 컨테이너선으로 구분되는데, 지금은 컨테이너선에 의한 정기선 운항이 주를 이루고 있다. 재래정기선이 운송하는 주요화물은 비단위화물[17]이고, 컨테이너선이 운송하는 주요화물은 단위화물[18]로 Container에 적입된 상태로 운송된다. 따라서 정기선에서 운송하는 화물은 주로 공산품(완제품이나 반제품 등) 등의 화물이며, 개품운송계약[19]에 따라 운송된다. 이러한 정기선 운항의 특징은 정해진 스케줄에 따라 지정된 항구들 사이를 정기적으로 운항하고, 불특정다수의 화물을 운송하는 공중운송인(Public Carrier)[20]이며, 화주나 화물에 차별을 두지 않고 운송계약을 증명하는 정형화된 선하증권[21]이 운송계약서 역할을 한다. 또한 서비스

17) 비단위화물(Break Bulk Cargo): 일반 잡화 중에서 단위화되지 않고, Crane에 의한 하역이 이루어지는 화물을 총칭한다. 즉, 화물의 무게 또는 크기로 인하여 컨테이너에 적입할 수 없는 화물을 칭한다. 일반적으로 본선작업이라 하며, 일반 Container 작업이 아닌 물건을 직접 Crane으로 본선에 운반하여 작업하는 화물을 말한다(예. Heavy Machinery, 프로펠러 등).

18) 단위화물: Container나 Pallet와 같이 규격화된 운송기기에 적재된 화물을 뜻한다. 이러한 화물은 그 규격이 통일되어 있어서 육, 해, 공의 운송형태 중 어느 것에나 쉽게 연결될 수 있어 하역시간이 단축될 수 있는 장점이 있다.

19) 개품운송계약(Contract of Affreightment)이란 운송회사가 다수의 수출상으로부터 물품을 인수하여 이를 목적항 및 물품의 특성에 따라 분류한 뒤 선박에 적재하여 운송하기로 하는 계약을 말한다.

20) 공중운송인(Common Carrier): 운송인으로서의 공공임무에 따라 하주가 누구라도 운송을 인수하여야 하는 취지의 의사표시를 해야 하며, 안전수송 의무, 무차별 의무, 합리적 운임 설정 의무 등이 부과되어 있어 약관, 면허증, 운임요율상 공식화된 업무에 대하여 특별한 경우를 제외하고는 운송인수를 거절할 수 없다. 즉, 일반공중(公衆)에 대하여 일정한 운송로에서 운송서비스를 제공하고 공표된 조건에 맞는 운송의뢰에 대해서는 이것을 반드시 인수하여야 하는 것으로서, 수송기관에 공적(空積)이 있는 한 표준운임이나 적어도 합법적인 운임률로 운송에 응해야 하며 불법으로 운송을 거절하면 하주에 대해서 배상의 책임이 있을 뿐만 아니라 법률에 의하여 처벌된다.

21) 선하증권(B/L 또는 Bill of Lading)이란 화주와 선사간의 운송계약에 의하여 선사가 발행

가 공공성을 띠기 때문에 공시된 운임표(Tariff)에 따라 운임을 부과한다. 그리고 정기선해운은 부정기선해운과 달리 선가가 고가이며, 운임이 부정기선보다 높다. 화물의 유무와 관계없이 정해진 항로를 정해진 시간에 따라 운항해야 하기 때문에 운항조직이 복잡하고 크며, 많은 자본을 필요로 하는 Risk가 큰 것이 특징이다.

정기선사들은 운항의 적시성 및 화물 확보를 위해 사선 또는 장기용선을 통해 다수 선박을 확보해야 하며, 주요 기항지별로 지점을 개설해야 하는 등 대규모 자본투하가 필요하며, 부정기선에 비해 진입장벽이 보다 높고, 시황에 따른 탄력적 운항이 불가능한 특징으로 인해 정기선사들은 규모의 경제 실현을 통한 운항효율성을 제고하기 위해 선대 대형화, M&A, 전략적 제휴 등을 적극적으로 도모하고 있다.

1) 정기선사의 선대구성

2010년 9월 기준 정기선 시장은 상위 25대 선사가 전체 선복량의 약 92%를 점유하고 있으며, 상위 3대 선사인 머스크라인(APM-Maersk)은 2.02백만 TEU로 전세계 컨테이너 선복량의 16.1%, MED 쉬핑(MSC)은 1.52백만 TEU로 12.1%, CMA-CGM은 1.02백만 TEU로 8.2%를 차지하고 있다. 세계3대 전략적 제휴그룹인 COSCO, K-line, Yang Ming 및 한진해운으로 구성된 CKYH Group이 1.51백만 TEU로 12.1%를 차지하고 있고, Hapag-Lloyd, NYK, OOCL, MISC로 구성된 Grand Alliance Group(GA)은 1.32백만 TEU로 10.6%를 차지하고 있다. 또한 APL, HMM 및 MOL로 구성된 The New World Alliance(TNWA)는 1.14백만 TEU로 9.1%의 비중으로 이들 선사들의 선복량 합계 비중은 약 70% 수준을 차지하고 있다.

컨테이너선은 주로 소비재 상품을 운송하고, 상품의 수출입 시장이 유럽지역에 널리 분포되어 있는 관계로 유럽선주들이 상대적으로 많은 선박을 소유하고 있다. 세계 컨테이너 선대는 물동양 증가와 함께 지속적으로 증가하

하는 유가증권으로, 선주가 화주로부터 의뢰받은 운송화물을 자기 선박에 적재 또는 적재를 위해 그 화물을 영수하였음을 증명하는 서류이다. 또한 운송의뢰된 화물을 도착항에서 B/L에 기재된 조건하에 수하인 또는 그 지시인에게 인도할 것을 약정한 유가증권이다.

그림 4-1-6 컨테이너 선사의 선대보유 비율

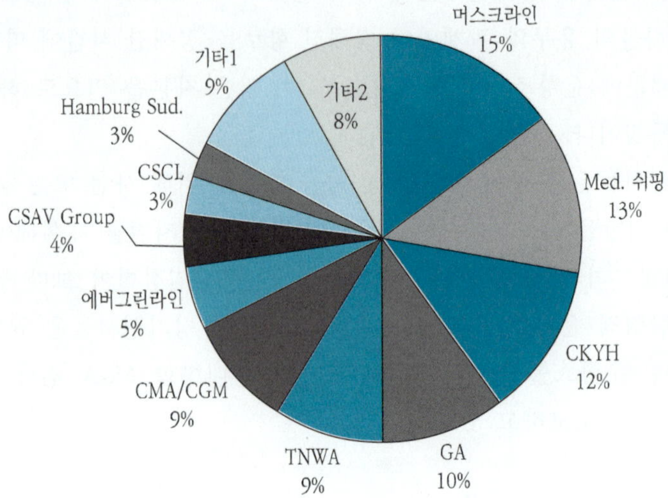

주 1: CKYH The-Green Alliance: COSCO, K-Line, Yang Ming, 한진해운.
2: Grand Alliance(GA): Hapag-Lloyd, NYK, OOCL, MISC.
3: The New World Alliance(TNWA): APL, 현대상선, MOL.
자료: AXS-Alphaliner(한국선주협회 재인용).

고 있다. Clarkson의 자료에 따르면, 2006년 3,987척, 2007년 4,364척, 2008년 4,724척, 2009년 4,791척 그리고 2010년 11월말 현재 4,963척, 1,410만 TEU에 달하고, 이중 Panamax 이상 대형 컨테이너선의 비중이 꾸준히 증가하는 추세이며, 전체 선대의 약 70%를 차지하고 있다. 전체 컨테이너선 선대의 71%가 선령 10년 미만의 선박이고, 대형 선박일수록 최근에 건조해서 선령이 낮다. 선령이 25년 이상 된 컨테이너선중 Sub-Panamax급 이하 소형선의 비중이 90%를 차지하고 있다. Panamax급은 15－24년 선령의 선박이 전체의 42%를 차지하고, Post-Panamax급은 2000년대 들어 발주되어 선령이 10년 미만이다.[22)]

2011년 1월말 현재 글로벌 Top 10 컨테이너 선사의 선대보유 현황과 발주내역은 〈표 4－1－28〉과 같다. Top 10의 보유척수는 총 2,420척(9.17만 TEU)

22) 컨테이너선의 발주동향 및 전망, 한국산업은행, 2011. 1.

이고, 신조발주 척수는 249척(2.26백만 TEU)이다. 가장 많은 컨테이너 선대를 보유하고 있는 APM－Mearsk는 580척(2.15백만 TEU)을 보유하고 있고, 한국선사인 한진해운은 108척(49.6만 TEU)을 보유하고 있다. 보유선대대비 신조발주 비중이 가장 큰 선사는 중국의 COSCO로 57.3%이고 그 다음으로 한진해운이 42.5%의 비중을 차지하고 있다.

표 4-1-28 글로벌 Top 10 컨테이너선사의 선대 보유 현황 및 발주 내역

순 위	선 사	Total		발 주 량		
		TEU	척 수	TEU	척 수	비중(%)
1	APM-Maersk	2,150,088	580	329,890	52	15.3
2	MSC	1,913,495	456	446,286	39	23.3
3	CMA-CGM	1,229,893	400	260,219	25	21.2
4	Evergreen	604,406	159	176,000	20	29.1
5	Hapag-Lloyd	598,238	134	131,000	10	21.9
6	APL	585,614	147	201,080	22	34.4
7	CSAV	583,169	156	62,589	8	10.7
8	COSCO	546,995	139	313,526	38	57.3
9	한진해운	496,750	108	211,102	20	42.5
10	CSCL	467,711	141	136,300	15	29.1

주: 2011년 1월말 기준.
자료: AXS-Alphaliner.

2) 정기선 항로

컨테이너 물동량은 완성품 생산기지가 많은 아시아에서 최대 소비지역인 미국과 유럽의 물동량이 전체물동량의 60% 이상을 차지하므로 아시아를 중심으로 한 정기선 항로의 실태를 파악하고자 한다.

아시아 생산품에 대한 북미의 수요를 지속적으로 저해한 글로벌적 위기에도 불구하고 2007년은 2006년보다 정기선부문은 활달하게 발달하였다. 미

서안의 완만한 물동량 증가는 유럽의 수요증가로 인하여 수송량이 증가되었다. 유로화의 강세에 따라 아시아 상품에 대한 유럽의 수요가 증가한 결과이다. 운송된 컨테이너 물동량을 비교해 보면 2007년 아시아-북미항로의 물동량이 15.4백만 TEU이지만, 아시아-유럽항로의 물동량은 17.7백만 TEU로 2.3백만 TEU가 더 많았다. 그러나 2008년도 중반에 금융위기에 따른 세계경제 불황은 2007년 대비 아시아와 유럽간 물동량을 크게 감소시켰다. 아시아-유럽항로는 약 4.2백만 TEU가 감소하였고, 유럽-아시아 항로는 10백만 TEU에서 5.2백만 TEU로 약 4.8백만 TEU가 감소하였다. 아시아-북미항로의 경우 15.4백만 TEU에서 13.4백만 TEU로 약 2백만 TEU가 감소하였으나, 북미-아시아 항로는 4.9백만 TEU에서 6.9백만 TEU로 약 2백만 TEU가 증가하여 전체적인 북태평양 물동량은 크게 변화가 없었다. 2009년도는 2008년도 금융위기 영향에 따른 세계경제 불황이 그대로 반영되어 아시아-북미항로 및 아시아-유럽항로에서 물동량이 2008년도 13.4백만 TEU 및 13.5백만 TEU에서 각각 11.5백만 TEU로 1.9백만 TEU 및 약 2백만 TEU가 감소하였다. 그러나 2010년도는 세계 경제가 금융위기에 따른 경제 불황을 어느 정도 견디면서 회복세를 보였다. 2010년도 항로별 물동량은 아시아-북미항로에서 전년대비 2.8백만 TEU가 증가하여 14.3백만 TEU로 증가하였고, 북미-아시아 항로 물동량도 약 1.7백만 TEU가 증가하였다. 또한 아시아-유럽항로의 경우 2010년도 물동량이 전년대비 약 2백만 TEU가 증가하여 13.5백만 TEU를 기록하였다. 그러나 2010년도 물동량 증가에도 불구하고, 유럽의 금융위기의 지속과 미국의 경제위기에 따른 불황은 2007년도의 물동량을 아직 회복하지 못하고 있다. 2007대비 2010년도 항로별 물동량은 태평양 항로의 경우 약 2.6백만 TEU 정도 줄어든 상태이고, 유럽항로의 경우 8.6백만 TEU가 줄어들었다. 이것은 유럽의 경제위기가 날로 악화되고 있어서 향후 물동량의 증감에 유럽경제의 영향이 클 것으로 보인다.

3대 주요 간선항로에서 2007년 컨테이너 운임은 2006년 말보다 상승했다. 2007년 유로화의 강세에 따라 유럽의 구매력이 증가하여 유럽의 수요증가에 따른 아시아-유럽항로의 운임이 증가했다. 태평양 항로의 경우 2007년도 1분기에는 전년도 대비 감소세를 나타냈으나, 지속적으로 증가하여 1분기

표 4-1-29 2008-2009 컨테이너 항로별 물동량 (단위: 백만 TEU)

항 로	구 분	운 송 량			
		2007	2008	2009	2010
태평양항로	아시아 → 북미	15.4	13.4	11.5	14.3
	북미 → 아시아	4.9	6.9	6.9	8.6
유럽항로	아시아 → 유럽	17.7	13.5	11.5	13.5
	유럽 → 아시아	10.0	5.2	5.5	5.6
대서양항로	미국 → 유럽	2.7	3.3	2.5	2.8
	유럽 → 미국	4.5	3.3	2.8	3.2

자료: UNCTAD, "Review of Marine Transportation, 2008, 2010.

의 아시아-북미 운임이 TEU당 1,643달러에서 4분기에 1,707달러로 1년 동안 64달러가 상승하였다. 아시아-유럽항로의 경우 유로화의 강세에 따른 유럽향 아시아 제품 수요가 크게 증가함에 따라 운임도 2007년 1분기 1,579달러에서 2,054달러로 1년 동안 475달러가 증가하여 다른 항로에 비해 크게 증가한 것으로 나타났다. 그러나 2008년도 운임은 세계경제 불황에 따른 영향으로 북태평양 항로보다 물동량이 크게 줄어든 유럽항로에서 운임이 크게 낮아졌다. 2008년도 1분기 아시아-유럽항로의 운임이 2,030달러에서 1,619달러로 1년 동안 411달러가 감소하여 아시아-북미항로의 133달러 증가에 비해 크게 감소하였다. 경제 불황의 영향이 반영된 2009년도 운임은 아시아-태평양 항로의 1분기 시작부터 2008년도 4분기 대비 12%가 감소한 1,670달러이었으나, 4분기에는 감소하던 운임이 7% 증가하여 1,322달러가 되었다. 아시아-유럽항로의 운임도 2008년도 4분기 대비 37%가 감소한 1,023달러이었으나 4분기에는 1,422달러로 증가하여 감소에서 증가로 전환되었으나 여전히 낮은 수준의 운임을 유지하고 있다.

표 4-1-30 컨테이너 주요항로의 평균운임 (단위: 1$/TEU)

구 분	태평양항로		유럽항로		대서양항로	
	아시아/북미	북미/아시아	아시아/유럽	유럽/아시아	북미/유럽	유럽/북미
2007 1Q(%)	1,643(-2)	737(-5)	1579 (0)	755(-5)	1,032(-3)	1,692(-4)
2007 2Q(%)	1,675 (2)	765 (4)	1658 (7)	744(-1)	1,067 (3)	1,653(-2)
2007 3Q(%)	1,707 (2)	780 (2)	1952(18)	777 (4)	1,115 (4)	1,725 (4)
2007 4Q(%)	1,707 (0)	794 (2)	2054 (5)	706(16)	1,147 (3)	1,766 (2)
2008 1Q(%)	1,757 (3)	845 (6)	2,030(-1)	1,064(18)	1,261(10)	1,637(-7)
2008 2Q(%)	1,844 (5)	987(17)	1,937(-5)	1,104 (4)	1,381(10)	1,610(-2)
2008 3Q(%)	1,934 (6)	1,170(19)	1,837(-5)	1,141 (3)	1,644(19)	1,600(-1)
2008 4Q(%)	1,890(-2)	1,196 (2)	1,619(-12)	1,109(-3)	1,731 (5)	1,600 (0)
2009 1Q(%)	1,670(-12)	913(-24)	1,023(-37)	853(-23)	1,481(-14)	1,325(-17)
2009 2Q(%)	1,383(-21)	802(-12)	897(-12)	742(-13)	1,431(-3)	1,168(-12)
2009 3Q(%)	1,232(-11)	817 (2)	1,061(18)	787 (6)	1,061(18)	1,133(-3)
2009 4Q(%)	1,322 (7)	883 (8)	1,422(34)	920(17)	1,422(34)	1,250(10)

자료: UNCTAD, Review of Maritime Transport 2008, 2010.

1.5 해운동맹

해운동맹이란 특정항로에 취항하고 있는 둘 이상의 정기선사가 상호 독립성을 유지하면서 과다경쟁방지와 독점력 강화를 위해 동맹 회원사의 지위를 향상시키고 유지할 목적으로 운임, 적취량, 배선 및 기타 운송에 관한 협정이나 계약을 체결한 국제 Cartel을 해운동맹(Shipping Conference), 운임동맹(Freight Conference) 또는 항로동맹(Navigation Conference)이라 한다.[23] 해운동맹의 유럽, 북미, 극동의 주요 간선항로를 항해하는 정기선사들이 주축을 이루고, 이들 주요 간선항로와 기타 지역을 연결하는 중소 동맹이 보완적인 역할을 해 왔다.

해운동맹은 80년대 초까지 증가하는 물동량과 컨테이너선의 본격화로 막

23) 윤석민, 국제운송론, 제 2 판, 삼영사, 1999, p. 191.

강한 영향력을 행사하여, 정기선사간 과다 경쟁방지와 항로 질서유지, 운임안정과 안정적인 서비스 제공으로 해운발달에 긍정적인 영향을 미쳤다. 즉 선사들 사이에서는 동맹에서 운임 요률표를 제정하고, 각 회원들에게 이를 엄수할 것을 요구해 운임안정을 기하고, 배선협정을 맺어 동맹선사간에 적정한 배선수를 설정 유지함으로써 상호 과당경쟁을 방지하여 질서를 유지해 왔다. 또한 각 동맹선사의 특수항로에서 일정기간 내에 취득한 운임액 가운데 소정의 비용들을 공제한 나머지 순운임수입을 공동기금으로 갹출하였다가 일정한 기간이 경과한 후에 각 동맹선사의 경력 및 실적 등을 근거로 미리 정해진 요율에 따라서 수익운임을 배분하고, 집화경쟁의 격화를 방지해 왔다.[24)]

그러나 아시아 및 동구권 맹외선사들의 정기선 시장 참여와 복합운송의 발달로 물량잠식에 대항하기 위해 동맹으로 얻은 독점적 지위와 높은 운임으로 화주의 이익을 저해하거나 맹외선사를 부당한 경쟁으로 해운발달을 저해하는 부정적인 영향이 지속되었다. 즉, 해운동맹은 특정항로의 독점을 통해 초과이윤을 획득하고, 시장지배적 지위를 이용해 운임을 높이고, 동맹선사를 이용하면 운임을 낮게 적용하여 동맹선사만을 이용하도록 유도하고 있어서 맹외선사의 선박과 공정한 경쟁을 저해시켜 왔다. 또한 운임지연환급제(deferred rebate system)[25)]와 이중운임제(dual rate system)[26)] 및 전투선박(fighting ship)의 투입[27)]은 시장에서의 자유경쟁을 어렵게 하여 문제를 야기하고 있었다.

이와 같은 해운동맹의 부정적인 기능은 미국의 경제정책과 맞물려 1984년 신해운법을 개정하면서 공동운항이나 컨소시움 등은 동맹으로 간주하지 않는다고 규정해 동맹이 약화되기 시작했다. 또한 비밀계약을 골자로 한

---

24) 김인현, "해운동맹 및 유사체제의 독점금지법 위반문제," 월간해양한국, 2006. 6.

25) 운임지연환급제(deferred rebate system)는 동맹선사를 일정기간 이용하는 화주에 대하여는 일정기간이 지난 다음에 수령한 운임에서 일정액을 환불하여 주는 제도.

26) 이중운임제(dual rate system)는 화주와 약정을 통하여 일정한 기간 동맹소속 선박을 이용할 의무를 부과하면서 정규운임보다 낮은 운임을 제공하고, 만약 이를 위반하면 위약금이 부과된다.

27) 전투선박(fighting ship)의 투입은 비동맹선사가 항로에 진입하게 되면, 동맹에서 이를 격퇴하기 위하여 선박을 투입하여 저가운임을 제공한다. 발생되는 비용은 동맹에서 공동으로 부담한다.

1999년 5월부터 발효된 미국의 개정해운법이 북미운임동맹을 약화시켰고, 선사들의 전략적 제휴 발달과 전략적 제휴의 청산과 M&A로 진행되어 회원사들끼리 협력속의 경쟁이 격화되었다. 이처럼 불안전정한 형태로 전개되어 오던 해운동맹에 대하여 EU 경쟁이사회는 2006년 정기선사의 반독점법 면제특권을 인정하는 이사회규칙 4056/86을 폐지하기로 결정하고, 2008년 10월 18일부터 해운동맹 자체를 금지하는 정책을 시행하여 정기선해운은 일대 전환기를 맞이하게 되었다. EU의 동맹금지는 선사간 집화와 운임경쟁을 격화시키고, 포워더를 포함한 화주의 영향력이 증가하여 불황으로 어려움을 겪고 있는 정기선사를 더 압박하고 있다. 정기선 시장은 주로 유럽선사들이 지배하고 있기 때문에 유럽계 대형선사들이 상대적으로 유리한 입장에서 경쟁하기 때문에 유럽계 대형선사들이 정기선시장의 독과점화를 더욱 가속시킬 것이다. 우리나라의 경우 한/중, 한/일, 한/동남아 등 주요 항로에 있어 이 같은 해운동맹 체제를 유지하고 있고, 해운법에도 이를 인정하고 있기 때문에 해운동맹의 경쟁법 적용에 따라 미치는 영향을 확인하고, 한 중 일 항로에 대한 경쟁력 확보를 위한 정책적인 대안을 지속적으로 마련해야 한다. 실제로 한일항로에서는 2007년 11월부터 한국근해수송협회 회원사들이 적취율 상한제를 시행해 화주나 국제운송주선인 단체로부터 불공정행위라는 비난[28]을 받고 있어서 해운동맹을 금지하는 국제적인 추세에 대한 대응책이 필요한 상황이다.

1) 글로벌 선사들의 전략적 제휴

최근 정기선 시장은 10,000TEU가 넘는 초대형선의 출현에 따라 과거 변화와는 다른 형태를 띠고 있다. 과거의 전략적 제휴의 주요 동기는 시장 확대와 위험분산 등이었다. 그러나 현재 대형 정기선사들은 세계 3대 경제권인 유럽과 북미 및 아시아의 서비스 항로를 이미 개척해 전세계에 서비스를 제공하고 있기 때문에 시장의 확대를 위한 전략적 제휴 목적은 퇴색되었다. 즉, 정기선사들은 경쟁관계 및 보완관계에 있는 파트너 선사들과 제휴관계를 통해 항로 확장을 통한 시장 확대라는 목적은 이미 완성된 것으로 확인할 수

28) 길광수, 고병욱, "EU의 해운동맹 폐지정책의 효과분석 및 시사점," 해운물류연구, 제26권 2호, pp. 233－252.

있다. 정기선사들의 다양한 형태의 전략적 제휴 그룹을 형성해 운영하고 있다. 이들 중 선대비중이 약 75.5%에 이르는 세계 8위까지 정기선사들의 그룹을 살펴보면, AP Moller-Maersk 그룹, MSC, CKYH Alliance, Grand Alliance, New World Alliance, CMA-CGM, Evergreen 및 PIL 등이다. 이들 각 그룹들은 2009년 8월 말을 기준으로 볼 때, 자사의 역량이나 파트너의 역량을 공유하여 세계 3대 기간항로 및 기타 지역에 서비스항로를 이미 운항하는 세계 서비스 네트워크를 구축하고 있다.

세계 2위 정기선사인 MSC만 전략적 제휴 그룹을 구성하지 않고 단독으로 운항하고 있지만, 세계 최대의 선사인 AP Moller-Maersk는 Mearsk Line, Safmarine 및 MCC Transport 등과 함께 전세계 서비스 항로를 위한 네트워크를 가지고 있다. 또한 CKYH Alliance는 COSCO, K-line, Yangming 및 Hanjin으로 구성해 전세계 항로에 서비스를 하고 있다. Grand Alliance는 Hapag-Lloyd, NYK, OOCL 및 MISC로 구성되어 있고, New World Alliance는 APL, HMM 및 MOL로 구성되어 있다. CMA-CGM은 CMA-CGM, ANL, MacAndrews, Delmas, OTAL, Comanav, CNC 및 US 등으로 구성되어 전세계 항로를 서비스 범위로 하고 있다. Evergreen사는 시장 확대를 위해 Italia Martima로 제휴를 구성하고 있고, PIL은 Wan Hai와 제휴를 구성하고 있다. 이들은 3대 기간 항로 및 중동, 중남미, 아프리카 및 오세아니아 등 기타 지역을 위한 서비스 네트워크를 가지고 있다. 따라서 대형 정기선사는 시장의 확대를 위한 전략적 제휴 단계를 이미 벗어났다고 볼 수 있다.

표 4-1-31 주요선사 및 Alliance 선박량 현황

순 위	선 사	구 성	보유선대합계(TEU)	선대비중(%)
1	AP Moller-Maersk	Mearsk Line, Safmarine, MCC Transport	2,020,803	16.1
2	MSC	-	1,522,974	12.1
3	CKYH Alliance	COSCO, K-line, Yangming, Hanjin	1,513,374	12.1
4	Grand Alliance	Hapag-Lloyd, NYK, OOCL, MISC	1,324,649	10.6

5	New World Alliance	APL, HMM, MOL	1,144,995	9.1
6	CMA CGM	CMA CGM, ANL, US, Delmas, MacAndrews, CNC, OTAL, Comanav	1,025,839	8.2
7	Evergreen	Evergreen, Itlia Martima	597,022	4.8
8	PIL	PIL, Wan Hai	310,210	2.5
기타 20위권 내 선사			1,483,016	11.8
20위권 밖 선사			1,602,712	12.8
전 세계			12,545,594	100

주: 2009. 8월말 기준.
자료: AXV-Alphaliner 및 America Shipper, 2009. 9 정리.
최영석, "세계 20대 컨테이너 선사의 선박량 조절," KMI-해운과 경영, 2009. 9. 3 재인용.

1.6 한국해운산업의 불황과 문제점

어느 나라 해운산업이든 그 구성은 자국선과 용선 및 대선[29] 선박으로 구성된다. 일본의 경우 자국선 비중이 크고 용선비중이 낮으므로 해운의 불황에 따른 용선 및 대선료에 대한 압박이 크지 않으나, 한국은 용선 및 대선

그림 4-1-7 벌크선 운임지수와 용선료 추이

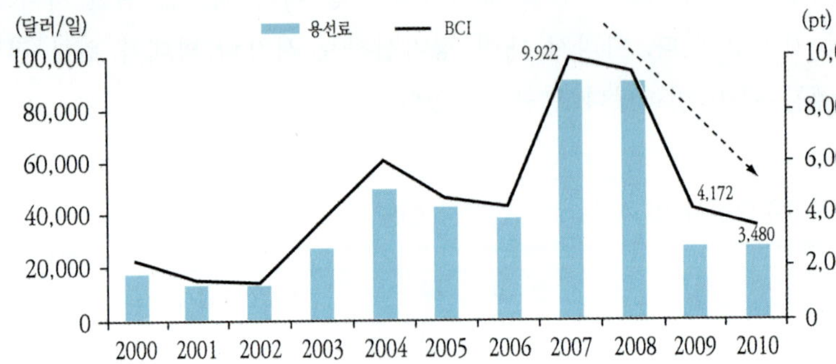

주 1) 평균기준.
2) BCI는 Bulk Capesize Index..
3) 용선료는 Capesize(150천DWT급) 1년 기준.
자료: Clarkson.

29) 용선은 선박을 빌려 해상운송을 하는 것이고, 대선은 용선을 다시 빌려 운송하는 형태이다.

위주의 선대구성과 이를 근간으로 하는 영업구조로 인해 높은 Risk를 안고 있다.

2009년 말 용선료 비중이 34.3%이고 대선료 비중이 20.6%로 총 54.9%의 비중을 차지하고 있다.[30] 이처럼 용선과 대선의 비중이 높은 이유는 2005년 해운시장의 호황에 따라 업체수의 급증과 선박확보를 위해 막대한 자금의 소요와 장기간의 시간이 필요한 신조선의 건조가 부담이 되었고, 선사간 경쟁 증가 및 중고선과 신조선의 선가 상승부담에 의한 것이 원인이다.

용선과 대선의 증가는 해운시장의 호황상태에서는 큰 문제가 없으나, 불황의 경우 용선료는 고정되어 있으나 운임은 불황의 여파로 낮아지게 되므로 재무적인 리스크가 커진다. 대선은 용선계약상 특약이 없으면 용선에 따른 대선 횟수의 제한이 없기 때문에 그 구성이 매우 복잡하다. 실제로 해운산업이 호황이던 2005년 이후 2008년 상반기까지 1척의 용선 선박에 대하여 많게는 8~9개 선사까지 대선을 하고 있었다. 국내 선사들끼리 용선과 대선을 주로 해 온 한국해운의 경우 불황이 발생하자 마지막 대선을 한 선사가 용선료를 견디지 못하고 부도나 파산을 해 그 피해가 연쇄적으로 발생했다.

2008년 이후 국내 해운선사의 경영성과는 해운시황의 급락으로 악화된 채산은 2010년 물동량 개선 및 비용절감 노력 등으로 미약하나마 개선효과를 보고 있으나 회복속도가 느린 상태이다. 2010년 말 현재 국내 해운선사의 매출액영업이익률이 5%를 하회하고 있고, 중소해운선사의 경우 일부 고정자산 투자에 단기자본을 이용함으로써 고정 장기적합률이 높은 구조를 나타내, 고정장기적합률은 123%로 100%를 상회하며 일부 투자자금을 단기자본인 유동부채로 조달하고 있는 상황이기 때문에 불안한 경영을 하고 있다.

다음 〈표 4-1-32〉는 국내 주요 해운회사의 선박보유 현황이다.

---

30) 국내 해운산업의 구조변화와 발전방향.

표 4-1-32 주요 해운회사의 선박보유 현황 (단위: 척, Ton)

구 분	선박수	선 종 별			GT	사 선	용 선
		컨테이너	벌 크	탱커 및 가스선			
한진해운	156	89	52	15	8,397,468	64	92
현대상선	122	51	26	45	8,784,577	54	68
고려해운	26	26	0	0	351,577	15	11
흥아해운	29	18	0	11	202,249	23	6
남성해운	15	15	0	0	106,279	14	1
STX 팬오션	128	17	87	24	4,801,547	64	64
대한해운	109	0	99	10	4,920,075	24	85
유코카캐리어스	95	0	95	0	4,497,583	12	83
창명해운	19	0	18	1	1,353,030	13	6
SK 해운	47	0	10	37	2,977,285	21	26
KSS	12	0	0	12	108,558	12	0
합 계	758	216	387	155	36,499,999	316	442
국내총합	1,401	265	802	334	46,405,153	700	701

주: 선박수는 2009년 1월 1일 기준.
선주협회 조사자료로 국적취득조건부나용선, 정기용선, 리스를 포함.
GT는 컨테이너 포함, 유코카캐리어스는 모두 자동차운반선임.
사선은 정기용선, 리스 등을 제외한 수치임.
국내총합은 국내 외항업체 164개사를 합한 수치임.
자료: 선주협회.

STX 팬오션과 대한해운은 단순한 사업구조로 벌크선종에 집중되어 매출의 90% 이상을 벌크선 영업에 의한 것이기 때문에 시황에 따른 영향을 크게 받는다. 따라서 이들은 2008년 이후 물동량 감소와 운임하락에 의한 영향을 가장 많이 받은 선사라고 볼 수 있다. 그러나 이들 두 개의 선사는 유사한 영업방식과 다르게 장단기 용선의 비중 차이가 달라 같은 불황속에서도 다른 결과를 가져왔다. STX 팬오션은 대부분 1년 이하의 단기용선으로 벌크영업을 해 와 시장변화에 빠른 대응을 할 수 있었다. 그러나 대한해운은 장기용선의 비중이 90% 정도를 차지하여 해운시장변화에 탄력적으로 적응하지 못해 높은 용선료를 그대로 부담해야 했다. 2008년 말 이후 용선과 대선영업에서 손실이 크게 발생해 대규모 영업 손실이 발생하였고, 용선비중이 상대적으로 너무 높아 고정된 용선료와 낮아진 운임 때문에 불황을 견디지 못했다.

금융위기 이후 해운시장의 불황에 따라 해운선사의 경영불안정성이 국내경제에 미치는 영향을 줄이고자 구조조정의 필요성이 증가하여 구조조정을 추진하고 있다. 2008년 이후 약 40여개 선사들이 폐업(퇴출) 또는 법정관리에 들어갔는데 연도별로 보면 2008년 7개사, 2009년 24개사, 2010년 10개사로 추정되며, 2011년 7월 말 현재까지 9개 선사가 법정관리를 신청한 상태이다.

표 4-1-33 금융위기 이후 해운업계 구조조정 추이

년 월	회 사 명	내 용	진행상황
'08. 10	파크로드	채무불이행 선언	파 산
'09. 2	삼선로직스	법정관리 신청	회생절차중('10.2월 인가), 2011년 5월 회생절차 완료
'09. 4	TPC 코리아	법정관리 신청	회생절차중('10.7월 인가)
'09. 7	대우로지스틱스	법정관리 신청	회생절차중('10.10월 인가), 2011년 6월 8일 회생절차 완료
'09. 7	세림오션쉬핑	법정관리 신청	인가진행중
'09. 9	브라이트해운	채무불이행 선언	파 산
'10. 4	봉신해운	법정관리 신청	'10. 6월 신청취하에 따라 워크 아웃 신청, '11. 3월 법정관리 신청
'11. 1	대한해운	법정관리 신청	회생절차중('10. 2월 인가)
'11. 4	삼호해운	법정관리 신청	회생절차중('11. 5월 인가)
'11. 6	양해해운	법정관리 신청	회생절차중('11. 7월 인가)
'11. 7	조성해운	법정관리 신청	인가진행중

자료: 주요 신문 등.

참고문헌

국토해양부 보도자료, 2011. 6. 13.

글로벌 물류네트워크 구축 제 2 차 기초조사 연구, "한중일 Fast Ro-Ro 운영사업," 국토해양부, 2009

길광수, 고병욱, "EU의 해운동맹 폐지정책의 효과분석 및 시사점," 해운물류연구, 제 26권 2호, pp. 233-252.

김수엽·이호춘, "한·중·일 3국간 물류정보 공유 및 활용방안 연구(1차 연 도)," 한국해양수산개발원, 2007. 12.

김인현, "해운동맹 및 유사체제의 독점금지법 위반문제," 월간해양한국, 2006. 6.

김진수, "국내 해운산업의 구조변화와 발전방향," 산은경제연구소, 2011.

김천곤, 김숙경, 하헌구, "물류산업 효율성 분석 및 경쟁력 강화 방안," 산업연구원, 2010. 12.

녹색성장을 위한 지식경제, 2009 가을호, 현대경제연구소.

무역협회, 중국경제 DB, "글로벌 물류네트워크 구축 제 2 차 기초조사 연구," 쉬핑가제트 2011년 7월 29일

오대원, 이원호, "중국 해운기업 경쟁력분석 및 우리기업의 진출전략," 산업은행조사보, 제656호, 2010. 7, 한국산업은행.

월간해운 2011. 1, 2월호.

윤석민, "국제운송론," 제 2 판, 삼영사, 1999, p. 191.

최영석, "세계 20대 컨테이너 선사의 선박량 조절," KMI-해운과 경영, 2009. 9.

컨테이너선의 발주동향 및 전망, 한국산업은행, 2011. 1.

해사경제신문 2011. 6. 19일 기사.

국토해양부, 해운산업, "장기발전계획(2011-2015)," 2010. 12.

2010해사통계연보, 통계청.

Clarkson Shipping Review Database, Spring 2010.

Clarkson, Dry Bulk Trade Outlook, Jan. 2010.

EBN 2011. 1. 26일 기사.

ISL, Shipping Statistics Yearbook, 2008.

Review of Maritime Transport 2008, 2009, 2010, 2011, UNCTAD.

일본해사신문 2007. 2. 7.

日本海運の現状 社団法人 日本船主協会, 2011.1.

豊かさの原点を支えるシーロード, SHIPPING NOW 2010－2011.

海事の現状とその課題 2009.

2010일본 해운통계편람, 국토교통성 해사국, 해양보고서, 2011. 1.

4-2 항만현황 분석

동북아경제의 급속한 성장에 따라 세계무역의 중심이 동북아로 이동하고 있다. 이에 따라 중국의 상하이항 및 칭다오항, 일본의 동경항 및 요코하마항, 우리나라의 부산항, 광양항 등에서는 항만 및 항만배후부지의 조성 등 컨테이너 운송과 관련된 기능 확충을 대대적으로 추진하여 중심항만 및 물류중심국가로 부상하기 위해 노력하고 있다.

더욱이 경쟁국가인 중국과 일본의 항만은 최근 들어와 급격한 정책변화를 보이고 있으며 불과 5년 전만 하더라도 중국의 상하이항, 칭따오항, 광저우항 등은 물량규모가 부산항보다 월등히 적었을 뿐만 아니라 시설규모 또한 열등했으나, 그 이후 급속한 개발을 통해 상하이항과 선전항은 물량 및 시설규모 면에서 이미 부산항을 능가하고 있으며 대형선의 북중국항만 직기항도 점차적으로 증대하였고, 상하이항 기항척수는 이미 부산항을 능가하고 있다.

한편 일본은 오랫동안 항만의 지방분산 개발정책을 추진해 왔으나, 2000년대 초반 들어와 정책 기조에 있어서 큰 변화를 나타내고 있으며 특히, 다분산 개발로 인한 대형항만의 육성 실패를 깊이 반성하고 이를 바탕으로 2002년 이후 수퍼중추항만 육성정책으로 정책기조를 변경하였다.

우리나라도 부산항 이외에 지역거점항만의 지속적 개발로 분산화가 진행되었으며 앞으로 어떻게 집중화를 이루어 갈 것인가가 일본과 같은 중요한 정책적 방향의 이슈가 될 것으로 판단된다.

본 장은 앞에서 설명하였듯이 대내외적인 측면에서의 항만의 환경여건 변화를 살펴보고, 한중일 주요항만의 중장기 발전정책을 검토하고, 항만시설, 항만물동량 현황 검토를 통해 동북아 주요 항만의 현황을 이해하고자 한다.

1. 대내외적인 측면에서의 항만의 환경여건 변화

1.1 세계 컨테이너 물동량 추이 변화

세계 컨테이너 물동량은 1980-2010년 기간 연평균 9.1%의 높은 증가를 기록하였으며, 2010년 기준 527백만 TEU를 처리하였다. 세계 컨테이너 물동량은 글로벌 경기침체로 인하여 2008년에 증가세가 감소하였으며, 2009에는 2008년 대비 감소세를 기록하였으나 2010년에는 다시 증가세를 유지하고 있다.

그림 4-2-1 세계 컨테이너 물동량 추이 변화

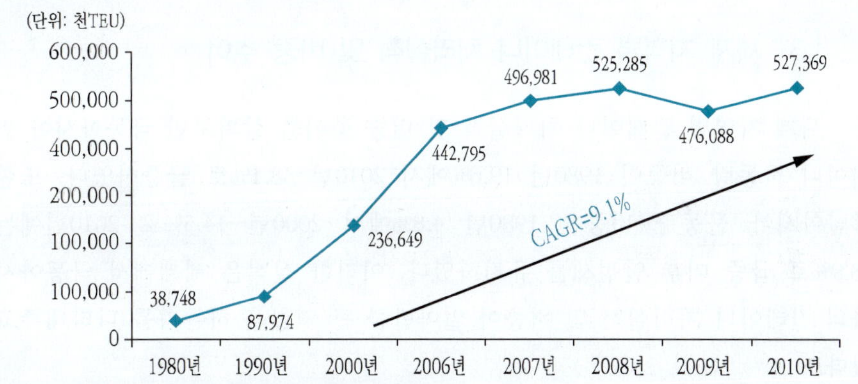

자료: Drewy, Container Market, 2010/2011, 2010.

1.2 세계 환적컨테이너 물동량 추이 변화

세계 컨테이너 물동량 중 환적화물 연평균 증가율은 12.6%를 기록하였으며, 2009년 136백만 TEU를 처리하였다. 세계 컨테이너 물동량 중 환적화물 점유 비중을 살펴보면 1980년도에 10.8%에서 2009년에 28.6%로 크게 상승하였다.

그림 4-2-2 세계 환적컨테이너 물동량 추이 변화

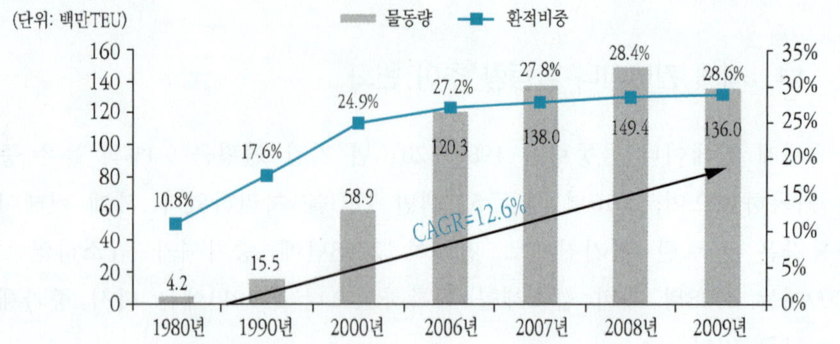

자료: Drewy, Container Market, 2010/2011, 2010.

1.3 세계 지역별 컨테이너 처리실적 및 비중 추이

세계 지역별 컨테이너 처리실적 및 비중 추이를 살펴보면 극동아시아 컨테이너 물동량 비중이 1980년 19.6%에서 2010년 38.1%로 급증하였다. 또한 동남아시아 물동량 비중은 1980년 4.8%에서 2000년 14.5%로 2010년에는 13.9%로 급증 이후 안정세를 유지하였다. 이러한 실적은 세계에서 극동아시아의 컨테이너 처리실적 및 비중이 얼마만큼 큰 역할을 하는가를 나타내주고 있다.

그림 4-2-3 세계지역별 처리실적 및 비중추이

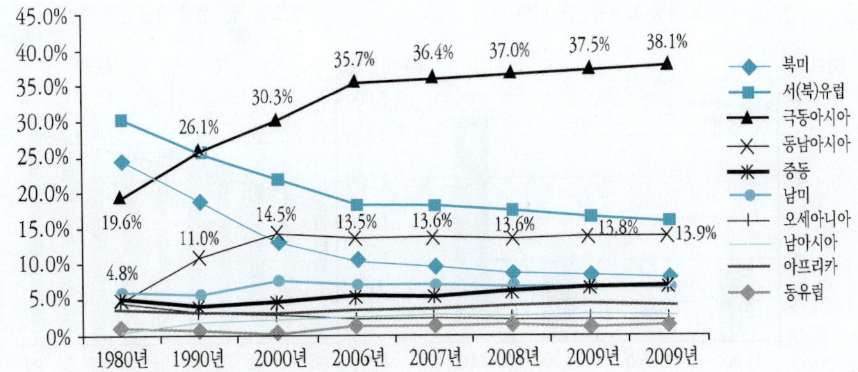

자료: Drewy, Container Market, 2010/2011, 2010.

1.4 컨테이너 선박의 대형화 추이

컨테이너 물동량 증가, 유류비 상승 등에 따른 수송효율화를 위해 급속한 컨테이너 선박 대형화가 진행되고 있으며 평균선형 연평균 증가율이 과거에는 4%에서 현재에는 6%로 증가하고 있다.

특히, 1만 TEU급 초대형 컨테이너 선박이 동서 기간항로에 본격 투입되기 시작하였으며 6천 TEU급 기존 대형 선박은 역내항로에 투입되어 전반적으로 선박 대형화가 지속적으로 이루어지고 있는 실정이다.

그림 4-2-4 컨테이너 선박의 대형화 추이

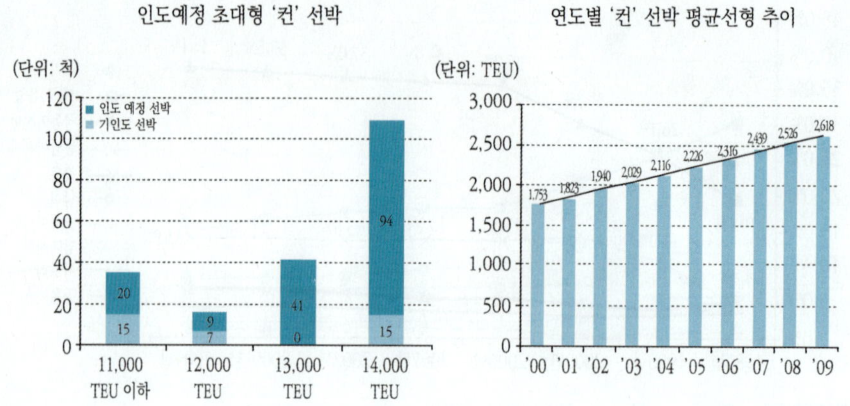

1.5 세계 글로벌 운영사 비중 추이

2010년 기준 세계 컨테이너 물동량의 75.0%를 GTO(Global Terminal Operator)가 처리하였으며, 그 비중이 2003년 59.2%에서 2010년 75.0%로 지속적으로 증가세를 유지하고 있다. 또한 상위 10개 GTO가 전 세계 컨테이너 물동량의 65%를 점유하고 있어 과점 현상이 두드러지고 있는 실정이다.

그림 4-2-5 세계 글로벌 운영사 비중 추이

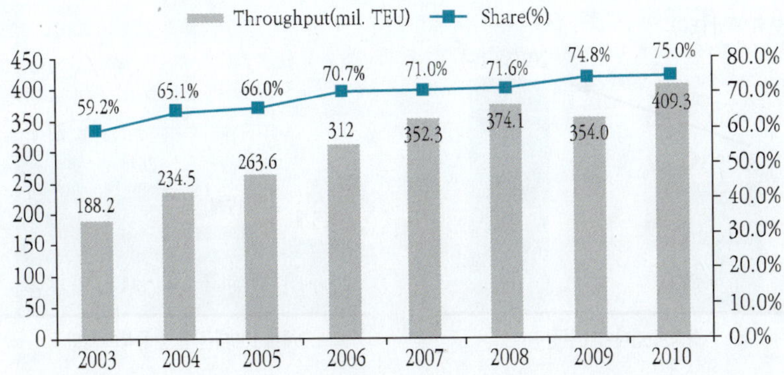

자료: Drewy, Annual Review of Global Container Terminal Operator, 각 연호.

1.6 동북아 컨테이너 물동량 및 세계 100대 항만 추이

동북아 컨테이너 물동량은 2010년 201백만 TEU를 기록하였으며, 연평균 증가율은 12.0%(02-10)로 매우 높은 증가율을 나타내었다. 전세계 대비 동북아 점유 비중은 2002년 29.3%에서 2010년 38.1%로 비중이 매우 높게 증가하고 있으며 세계 100대 항만 중 동북아 항만은 1990년도에 15개에서 2008년도 27개로 역시 많은 증가를 나타내었다.

그림 4-2-6 동북아 컨테이너 물동량 및 세계 100대 항만 추이

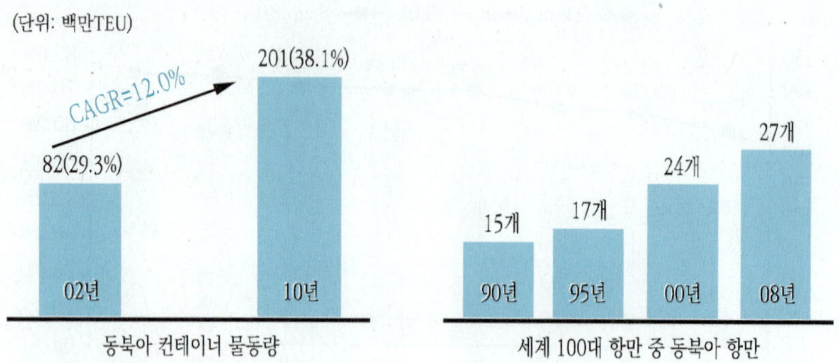

주: ( )는 전세계 컨테이너 물동량 대비 비중.
자료: CI Yearbook 각 연도.

1.7 중국항만의 부상

중국의 폭발적인 수출입 물동량을 기반으로 중국항만이 급성장하였으며 이에 따라 2010년 상하이항은 처리실적 기준 세계 1위(약 29백만 TEU)를 기록하였다. 또한 선전항이 약 22백만 TEU로 세계 4위를 기록중이며, 닝보-저우산항이 13백만 TEU로 세계 6위, 광저우항이 약 12백만 TEU으로 세계 7위에 랭크되었다. 그 외에도 청도항, 천진항이 2010년 기준 세계 8위와 11위를 기록하였다. 2010년 기준 세계 컨테이너 10대항만 중 5개 항만이 중국항만이어서 중국항만의 성장세가 당분간 지속될 것으로 예상된다.

표 4-2-1 중국항만의 부상 (단위: 천TEU)

구 분	2007		2008		2009		2010	
	물동량	세계순위	물동량	세계순위	물동량	세계순위	물동량	세계순위
상하이항	26,150	2	27,980	2	25,002	2	29,069	1
선전항	21,099	4	21,414	4	18,250	4	22,510	4
광저우항	9,200	12	11,001	8	11,190	6	12,550	7
닝보-저우산항	9,349	11	11,226	7	10,502	8	13,144	6
청도항	9,462	10	10,320	10	10,260	9	12,012	8
천진항	7,103	17	8,500	14	8,700	11	10,080	11

자료: CY Yearbook 각 연호.

1.8 항만의 기후변화 대응체계 강화

전세계적으로 항만의 기후변화 대응체계가 강화되고 있는 가운데 미국은 항만의 대기오염물질 감소, 친환경 항만을 지향하고 있으며, LA/LB항은 청정대기행동 5개년 계획 추진(트럭교체, 청정연료 사용, 항내 선박운항속도 감소, AMP(Alternative Maritime Power) 설치 등)하고 있으며 뉴욕/뉴저지항은 탄소배출량 감축 및 청정연료 이용 의무화, 하역장비 현대화를 실시하고 있다.

유럽지역은 친환경 하역장비 교체 중심의 항만환경 개선을 목표로 로테르담항에서는 항만탄소발자국 제도(CO_2배출량/TEU 표시), AMP, 터미널 임대조건에 친환경 의무 부과를 실시하고 있으며 오슬로·알제시라스항은 전기트랙터, eco-RTGC를 도입하였다. 일본지역은 Modal Shift 및 항만운영효율화 중심을 중점적으로 추진하고 있으며 Modal Shift 측면에서는 그린파트너십회의 결성, Modal Shift 지원금을 제공하고 있으며, 항만운영측면에서는 Idling Stop, 게이트 통과시간 감축 등을 실시하고 있다.

1.9 세계/동북아 컨테이너 물동량 전망

세계 컨테이너 물동량은 안정적 경제성장을 기반으로 2010-2015년 기간동안에 연평균 8.9% 증가율을 기록하고 75천만TEU를 처리할 것으로 전망되었다. 특히, 동북아 지역은 지속적 증가세를 견지할 것으로 전망되었으며, 2015년 기준 세계 물동량의 41.8%인 31천만 TEU를 처리할 것으로 전망되었다.

그림 4-2-7 세계 컨테이너 물동량 전망

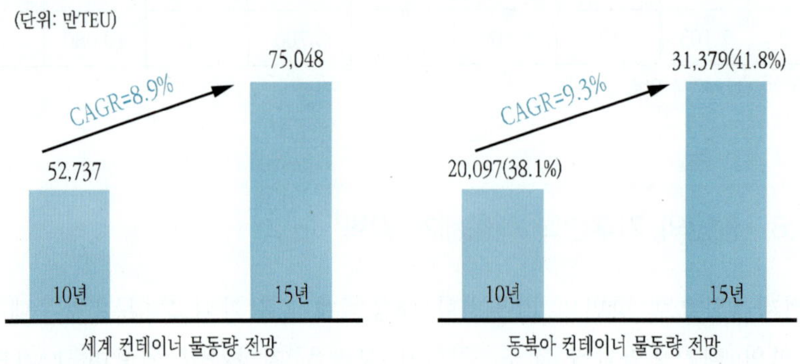

주: ( )는 세계 항만물동량 대비 비중.
자료: Drewy, 2010.

2. 국가별 항만 현황

2.1 한 국[31)]

1) 항만정책방향

항만개발과 관련하여 대표적인 제도의 하나로 1996년에 도입된 '항만기본계획'수립제도의 원래 목적은 증가하는 물동량 처리에 부족한 항만시설을 계획적으로 개발하고자 하는 데 있었다. 이에 반해 국제적 시각을 감안하여 도입한 항만정책이 처음으로 수립되었는데 이것은 바로 '동북아 물류중심항만정책'이다.

1990년대까지만 하더라도 정부의 항만정책은 부족한 항만시설의 건설 및 효율적인 운영에 정책수립의 중점이 두어져 있었다. 1990년대까지는 항만시설 부족이 상존하는 최대의 구조적인 문제였기 때문에 이를 해결하는 것이 항만당국의 최대 과제 중 하나였다.

그러다 2000년대 초반에 들어서는 항만정책의 시각이 달라진다. 1990년대 중반부터 우리나라를 경유하는 환적물량이 폭발적으로 증가하기 시작하였다. 북중국의 높은 경제성장 및 일본 서안의 국제화 정책에 따라 우리나라의 동북아 중계기지 역할이 조명을 받게 되었다. 특히 우리나라의 지정학적 입지 유리성이 입증되어 이를 활용한 국제물류정책이 수립되었다.

이에 따라 항만정책의 목표와 내용이 국내적인 관점으로부터 국제적인 차원으로 이동하게 된다. 이러한 인식은 2003년 '동북아 물류중심항만정책' 수립을 기준으로 그 이전은 국내적인 관점을, 그 이후는 국제적인 관점을 중시하는 항만정책으로 구분할 수 있다.

동북아 물류중심항만정책은 성장하는 북중국 경제와, 국제화를 지향하는 일본 지방항만의 발전전략을 우리나라의 새로운 성장동력으로 활용하고자 수립된 정책이다. 핵심적인 내용은 다음의 두 가지로 구성된다. 하나는 우리나라 항만을 중국과 일본 수출입 물동량의 환적거점으로 조성하여 환적물

31) 해양수산개발원(2009), 동북아 물류중심항만정책의 평가에서 일부 인용.

동량을 유치하려는 것이다. 다른 하나는 동북아지역으로 몰려드는 글로벌 물류기업을 우리나라 항만 배후단지로 유치하려는 것이다. 즉 동북아 지역의 세계경제에 대한 높은 점유율로 인해 많은 글로벌 기업들이 동북아로 몰려들고 있는데 이들의 입주공간을 우리나라의 항만배후단지에 조성하여 이들 글로벌 물류기업의 동아시아 물류본부를 우리나라에 설치함으로써 물류부가서비스를 제공하도록 하려는 것이다. 이러한 목표를 달성하기 위해 항만시설과 함께 항만배후단지의 동시 개발을 중점적인 추진수단으로 설정하여 추진해오고 있다. 특히 부산항과 광양항의 선택을 통한 집중개발이 이 정책의 핵심적 내용 중 하나로 되어 있다. 뿐만 아니라 항만생산성의 향상, 해운업의 국제경쟁력 제고, 글로벌 물류기업 유치, 환적물량 유치 등도 주요 추진과제로 되어 있다.

2) 주요항만시설 및 물동량[32)]

(1) 부 산 항

부산항의 특징을 요약하면 대한민국 최대의 컨테이너항만으로 국내 전체컨테이너 물동량의 80% 내외를 점유하고 있으나 점유 비중 및 물동량 처리 증가율이 지속적으로 감소 중이며 중국화물을 중심으로 하는 환적화물의 지속적인 증가(1998년 20.6%에서 2002년 41.1%로 증가)추이는 북중국 항만의 성장에 따라 도전에 직면하고 있다. 또한 항만공사제의 도입(2003)에 따라 항만관리 및 운영체제를 변화시키고 있으며 일반부두에서 처리하는 비중이 높고(33% 내외) 배후처리시설의 부족으로 ODCY(Off Dock Container Yard)에 의존하는 비중이 높고 인근 주요국가와의 중심항 경쟁에 직면하고 있는 것이 특징이다.

부산항의 컨테이너 터미널을 운영하는 운영사 현황을 살펴보면 한진해운(Hanjin Shipping Co Ltd), 허치슨(Hutchison Gamman Terminals, Hutchison Korea Terminals), 부산신항(Pusan New Port Co.), 동부산터미널(Pusan East Terminal Co Ltd), 동부터미널(Dongbu Pusan Container Terminal Co Ltd) 등이 있다.

부산항 기항선사로는 APL, CCNI, Coheung, Cosco, CMA, CGM, CSAV, CSAV, Norasia, CSC, CSCL, Dongnama, Evergreen, Fesco, Hamburg Sud,

32) www.spidc.go.kr에서 요약정리.

Hanjin, Hapag Lloyd, Heung-A, HMM, IRISL, KMTC, Maersk Line, Maruba, MOL MSC, OOCL, Pan Ocean, PIL, SCI, Senator, Sinokor, SPIC, Syms, Wan Hai Yang Ming, NYK, ZIM 등이 있다.

부산신항만 개발 방향을 살펴보면 21세기를 대비한 동북아 국제 물류중심 항만의 개발, 국제 컨테이너 주항로상의 중심항(Hub-Port) 위상 확보, 동북아 경제권의 관문항으로서의 국제 환적항 기능 제고, 부산항의 만성적인 화물적체 해소로 국가 경쟁력 제고, 항만과 도시기능이 조화된 종합물류도시 건설, 그리고 정보 거점공간 조성 등이다.

또한 부산신항만 건설 개요를 살펴보면 총 사업기간은 1995~2015년이며 총사업비는 9조 1,542억원(정부 4조 1,739억원, 민자 4조 9,803억원)으로 구성되어 있으며 사업내용(컨테이너부두 30선석, 항만 및 배후부지 324만평)으로는 1단계(1995-2008: 18선석), 2단계(2009-2015: 12선석)로 나누어져 있으며 연간 하역능력은 804만 TEU, 접안능력 30선석(최대 5만톤급)이다.

제 2 단계(2009~2015) 건설공사는 사업비는 36,023억원(정부 13,727억원, 민자 22,296억원)이며 12선석으로 457만 TEU 처리능력을 확보할 수 있다.

부산항 물동량 현황을 살펴보면 컨테이너는 2011년 기준 1,477만 TEU를 기록하여 전년대비 소폭의 증가율을 나타내었으며, 벌크로는 1,703만톤을 기록하여 전년대비 소폭의 감소율을 나타내고 있으며, 유류역시 전년대비 감소세를 나타내었다.

표 4-2-2 부산항 물동량 현황

연 도	컨테이너(TEU)	벌크(R/T)	유류(R/T)
2007	13,261,484	18,599,639	7,784,632
2008	13,452,786	19,913,107	8,147,977
2009	11,980,325	18,648,246	7,604,872
2010	14,194,334	17,565,596	7,868,901
2011	14,779,677	17,033,467	7,047,344

자료: www.spidc.go.kr

(2) 광 양 항

광양항은 선박 입·출항료, 접안료 및 정박료를 100% 면제해주고 있으며 광양항에 기항하는 선사에 대해 일정기준에 따라 하역요금을 지원하고 있다. 볼륨인센티브제도(2005. 1. 1~2007. 12. 31)도 적극적으로 시행하고 있는 항만 중 하나이며 또한 부산, 광양항 동시입항 선박에 대한 부산항 입항료 면제를 시행하고 있다. 컨테이너 화주를 위한 혜택으로는 화물 입·출항료 100% 면제와 컨테이너세 폐지, 부두 내 CY이용으로 셔틀료 및 조작료 등 물류비용 절감, 충분한 무료장치기간을 부여(최대 30일)하고 있다.

컨테이너 터미널을 운영하는 운영사 현황을 살펴보면 GICT, 한국허치슨 미널, 동부건설(동부익스프레스), 한국국제터미널(KIT), 대한통운-STX 등이 있다.

주요기항선사는 POL(STX팬오션), YML, APL, SKR, KMD, CNC, APL, IRI 머스크, CMA, 남성해운, 에버그린, 완하이, EAS, 씨앤해운, SYMS, 동영해운 시노트란스, CQS, TS라인, 현대상선, 흥아해운, 고려해운, 장금상선, SITC, APL EAS, HMM, SKR, TSL, SITC, KMD, CHT, EAS, HAS 등이 있다.

광양항 물동량 현황을 살펴보면 컨테이너는 2011년 기준 187만 TEU를 기록하여 전년대비 감소하였으며, 벌크도 6,692만톤을 기록하여 전년대비 소폭의 감소율을 나타내었으며, 유류역시 전년대비 감소세를 나타내었다.

표 4-2-3 광양항 물동량 현황

	컨테이너(TEU)	벌크(R/T)	유류(R/T)
2007	1,722,676	66,908,392	9,222,320
2008	1,810,048	71,942,799	9,788,437
2009	1,810,438	55,710,302	8,730,915
2010	2,072,655	69,900,849	11,405,028
2011	1,879,915	66,925,394	10,219,399

자료: www.spidc.go.kr

(3) 인 천 항

인천항은 우리나라 산업의 전략적 거점항으로 배후에는 대규모 국가공업단지를 보유, 국내원유 수입의 56%, 자동차 수출의 38%, 선박수출의 38%가(2005) 인천항을 이용하고 있다. 운영상의 특징으로는 갑문시설을 중심으로 갑문 내의 내항과 갑문 밖의 외항으로 구분되며, 외항은 다시 위치와 기능에 따라 남항, 북항, 연안항 및 석탄부두로 구분된다. 갑문을 보유한 인천항은 최대 10m에 달하는 조위변동에도 불구하고 5만톤급 선박 등 대형선박의 입·출항이 가능해져 선거내에 외항화물 전용부두로 운영되고 있다. 연안부두는 서해도서를 잇는 여객선 접안시설 및 어선기지로 활용되고 있으며 지난해 제1국제여객부두가 인근에 개장되었다. 선거내 접안시설은 모두 8개 부두로 구획되어 있는데, 부두별 전문화계획에 의거, 주요 취급화물이 구분되어 있다.

주요 운영사로는 한진, 대한통운, 영진, 선광, 대한사이로, 우련통운, PSA 등이 있다. 인천항 물동량 현황을 살펴보면 컨테이너는 2011년 기준 181만 TEU를 기록하여 전년대비 소폭의 감소를 기록하였으며, 벌크도 5,722만톤을 기록하여 전년대비 소폭의 감소를 나타내었으며, 유류 역시 전년대비 감소세를 나타내었다.

표 4-2-4 인천항 물동량 현황

연 도	컨테이너(TEU)	벌크(R/T)	유류(R/T)
2007	1,663,800	62,515,119	49,381,345
2008	1,703,362	67,916,079	46,681,762
2009	1,578,003	61,142,770	45,415,708
2010	1,902,733	66,776,765	51,645,874
2011	1,811,083	57,220,366	46,862,721

자료: www.spidc.go.kr

2.2 중 국

1) 중국의 경제권

중국은 환보하이 경제권, 장강삼각주 경제권 및 주강 삼각주 경제권으로 나눌 수 있으며, 3대 경제권은 주강, 장강, 환보하이 순서로 발전해 왔다.

주강삼각주 경제권은 1979－1980년 선전·주하이 경제특구 지정을 시작으로 1980년대에 급성장하였고, 광동성을 포괄하며, 2008년 기준 인구는 9,544만 명, 면적은 179,129km²이고, GRDP는 3조 5,697억 위안이며, 1인당 GDP는 3만 7,589위안이다.

장강삼각주 경제권은 1990년대에 상하이 푸동신구의 개발을 계기로 발전하였으며, 상하이, 저장성, 장쑤성을 포함하고, 2008년 기준 장강삼각주 경제권의 총인구는 1억 2,871만 명으로 전체인구의 9.7%를 차지하며, 지역내총생산(GRDP)은 6조 5,498억 위안으로 국내총생산의 21.8%를 담당한다.

환보하이 경제권은 베이징, 텐진, 허베이성, 랴오닝성 및 산둥성으로 이루어진 지역으로서 2008년 기준 인구는 2억 3,591만 명으로 중국 전체인구의 약 17.8%를 차지하고, 1990년대 말 베이징의 중관촌 및 텐진 빈하이신구 개발 이후 2000년대 중국 경제 현화의 견인차 역할을 담당하고 있으며 지역내총생산은 7조 2,706억 위안으로 국내총생산인 30조 670억 위안의 약 24.2%를 차지하며, 2008년 기준 교역액 규모는 5,027억 달러로 전국의 19.6%를 차지한다.

2008년 기준 환보하이 경제권의 지역내 총생산(GRDP)은 7조 2,706억 위안으로 전국총생산(GDP)의 24%이며, 장강삼각주 경제권과 주강삼각주 경제권의 지역내총생산은 각각 6조 5,498억 위안, 3조 5,697억 위안으로 전국의 22%와 12%를 차지하고 있다.

2011년 3월 14일 폐막한 제11차 전국인민대표대회(4차 회의)에서 중국인민공화국 국민경제 및 사회발전 "제12차 5년 계획(이하 12·5계획)이 표결·통과되어, 3월 16일 신화망을 통해 전문이 전격 공표되었다. 특히, 12·5 계획의 제3편은 '산업변화 및 개선을 통한 산업 핵심경쟁력 제고'에 대한 내용으로

그림 4-2-8 중국의 주요경제권

자료: 국토연구원(2009), 한중국토전략연구.

구성되고, 그중 12장은 '종합교통운수체계 구축'에 대한 내용을 담고 있다. 그리고 제 4 편은 '발전환경 조성을 통한 서비스산업 대발전 추진' 내용을 담고 있으며, 그중 제15장 제 2 절에서 '현대물류업의 대대적 발전'에 대해 설명하고 있다.

11·5계획과 비교한 12·5계획의 '물류산업 발전 방향'은 큰 틀에서 크게 차이가 없어 보이나, 12·5계획은 "효율, 통합, 선진화"에 초점을 맞춰 보다 세밀하고 구체적으로 기술하고 있다. 11·5계획 기간 축적된 물류자원의 효율적 통합·활용, 물류인프라의 연결 강화 및 지역구도 최적화, 3PL의 대대적 발전, 중점 화물별(농산품, 대량광산품, 중요공업품) 물류체계 개선, 물류의 지능화 및 표준화 수준 제고 등 물류 선진화를 전면에 내세우고 있다. 즉, 물류 하드웨어 부문의 효율 및 통합과 물류 소프트웨어 부문의 선진화를 달성하는 것이 12·5계획 기간의 핵심목표로 판단된다.

12·5계획 발표에 따라 물류업계는 기회와 동시에 더 많은 도전에 직면하게 될 것이다. 특히 녹색발전과 관련 내용이 최초로 편입되어, 물류 산업에 변화를 일으킬 것으로 예상된다.

2) 중국 주요항만 동향

중국은 물동량 기준 세계 10대 항만 가운데 상하이항, 홍콩항, 선전항, 닝보－저우산항, 광저우항, 칭다오항, 톈진항의 7개가 입지해 있다. 2009년 기준으로 중국의 항만 수는 413개이며, 1,000GT 이상의 3,227척의 선박을 보유하고 항만을 통한 연간 물동량은 컨테이너 1억 2,800만 TEU, 화물 70억 2,200만 톤으로 세계 1위를 차지하였다.

중국의 주요 항만들은 환보하이경제권과 장강삼각주경제권 및 주강삼각주경제권에 입지하고 있으며, 환보하이지역의 항만군은 우리나라와 가장 밀접한 관계를 가지며, 주요항만은 칭다오, 텐진, 다롄 등 북중국 3대 항만과 친항다오, 잉커우, 옌타이, 르자오항 등이 입지하고 있다.

장강삼각주 경제권의 주요 항만은 중국 최대 항만인 상하이 및 닝보－저

그림 4-2-9 중국의 주요항만현황

자료: 물류기반시설 DB, 한국무엽협회(http://www.chinalogis.net/).

우, 롄윈강 등 연해항만과 난징 쑤저우, 난퉁 등 장강하류의 항만으로 구성되며, 상하이항은 중국의 동중국해와 장강지역의 교차지점에 위치한다. 주강삼각주의 주요 항만은 선전항, 광저우항, 주하이항, 중산항 등이다.

3) 중국의 항만정책방향

중국의 항만정책은 항만개발 및 관리권을 기준으로 ① 국가에서 관리하는 단계, ② 국가와 지방정부가 공동으로 운영하는 단계, ③ 항만공사가 운영하는 단계의 세 단계로 나누어진다. 이와 같이 세 단계로 변화하게 된 것은 개발, 운영, 항만투자 등에 있어서 여러 가지 문제점이 발생하여 이를 해결하고자 하는 차원에서 이루어진 것이다.

그러나 현행 체제에서도 지역간 항만 개발 경쟁으로 인해 해안선 자원낭비, 중복투자, 항만간 경쟁 심화 등의 다양한 문제점이 발생하고 있다. 이에 중국정부는 항만간 경쟁을 지양하고 지역간, 지역내 항만 건설과 역할을 세분화하는 항만발전정책을 수립하여 시행하고 있다.

(1) 항만발전정책의 배경

2005년 말까지, 연해 항만에는 1,000 톤급 이상의 선석수가 총 2,770개, 그중 10,000 톤급 이상은 약 1,110개, 설계처리능력은 약 25억 톤으로, 이 중 컨테이너 처리능력은 6,150만 TEU에 달한다.

표 4-2-5 중국의 연해 항만 시설현황

구 분	총 계	환 보하이항	장강 삼각주항	동남 연해항	주강 삼각주항	서남 연해항
선석수(개)	2,769	578	1,197	218	587	189
처리능력 (10,000톤급 이상, 개)	1,113	350	449	79	154	81
설계처리능력(억톤)	25.2	9	10.2	1.3	3.7	1.0
컨테이너처리능력(만 TEU)	6,150	1,532	2,210	646	1,693	69

자료: 중국교통부(2011).

(2) 항만발전정책의 주요내용

첫째는 지역별 항만 배치계획으로, 지역간 경제발전 상황과 종합운송네트워크 분포상황에 따라 연해항만단지를 배치하고, 경제발전의 전체적인 구도를 고려한다.

둘째는 항만군 내부에서 나타나는 중점적인 문제로, 항만의 공공운송서비스기능을 강조하여, 국민경제에 있어 항만의 효과를 최대한 발휘하도록 한다.

셋째는 국가계획 및 민생과 관련된 주요 운송화물에 대한 항만운송계획으로, 경제적이고 합리적인 운송을 보장하도록 한다.

이러한 구분은 중국 연해를 지역별 경제상황 및 특징, 지역내 항만현황 및 항만간 운송관계 등을 고려하여 5대 지역 항만군으로 구분하고, 8대 운송시스템을 중점 건설하는 것을 표방하고 있다. 5대 항만군은 환보하이지역, 장강삼각주지역, 동남연해지역, 주강삼각주지역, 서남연해지역으로 단지 내 종합성, 대형항만의 주도적인 역할을 강조한다. 8대 운송시스템은 각각 석탄, 석유, 철광석, 컨테이너, 식량, 상용 자동차 및 물류, 육도 컨테이너, 여객 등 8대 운송시스템으로 국민경제발전과 인적 교통에 편리하고 효율성 높은 운송서비스를 제공한다.

(3) 항만 운송시스템 계획의 목표 및 내용

항만을 이용하는 석탄, 석유, 철광석, 컨테이너, 식량, 상용자동차, 육도컨테이너, 여객운송 등 8대 전문화된 운송시스템을 계획하고 있으며, 각 운송시스템간, 기타 운송 방식간, 도시를 포함한 주변 환경, 해안선, 토지자원 이용과의 효과적인 연계를 강화하여, 국가경제의 안정적 운영에 필요한 에너지, 원자재 등 전략물자의 운송을 보장할 것을 강조하고 있다.

각 지역 경제, 항만자원, 항운기업, 육지운송 시스템의 필요조건을 고려하여, 석탄, 수입 원유, 수입 철광석 및 컨테이너 등 4대 중요 화물과 기타 화물의 운송시스템에 대해 항만배치를 계획하여 종합적인 운송시스템 완성을 목표로 한다.

먼저, 석탄운송시스템이다. 철로와 수로 연계운송 혹은 고속도로+수로 연계운송에 기초한 북방연해의 진황따오(秦皇岛), 르자오(日照), 렌윈강 등 7개 항을 중심으로 하는 석탄전용항만, 화동, 화남 등 연해지역 전력기업의 석탄 하역선 전용부두와 공용 항만시설로 구성된 북매남운의 석탄운송시스템이다.

둘째는 석유운송시스템으로, 수로+수송관 또는 수로+철로운송을 기반으로, 석유화학기업이 지점을 정하고, 20-30만 톤급 위주의 석유 하역전용부두와 중소형 오일가스 중계운송 부두를 갖춘 다롄, 톈진, 칭따오, 난징, 닝보, 저우산, 천주, 심강 등 항만으로 구성된 석유운송시스템을 구축한다.

셋째, 철광석운송시스템으로 수로+수로 연계운송 또는 수로+철로 연계운송에 기초하여, 인근 철강기업이 지점을 정하고, 20-30톤 급의 철광석 전용부두와 2단계 집하 하역, 중계운송 설비를 갖춘 다롄, 링커우, 칭따오, 상하이, 닝보, 저우산, 심강을 중심으로 구축한다.

넷째, 컨테이너 운송시스템으로, 고속도로, 철도, 내하수로 등 다양한 운송방식이 뒷받침되어, 다롄, 톈진, 칭따오, 상하이, 닝보, 쑤저우, 샤먼, 선전, 광저우 등 9대 간선항을 중심으로, 지선항과 피더항으로 구성된 컨테이너 운송시스템을 구축한다.

다섯째, 식량운송시스템으로, 국가식량 유통, 비축, 물류단지를 건설하여 전문화된 운영과 집중화된 식량운송시스템을 구축한다.

여섯째, 자동차 운송 및 물류시스템으로, 자동차산업기지와 인근과 국내외 자동차 수출입 항만을 통해 편리하고 전문화된 물류시스템을 구축한다.

일곱째, 내륙과 섬을 연결하는 컨테이너 운송시스템으로 연해의 섬 경제발전에 필요한 물류시스템을 구축한다.

마지막은 여객운송시스템으로 인간중심, 안전제일, 편리하고 안락한 여객운송시스템을 구축한다.

4) 중국 주요항만 시설 및 물동량 현황

(1) 주강삼각주(珠江三角洲)항만 군(群)[33]

홍콩을 중심으로 한 화남(華南)지구의 항만으로 선전(深圳), 광저우(廣州),

33) 선전항(深圳港) http://www.szport.net, 광저우항(廣州港) http://www.gzport.com

주하이(珠海), 중샨(中山) 등 항만이 있으며 중심항만인 선전(深圳), 광저우(廣州) 양대 항만의 현황 및 개발계획은 다음과 같다.

선전항은 주강(珠江) 하구 동편 남중국해 대아만(大亞灣) 서편에 있는 선전시의 동부 및 서부 양편에 위치하고 있으며 동부지구의 항만은 대붕만(大鵬灣) 북서쪽에 있으며 주요 터미널은 옌티옌(鹽田), 샤위융(沙漁涌), 샤뚱(下洞) 등이며 서부지구 항만은 주강 하구의 동안(東岸)에 있으며 주요 터미널은 셔커우(蛇口), 츠완(赤灣), 마완(媽灣), 둥쟈오터우(東角頭), 푸융(福永) 및 2008년 5월 개장한 전해만(前海灣)의 따찬완(大鏟灣)항 등이 있다.

2009년 선전항의 물동량은 1억9,400만 톤으로 전년대비 8.1% 감소하였으며 컨테이너 물동량은 1,825만 TEU로 전년대비 14.8% 감소하였다. 컨테이너 터미널별 물동량은 옌티옌(鹽田) 858만 TEU, 츠완(赤灣) 477만 TEU, 셔커우(蛇口) 466만 TEU를 기록하였다. 주요 화물로는 컨테이너 외에 화학비료, 곡물, 사료, 사탕수수, 강재, 시멘트, 목재, 모래, 석유, 석탄, 광석 등이다.

그림 4-2-10 선전항 사진

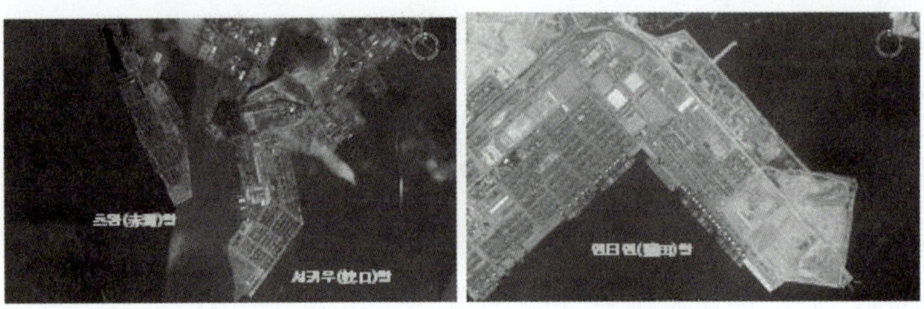

선전 경제특구가 설립된 후 지금까지 20여 년 동안 약 300억 위안(元)(약 38억 달러)이 투입되어 셔커우(蛇口), 츠완(赤灣), 마완(媽灣), 둥쟈오터우(東角頭), 옌티엔(鹽田), 푸융(福永), 샤뚱(下洞), 샤위융(沙漁涌), 내이허(內河) 등 9개 터미널을 차례로 건설하였다.

2008년 5월에는 따찬완(大鏟灣) 항만 1기 공정이 완공되었으며. 향후 따찬완 항만은 선석 20개 설계능력 천만 TEU의 대형 컨테이너 전용부두로 옌

그림 4-2-11 선전항의 물동량 현황

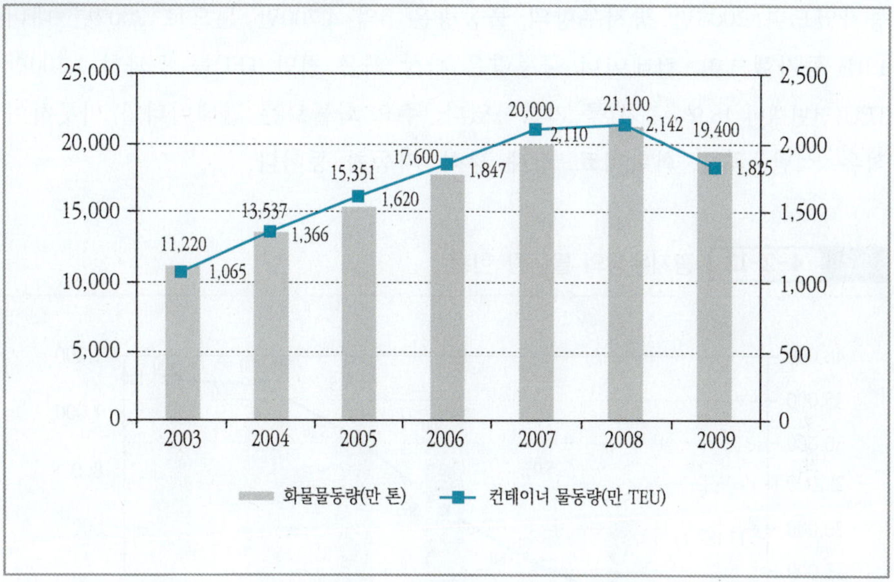

티엔항, 츠완항과 더불어 선전의 3대 항만이 된다.

선전항의 선석 수는 140개로 안벽 총연장은 22,149.7m이다. 이 중 10,000톤급 이상의 선석은 51개이며 컨테이너 전용선석은 18개로 컨테이너 전용선석은 옌티엔(鹽田) 7개 선석, 츠완(赤灣) 5개 선석, 셔커우(蛇口) 4개, 따찬완(大鏟灣) 2개 선석이다.

2010년까지 총 402억元을 투자하여 72개 선석을 신설하였으며, 이 중 만톤급 이상 선석이 46개, 컨테이너 전용선석이 24개로 처리능력은 1억 4,880만톤 및 컨테이너 1,220만 TEU 증가하였다. 2010년 선전항의 물동량은 2억5천만 톤, 컨테이너 2,500만 TEU를 기록하였다.

광저우항은 주강(珠江) 삼각주 경제구의 중심에 위치하고 있으며 주강 내하수계 항만 및 둥관(東莞), 중샨(中山), 주하이(珠海) 등 연해항만과 연계되어 있다. 주요 터미널은 주강(珠江) 상류에서 하류방향으로 광저우 내항(新風, 河南), 황푸(黃埔), 시지(西基), 신강(新港), 신샤(新沙), 샤즈(沙仔), 난샤(南沙) 등 7개의 터미널로 구성되어 있다.

물동량은 2000년대 이후 광저우항 개발이 본격화되면서 물동량도 크게 증가였으며 2008년 광저우항의 물동량은 3억 4,700만 톤으로 2007년 대비 1.0% 증가했으며, 컨테이너 물동량은 사상 처음 천만 TEU를 초과한 1,100만 TEU(전년대비 18.9% 증가)를 기록하였다. 주요 화물로는 컨테이너를 비롯하여 석유, 석탄, 곡물, 화학비료, 강재 광석, 자동차 등이다.

그림 4-2-12 광저우항의 물동량 현황

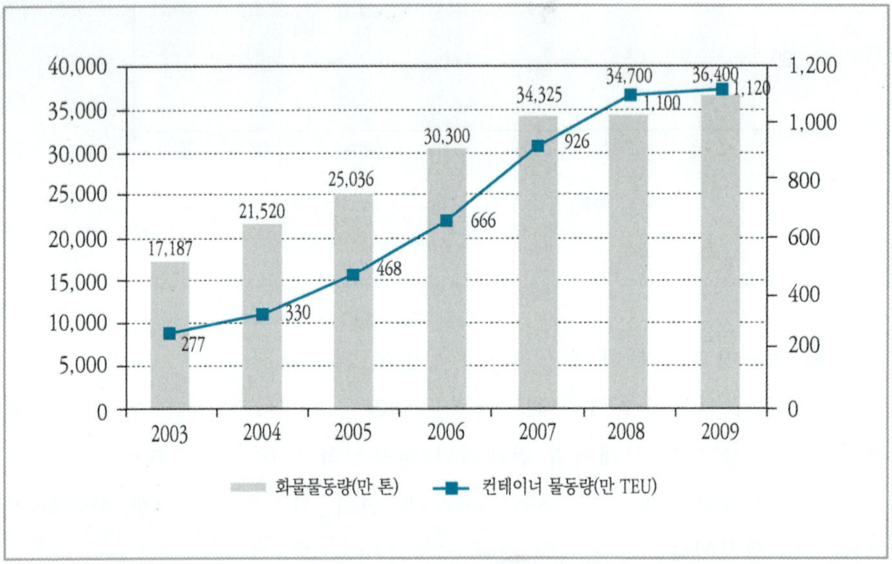

광저우항의 만 톤급 이상의 선석은 46개이며, 만 톤급 이상의 폰툰(pontoon)부두가 13선석, 만 톤급 이상의 묘박지(Anchorage)는 23개(최대 30만 톤)이다.

광저우항의 항만개발계획으로는 난샤항 1기 및 2기 공정이 2006년 준공되어 현재 5만 톤 선석 4개 및 컨테이너 선석 6개가 가동 중이며 2010년에 총 271억 위안(元)(약 34억 달러)을 투입, 30개 선석을 건설하였으며 처리능력 화물 5,800만 톤, 컨테이너 600만 TEU 증설하였다.

(2) 장강삼각주(長江三角洲) 항만 군(群)[34]

중국 제일의 항만인 상하이(上海)를 비롯한 화동(華東)지구의 장강삼각주(長江三角洲) 항만 군체이며, 상하이, 닝보(寧波)－저우산(舟山), 롄윈강(連雲港) 등 연해항만과 난징(南京), 쑤저우(蘇州), 난퉁(南通) 등 장강(長江) 하류의 항만이다.

최근 중국정부의 항만통합정책에 따라 2005년 타이창(太倉)항, 창수(常熟)항 및 장자강(張家港) 등 장강 하류의 3대 항만을 결합하여 쑤저우(蘇州)항으로 출범하고, 2006년 닝보항과 저우샨항이 통합되어 대형항만체제를 갖추게 되었다.

상하이항은 동중국해와 장강(長江)의 교차지점에 있는 항만으로 장강삼각주 경제구의 핵심항만이며 중국 제일의 항만이고 상하이항 항만의 면적은 총 620.2㎢이며, 이 중 장강 하구수역이 580㎢, 황포강(黃浦江) 수역이 33㎢, 항만 육상면적이 7.2㎢이다. 상하이항의 수역은 장강 하구와 항주만(杭州灣) 수역, 황포(黃浦)강 수역, 양산(洋山)항 수역 및 장강 묘박수역, 녹화산(綠華山) 묘박수역 등으로 구성되었으며 항만은 장강(長江) 하구 남안, 항주만 북안, 황포강 연안 및 양산 심수(深水)구역 등에 분포되어 있다.

2009년 상하이항의 물동량은 4억 9,500만 톤으로 2008년 대비 2.6% 감소하였으며 컨테이너 물동량은 2,500만 TEU로 2008년 대비 19.7% 감소하였다.

상하이항의 선석 수는 1,140개, 이 중 10,000톤급 이상의 선석은 171개이며 부두 총연장은 24.6km이며 구 컨테이너 터미널은 바오샨(寶山), 창화방(長華浜), 쥔궁루(軍工路) 등 장강하류 및 황포강 하류에 총 8개의 컨테이너선석을 보유하고 있다. 또한 와이까오챠오(外高橋) 터미널은 13개 선석으로 구성되어 있으며 1999년과 2000년에 각각 1·2기를 개장한 데 이어 2002년 1월 제 3기, 2003년 2월 제 4기 터미널이, 2004년 말에는 연간 처리능력 200만 TEU 규모의 4개 선석의 제 5기 터미널이 서비스를 개시하고 있다.

바오샨뤄징(寶山羅經)항은 "十一五"기간 중 대형 석탄부두 1개, 대형 광석

---

34) 상하이항(上海港) http://www.portshanghai.com.cn, 닝보－저우산(寧波－舟山)항 http://www.nb－zsport.gov.cn

그림 4-2-13 상하이항의 물동량 현황

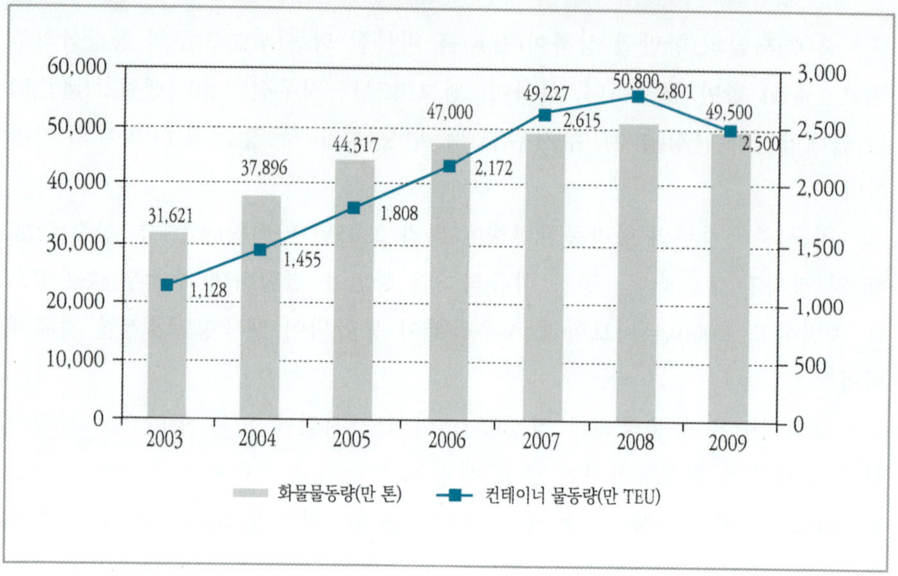

부두 2개, 일반 산화물부두 6개를 건설하여 연간 부두 생산능력을 4,380만 톤으로 확대하였다.

2002년 7월 말 착공된 '양산 대수심 컨테이너터미널 개발계획'은 두 섬을 매립하여 수심 15m를 상회하는 컨테이너터미널을 신설하는 것으로 '二자형'으로 된 두 개의 거대한 방파제 안벽을 건립하여 그 안쪽을 컨테이너 선석으로 이용하도록 설계하였다.

제 1 기공사는 2005년에 준공된 5개 선석이며, 제 2 기공사는 2006년 준공된 4개 선석. 또한 약 32km에 이르는 동하이(東海)대교가 건설되어 대·소 양산과 상해 푸동(浦東)지구를 연결하였으며 "十一五"기간 중 제3·4기공사를 추진하여 10만톤 선석 3개, 7만톤 선석 8개, 35,000톤 선석 2개, 만톤 이하 선석 8개를 건설하며 2010년 컨테이너 처리능력은 1,500만 TEU 이상으로 늘어났으며 2020년까지 50개 이상의 선석을 건설할 계획이다.

2006년 1월 1일 닝보항과 저우샨항이 합병되어 명명된 닝보－저우샨항은 동중국해의 항주만(杭州灣)에 위치한 항만으로 상하이항과 더불어 장강 삼각주 경제구의 핵심항만이다.

닝보항은 베이룬(北侖), 전하이(鎭海), 닝보(寧波), 따씨에(大榭), 촨산(穿山) 등 5개 부두, 저우샨항은 딩하이(定海), 션자먼(沈家門), 라오탕산(老塘山), 까오팅(高亭), 취산(衢山), 쓰쟈오(泗礁), 뤼화산(綠華山), 양산(洋山) 등 8개 부두, 총 13개 부두로 구성되어 있다. 닝보항과 저우샨항 주요부두(定海 및 老塘山)간의 거리는 해상 3해리(海里, 약 5.6km) 이내에 위치하고 있다. 저우샨항의 쓰쟈오(泗礁), 뤼화산(綠華山), 양산(洋山)항 등은 북부에 위치하여 닝보보다는 상하이와 가깝다.

닝보항에서 주로 처리되는 화물은 철광석, 컨테이너, 원유 및 정제유, 액체성 화공품, 석탄 및 기타 산화물 등이며, 저우산항의 주종 화물은 석유, 석탄, 광석 및 모래, 목재, 곡물 등이며 2008년 닝보-저우샨항의 물동량은 5억 2천만 톤으로 2007년 대비 9.9%가 증가하며 상하이를 제치고 중국 제 1의 항만이 되었다. 컨테이너 물동량은 1,093만 TEU를 기록하여 상하이, 선전, 광저우에 이어 중국 4위를 기록하였다.

2008년 말 현재 닝보-저우샨항의 선석 수는 667개이며 이 중 10,000톤급 이상의 선석은 총 94개, 부두 총연장은 61,566m이다.

그림 4-2-14 닝보-저우샨항의 물동량 현황

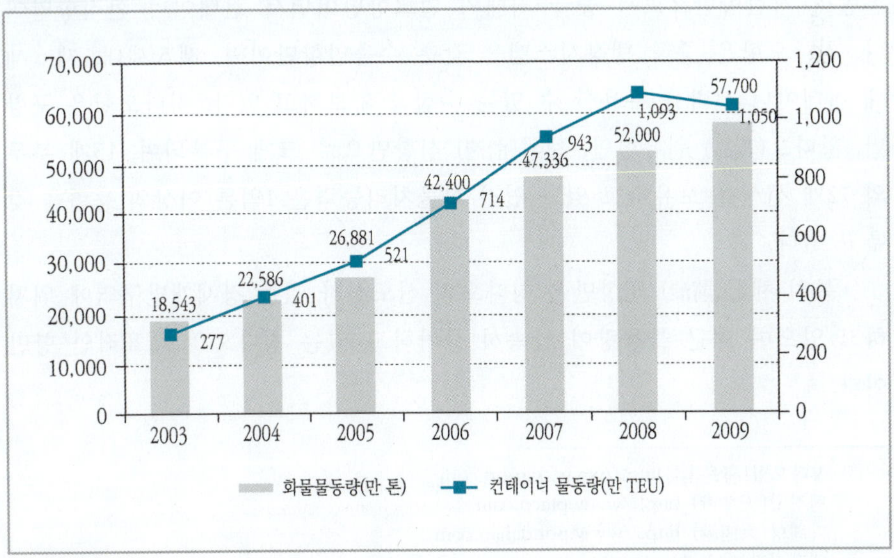

닝보－저우산항의 주변도로는 닝보－항저우(杭州)－상하이(上海)간 고속도로, 닝보－타이저우(台州)－원저우(溫州)간 고속도로, 닝보－진화(金華)간 고속도로가 기 개통하였다. 특히 항주만(杭州灣)을 가로지르는 총연장 36km, 6차선 규모의 항주만대교도 2008년 개통되어 닝보－상하이 간 거리는 종전보다 120km 정도 줄어들어 상하이와 닝보는 2시간 생활권으로 좁혀지게 되었다. 베이룬(北侖), 전하이(鎭海), 닝보(寧波) 3개 부두에는 전용철도가 개설되어 있어 항만의 철도운송이 용이하다.

(3) 환발해만(環渤海灣) 항만 군(群)[35]

중국의 수도권인 북경－톈진(天津)－탕산(唐山)의 경당진(京唐津)지역, 허베이(河北), 랴오닝(遼寧), 산둥(山東)성 등을 배후시장으로 하고 있는 환발해만 항만은 북중국 항만 군으로 우리나라의 대중국 수출입 화물 대부분을 처리하는 항만이며 우리나라의 항만물류에 직접적인 영향을 미치고 있는 항만이다.

주요 항만으로는 칭다오(青島), 톈진(天津), 다롄(大連) 등 북중국 3대 항만과 친황다오(秦皇島), 잉커우(營口), 옌타이(烟臺), 르자오(日照) 등 항만이 있다.

칭다오항은 1892년에 개항된 112년의 역사를 가진 항구이며 중국 내륙운송의 거점항만으로서 중국 최대의 벌크항만이면서 컨테이너 환적항만이다. 칭다오항은 중국 냉장시스템을 갖춘 수출입항만이며, 제 5 세대, 제 6 세대 컨테이너 선박을 수용할 수 있는 수심을 확보하고 있다. 칭다오항은 구항만, 황따오(黃島) 원유항만, 쳰완(前灣) 신항만으로 크게 구분되며, 15개 부두와 72개 선석을 보유하고 있고 연간 화물처리능력은 1억톤 이상의 능력을 갖추고 있다.

특히 쳰완(前灣) 신항만은 칭다오의 신도시가 있는 경제개발구역에 위치하고 있으며 최근 물동량이 급속히 증가하고 있는 칭다오의 대표적인 항만이다.

---

35) 칭다오항(青島港) http://www.qdrport.com
톈진항(天津港) http://www.ptacn.com
다롄항(大連港) http://www.portdalian.com
옌타이항(烟臺港) http://www.yantaiport.com.cn

그림 4-2-15 칭다오항의 물동량 현황

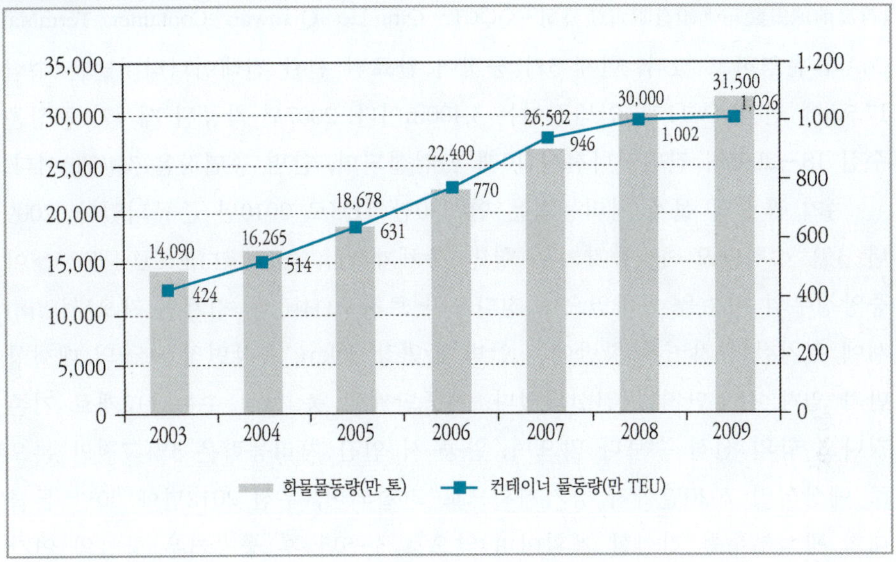

2008년 물동량은 3억 톤으로 2007년 대비 13.2% 증가하였으며 컨테이너 물동량은 2000년 이후 매년 20% 이상 증가하고 있으며 2008년 사상 처음 천만 TEU를 초과한 1,002만 TEU를 기록하였다. 칭다오항에서 주로 처리되는 화물은 컨테이너를 비롯하여 석탄, 원유, 철광석, 곡물 등을 취급한다.

칭다오항의 부두는 15개에 선석 수는 72개이며 이 중 5만 톤급 선석이 6개, 10만 톤급 선석이 6개, 30만 톤급 선석이 2개가 있다. 석탄전용부두는 전용선석 2개를 가지고 있으며 5천 톤에서 10만 톤에 이르는 석탄선박 작업을 할 수 있고 연간 처리량은 1,500만 톤으로 세계에서 가장 현대화된 석탄 전용 부두와 자동화 시스템을 갖추고 있는 중국의 핵심적인 석탄 수출기지이다. 칭다오항은 광석전용부두로 아시아에서 1위, 세계적으로 2위인 20만 톤급 광석전용부두를 가지고 있으며 연간 처리량은 2,200만 톤으로 20만 톤급 이상의 대형 광석선박의 하역수요를 만족할 수 있는 완전 자동화 시스템을 갖추고 있다.

배후물류시설로서 칭다오 자유무역지구가 있으며 총 면적은 70만평으로 국제무역, 환적, 보세창고, 수출가공 및 상품전시 등의 기능을 갖추고 있다.

현재 첸완(前灣) 컨테이너터미널은 청도 첸완 컨테이너부두집단유한공사(青島前灣集裝箱碼頭有限責任公司－QQCT, Qingdao Qianwan Container Terminal Co.)가 운영하고 있다. 현재 3기 공정이 완료된 첸완 컨테이너터미널은 수심 17.5m에 선석 수 11개, 안벽길이는 3,400m이다. 2007년 착공된 제 4기 공정은 수심 18－20m의 컨테이너선석 10개가 건설되며, 안벽 총연장은 3,408m이다.

4기 공정의 설계 처리능력은 연 580만 TEU로 2010년 준공되었다. 2009년 3월 ≪칭다오 항 둥쟈커우 항만 총체계획(青岛港董家口港区总体规划)≫이 중앙정부의 비준을 득하였으며 칭다오와 르자오(日照)의 경계인 쟈오난(膠南)시에 위치한 둥쟈커우 항만에는 안벽 총연장 20km, 육상면적 38㎢의 대형항만과 임해 산업단지가 건설되었다. 최종단계의 총 선석 수는 112개로 기존 칭다오 항의 선석 수보다 많으며, 완공 시 연간 처리능력은 3억 7천만 톤으로 예상되며 2020년까지 장기계획으로 건설되며, 우선 2012년에 40만 톤급 대형 광석부두를 건설할 계획이며 앞으로 3~5년 후 둥쟈커우 항만의 연간 생산능력은 4천만 톤으로 중국국내 벌크화물의 집산중심 및 에너지 환적기지가 될 것이다.

톈진항은 수도 북경으로부터 고속도로로 170km 거리에 있으며 톈진시 중심에서는 고속도로로 60km 거리에 위치하고 있다. 톈진항은 북경의 관문항이자 화북, 서북 나아가서는 몽고 및 중앙아시아지역의 가장 중요하고 편리한 해상통로 역할을 담당하고 있다.

천진항의 항만은 해하(海河), 북강(北疆), 남강(南疆) 등 3개 지역으로 구분되며 2007년 12월 개장한 동강(東疆)항만은 북강(北疆)항만 동북부에 위치하고 있는 인공준설 항만으로, 현재 컨테이너 3개 선석이 운영 중에 있으며, 계속 확장 중이다. 해하 항만은 톈진시를 관통하는 강인 해하강에 형성되어 있으며 해하의 수심 때문에 5,000톤 이하의 선박이 입출항하는 소형항만이며 북강항만은 주로 컨테이너화물과 일반화물을 취급하고 있으며 남강항만은 석탄, 코르크, 원유, 석유화학제품 등을 주로 취급하고 있다.

톈진항의 최대약점은 수심제약으로 One-way 통항방식으로 운영되고 있다는 점이며 항로수심은 13m를 유지하고 있으나 2.5m의 조수간만의 차가 있어 매년 500㎥에 달하는 준설이 요구된다.

그림 4-2-16 칭다오항의 주변현황

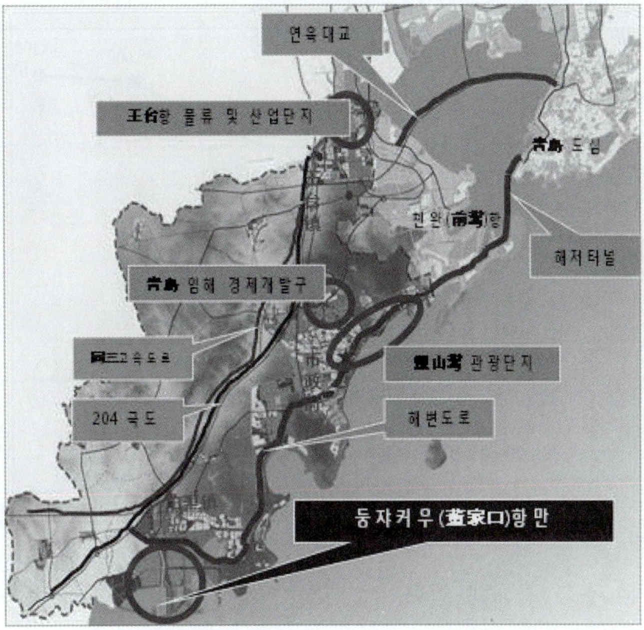

1952년 10월 톈진 신항(新港)이 개항할 당시 물동량은 74만 톤에 불과했으나, 1974년 처음 1,000만 톤을 돌파한 이후 14년만인 1988년에야 2,000만 톤을 돌파하였으며, 1993년 이후 톈진항은 눈부신 발전을 이루며 2001년 1억 톤을 달성하였다. 2009년 톈진항의 물동량은 3억 8,100만 톤으로 2008년 대비 7% 증가하였으며 2009년 컨테이너 물동량은 870만TEU로 전년대비 2.4% 증가하였다. 톈진항의 주요화물은 컨테이너를 비롯하여 석유화학, 석탄, 곡물 등이다.

그림 4-2-17 텐진항의 물동량현황

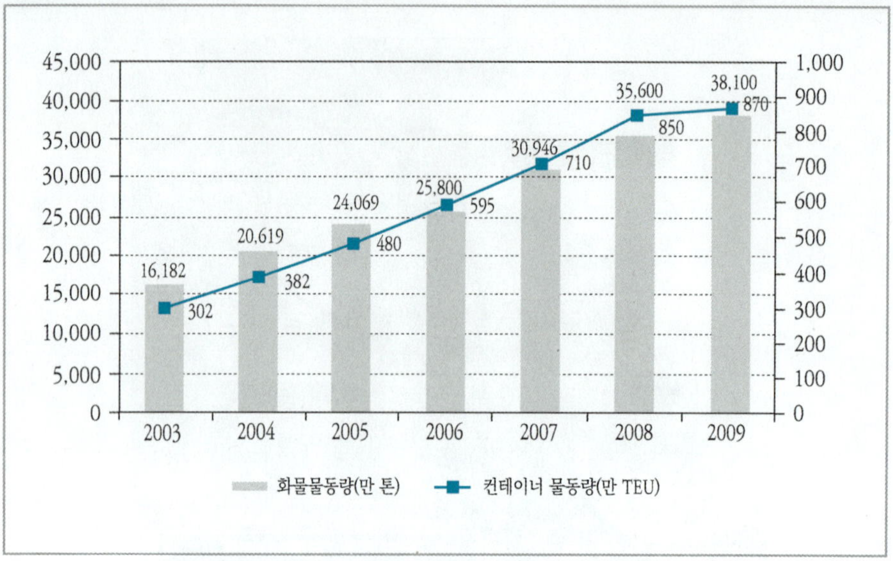

텐진항은 중국 최대의 인공(人工)항만으로 북쪽과 남쪽의 방파제로 조성된 항만이다. 항도 길이는 28km이며 주 항도의 폭은 210m이며 수심은 15m로 10만 톤급 선박의 입출항이 가능하며 조수간만 시간을 맞추면 15만 톤급 선박의 입출항도 가능하다. 텐진항의 선석 수는 총 140개이며 이 중 10,000톤급 이상의 선석은 53개이다. 안벽 총 길이는 21,510m이며 생산능력은 화물 2억 8,940만 톤에 컨테이너는 905만 TEU이다. 전용 선석으로는 컨테이너 선석이 9개, 석유화학제품 전용선석 4개, 석탄 전용선석 4개, 여객 전용선석이 3개, 코크스 전용선석이 2개, 곡물 전용선석 1개가 있다.

천진항의 항만개발전략은 텐진항은 2004년부터 2007년까지 안벽길이 1,600m에 달하는 5개 선석을 건설하고, 2007년부터 2009년까지 5개 선석을 추가로 개발하여 2010년까지 총 10개의 컨테이너 선석을 개발할 계획이다.

이에 따라 2010년 천진항의 컨테이너 처리물량은 1,000만 TEU를 달성하였다. 또한 2010년 이후에는 현재 북강 맞은편 해상에 인공 컨테이너터미널 개발방침을 세우고 현재 방파제 공사를 진행 중이며 또한 남강(南疆)에는 별크선과 원유 계선장을 중점적으로 건설할 계획이다. 이를 위해 '제10차 5개년계획(2001~2005년)'기간과 '제11차 5개년계획' 기간 동안 20만 톤급 철광석터미널 각 1개씩을 건설할 예정이다. 이와 함께 국가전략차원의 원유비축프로젝트로 20만~30만 톤급 원유터미널을 건설할 계획이다.

2007년 12월 개장한 동강항만은 표고 4m 이상으로 준설되고 있으며, 준설면적은 총 30㎢에 이를 것으로 예상되며 현재 컨테이너 3개 선석을 운영중이다.

동강항만은 2007년 상하이 양산(洋山)항과 함께 중국의 가장 개방된 항만 형태인 보세항만(保稅港區)으로 지정받았다.

다롄항은 요동반도 남단에 위치한 천혜의 양항으로 헤이룽장(黑龍江)성, 지린(吉林)성, 랴오닝(遼寧)성 등 동북3성과 내몽고 자치구의 최대 무역항이며 다롄항의 항만은 다롄시 중심에 있는 따깡(大港) 및 동쪽 경제개발구에 있는 따야오완(大窯灣) 항만으로 조성중이다.

다롄－옌타이(烟臺) 열차페리는 양토우와(羊頭洼)항에서 운항되며 2008년 다롄항의 화물 처리량은 2억 4,600만 톤으로 2007년 대비 10.4% 증가했으며,

그림 4-2-18 동강항 현황

그림 4-2-19 다롄항의 물동량 현황

컨테이너 처리량은 850만 TEU로 19.7% 증가하였다. 다롄항의 주요화물은 컨테이너를 비롯하여 석유화학, 철광석, 강재, 곡물, 자동차 등이다.

다롄항은 육상 영역이 8 평방킬로미터, 수역이 346 평방킬로미터이며 평균수심이 10m, 최대수심은 33m이며 선석 수는 65개이며 안벽 총연장은 13,000m에 달한다. 다롄항의 컨테이너부두는 2개 지역으로 구분되며 먼저 다롄 시내에 있는 따강(大港)컨테이너부두(Dalian Dagang Container Terminal: DDCT)에서는 국내무역 및 근해수송이 주로 이루어지고 있으며, 연간 취급능력은 40만 TEU에 달한다. 한편 따야오완(大窯灣) 다롄경제개발지구(Dalian Jinzhou Economic Development Zone)에 위치한 다롄 컨테이너터미널(Dalian Container Terminal: DCT)은 1996년부터 싱가포르 PSA사가 합작투자로 운영하고 있으며 주로 원양 컨테이너화물을 취급하고 있다. DCT의 시설현황은 수심 12~14m, 안벽길이 1,500m의 5개 선석으로 연간처리능력은 180만 TEU이다.

옌타이항은 산동반도 북단에 위치하며 요동반도의 다롄(大連)항과 마주하고 있어 동북3성과의 주요 연결통로 역할을 담당하고 있다. 옌타이항은 1861년 열강의 침략시기에 강제적으로 개항된 대외무역항만이며 중국의 항만 중 비교적 빨리 개방된 항만이다. 2007년 옌타이~다롄 열차페리가 개통되어 옌타이는 종전의 시발점이 아닌 양자강 삼각주와 동북지방을 연결하는 거점항만으로서의 역할이 강화될 것으로 기대되고 있다. 옌타이항의 항만은 옌타이시 중심에 있는 즈푸(芝罘)항 및 서부 경제개발구에 건설 중인 빠쟈오(八角)항 및 옌타이 서부 120km 거리에 있는 롱커우(龍口)항으로 조성되고 있다.

"T"자 형 지부만(芝罘灣)은 옌타이의 중심이며 이곳에 위치한 즈푸항은 면적 약 180만 평(6㎢)에 안벽길이는 총 7,300m이며 현재 즈푸항의 선석은 총 46개이며 이 중 대형선박의 선석 수는 23개이고 최대수심은 16m이다. 지부만 서쪽으로부터 동쪽으로 제 4부두, 3부두, 2부두, 1부두 등 4개의 부두로 조성되어 있으며, 1부두는 주로 여객선 부두, 2부두는 일반화물, 3부두는 컨테이너 전용부두이며 옌타이~다롄간 열차페리는 최근 건설된 제 4부두에 배치되어 있고 4부두는 철도전용 화물부두로 발전될 계획이다. 특히 제 1부두 배후의 시 중심지역 약 45만평(1.5㎢) 부지에는 물류단지를 건설할 계획이다.

2009년 옌타이항의 화물 처리량은 1억 2,400만 톤으로 2008년 대비 10.8% 증가했으며, 컨테이너 처리량은 140.11만 TEU로 2008년 대비 8.5% 감

그림 4-2-20 옌타이항의 물동량현황

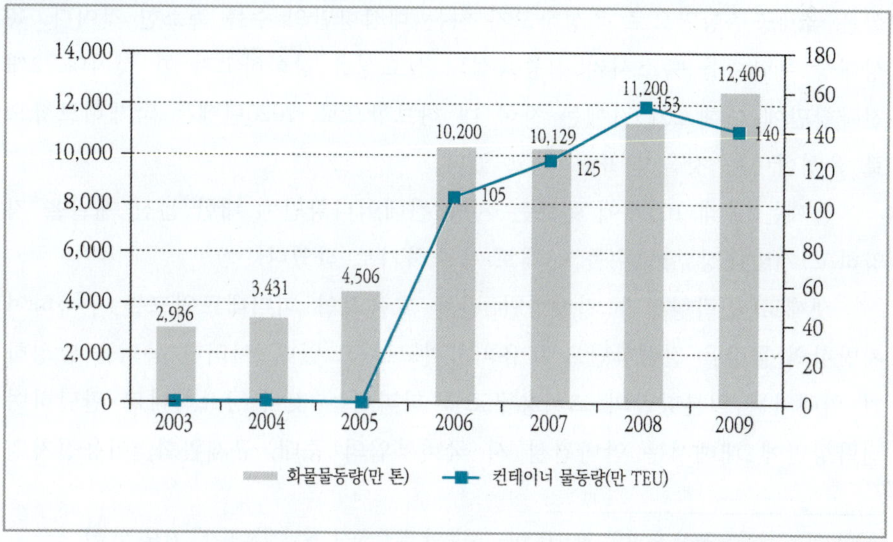

소하였다. 옌타이항의 주요화물은 컨테이너를 비롯하여 석유화학, 철광석, 강재, 곡물, 자동차 등이다.

2.3 일 본[36)]

1) 항만정책방향

일본에서는 종래 도쿄항, 요코하마항, 나고야항, 요카이치항, 오사카항, 고베항 등의 6대항을 집중적으로 육성하는 소위 '수퍼중추항만정책'이 추진되어 왔다. 그러나 실제로는 6대항뿐만 아니라 다수의 지방항만도 동시에 개발되어 왔다. 정책의 표방은 6대항에 집중하겠다고 하였으나 실제는 60여 개에 이르는 지방항만 모두를 육성하는 것으로 변질되었다.

이에 따라 물량규모가 수천 TEU 내지 수만 TEU에 불과한 대다수 지방항에는 대형선이 기항하지 못했다. 그 결과 이들 항만과 부산항을 연결하는 피더네트워크가 형성되고, 우리나라 부산항이 이들 항만의 환적항만 기능을 수행했던 것이다. 그런데 일본은 2009년 들어 정책을 전환하였다.

첫째는 종래의 6개 대형항만만 집중 육성하는 수퍼중추항만정책을 포기하고, 2개 항만만을 집중육성하는 '전략항만 육성정책'으로 전환한 것이다. 사실은 국제중추항만으로 육성하고자 하는 대상항만의 수를 축소한 것이다. 육성대상 항만수를 축소시켜 집중육성의 실효성을 강화하고자 한 것이다. 2개 전략항만에 대해 2015년에는 자국 내 허브항으로, 2020년에는 국제허브항으로 육성한다는 것을 목표로 하고 있다.

둘째는 종래 103개에 이르는 지방 컨테이너항만에 대한 분산 개발을 지양하고 개발대상 항만수를 43개로 축소하기로 하였다.

셋째로 전략항만과 지방항만 간에 효율적인 피더네트워크를 구축하여 지방항의 물량을 전략항만으로 유치하려고 하고 있다. 이러한 목적을 달성하기 위해서는 일본항만의 고비용구조를 타파하는 것이 중요하다고 판단하여 전략항만에 대해서는 안벽건설 시 국비투입의 증대, 규제완화, 이용절차의

36) 일본 국토교통성 항만국 자료(KMI, "동북아 물류중심 항만정책평가" 자료 인용).

간소화, 항만경영주체에 대한 세금감면 등의 조치를 취하고 있다.

(1) 수퍼중추항만 육성정책 실시 배경

일본의 주요항만(5대항: 요코하마항, 동경항, 나고야항, 오사카항 및 고베항)은 동아시아 항만경쟁 구도에서 1990년대 전반부터 점하는 상대적 지위가 하락해 왔다. 그리고 1995년 1월 고베대지진으로 인해 고베항의 기능이 정지된 바 있으며 일본항만의 국제허브기능이 소멸되는 사태가 부각되었다.

이와 아울러 일본 국내 항만경쟁 구도에 있어서도 주요항만인 요코하마항, 동경항, 나고야항, 오사카항, 고베항이 취급한 컨테이너 물동량의 전국항만 점유율은 계속해서 저하경향을 보여왔다. 즉 일본의 주요항만은 자국내에서조차 상대적 지위가 저하되어 왔다.

일본 지방권 수출입화물의 주요 5대항만 이용비율이 점차적으로 저하되어 왔다. 1980년대 전반까지는 지방권에서 생산·소비되는 컨테이너 화물의 거의 100%가 5대항만을 경유하여 수출입되었으나, 그 후 5대항 의존도가 떨어졌다.

일본 지방권 컨테이너 화물의 5대항 의존도 저하는 5대항의 일본내 집하권 축소를 의미한다. 즉 지방권 컨테이너 화물은 지방항의 컨테이너 항만화에 따라 지방항만을 경유하여 수출입되고 있다.

위와 같이 일본 지방항이 국제컨테이너 무역항으로 발전함에 따라 일본 5대항의 위상이 점차 약화되어 왔다. 이는 첫째, 지방권 화물이 1980년대 후반 이후 점진적으로 부산항 등 동아시아 주요 항만을 허브로 하는 수출입체계로 전환되고 있다는 것이다. 이로 인해 종래 허브로 간주되어 온 일본의 5대항으로부터 동아시아 주요항만으로 허브를 이전시키는 결과가 초래되었다.

둘째, 해운시장과 연계하여 동아시아에 있어서 선사의 항로 편성이 일본중심으로부터 중국중심으로 변화하고 있다는 것을 의미한다. 셋째, 이를 가속화시킨 일본내 요인으로서는 길고 폭이 짧은 국토의 구조, 산업의 분산, 그에 따른 항만의 분산, 해운시장 요인으로서는 컨테이너선의 대형화에 따른 기항지 축소 등을 지적할 수 있다.

위와 같은 현상에 따라 일본의 5대항만조차 부산항을 허브로 하는 피더항으로 변화하고 있다. 즉 일본의 5대항은 동아시아에 있어서 국제허브기능을 상실하고 있을 뿐만 아니라 일본내 집하권도 축소되어 일본내 허브기능이 저하되고 있는 것이다. 더구나 부산항을 허브로 하는 피더항으로 전락하고 있다. 다음에 소개될 수퍼중추항만 프로젝트가 수립된 것은 바로 이와 같은 배경에 기인한다.

(2) 수퍼중추항만 육성정책 내용

수퍼중추항만 프로젝트의 주요내용을 살펴보면 다음과 같다.

– 항만분류·기능분담 및 수퍼중추항만의 위상

수퍼중추항만 프로젝트 이전의 항만 분류로는 1995년 운수성 항만국이 수립·추진한 대교류시대의 기반항만 정책에서는 항만을 다음과 같이 3가지로 구분하고 있었다. 첫째는 국제중추항만으로서 원양기간항로가 취항하는 대규모 항만이다. 구체적으로는 동경만(동경항, 요코하마항, 카와사끼항), 이세만(나고야항, 요카이치항), 오사카만(고베항, 오사카항, 사카이센복항), 북부큐슈(하카타항, 키타큐슈항, 시모노세끼항)이다.

둘째는 국제중핵항만으로서 원양기간항로가 개설 가능한 중규모 항만이다. 구체적으로는 북해도(北海道)의 토마꼬마이항, 동북지역의 센다이항, 북관동지방의 히타치항, 호쿠리쿠(北陸) 지방의 니이가타항, 동해지방의 시미즈항, 중국지역의 히로시마항, 남큐슈 지방의 시부시항, 오끼나와의 나하항이다. 셋째는 지역국제유통항만으로서 지방권에서 해외(동아시아)로 직접 연결될 수 있는 항만이다.

그런데 대교류시대의 기반항만 정책은 실제로는 컨테이너항만의 지방분산 정책이었다. 왜냐하면 종래 일본에서는 5대항 위주로 컨테이너 부두를 개발해왔으나, 위의 정책 추진에 따라 국제중추항만 11개, 국제중핵항만 8개를 합계한 19개 항만이 대형컨테이너 항만으로 성장하였기 때문이다. 더구나 지역국제유통항만도 사실상 캔트리 크레인을 모두 갖추고 있기 때문에 실질적으로 국제 컨테이너 항만기능을 수행하고 있다.

이에 따라 사실상 50여개의 항만이 컨테이너를 취급하는 항만으로 변모되었다. 이것이 일본의 컨테이너 물류 활동을 협역권으로 세분화시키는 요인이 되고 있다.

(3) 수퍼중추항만 프로젝트의 목표

수퍼중추항만 프로젝트의 기본 목표는 3~5년내에 아시아 각국의 주요항만을 능가하는 비용 및 서비스 수준의 실현에 두고 있다. 이 목표를 달성하기 위한 수량적 지표로서 ① 항만비용은 부산항 및 카오슝과 유사하도록 30% 저감 ② 리드 타임을 현행 3~4일로부터 싱가포르항과 유사한 1일 정도로 단축하는 것으로 설정하고 있다.

(4) 수퍼중추항만 프로젝트의 전개

수퍼중추항만을 구축하기 위해 국토교통성이 취한 연도별 시책은 다음과 같다. 2005년도의 시책으로는 첫째, 수퍼중추항만 지정과 관련하여 ① 차세대 고규격 컨테이너 터미널 구축지원, ② 특정 중요항만의 지정, ③ 특정 국제 컨테이너부두의 운영업체 인정 등을 행하였다. 둘째, 고규격 컨테이너 터미널 정비를 위해 448억엔(이중 국비 278억엔)을 투입하였다. 그리고 나고야, 오사카항에 16m 안벽 건설을 착공하고, 고베항 1선석(16m) 건설의 사업화 조사를 실시하였다. 셋째, 민간 터미널 운영업체에 대한 무이자 대출제도를 창설하였다. 넷째, 24시간 항만작업 지원시설 정비 제도를 창설하였다. 다섯째, 연안 피더컨테이너 수송효율화를 위한 조사를 실시하였다. 여섯째, IT를 활용한 무정차 게이트 통과 시스템 정비를 위한 조사를 실시하였다.

2006년도의 시책으로는 첫째, 시설건설을 위해 621억엔(이중 국비 381억엔)을 투입하였다. 고베항 16m 안벽 1선석, 동경항, 요코하마항, 이세만항에 공동컨테이너물류기지 설치, 동경항에 24시간 작업을 위한 시설을 설치하였다. 둘째, 부두공사를 주식회사로 전환하였다. 이를 통해 임대료를 유연하게 결정(임대료 인하)할 수 있는 체제를 정비하였다. 셋째, 연안·도로·철도 등 멀티포덜 물류네트워크 시설(철도환적시설등)을 정비하기로 하였다.

2007년도의 시책으로는 첫째, 컨테이너 터미널의 건설을 위해 805억엔(이중 국비 526억엔)을 투입하였다. 동경항 및 요코하마항에 16m 수심의 터미널 건설을 개시하였다. 둘째, 연안피더수송효율화를 위한 조사를 계속 수행하였다. 셋째, 컨테이너터미널 게이트 지체 완화를 위한 감시시설 건설을 지원하였다. 넷째, 공동컨테이너물류기지, 철도·항만 환적시설, 게이트 24시간 개장 지원시설을 정비하였다.

2008년도의 시책으로는 첫째, 시설건설을 위해 1,007억엔(이중 국비 502억엔)을 투입하였다. 이 자금으로 동경항, 요코하마항, 고베항에 대수심 안벽 건설을 계속하고, 공동컨테이너물류기지 및 부두공사 개혁을 추진하였다. 둘째, 지방에 연안피더 수송강화 지원시설을 건설하였다. 셋째, 컨테이너 터미널 배후에 임해부 물류거점(로지스틱스센터)을 확보하고, 민간 물류시설의 입지를 지원하였다.

2009년도의 시책으로는 첫째, 시설건설을 위해 1,020억엔(이중 국비 645억엔)을 투입하였다. 둘째, 컨테이너터미널의 24시간 작업체제 실현을 위해 고베항 등에서 모델사업을 추진하였다. 셋째, 연안피더서비스 충실화를 위한 모델사업을 고베항~세또내해, 케이힌항~치바항, 오사카항~고베항 간에서 시범적으로 실시하였다. 넷째, 철도수송을 강화하기 위한 모델사업을 케이힌항과 내륙부간에 검토하였다. 다섯째, 내륙컨테이너물류기지 모델사업의 건설사업을 검토하였다. 여섯째, 전자태그를 활용한 항만물류 정보화추진을 위한 모델사업으로서 항만관련 절차의 간소화·통일화, 출입관리시스템 구축을 추진하였다.

2) 항만현황 및 물동량

(1) 고베/오사카항 37)

오사카항은 오사카만 내의 다른 항만들과 더불어 오사카만 지역항이라는 협력체제하에서 발전했으며 고베지진 시 오사카항이 고베항의 피해복구 등에 중요한 역할을 한 바 있다. 고베항과 매우 근접해 있는 오사카항은 일본 서부지역의 관문항으로 인구 2,100만명의 긴 기지역을 중심으로 하는 배후지에 대한 서비스를 제공하고 있다

고베항은 터미널의 운영규모를 확대하고 정보화를 통해 효율성을 향상시켜 1선석당 연간 30만 TEU 이상의 컨테이너 물동량처리를 목표로 하고 있

37) 이철영 외, 항만물류시스템, 박영사, 2010; BDI, 동아시아물류동향, 2011년 7/8호; 한국무역협회, 일본물류포탈에서 발췌 정리.

다. 또한 오사카항은 유메시마의 3선석을 연중 364일 24시간 운영하여 연간 120만 TEU를 처리하고 있으며 이를 통하여 한신항에서는 항비의 30% 절감을 목표로 하고 있다.

특히 고베항은 PC－14과 15, RC－6과 7, PC－18을 중심으로 기존의 컨테이너터미널을 이전하고 집약을 통하여 항만의 운영단위를 대형화할 계획이다. 그리고 포트아일랜드에서는 PC－13, 14, 15, 16, 17, 18번을 하나로 묶어 차세대 고규격 컨테이너터미널로 개발하여 로코 아일랜드에서는 RC－4, 5, 6, 7번을 하나의 그룹으로 하여 차세대 고규격 컨테이너터미널로 개발할 계획이다.

오사카항은 유메시아에 위치한 C－10, 11, 12번 선석을 차세대 고규격 컨테이너터미널로 개발하고 있다. 또한 C－10~12번 선석에 인접한 수심 14m의 선석을 연안 피더선 전용선석으로 개발하여 연안항로와 기간항로의 연계망을 효율적으로 확충할 계획이다. 차세대 컨테이너터미널은 상하분리방식으로 개발하여 하부시설물은 항만사용자의 관점에서 편리성을 증대하기 위하여 "한신항광역연계협의회"에서 관리운영을 전담하는 방안을 추진중이다. 그리고 한신항은 중앙정부의 지원 및 지방정부의 행정력과 민간사용자가 일체화된 운영체제 구축을 위하여 노력중이다.

유메시아도 고베항과 마찬가지로 4단계에 걸쳐서 관리의 일원화를 추진중이며 제 1 단계에서는 2003년까지 메가 오퍼레이터의 설비준비위원화를 설

표 4-2-6 오사카 부두공사 전용 컨테이너터미널

선 석	연장 (m)	수심 (m)	기항선박 (G/T)	야드 면적 (㎡)	냉컨용전원(기)	G/C (기)	고용 개시일
c-1	350m	13.5	40,000	104,152	378	2	1969
c-2	350m	13.5	40,000	105,044	324	2	1969
c-3	350m	13.5	40,000	104,610	168	2	1973
c-4	350m	13.5	40,000	119,999	144	2	1974
c-8	350m	14	40,000	126,062	263	3	1991

표 4-2-7 오사카 공공부두 컨테이너터미널

선 석	연장 (m)	수심 (m)	기항선박 (G/T)	야드 면적 (㎡)	냉컨용전원(기)	G/C (기)	고용 개시일
R-2	240	12	20,000	42,600	143	4	1979
R-3	240	12	20,000	42,600	143	4	1978
R-4	185	10	10,000	31,200	143	4	1980
C-6	300	12	35,000	60,000	96	4	1992
C-7	300	12	35,000	60,000	96	4	1991
C-8	350	13	45,000	112,000	154	2	1993

표 4-2-8 유메시아 컨테이너터미널

선 석	연장 (m)	수심 (m)	야드 면적 (㎡)	냉컨용전원(기)	G/C (기)	항 로
C-10	350	15	175,000	102	2	동남아시아
C-11	350	15	175,000	360	2	유럽, 북미, 동남아시아
C-12	350	15	175,000	-	-	

치하고 제 2 단계에서는 2004년까지 메가 오퍼레이터회사를 설립하고 연속하는 2개 선선석에 대한 터미널 일체화 운영을 실시하였다.

고베항의 2010년 기준 입항척수는 36,482척(내항: 28,957척, 외항: 7,525척)이며 취급화물량 77,027천톤이고 그중 컨테이너는 약 170만 TEU이며 무역액 6조 4,871억엔에 이른다.

오사카항은 25,302척(내항: 19,632척, 외항: 5,670척)이며 취급화물량 80,944천톤이고 그중 컨테이너는 약 160만 TEU이며 무역액은 5조 9,460억엔에 이른다.

표 4-2-9 고베항 주요현황

구 분	내 용
입항선박수	36,482척(내항: 28,957척, 외항: 7,525척)
취급화물량	77,027천톤(컨테이너: 약 170만 TEU)
무 역 액	6조 4,871억엔(수출: 4조 2,402억엔, 수입: 2조 2,469억엔)
수출주요상대국	바하마 → 중국 → 미국 → 태국 → 대만
수입주요상대국	미국 → 중국 → 캐나다 → 태국 → 중남미

자료: 한국무역협회, 일본물류포탈.

표 4-2-10 오사카항 주요현황

구 분	내 용
입항선박수	25,302척(내항: 19,632척, 외항: 5,670척)
취급화물량	80,944천톤(컨테이너: 약 160만 TEU)
무 역 액	5조 9,460억엔(수출: 2조 6,767억엔, 수입: 3조 2,693억엔)
수출주요상대국	중국 → 한국 → 미국 → 홍콩 → 대만
수입주요상대국	중국 → 한국 → 대만 → 미국 → 오스트레일리아

자료: 한국무역협회, 일본물류포탈.

(2) 요코하마/동경항[38)]

요코하마항은 국제적 관문일 뿐만 아니라 일본 최대의 석유화학공업지대가 주변지역에 위치해 있기 때문에 국내화물의 대부분은 석유제품이며 이들은 사설부두에서 처리되고 있다.

동경항은 일본의 수도인 동경을 중심으로 하는 수도권의 산업활동과 주민생활에 필요한 물자의 유통을 담당하고 있으며 수도권에서 생산·소비되는 화물을 국내외 각지로 수송하는 광역적 컨테이너터미널 역할을 담당하고 있다.

취급화물은 잡화제품과 식료품, 종이류, 건설자재 등 도시생활과 직결되

38) 이철영 외, 항만물류시스템, 박영사, 2010; BDI, 동아시아물류동향, 2011년 7/8호에서 발췌.

는 품목이 높은 것이 특색이며 1960년대 말 수송혁명에 발 빠르게 대처하여 컨테이너부두, 페리부두 등 화물별 전문부두를 기능적으로 개발하여 항만의 효율성이 높다.

면적은 항만구역(수역)은 5,292ha이며 임항지구(육상)는 1,033ha이다. 방파제 길이는 8,781m이며 계류시설 중 안벽은 23,059m, 182선석으로 구성되어 있다. 컨테이너크레인은 35기이며 부표는 3기 2선석, 돌핀은 31기 19선석으로 구성되어졌다.

표 4-2-11 동경항 부두별 현황

부 두 명	선 석	연장(m)	수심 (m)	대상 선박 (D/W)	비 고
Takeshiba부두	3	465	7.5	5,000	농작물, 잡화
Hinode부두	6	564	6.7	3,000	비철금속, 식료품
Shibaura부두	7	780	7.5	5,000	식료품, 시멘트
Shinagawa부두	5	400	9	15,000	종이, 자동차
Shinagawa부두	3	555	10	15,000	컨테이너
Oi컨테이너부두	7	2,354	15	50,000	컨테이너
Oi수산물부두	2	450	12	30,000	수입수산물
Oi식품부두	3	380	12	30,000	수입식품
Oi건축재부두	4	280	5	1,000	사리, 모래
중앙방파제부두	1	240	12	30,000	석탄, 비철금속
Amoi컨테이너부두	5	700	15	50,000	컨테이너
Odaiba Liner부두	9	1,800	10	15,000	재래선 화물
No.10 부두	24	1,500	7.5	5,000	철강, 자동차
페리부두	4	902	8.5	13,000	자동차, 종이
No.10-1 다목적부두	1	180	7.5	5,000	수입제제

No.15 목재부두	3	720	12	25,000	수입제제
Wakasu연안부두	1	190	11	15,000	연안컨테이너
Wakasu건축재부두	4	370	5.5	2,000	모래, 석재
Tatsumi부두	13	1,040	5	1,000	잡화, 철강
Toyosu물양장	-	283	4	500	
Harumi부두	4	667	10	15,000	비철금속, 종이
Harumi여객선부두	2	456	10	20,000	여객선터미널
Asashio부두	-	385	5	700	물양장
Tsukishima부두	2	1,351	4.5	500	철강, 물양장

동경항의 2010년 기준 입항척수는 28,118척(내항: 22,193척, 외항: 5,925척)이며 취급화물량 72,413천톤, 그중 컨테이너는 약 350만 TEU이며 무역액은 10조2,955억엔 이른다.

요코하마항의 2010년 기준 입항척수는 37,104척(내항: 26,788척, 외항: 10,316척)이며 취급화물량은 115,529천톤이며 그중 컨테이너는 240만 TEU이며 무역액 82조 518억엔(수출: 55,080억엔, 수입: 27,439억엔)에 이른다.

표 4-2-12 동경항 주요현황

구 분	내 용
입항선박수	28,118척(내항: 22,193척, 외항: 5,925척)
취급화물량	72,413천톤 (컨테이너: 약 350만 TEU)
무 역 액	10조2,955억엔
수출주요상대국	중국 → 미국 → 대만 → 한국 → 홍콩
수입주요상대국	중국 → 미국 → 태국 → 한국 → 인도네시아

자료: 한국무역협회, 일본물류포탈.

표 4-2-13 요코하마항 주요현황

구 분	내 용
입항선박수	37,104척(내항: 26,788척, 외항: 10,316척)
취급화물량	115,529천톤(컨테이너: 약 240만 TEU)
무역액	82조 518억엔(수출: 55,080억엔, 수입: 27,439억엔)
수출주요상대국	중국 → 미국 → 한국 → 홍콩 → 중남미
수입주요상대국	중국 → 오만 → 미국 → 중국 → 멕시코

자료: 한국무역협회, 일본물류포탈.

참고문헌

국토연구원, "한중국토전략연구," 2009.
부산발전연구원, "동아시아물류동향," 2011.
이철영 외, "항만물류시스템," 박영사, 2010.
일본국토교통성, "항만국," 2010.
중국교통부, 2011.
한국무역협회, 일본물류포탈.
해양수산개발원, "동북아 물류중심항만정책의 평가," 2009.
Drewy, Container Market, 2010, 2011.
Drewy, Annual Review of Global Container Terminal Operator 각연호.
CY Yearbook.
www.chinalogis.net
www.spidc.go.kr
www.szport.net
www.gzport.com
www.portshanghai.com.cn
www.nb-zsport.gov.cn
www.qdrport.com
www.ptacn.com
www.portdalian.com
www.yantaiport.com.cn

4-3 도로현황 분석

1. 한국의 현황

1.1 도로운송 관련 현황

1960년대 후반부터 1970년대에 본격적으로 개발된 고속국도망은 1970년대 고도 경제성장을 위한 기반시설로서 크게 기여했다. 연평균 100km의 고속국도를 건설하여 대도시권을 연결해 왔으며, 2004년 현재 고속국도 총연장의 42%인 1,230km를 건설하였다.

1980년대 초반에는 국가경제의 안정적 운용에 따라 도로 투자규모가 크게 위축되었으나, 88고속도로 및 중부고속도로가 건설되었고, 일반국도와 지방도의 포장률을 제고하는 등 일반국도 확장사업을 본격 착수하였다.

1989년부터 도로사업특별회계를 설치하여 도로부문 투자 확충의 전기를 마련하였으며, 1994년에는 교통부문 투자확대를 위해 목적세인 교통세를 신설하고, 도로교통시설특별회계를 교통시설특별회계로 전환하였다.

1998년에는 「도로정비기본계획(1999~2011)」, 2005년에는 「도로정비기본계획 수정계획(2006~2010)」 등 도로부문 종합계획을 수립하였다. 간선도로 투자를 기존 지방부 중심에서 도시부로 전환하였고, 중복투자 방지를 위해 지방도로에 대한 도로정비기본계획 수립 지침도 마련하였다.

지난 30년간 도로는 산업입지 지원 등 경제성장에 주도적 역할을 담당해왔다. 산업입지 패턴을 철도역 중심에서 고속도로 IC주변으로 변화시키는 등 제조업 성장 및 거점도시 성장에 크게 기여하였으며, 국토공간상의 시간, 거리 단축으로 전국의 1일 생활권화를 실현하는 등 국가 및 지역경제 성장의 기반시설로서의 기능을 수행해왔다.

그림 4-3-1 국내 시대별 도로정책

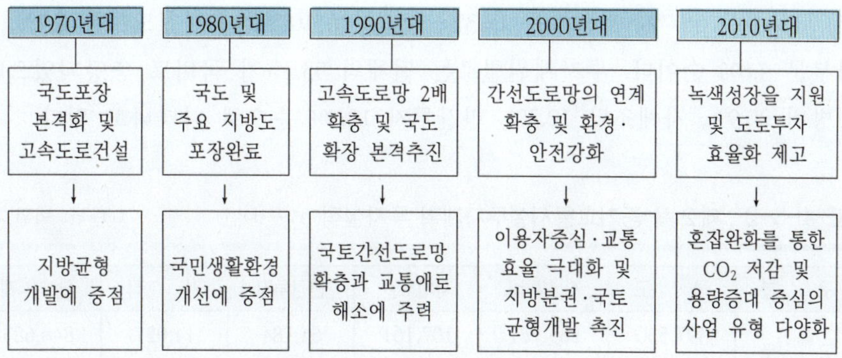

자료: 국토해양부, 『제 2 차 도로정비기본계획(2011~2020)』, 2011. 6.

국내 도로는 2010년 기준 총 연장은 105,565km, 도로포장률은 79.8%에 이르고 있으며, 도로등급은 크게 고속국도, 일반국도, 특별·광역시도, 지방도, 시도, 군도로 구분된다. 주 간선도로인 고속국도는 전체 도로 연장의 3.7%를 차지하고 있으며, 포장률은 100%에 이르고 있다. 각 구분도로별 연장 및 포장률, 관리책임에 관한 자세한 내용은 다음의 표와 같다.

표 4-3-1 국내 도로시설 현황(2010년) (단위: km, %)

도로등급	연장(km)	포장률(%)	관리책임
계	105,565	79.8	-
고속국도	3,860	100.0	국토해양부장관(한국도로공사)
일반국도	13,812	97.6	국토해양부장관
(시 구 역)	(2,250)	(98.2)	(시구역: 시장)
특별·광역시도	18,879	99.4	특별시장·광역시장
지방도	18,180	82.4	도지사(시구역: 시장)
(국가지원지방도)	(3,858)	(83.5)	도지사(시구역: 시장)
시 도	27,005	68.5	시 장
군 도	23,829	61.4	군 수

자료: 국토해양부, 『제 2 차 도로정비기본계획(2011~2020)』, 2011. 6.

2005~2009년간 중기교통시설 총 투자실적은 144.6조원으로 집계되었으며, 이중 도로부문의 비중이 58.7%로 가장 높다. 부문별 투자비중을 살펴보면, 도로부문 58.7%, 철도부문 18.3%, 항만부문 10.5%, 도시철도부문 6.7%, 공항부문 4.8% 순이다. 투자재원별로는 전체의 53.3%가 국비로 충당되었으며, 지방비 20.9%, 자체조달 12.3%, 민간투자 12.3% 순으로 나타나고 있다.

표 4-3-2 제2차 중기교통시설투자계획 투자실적('05~'09년) (단위: 억원, %)

구 분	국 고	지 방 비	자체조달	민간투자	기 타	합 계
도 로	397,530 (27.5)	265,781 (18.4)	107,161 (7.4)	64,184 (4.4)	14,027 (1.0)	848,683 (58.7)
철 도	190,687 (13.2)	17,116 (1.2)	29,440 (2.0)	27,640 (1.9)	0	264,883 (18.3)
도시철도	67,172 (4.6)	18,121 (1.3)	0	10,700 (0.7)	1,532 (0.1)	97,525 (6.7)
공 항	14,012 (1.0)	0	35,444 (2.5)	0	0	49,456 (3.4)
항 만	90,735 (6.3)	0	0	60,633 (4.2)	0	151,368 (10.5)
물 류	10,793 (0.7)	997 (0.1)	6,226 (0.4)	14,680 (1.0)	1,541 (0.1)	34,237 (2.4)
합 계	770,929 (53.3)	302,015 (20.9)	178,271 (12.3)	177,837 (12.3)	17,100 (1.2)	1,446,152 (100.0)

자료: 국토해양부 내부자료.

지속적인 시설확충으로 2009년 고속국도 연장은 '05년 대비 808km 증가한 3,776km이며, 2009년 일반국도를 포함한 간선도로 연장은 '05년 대비 2,690km 증가한 17,596km이다. 국토계수당 도로밀도는 1.50 내외를 보이고 있다.

표 4-3-3 도로부문 연장과 밀도 추이

구 분	2005	2006	2007	2008	2009	연평균 증가율
총 연장(km)	102,293	102,061	103,019	104,236	104,983	0.65%
고속국도(km)	2,968	3,103	3,368	3,447	3,776	6.20%
일반국도(km)	14,224	14,225	13,832	13,905	13,820	-0.72%
간선(고속+일반, km)	17,192	17,328	17,200	17,352	17,596	0.58%
국토계수당 도로밀도	1.45	1.47	1.49	1.50	1.49	-

주 1: 제주도내 일반국도의 경우 지방도로 전환되어 일반국도의 연장 감소.
2: 총 연장은 고속국도, 일반국도, 특별·광역시도, 지방도, 시도 군도를 포함한 연장임.
3: 국토계수 = 도로연장(km)/ $\sqrt{\text{국토총면적}(km^2)\times\text{인구(천명)}}$.
자료: 국토해양부, 『제 3 차 중기교통시설투자계획(안)(2011~2015)』, 2011. 9.

교통시설에 대한 꾸준한 투자로 도로 연장, 철도 영업연장, 공항 운항횟수, 항만 하역능력 등 교통시설 확충은 증가세를 보이고 있다. 특히, 2001년 대비 고속철도 연장 및 컨테이너 하역능력, 물류부문의 유통단지 면적의 증가세가 뚜렷한 모습을 보이고 있으며, 도로부문 또한 총 연장 및 고속국도 연장에서 눈에 띄는 증가 추세를 보이고 있다.

표 4-3-4 교통·물류시설 확충 현황

구 분		2001	2005	2009
도 로	총 연장(km)	91,396	102,293	104,983
	고속국도 연장(km)	2,637	2,968	3,776
	일반국도 연장(km)[1)]	14,254	14,224	13,820
철 도	영업연장(km)[2)]	3,125.3	3,392.0	3,377.9
	복선연장(km)	1,003.8	1,355.0	1,482.7
	고속철도 연장(km)	-	240.4	240.4
공 항	운항횟수(천회/년)	449	442	498

항 만	전국하역능력(백만톤/년)	471	650	801
	무역항하역능력(백만톤/년)	462	641	793
	컨테이너 하역능력(만TEU/년)	883	1,458	2,186
물 류	ICD 면적(천㎡)	760[3)]	1,534[4)]	1,704
	유통단지 면적(천㎡)	-[3)]	1,316[4)]	7,067

주: 1) 2006년 7월 1일 제주특별자치도가 출범하면서 제주도 내 일반국도 5개 노선 342km를 지방도로 전환.
2) '07년 이후 일반철도의 연장은 철도연장의 직선화 등 이유로 감소.
3) 2000년 자료.
4) 2006년 자료.
자료: 국토해양부.

교통시설의 꾸준한 투자에도 불구하고 선진국 대비 SOC 스톡은 선진국 수준에 비해 많이 부족한 실정이다. 고속도로와 일반국도 연장은 OECD 유사국 17개국 중 9위, 특히 철도는 OECD 유사국 17개국 중 14위를 차지하고 있다.

표 4-3-5 스톡규모 산정 비교

구 분	도로연장(km)	철도연장(km)	비 고
국제비교 (OECD 17개국 평균)	17,902	5,988	17개국 평균
2009년 스톡규모	17,596	3,378	-
2020년 적정스톡규모	20,000	5,300	도로혼잡구간 개선시 4,000~6,000km 필요
국가기간망 제2차 수정계획	19,854	4,955	2차 계획 수행 시 2020년 장래 전망

주: GDP, 국토면적, 인구규모, 차량보유대수, 교통량 수준 등이 국내와 유사한 OECD 17개국을 선정함.
자료: 1) 국토해양부, 『교통SOC 투자효과분석 및 투자효율화 방안 연구』, 2010.
2) 국토해양부, 『국가기간교통망 제 2 차 수정계획』, 2011.

과거부터 지금까지 국내 SOC에 대한 투자는 급격한 자동차 증가에 대처하기 위하여 도로확충 위주로 투자함으로써 종합적 투자대안에 대한 고려가 미흡했던 것이 사실이다.

표 4-3-6 도로 총 연장 및 자동차 추이

구 분	1970	1980	1990	2000	2007	2009	2010
도로총연장(km)[1)	40,244	46,950	56,715	88,775	103,019	104,983	105,565
-증가율	-	17%	21%	57%	16%	2%	1%
자동차(천대)[2)	127	528	3,644	12,059	16,428	17,325	17,941
-증가율	-	316%	590%	231%	36%	5%	4%

자료: 1) 국토해양부, 『2011 도로업무편람』, 2011. 5.
2) 국토해양부, 『2010 도로현황조서』, 2011.

좁은 국토, 고밀도 인구 등 현실적 여건을 감안할 때, 철도 등 수송 효율성과 지속가능성이 높은 교통시설에 대한 투자확대 필요한 상황이다. 도로확충에 주력하여 도로의 국토면적 점유율은 급속히 증가한 반면, 철도는 답보상태를 보이고 있다.

표 4-3-7 국토면적에서 도로 및 철도 면적비율 추이

구 분	1990	2000	2007
도 로	1.81%	2.28%	2.67%
철 도	0.11%	0.12%	0.12%

자료: 국토해양부.

표 4-3-8 도로 및 철도 연장변화 추이 (단위: km)

구 분	1990	2000	2010
도 로	56,715	88,775	105,565
철 도	3,091	3,516	4,093

자료: 국토해양부, 지방도 및 도시철도 포함.

중앙정부의 교통SOC 투자현황을 살펴보면, 2010년 기준으로 도로가 56%로 가장 많은 투자비중을 보이고 있으며, 이어서 철도 30%, 공항 0.5%, 항만 13% 정도의 수준(도시철도, 기타 제외)을 보이고 있다.

표 4-3-9 중앙정부 교통SOC 투자액 추이 (단위: 억원)

구 분	도 로	철 도	도시철도	공 항	항 만	물류 등 기타	계
2005	76,638	36,598	12,366	4,059	18,555	7,180	155,396
2006	73,567	32,941	12,953	3,918	19,402	10,081	152,862
2007	75,330	34,625	12,845	3,334	20,622	10,746	157,502
2008	79,259	40,345	14,108	2,109	20,605	13,277	169,703
2009	92,736	51,838	16,143	592	21,263	17,066	199,638
2010	77,281	42,020	11,492	666	18,565	18,619	168,643

자료: 국토해양부, 『국가기간교통망 제 2 차 수정계획』, 2011.

표 4-3-10 중앙정부 교통SOC 투자비율 추이 (단위: %)

구 분	도 로	철 도	공 항	항 만	계
2005	56.4	26.9	3.0	13.7	100.0
2006	56.7	25.4	3.0	14.9	100.0
2007	56.3	25.9	2.5	15.4	100.0
2008	55.7	28.3	1.5	14.5	100.0
2009	55.7	31.1	0.4	12.8	100.0
2010	55.8	30.3	0.5	13.4	100.0

자료: 국토해양부, 『국가기간교통망 제 2 차 수정계획』, 2011.

2010년 국내 도로 총 연장은 105,565km로서 2005년 이후 연평균 0.63% 증가한 것으로 나타나고 있다. 고속국도는 2005년 2,968km에서 2010년 3,859km로 0.30배 증가하였으며, 일반국도는 2010년 13,812km로 총 연장 중 13.1%를 차지하고 있다.

표 4-3-11 연도별 도로현황

연도 구분	총 괄					도로 등급별 연장(km)				
	연장 (km)	포장 (km)	포장률 (%)	미포장 (km)	미개통 (km)	고속 국도	일반 국도	특별/ 광역시도	지방도	시/군도
2005	102,293	78,587	76.8	12,229	11,477	2,968	14,224	17,506	17,709	49,885
2006	102,061	79,191	77.6	11,641	11,229	3,103	14,225	17,738	17,677	49,319
2007	103,019	80,642	78.3	11,109	11,268	3,368	13,832	18,109	18,175	49,536
2008	104,236	81,829	78.5	10,914	11,492	3,447	13,905	18,517	18,193	50,175
2009	104,983	83,196	79.2	10,630	11,457	3,776	13,820	18,749	18,138	50,501
2010	105,565	84,196	79.8	10,034	11,335	3,859	13,812	18,878	18,180	50,835

자료: 국토해양부, 『2011 도로업무편람』, 2011. 5.

제3차 중기교통시설투자계획상 전체 교통시설 투자가 전부 진행될 경우 교통시설 확충수준은 다음과 같다. 간선도로 연장은 기존 17,596km에서 18,651km로 1,055km 증가하고, 철도 연장은 기존 3,378km에서 4,093km로 715km 증가할 것으로 보인다.

표 4-3-12 제3차 중기교통시설투자계획 완료 후의 교통미래상

구 분		2009(A)	2015(B)	B/A
도 로	고속국도 연장(km)	3,776	4,282	1.13
	일반국도 연장(km)	13,820	14,369	1.04
철 도	영업거리(km)	3,378	4,093	1.21
	고속철도 연장(km)	240.4	653.3	2.72
항 공	여객수용능력(백만인/년)	137.1	150.0	1.09
항 만	컨테이너하역능력(만톤/년)	94,125	113,821	1.21

주: 고속국도에 민자고속국도 포함, 일반국도에 국도대체우회도로 포함.
자료: 국토해양부, 『제3차 중기교통시설투자계획(안)(2011~2015)』, 2011. 9.

표 4-3-13 도로별 투자실적 추이 (단위: 억원)

구 분	2002년	2004년	2006년	2008년	2010년
고속국도	14,450	14,544	10,310	9,293	11,405
일반국도	44,409	42,700	33,604	36,642	42,712
국가지원지방도	4,900	5,630	5,773	7,236	6,285
기 타[1]	17,217	17,773	23,676	26,088	17,415
합 계	80,976	80,647	73,363	79,259	77,817

주: 1) 기타는 도로부문 예산 중 도로관리, 지자체도로건설지원 중 광역도로·산업단지진입도로건설, 민자도로건설및관리, 교특회계지원, 도로차관상환, 물류 등 기타의 합임.
자료: 국토해양부, 『2010 도로업무편람』, 2010. 6.

국내 도로 총 연장은 2010년 기준 105,565km(포장률 79.8%)이며, 자동차 1대당 도로 연장은 감소 추세를 보이고 있다. 간선도로(고속국도 및 일반국도)의

약 50%가 2차로 구간(고속국도 4.0%, 국도 48.7%)이며, 자동차 1대당 도로 연장은 1990년 대당 15.6m에서 2010년 대당 5.9m로 감소하였다.

표 4-3-14 도로시설 확충 추이

구 분	1970년	1980년	1990년	2010년	연평균 증가율(%)
도로 총연장(km)	40,244	46,951	56,715	105,565	2.4
도로 포장률(%)	9.6	33.2	71.5	79.8	5.4
면적당 도로연장(km/km2)	0.4	0.5	0.6	1.1	2.6
자동차보유대수(천대)	127	528	3,644	17,941	13.2
인당도로연장(m/인)	1.2	1.2	1.3	2.1	1.4
자동차당도로연장(m/대)	316.9	89.0	15.6	5.9	▽9.5

자료: 국토해양부, 『2011 도로업무편람』, 2011. 5.

국내 시도별 도로보급률을 살펴보면, 도로연장은 경기(13,390km), 포장연장은 경기(11,352km), 포장률은 서울(100%), 면적당 도로연장은 서울(13.46km/km2), 1인당 도로연장은 강원(6.44m/인)이 가장 높은 것으로 나타났다.

표 4-3-15 국내 시도별 도로보급률(2010)

구 분	면적 (km2)	인구 (천명)	도로연장 (km)	포장연장 (km)	포장률 (%)	면적당 도로연장 (km/km2)	1인당 도로연장 (m/인)
계	100,208	49,773	105,565	84,196	79.8	1.05	2.12
서 울 시	605	10,208	8,145	8,145	100.0	13.46	0.80
부 산 시	766	3,543	3,021	2,928	96.9	3.94	0.85
대 구 시	884	2,490	2,436	2,410	98.9	2.76	0.98
인 천 시	1,027	2,711	2,476	2,257	91.2	2.41	0.91
광 주 시	501	1,434	1,621	1,604	99.0	3.23	1.13

대 전 시	540	1,484	1,899	1,893	99.7	3.52	1.28
울 산 시	1,058	1,115	1,720	1,664	96.7	1.63	1.54
경 기 도	10,187	11,461	13,390	11,352	84.8	1.31	1.17
강 원 도	16,874	1,513	9,742	7,012	72.0	0.58	6.44
충청북도	7,433	1,527	6,699	5,178	77.3	0.90	4.39
충청남도	8,629	2,038	7,844	6,005	76.6	0.91	3.85
전라북도	8,062	1,855	7,970	5,795	72.7	0.99	4.30
전라남도	12,232	1,913	10,266	7,446	72.5	0.84	5.37
경상북도	19,029	2,670	12,404	9,079	73.2	0.65	4.65
경상남도	10,532	3,250	12,726	8,738	68.7	1.21	3.92
제 주 도	1,849	563	3,206	2,690	83.9	1.73	5.70

주: 1) 인구 및 면적: 2010년 국토해양부 통계연보 적용.
2) 자동차등록대수: 2010년 12월말 기준(국토해양부).
자료: 국토해양부, 『2011 도로업무편람』, 2011. 5.

국내 시도별 도로 등급별 연장을 살펴보면, 고속국도는 경기(611km: 전체 3,859km), 일반국도는 경북(2,223km: 전체 13,812km), 특별·광역시도는 서울(7,934km: 전체 18,878km), 지방도는 경북(3,009km: 전체 18,138km), 시도는 경기(7,368km: 전체 27,005km), 군도는 경북(3,854km: 전체 23,830km)이 가장 높은 것으로 나타났다.

표 4-3-16 국내 시도별·도로별 현황(2010)

구 분	계 (총괄)					도로 등급별 연장(km)					
시도별	연장 (km)	포장 (km)	포장률 (%)	미포장 (km)	미개통 (km)	고속국도	일반국도	특별·광역시도	지방도	시 도	군 도
계	105,565	84,196	79.8	10,034	11,335	3,859	13,812	18,878	18,138	27,005	23,830
서울	8,145	8,145	100.0			25	172	7,934	14		
부산	3,020	2,928	96.9	85	7	52	100	2,709	30		130

대구	2,436	2,410	98.9	26		97	108	2,073	15		143
인천	2,476	2,256	91.1	190	30	100	77	1,767	63		470
광주	1,621	1,604	99.0		17	26	87	1,508			
대전	1,899	1,893	99.7		6	76	84	1,703	36		
울산	1,720	1,664	96.8	42	13	63	175	1,185	17		280
경기	13,390	11,351	84.8	507	1,531	611	1,584		2,750	7,368	1,077
강원	9,742	7,012	72.0	1,354	1,376	339	1,948		1,621	2,765	3,069
충북	6,699	5,179	73.3	684	837	315	954		1,464	1,538	2,428
충남	7,844	6,005	74.9	1,538	302	449	1,323		1,801	1,838	2,433
전북	7,970	5,795	72.7	1,207	968	413	1,421		1,903	1,993	2,240
전남	10,267	7,446	72.5	1,378	1,443	271	2,012		2,293	2,309	3,382
경북	12,404	9,080	73.2	1,650	1,674	535	2,223		3,009	2,782	3,854
경남	12,726	8,738	68.7	1,254	2,735	488	1,546		2,411	4,846	3,435
제주	3,206	2,690	83.9	121	395				753	1,565	888

주: 특별·광역시도의 미개통 도시계획 도로는 미포함.
자료: 국토해양부, 『2011 도로업무편람』, 2011. 5.

국내 고속국도 차로별 분포를 살펴보면, 총연장 3,860km에서 2차로는 156km(4.0%), 4차로는 2,766km(71.7%), 6차로는 521km(13.5%), 8차로 이상은 417km(10.8%)로서, 4차로 이상이 96%인 것으로 나타났다.

표 4-3-17 고속국도 차로 비율

차 로 별	계	2차로	4차로	6차로	8차로 이상
연장(km)	3,860	156	2,766	521	417
비율(%)	100.0	4.0	71.7	13.5	10.8

주: 고속국도 4차로 이상 비율 96.0%.
자료: 국토해양부, 『2011 도로업무편람』, 2011. 5.

국내 고속국도 노선번호 제1호부터 제551호까지 총 32개의 노선이 있으며, 이들 노선에 대한 노선명, 기점, 종점, 차로별 연장 등에 관한 자세한 내용은 다음의 표와 같다.

표 4-3-18 고속국도 차로 현황

연번	노선번호	노선명	기 점	종 점	차 로 별 연 장(km)				
					소계	2차로	4차로	6차로	8차로 이상
계		32개 노선			3,859.50	155.78	2,765.75	520.60	417.37
1	제1호	경부선	부산 금정구	서울 서초구	416.04		77.29	158.82	179.93
2	제10호	남해선	전남 영암군	부산 북구	167.57		151.32		16.25
3	제12호	88올림픽선	전남 무안군	대구 달성군	223.22	153.60	55.52	14.10	
4	제15호	서해안선	전남 무안군	서울 금천구	340.81		259.73	74.55	6.53
5	제16호	울산선	울산 울주군	울산 남구	14.30		10.57	2.79	0.94
6	제17호	평택화성선	경기 평택시	경기 화성시	26.69		4.22	22.47	
7	제20호	익산포항선	전북 익산시	경북 포항시	129.40		96.22	33.18	
8	제25호	호남선	전남 순천시	충남 천안시	276.26		270.74	5.52	
9	제27호	순천완주선	전북 남원시	전북 완주군	65.19		65.19		
10	제30호	당진상주선	충남 당진군	경북 상주시	171.00		171.00		
11	제35호	중부선	경남 통영시	경기 하남시	332.48		322.77		9.71
12	제37호	제2중부선	경기 이천시	경기 하남시	31.08		31.08		
13	제40호	평택제천선	경기 평택시	충북 충주시	57.89		32.09	25.80	
14	제45호	중부내륙선	경남 마산시	경기 양평군	283.20		283.20		
15	제50호	영동선	인천 남동구	강원 강릉시	234.40		165.07	46.11	23.22
16	제55호	중앙선	부산 사상구	강원 춘천시	369.84		367.95	1.89	
17	제60호	서울양양선	서울 강동구	강원 홍천군	78.50		65.30	11.22	1.98
18	제65호	동해선	부산 해운대구	강원 속초시	122.61		79.51	43.10	
19	제100호	서울외곽순환선	경기 성남시	경기 성남시	128.02				128.02
20	제102호	남해제1지선	경남 함안군	경남 창원시	17.88		17.88		
21	제104호	남해제2지선	경남 김해시	부산 사상구	20.60		20.60		
22	제110호	제2경인선	인천 중구	경기 안양시	48.06	2.18	5.41	37.64	2.83
23	제120호	경인선	인천 남구	서울 양천구	23.89			10.39	13.50

24	제130호	인천국제공항선	인천 중구	경기 고양시	36.55			9.30	27.25
25	제151호	서천공주선	충남 서천군	충남 공주시	61.36		61.36		
26	제171호	용인서울선	경기 오산시	서울 강남구	25.45		4.90	20.55	
27	제251호	호남선지선	충남 논산시	대전 대덕구	53.97		53.97		
28	제253호	고창담양선	전남 고창군	전남 담양군	42.50		42.50		
29	제300호	대전남부순환선	대전 유성구	대전 동구	13.28		13.28		
30	제400호	수도권제2순환선	경기 화성군	경기 화성군	9.26		9.26		
31	제451호	중부내륙지선	대구 달성구	대구 북구	30.00		19.62	3.17	7.21
32	제551호	중앙선지선	경남 김해시	경남 양산시	8.20		8.20		

주: 2010. 12. 31 기준. 고속국도노선지정령 개정(시행일 2008. 11. 17)기준, 개통노선.
자료: 국토해양부, 『2011 도로업무편람』, 2011. 5.

국내 일반국도 노선 현황을 살펴보면, 전체 노선은 51개(총연장 13,812km)로서 남북측 노선은 27개(8,492km), 동서측 노선은 24개(5,320km)로 구성되어 있다.

표 4-3-19 일반국도 노선 현황(2010)

구 분	노 선 수	연장(m)
계	51개	13,812,365
남 북 측	27개	8,491,885
동 서 측	24개	5,320,480

자료: 국토해양부, 『2011 도로업무편람』, 2011. 5.

국내 자동차 보유 현황을 살펴보면, 2010년 기준 전체 약 1,800만대 중에서 화물운송에 이용되는 화물차는 약 320만대로서 17.9%를 점유하고 있다.

표 4-3-20 국내 차종별 자동차 보유 현황(2010) (단위: 대)

연 도	승용차	승합차	화물차	특수차	계
2001	8,889,327	1,257,008	2,728,405	39,375	12,914,115
2002	9,737,428	1,275,319	2,894,412	42,281	13,949,440
2003	10,278,923	1,246,629	3,016,407	44,836	14,586,795
2004	10,620,557	1,204,313	3,062,314	46,908	14,934,092
2005	11,122.199	1,124,645	3,102,171	47,700	15,396,715
2006	11,606.971	1,105,636	3,133,201	49,426	15,895,234
2007	12,099,779	1,104,949	3,171,351	52,098	16,428,177
2008	12,483,809	1,096,698	3,160,338	53,374	16,794,219
2009	13,023,819	1,080,687	3,166,512	54,192	17,325,210
2010	13,631,769	1,049,725	3,203,808	56,054	17,941,356

자료: 국토해양부, 『2011 도로업무편람』, 2011. 5.

한편, 국내 도로부문 화물수송 실적을 살펴보면, 2005년 약 39억톤(469억톤·km)에서 2009년 약 40억톤(546억톤·km)으로 연평균 0.8%(3.9%) 증가추세를 보이고 있다.

표 4-3-21 도로부문 화물수송 실적 추이

구 분		2005	2006	2007	2008	2009	연평균 증가율
화물수송	백만톤	3,928	4,086	3,894	3,462	4,048	0.8
	백만톤·km	46,927	47,887	50,034	52,278	54,622	3.9

자료: 국토해양부, 『2010 도로업무편람』, 2010. 6.

국내 운송부문별 화물수송 분담률(톤·km)을 살펴보면, 2008년 기준 도로가 71.1%로 가장 높은 점유율을 차지하고 있으며, 이어서 해운이 20.7%, 철도가 8.1%, 항공이 0.09%를 차지하고 있다.

표 4-3-22 운송부문별 화물수송 분담률 추이 (단위: %)

구 분		2001	2002	2003	2004	2005	2006	2007	2008
국내화물 (톤·km)	도로	65.9	65.2	68.1	73.4	74.2	74.6	73.0	71.1
	철도	7.6	7.6	8.3	7.7	7.1	7.2	7.5	8.1
	항공	0.12	0.12	0.11	0.12	0.11	0.10	0.09	0.09
	해운	26.4	27.1	23.5	18.8	18.7	18.1	19.4	20.7

자료: 한국교통연구원, 2009년『국가 교통수요조사 및 DB구축사업』, 2010.

국내 전체 화물수송량은 2004년 679백만톤에서 2009년 767백만톤으로 증가하였다. 2009년 기준 도로의 화물수송 분담률(톤)을 살펴보면, 608백만톤으로 79.3%를 차지하고 있으며, 이어서 해운이 120백만톤으로 15.6%, 철도가 39백만톤으로 5.1% 순으로 나타났다.

도로와 철도의 화물수송 분담률 추이를 살펴보면, 2004년에서 2009년까지 도로부문 분담률은 76.4%에서 79.3%로 증가하였으나, 철도부문은 6.6%에서 5.1%로 감소하였다.

표 4-3-23 운송부문별 화물수송량 및 분담률 추이 (단위: 백만톤)

구 분		2004		2005		2006		2007		2008		2009	
			%		%		%		%		%		%
화물수송	계	679	(100)	687	(100)	691	(100)	715	(100)	730	(100)	767	(100)
	도 로	519	(76.4)	526	(76.5)	529	(76.6)	550	(76.9)	556	(76.1)	608	(79.3)
	철 도	45	(6.6)	42	(6.1)	43	(6.2)	45	(6.2)	47	(6.4)	39	(5.1)
	해 운	116	(17.0)	119	(17.3)	118	(17.1)	120	(16.8)	127	(17.4)	120	(15.6)
	항 공	0.4	(0.1)	0.4	(0.1)	0.4	(0.1)	0.3	(0.1)	0.3	(0.1)	0.3	(0.0)

주: 비영업용을 제외한 숫자임.
자료: 국토해양부,『2011 도로업무편람』, 2011. 5.

운송부문별 화물수요 전망을 살펴보면, 국내 지역간 화물수요는 2008년 약 17억톤/년(1,427억톤·km/년)에서 2015년 1,916백만톤/년(1,623억톤·km/년)으로 연평균 1.68% 증가가 예상되고 있다. 2008년 및 2015년 모두 도로부문의 화물수요 비중이 가장 높겠으나, 2008년에 비해 2015년은 철도 및 해운의 비중은 다소 증가하고, 도로부문의 비중은 다소 감소할 것으로 전망되고 있다.

표 4-3-24 운송부문별 화물수송 분담률 전망

<table>
<tr><th colspan="3" rowspan="2">구 분</th><th colspan="2">2008</th><th colspan="2">2015</th></tr>
<tr><th>교통수요</th><th>분담률(%)</th><th>교통수요</th><th>분담률(%)</th></tr>
<tr><td rowspan="10">화물</td><td rowspan="5">백만톤/년</td><td>도 로</td><td>1,531</td><td>89.8</td><td>1,679</td><td>87.6</td></tr>
<tr><td>철 도</td><td>47</td><td>2.7</td><td>85</td><td>4.5</td></tr>
<tr><td>항 공</td><td>0.3</td><td>0.02</td><td>0.3</td><td>0.02</td></tr>
<tr><td>해 운</td><td>127</td><td>7.4</td><td>151.5</td><td>7.9</td></tr>
<tr><td>계</td><td>1,705</td><td>100.0</td><td>1,916</td><td>100.0</td></tr>
<tr><td rowspan="5">백만톤·km/년</td><td>도 로</td><td>101,437</td><td>71.1</td><td>106,791</td><td>65.8</td></tr>
<tr><td>철 도</td><td>11,547</td><td>8.1</td><td>20,072</td><td>12.4</td></tr>
<tr><td>항 공</td><td>125</td><td>0.09</td><td>132</td><td>0.08</td></tr>
<tr><td>해 운</td><td>29,590</td><td>20.7</td><td>35,321</td><td>21.8</td></tr>
<tr><td>계</td><td>142,699</td><td>100.0</td><td>162,316</td><td>100.0</td></tr>
</table>

자료: 국토해양부, 『제3차 중기교통시설투자계획(안)(2011~2015)』, 2011. 9.

2020년까지 국내 전체 수송수요 및 도로부문 수송수요 전망을 살펴보면, 총수송수요는 2008년 1,705백만톤에서 2020년 2,090백만톤으로 1.23배 증가할 것으로 보이며, 도로수송수요는 2008년 1,531백만톤에서 2020년 1,866백만톤으로 1.22배 증가할 것으로 전망되고 있다.

표 4-3-25 총수송수요 및 도로수송수요 전망 (단위: 백만톤)

구 분	2008	2010	2015	2020
전체수송수요	1,705	1,761	1,916	2,090
도로수송수요	1,531	1,575	1,709	1,866

자료: 국토해양부, 『국가기간교통망계획(2001~2020) 제2차 수정계획』, 2010.

한편, 국토간선도로망 현황을 살펴보면, 전국간선도로망계획(7×9) 이후 수도권 교통혼잡 해소를 위해 수립한 수도권고속도로망계획(7×4+3R)을 통합한 교통축을 정립하였다. 이는 전국간선도로망계획을 근간으로 수도권고속도로망을 지선화하여 통합하는 것으로서, 기존의 7×9축을 중심으로 연계성과 역할을 고려하여 수도권고속도로를 지선으로 분류하되, 수도권 제2외곽순환도로 등 순환망을 별도 축으로 구분하였다.

총 연장 7,266km 중 3,932km는 현재 사용중이며, 1,805km는 설계 또는 공사중이고, 이 중에서 자동차전용도로는 총 846km로서 20km는 사용중이며, 103km는 설계 또는 공사중이다. 국토간선도로망 추진계획에 대한 자세한 내용은 다음의 표와 같다.

표 4-3-26 국토간선도로망 추진계획

구 분		단계별 추진현황(km)				
		계획연장	사용중	공사중	설 계	장 래
남북축	제1축	630.8	422.9	42.6	49.3	116.0
	제2축	780.0 (15.1)	366.4	133.1 (15.1)	253.1	27.4
	제3축	539.8	413.0	-	70.9	55.9
	제4축	370.1	313.2	19.0	12.6	25.3
	제5축	449.8	378.0	8.8	63.0	-
	제6축	405.8 (309.5)	96.3	-	-	309.5 (309.5)
	제7축	428.0	122.6	108.4	79.1	117.9

	소 계	3,604.3 (324.6)	2,112.4	311.9 (15.1)	528.0	652.0 (309.5)
동서축	제 1 축	399.1 (18.0)	274.3	124.8 (18.0)	-	-
	제 2 축	425.9	281.1	-	144.8	-
	제 3 축	336.8	172.4	-	78.3	86.1
	제 4 축	546.0	300.0	107.7	93.9	44.4
	제 5 축	258.8 (187.1)	15.7	-	56.0	187.1 (187.1)
	제 6 축	250.4	57.9	69.3	-	123.2
	제 7 축	451.8 (62.5)	306.4	47.3 (47.3)	82.9	15.2 (15.2)
	제 8 축	186.8	115.1	71.7	-	-
	제 9 축	211.5 (211.5)	-	-	-	211.5 (211.5)
	소 계	3,067.1 (479.1)	1,522.9	420.8 (65.3)	455.9	667.5 (413.8)
순환축	제 1 축	128.0	128.0	-	-	-
	제 2 축	241.7	17.8	-	85.0	138.9
	제 3 축	13.3	13.3	-	-	-
	제 4 축	62.6 (27.0)	16.6 (16.6)	10.4 (10.4)	22.9	12.7
	제 5 축	64.1	-	48.8	15.3	-
	제 6 축	84.6 (15.5)	3.1 (3.1)	12.4 (12.4)	19.6	49.5
	소 계	594.3 (42.5)	178.8 (19.7)	71.6 (22.8)	142.8	201.1
합 계		7,265.7 (846.2)	3,814.1 (19.7)	804.3 (103.2)	1,126.7	1,520.6 (723.3)

주: ( )는 자동차전용도로, 설계=타당성조사 + 기본설계 + 실시설계.

자료: 국토해양부, 『제 2 차 도로정비기본계획(2011~2020)』, 2011. 6.

그림 4-3-2 국토간선도로망 전체

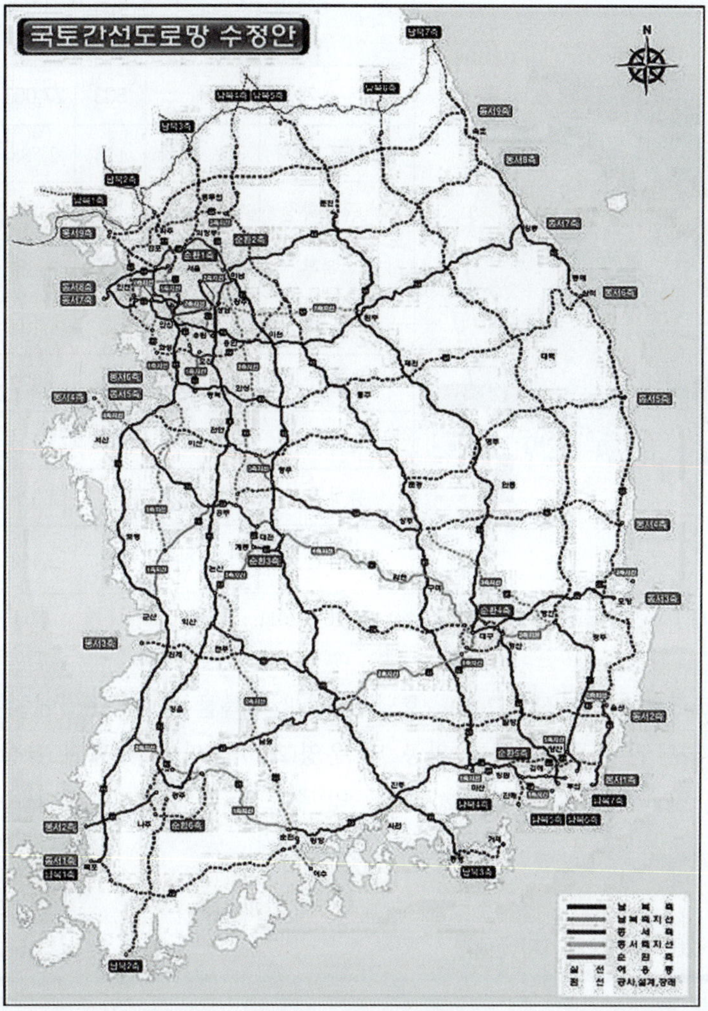

자료: 국토해양부, 『제 2 차 도로정비기본계획(2011～2020)』, 2011. 6.

한편, 저비용·고효율 물류체계 구축을 위한 내륙물류기지 및 물류단지 개발을 지속적으로 추진하고 있다. 2009년 현재 전국 18개소의 물류단지가 운영되고 있다.

표 4-3-27 권역별 물류기지 개발 및 운영 현황

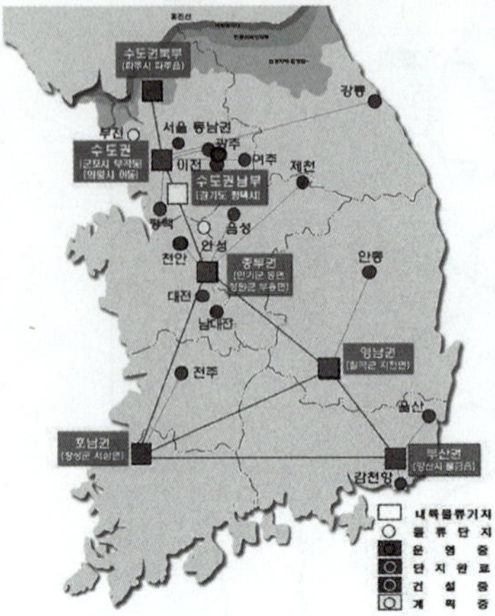

구분		위치	면적(만㎡)	사업비(억원)	사업기간
합계		-	503	27,053	-
수도권	군포·의왕	군포·의왕	113	2,788	'92-'98
	군포확장	경기 군포	35	4,478	'03-'12
	북부	경기 파주	39	2,469	'07-'13
	남부	경기 평택	42	4,107	'09-'14
동남권		경남 양산	129	5,372	'92-'10
호남권		전남 장성	52	3,323	'98-'10
충청권		연기·청원	48	2,028	'03-'10
대경권		경북 칠곡	45	2,468	'04-'10

자료: 국토해양부, 『국가물류기본계획 수정계획 2011~2020』, 2011.

수도권(1998), 부산권(2000), 호남권(2005) 내륙물류기지 운영에 추가로 중부권과 영남권 내륙물류기지 완공 및 운영(2010)중이며, 수도권 확장 실시계획 승인 및 터미널공사 착공(2008. 12) 및 수도권 북부 실시계획이 승인(2009. 7)되었다.

표 4-3-28 내륙물류기지 현황

구분	사업명	위치	면적(만㎡)
수도권	군포복합물류터미널	경기군포	38
	의왕ICD	경기의왕	75
부산권	양산복합물류터미널	경남양산	31
	양산ICD	경남양산	98

호남권(1단계)	장성복합물류터미널 및 ICD	전남장성	28
호남권(2단계)	장성복합물류터미널 및 ICD	전남장성	24
중 부 권	연기·청원복합물류터미널	충북청원	48
	및 ICD	충남연기	
영 남 권	칠곡복합물류터미널 및 ICD	경북칠곡	45
수도권(확장)	군포복합물류터미널 확장	경기군포	35
수도권북부	파주복합물류터미널 및 ICD	경기파주	39
수도권남부(계획중)	평택복합물류터미널 및 ICD	경기평택	42

자료: 국토해양부 물류항만실(http://logistics.mltm.go.kr).

2010년 9월 현재, 전국 총 21개소 936만㎡ 물류단지 운영·개발중(8개소 운영, 2개소 단지사업완료, 10개소 공사 중, 1개소 지정)이다. 호남권 내륙물류기지는 운영사측의 투자가 중단된 상태이며, 양산ICD는 부산신항 개장 이후 물동량이 급감하여 기능을 상실하였고, 수도권 내륙물류기지를 제외하고는 대부분 활성화가 미흡한 상태이다. 이에 통합적 물류네트워크 구축을 위한 물류거점 기능 재정비가 필요한 상황이다. 또한, 공항과 항만 연계수송을 지원하기 위한 배후 물류시설, 연계교통수단을 갖추지 못해 물류 측면에서의 운영효율성이 저하되고 있으며, 산업 간선철도망의 연계 미흡, 항만 CY, 산업단지로의 인입철도 미연결에 따른 이중환적이 발생되고 있다.

표 4-3-29 물류단지개발 추진현황

시/도	물류단지명	면적(㎡)	비 고
서울시(1)	서울 동남권	560,694	공사중
부산시(1)	부산 감천항	206,408	운영중('99~)
인천시(1)	경인아라뱃길인천	1,162,000	공사중
대전시(2)	대 전	463,887	운영중('02~)
	남대전 종합	559,860	공사중

울산시(1)	울산 진장	467,314	운영중('06~)
경기(8)	평택 도일	486,062	운영중('07~)
	여 주	265,500	운영중('07~)
	광 주	278,016	단지조성완료
	이천 패션	797,643	공사중
	광주 초월	269,180	공사중
	부천 오정	543,282	단지지정
	안성 원곡	671,829	공사중
	경인아라뱃길김포	869,000	공사중
강원(1)	강 릉	173,883	공사중
충북(3)	음 성	283,934	운영중('08~)
	제 천	161,578	공사중
	영 동	263,587	공사중
충남(1)	천 안	463,517	조성완료
경북(1)	안 동	225,411	운영중('08~)
전북(1)	전주 장동	189,151	운영중('07~)
합계	21개소	9,361,736	-

자료: 국토해양부 물류항만실(http://logistics.mltm.go.kr).

한편, 기후변화의 글로벌 이슈화, Post-Kyoto체제 출범 등으로 우리나라에 대한 국제적인 온실가스 감축압력이 거세질 전망이다. 2008년 교통부문의 온실가스 배출량은 국가 전체의 약 14%(에너지 부문 중 16%)를 차지하고 있다.

표 4-3-30 2008년 부문별 온실가스 배출 현황 (단위: 백만CO_2톤, %)

구 분	합 계	에너지 소비부문					산업 공정	농업 축산	폐기물
		에너지 산업	제조업 건설업	교 통	기 타	탈루성 배출			
배출량	585.9	194.4	150.7	81.7	63.0	6.8	57.5	18.4	13.4
비 율	100	33.2	25.7	13.9	10.8	1.2	9.8	3.1	2.3

주: 1) 교통부문 배출량 국제 벙커링 제외, 순발열량 적용.
2) 토지 이용 변화와 삼림(Land-Use Change and Forestry)에 의한 흡수량 제외.
자료: 환경부, 『국가온실가스 인벤토리 보고서』, 2010.

2008년 기준 교통수단별 온실가스 배출량은 도로부문이 94.7%로 가장 높으며, 이어서 해운(3.2%), 항공(1.3%), 철도(0.8%) 순으로 나타나고 있다.

표 4-3-31 교통수단별 온실가스 배출량 추이 (단위: 백만CO_2톤, %)

구 분	1990년	1995년	2000년	2007년	2008년	연평균 증가율		
						'90~'00	'00~'08	'90~'08
합 계	32.94	60.88	65.88	83.78	81.67	7.2%	2.7%	3.3%
도 로	28.95 (87.9%)	55.15 (90.6%)	60.96 (92.5%)	79.6 (95.0%)	77.31 (94.7%)	7.7%	3.0%	3.6%
철 도	0.78 (2.4%)	0.84 (1.4%)	0.87 (1.3%)	0.67 (0.8%)	0.66 (0.8%)	0.5%	0.3%	0.3%
항 공	0.83 (2.5%)	1.34 (2.2%)	1.43 (2.2%)	0.9 (1.1%)	1.05 (1.3%)	1.1%	-3.4%	-0.6%
해 운	2.37 (7.2%)	3.55 (5.8%)	2.64 (4.0%)	2.62 (3.1%)	2.65 (3.2%)	-5.9%	-5.9%	-3.8%

주: 1) 국제 벙커링 제외, 순발열량 적용.
2) 전기에너지에 의한 간접배출량 제외(2006 IPCC Guidelines for National Greenhouse Gas Inventories 에 따름).
자료: 교통안전공단, 『2008년도 교통부문 온실가스 배출량』, 2010.

2008년 도로 화물부문의 단위 수송당 온실가스 배출량은 해운부문과 철도부문의 단위 수송당 온실가스 배출량보다 월등히 높은 수준이다. 화물기준 도로부문 온실가스 원단위는 259CO_2톤/백만톤·km, 철도부문 온실가스 원단위는 13CO_2톤/백만톤·km, 해운부문 온실가스 원단위는 83CO_2톤/백만톤·km인 것으로 나타났다.

표 4-3-32 2008년 수송수단별 온실가스 배출 원단위

구 분	도 로	철 도	항 공	해 운
여객(CO_2톤/백만인·km)	166	6	166	215
화물(CO_2톤/백만톤·km)	259	13	-	83

주: 1) 국제 벙커링 부분을 제외한 국내 온실가스 배출량 사용.
2) 2008년 전체 항공부문 온실가스 배출량은 여객부문으로 고려.
3) 도시부, 지역간 구분 없음.
4) 전기에너지에 의한 간접배출량 제외(2006 IPCC Guidelines for National Greenhouse Gas Inventories에 따름).

자료: 교통안전공단, 『2008년도 교통부문 온실가스 배출량』, 2010.
한국교통연구원, 『2009년 국가 교통수요조사 및 DB구축사업』, 2010.

1.2 도로운송 관련 정부정책 방향

제3차 중기교통시설투자계획(2011~2015)[39]에서 제시된 도로부문 주요 정부정책 방향에 대하여 살펴보면 다음과 같다. 첫째, 도로망 연계성 강화를 위한 간선도로망을 확충할 계획이다. 국토간선도로망계획(7×9)을 기반으로 수도권 교통혼잡 해소를 위해 수도권고속도로망계획(7×4+3R)을 통합한 교통축을 정립하고, 중장기 투자계획을 재정비하여 간선도로망의 연계성을 확립할 계획이다.

둘째, 완공 위주의 집중적인 투자정책으로 투자효율성을 제고할 계획이다. 완공 위주의 집중 투자를 통한 공사중인 사업을 조기에 완공하고, 신규사업은 국가정책(30대 선도사업, 국제행사 등) 및 산업·경제 활성화에 필요한 사

39) 국토해양부, 『제3차 중기교통시설투자계획(안)(2011~2015)』, 2011. 9.

업 위주로 추진할 계획이다.

셋째, 지·정체 해소 등 혼잡구간 개선 중심으로 투자를 강화할 계획이다. 외곽순환고속도로, 도시고속도로 또는 국도대체우회도로 등 지역 특성을 고려한 도로시설 확충을 통하여 도시부 도로혼잡 완화 및 병목구간 축소를 유도할 계획이다.

넷째, 장래 교통수요 및 국토공간구조 변화, 철도 등 타 교통시설과의 연계성 등을 고려한 간선도로망을 구축할 계획이다. 탄소저감형 국가교통망 구현 등을 위한 원활한 기능 수행을 도모하고, 도로와 철도, 항만, 공항, 물류시설 등 교통물류거점과의 연결을 강화할 계획이다.

다섯째, 기존 도로교통시설의 운영 효율화를 통한 성능을 개선할 계획이다. 혼잡통행료 징수, 수도권고속도로의 톨게이트 및 진출입램프 통제 등 다양한 수요관리기법의 최적 운영방안 마련 및 시범운영을 확대할 계획이며, 실시간 교통상황, 우회경로 등의 정보제공으로 교통량 집중완화·분산유도 및 도로의 이용효율·처리용량을 증대시킬 계획이다. 또한, 기존 도로용량 보강, 2+1도로(추월차로), 회전교차로(Roundabout), 지하도로 등 사업을 확대할 계획이다.

여섯째, 전국 어디서나 안전하고 균형 있는 도로이용 서비스를 제공할 계획이다. 각종 도로위계별 연결성 및 서비스 수준 재정립을 통한 균형 있는 도로망 구비 및 교통 소외지역을 축소할 계획이며, 교통안전시설 확충사업의 지속적 수행을 통한 교통위험요소 축소, 단절구간 건설을 통한 여객 및 화물의 이동성을 향상시킬 계획이다.

일곱째, 도로시설 안전도 개선 및 재난대응시스템을 구축할 계획이다. 교통사고 잦은 곳, 위험도로 등에 대한 시설개선 사업을 추진하고, 교통안전 취약지역을 대상으로 사고원인을 분석하여 지역 실정에 맞는 대책을 수립하며, 재난 대비단계에서부터 복구단계에 이르기까지 체계적인 재난 대응 및 복구를 위한 도로재난관리시스템을 구축할 계획이다.

참고

제 3 차 중기교통시설투자계획(2011~2015)

1. 계획의 개요

1.1 법적 근거: 국가통합교통체계효율화법 제6조

1.2 계획 기간: '11~'15년(5년)

1.3 계획의 기능

○ 『국가기간교통망계획 제 2 차 수정계획(2001~2020)』을 바탕으로 도로, 철도, 공항, 항만 등 국가기간교통시설에 대한 종합적 투자계획 및 교통정책을 수립하는 5년 단위의 교통계획

1.4 계획의 내용

○ 교통시설의 공급목표와 투자의 기본방향 수립

○ 교통시설간의 적정한 수송분담구조 설정

○ 국가기간교통시설 개발사업의 규모, 투자우선순위 및 소요재원 설정

○ 국가기간교통시설 개발사업과 지방교통시설 개발사업간의 연계 개발

○ 녹색교통시설, 지방교통시설, 투자효율화 등 기타 교통시설투자에 관하여 필요한 사항 설정

2. 계획의 성격

○ 국가기간교통망계획을 5년 단위로 실천하기 위한 연동계획

○ 국가기간교통망계획상의 국가기간교통시설 및 이와 연계되는 지방교통시설을 포함하는 전국 교통시설 투자계획

○ 교통전반의 문제를 완화하고 대내외 변화에 효율적으로 대응하기 위한 국가기간교통시설 및 지방교통시설의 5년 단위 계획 제시

○ 한정된 재원여건, 교통수요전망 등을 감안하여 5년간 최적 투자규모, 재원배분, 투자우선순위 등 제시

○ 중복·과잉투자로 인한 예산낭비 방지, 완공 위주 집중투자, 녹색성장 도모 등 투자효율성 극대화 도모

3. 계획의 범위

○ 공간적 범위: 국가기간교통망계획의 범위를 수용하여 전 국토를 공간적 범위로 함

○ 시간적 범위: '11~'15년

○ 계획 대상시설

- 고속국도, 일반국도, 국도대체우회도로, 국가지원지방도, 고속철도, 일반철도, 광역철도, 공

항, 무역항, 복합물류터미널 등 국가기간교통시설
- 국가기간교통시설과 연계되는 광역도로, 혼잡도로, 도시철도, 경전철, 연안항, 물류단지 등 지방교통시설

4. 계획의 주요 내용

- ○『제 2 차 중기교통시설투자계획(2005~2009)』의 평가
- ○ 교통현황 및 문제점 분석
- ○ 장래 여건 및 교통수요 전망
- ○ 계획목표 및 추진전략 설정
- ○ 국가기간교통시설 투자규모 및 수단간 투자비율 산정
- ○ 국가기간교통시설 개발사업의 투자조정
- ○ 재원확보 및 조달방안 강구
- ○ 계획의 집행 및 관리방안 수립

5. 계획수립의 경위

- ○ '11. 1월: 국가기간교통망계획 제 2 차 수정계획 확정·시행
- ○ '11. 1월: 제 3 차 중기교통시설투자계획 수정·보완 연구 착수
- ○ '11. 2월: 계획수립 작업단 발족 및 운영
- ○ '11. 5월: 중기교통시설투자계획(안) 작성
- ○ '11. 6월: 계획(안)에 대한 관련부처 및 지자체 협의(예정)
- ○ '11. 6월: 정책토론회 개최(예정)
- ○ '11. 6월: 국가교통위원회 심의 및 계획 확정(예정)

1.3 중국의 현황

1) 도로운송 관련 현황

중국의 일반도로는 국도(國道), 성(省)급 도로인 성도(省道), 현(縣)급 도로인 현도(縣道), 향(鄉)급 도로인 향도(鄉道)와 고속도로 등 자동차 전용도로(專用公路)로 구분하고 있으며, 도로의 등급은 고속도로(高速公路), 1급~4급도로(公路), 등외(等外)도로로 구분하고 있다.

표 4-3-33 중국의 도로등급 분류

도로등급	특 징	일일 차량통행량
고속도로(高速公路)	차량출입이 전면 통제되는 자동차 전용도로이며 왕복 4차선, 6차선, 8차선 고속도로로 구분됨	25,000대 이상
1급도로(一級公路)	차량출입이 부분적으로 통제되는 자동차 전용도로	15,000-30,000대
2급도로(二級公路)	일반 도로로 차량 통행량이 비교적 빈번한 도로	3,000-7,500대
3급도로(三級公路)	현(縣)급 이상 지역을 연결하는 도로	1,000-4,000대
4급도로(四級公路)	현(縣)급 이하 농촌을 연결하는 도로	복선: 1,500대 이하 단선: 200대 이하

중국의 도로 등급별 연장을 살펴보면, 2010년 기준 등외도로를 제외한 총 연장은 약 330만km이며, 이중에서 고속도로는 약 7만km(1.8%), 1급도로는 약 6만km(1.6%), 2급도로는 약 31만km(7.7%), 3급도로는 약 39만km(9.7%), 4급도로는 약 247만km(61.6%)인 것으로 나타나고 있다.

표 4-3-34 중국의 도로 등급별 총 연장(2010)

구 분	총 연장(만km)	구성비(%)
고속도로	7.41	1.8
1급도로	6.44	1.6
2급도로	30.87	7.7
3급도로	38.80	9.7
4급도로	246.95	61.6
합 계	330.47	100.00

자료: 중국 교통부 통계자료(2010年公路水路交通行業發展統計公報).

2010년 기준 중국의 등급도로 총 연장은 약 400만 8,200km로서 2009년 대비 약 14만 7,400km가 증가하였다. 행정구역별로 살펴보면, 국도(國道)가 약

16만km(4.1%), 성도(省道)가 약 27만km(6.7%), 현도(縣道)가 약 55만km (13.8%), 향도(鄉道)가 약 106만km(26.3%), 촌도(村道)가 약 190만km(47.3%), 자동차 전용도로가 6.77만km(1.7%)인 것으로 나타났다.

표 4-3-35 중국의 행정구역별 도로 총 연장(2010)

구 분	총 연장 (만km)	2010년 증감 (만km)	구성비(%)	비 고
국도(國道)	16.40	0.55	4.1	
성도(省道)	26.98	0.38	6.7	
현도(縣道)	55.40	3.46	13.8	
향도(鄉道)	105.48	3.53	26.3	등외도로 포함
촌도(村道)	189.77	6.77	47.3	등외도로 포함
자동차 전용도로(專用公路)	6.77	0.06	1.7	
합 계	400.82	14.74	100.0	

자료: 중국 교통부 통계자료(2010年公路水路交通行業發展統計公報).

중국 도로의 포장 비율을 살펴보면, 2010년 기준 포장도로는 총 약 192만km로 도로 포장률은 47.3%를 나타내고 있다. 이는 2009년 대비 약 20만km가 증가한 것이며, 상대적으로 비포장도로는 2009년 대비 약 13만km가 감소하였다.

표 4-3-36 중국 도로의 포장 비율(2010)

구 분		총 연장(만km)	2010년 증감(만km)	비율(%)	비 고
포장도로	아스팔트	54.25	5.35	28.28	포장도로의 전체 비율
	시 멘 트	137.55	14.45	71.72	
	소 계	191.80	19.80	42.26	

비포장도로	간이포장	52.42	-0.83	24.49	비포장도로의 전체 비율
	비 포 장	156.60	4.23	73.15	
	소 계	214.08	-12.45	52.74	
합 계		405.88	-	100.0	

자료: 중국 교통부 통계자료(2010年公路水路交通行業發展統計公報).

중국의 도로부문 연장 추이를 살펴보면, 2009년 기준 도로전체 연장은 약 386만km, 고속도로 연장은 약 7만km인 것으로 나타났다. 1991년부터 2009년까지 도로전체 연장의 연평균성장률은 7.6%, 고속도로의 연평균성장률은 29.7%로서 고속도로의 연장이 급격하게 늘어난 것을 알 수 있다. 이로 인해 고속도로의 도로전체 대비 비중 또한 지속적으로 증가하는 추세를 보이고 있다.

표 4-3-37 도로부문 연장 추이 (단위: 만km)

연 도	도로전체	고속도로	고속도로 비중
1991	104.11	0.06	0.06%
1992	105.67	0.07	0.07%
1993	108.35	0.11	0.10%
1994	111.78	0.16	0.14%
1995	115.70	0.21	0.18%
1996	118.58	0.34	0.29%
1997	122.64	0.48	0.39%
1998	127.85	0.87	0.68%
1999	135.17	1.16	0.86%
2000	140.27	1.63	1.16%
2001	169.80	1.94	1.14%
2002	176.52	2.51	1.42%
2003	180.98	2.97	1.64%

2004	187.07	3.43	1.83%
2005	334.52	4.10	1.23%
2006	345.70	4.53	1.31%
2007	358.37	5.39	1.50%
2008	373.02	6.03	1.62%
2009	386.08	6.51	1.69%
CAGR	7.6%	29.7%	-

자료: 중국국가통계국.

2009년 기준 주요 지역별 도로연장 현황을 살펴보면, 도로전체 연장은 쓰촨성(Sichuan)이 약 25만km로 가장 높고, 고속도로/1-4급도로 연장은 산둥성(Shandong)이 약 22만km, 고속도로 연장은 허난성(Henan)이 약 4,861km, 1급도로 연장은 광둥성(Guangdong)이 약 1만km, 2급도로 연장은 산둥성(Shandong)이 약 2.4만km, 4급 이하 도로 연장은 구이저우성(Guizhou)이 약 7.5만km로 가장 높은 것으로 나타났다.

고속도로 연장이 3,000km 이상인 지역은 총 7개로서, 허베이성(Hebei, 3,303km), 장쑤성(Jiangsu, 3,755km), 저장성(Zhejiang, 3,298km), 산둥성(Shandong, 4,285km), 허난성(Henan, 4,861km), 후베이성(Hubei, 3,283km), 광둥성(Guangdong, 4,035km)인 것으로 나타났다.

표 4-3-38 주요 지역별 도로연장 현황(2009) (단위: km)

구 분	도로전체	고속도로/1-4급도로	고속도로	1급 도로	2급 도로	4급 이하 도로
국가전체	3,860,823	3,056,265	65,055	59,462	300,686	804,558
Beijing	20,755	20,551	884	914	3,106	204
Tianjin	14,316	14,316	885	737	3,184	
Hebei	152,135	142,777	3,303	3,632	15,596	9,359
Shanxi	127,330	121,310	1,965	1,529	14,124	6,020
Inner Mongolia	150,756	122,231	2,176	3,137	11,821	28,525

Liaoning	101,117	83,153	2,833	2,613	16,507	17,964
Jilin	88,430	77,643	1,035	1,982	8,795	10,787
Heilongjiang	151,470	114,511	1,219	1,576	8,598	36,960
Shanghai	11,671	11,671	768	351	2,922	
Jiangsu	143,803	134,192	3,755	8,469	20,775	9,611
Zhejiang	106,952	102,153	3,298	4,099	8,882	4,798
Anhui	149,184	139,424	2,810	475	10,312	9,759
Fujian	89,504	67,512	1,961	606	7,285	21,992
Jiangxi	137,011	92,237	2,401	1,278	9,192	44,775
Shandong	226,693	223,992	4,285	7,551	23,925	2,701
Henan	242,314	177,235	4,861	565	23,671	65,079
Hubei	197,196	168,834	3,283	1,725	16,261	28,362
Hunan	191,405	148,180	2,226	776	7,543	43,225
Guangdong	184,960	160,180	4,035	10,040	18,793	24,780
Guangxi	100,491	77,154	2,395	827	8,559	23,337
Hainan	20,041	14,459	660	244	1,350	5,582
Chongqing	110,950	70,425	1,577	516	7,495	40,526
Sichuan	249,168	183,108	2,240	2,186	13,099	66,060
Guizhou	142,561	68,046	1,189	151	3,171	74,516
Yunnan	206,028	138,150	2,512	628	4,973	67,878
Tibet	53,845	26,063			952	27,782
Shaanxi	144,109	128,487	2,779	781	6,814	15,622
Gansu	114,000	76,631	1,644	147	5,494	37,370
Qinghai	60,136	39,726	217	209	5,201	20,410
Ningxia	21,805	20,297	1,022	314	2,404	1,509
Xinjiang	150,683	91,618	838	1,405	9,882	59,066

자료: 중국국가통계국.

한편, 도로부문 화물수송 실적 추이를 살펴보면, 2009년 기준 약 213억톤 (37,189억톤·km)인 것으로 나타났으며, 1991년부터 2009년까지 연평균성장률은 톤기준 6.1%, 톤·km기준 14.2%로서, 운송거리가 급격히 증가한 것으로 나타났다. 또한, 1991년부터 2009년까지 전년대비 증감률을 살펴보면, 2008년에 톤기준, 톤·km기준 모두 급격한 증가율을 보이고 있다.

표 4-3-39 도로부문 화물수송 실적 추이

	만 톤	전년대비 증감률	억톤·km	전년대비 증감률
1991	733,907	-	3,428	-
1992	780,941	6.4%	3,755	9.6%
1993	840,256	7.6%	4,071	8.4%
1994	894,914	6.5%	4,486	10.2%
1995	940,387	5.1%	4,695	4.6%
1996	983,860	4.6%	5,011	6.7%
1997	976,536	-0.7%	5,272	5.2%
1998	976,004	-0.1%	5,483	4.0%
1999	990,444	1.5%	5,724	4.4%
2000	1,038,813	4.9%	6,129	7.1%
2001	1,056,312	1.7%	6,330	3.3%
2002	1,116,324	5.7%	6,783	7.1%
2003	1,159,957	3.9%	7,100	4.7%
2004	1,244,990	7.3%	7,841	10.4%
2005	1,341,778	7.8%	8,693	10.9%
2006	1,466,347	9.3%	9,754	12.2%
2007	1,639,432	11.8%	11,355	16.4%
2008	1,916,759	16.9%	32,868	189.5%
2009	2,127,834	11.0%	37,189	13.1%
CAGR	6.1%	-	14.2%	-

자료: 중국국가통계국.

2009년 기준 도로부문 화물수송 실적을 지역별로 살펴보면, 산둥성(Shandong)이 톤기준으로 약 25억톤(11.8%), 톤·km기준 약 6,045억톤·km(16.3%)로 가장 많은 비중을 차지하고 있는 것으로 나타났다.

표 4-3-40 주요 지역별 도로부문 화물수송량 현황(2009)

	만 톤	지역별 비중	억톤·km	지역별 비중
국가전체	2,127,834	100.0%	37,189	100.0%
Beijing	18,753	0.9%	88	0.2%
Tianjin	19,800	0.9%	206	0.6%
Hebei	106,530	5.0%	2,998	8.1%
Shanxi	54,786	2.6%	906	2.4%
Inner Mongolia	70,832	3.3%	1,885	5.1%
Liaoning	105,088	4.9%	1,550	4.2%
Jilin	27,032	1.3%	596	1.6%
Heilongjiang	36,486	1.7%	657	1.8%
Shanghai	37,745	1.8%	230	0.6%
Jiangsu	104,002	4.9%	971	2.6%
Zhejiang	95,802	4.5%	1,189	3.2%
Anhui	157,991	7.4%	4,237	11.4%
Fujian	40,317	1.9%	507	1.4%
Jiangxi	75,200	3.5%	1,536	4.1%
Shandong	251,587	11.8%	6,045	16.3%
Henan	151,343	7.1%	3,927	10.6%
Hubei	59,563	2.8%	930	2.5%
Hunan	111,351	5.2%	1,260	3.4%
Guangdong	125,433	5.9%	1,518	4.1%
Guangxi	75,766	3.6%	935	2.5%
Hainan	10,839	0.5%	79	0.2%
Chongqing	58,532	2.8%	503	1.4%

Sichuan	106,472	5.0%	851	2.3%
Guizhou	27,031	1.3%	242	0.6%
Yunnan	40,765	1.9%	496	1.3%
Tibet	920	0.0%	25	0.1%
Shaanxi	67,963	3.2%	1,032	2.8%
Gansu	20,812	1.0%	490	1.3%
Qinghai	7,173	0.3%	199	0.5%
Ningxia	23,263	1.1%	497	1.3%
Xinjiang	38,657	1.8%	601	1.6%

자료: 중국국가통계국.

운송부문별 평균 화물수송 거리 추이를 살펴보면, 2009년 기준 도로부문이 175km로서 가장 낮은 것으로 나타났다. 1991년부터 2009년까지 도로부문만 살펴보면, 2008년에 171km로서 2007년(69km)대비 약 3배 가까이 증가한 것으로 나타났다. 다른 운송부문은 완만한 증가추세를 보이고 있다.

표 4-3-41 평균 화물수송 거리 추이 (단위: km)

	도 로	철 도	내륙수운	국내항공	파이프라인
1991	47	718	1,554	2,234	399
1992	48	734	1,433	2,335	417
1993	48	743	1,415	2,394	410
1994	50	774	1,465	2,241	406
1995	50	786	1,551	2,206	386
1996	51	766	1,402	2,168	366
1997	54	771	1,696	2,334	362
1998	56	764	1,771	2,388	348
1999	58	771	1,855	2,485	310
2000	59	771	1,939	2,555	340
2001	60	761	1,959	2,556	336

2002	61	764	1,940	2,551	339
2003	61	769	1,817	2,643	336
2004	63	775	2,211	2,595	329
2005	65	770	2,261	2,572	350
2006	67	762	2,231	2,698	464
2007	69	757	2,286	2,896	460
2008	171	760	1,707	2,934	443
2009	175	757	1,804	2,833	453

자료: 중국국가통계국.

2) 도로운송 관련 정부정책 방향

11·5계획에서 1개의 절(제16장 제 1 절)로 언급되었던 '교통운수' 부문이 12·5계획(2011–2015)[40]에서는 제 3 편의 1개의 장(제12장)으로 보다 확대 구성되었다. 즉 제12장의 '종합교통운수체계 구축(构建综合交通运输体系)'은 "적절한 속도로 발전한다(适度超前)"는 원칙하에 각종 운송방식 발전을 조화롭게 추진하여, 국가 쾌속철도망 및 고속도로망 기반과 네트워크 시설 연결, 선진기술 및 장비 도입을 통한 안전·고효율 교통운수시스템 기반 형성을 골자로 한다.

총 4개의 절, 즉 ① 구역간 교통네트워크 완비(完善区际交通网络), ② 도시간 쾌속교통망 건설(建设城际快速网络), ③ 대중교통의 우선적 발전(优先发展公共交通), ④ 운송서비스 수준 제고(提高运输服务水平)로 구성되며, 주요 내용은 다음의 표와 같다.

---

40) 2011년 3월 14일 폐막한 제11차 전국인민대표대회(4차회의)에서 「중국인민공화국 국민경제 및 사회발전 "제12차 5년" 계획(이하 「12·5계획」)」이 표결·통과되어, 3월 16일 신화망(新华网)을 통해 전문이 공표되었음. 총 16편(篇), 62장(章), 약 6만자(字)로 편재됨.

표 4-3-42 '종합교통운수체계 구축' 주요 내용

구 분		주요 내용
1	구역간 교통 네트워크 완비	- 철도 여객운송 전용노선, 지역 간선 철도, 석탄운송 통로 건설 가속화 - 고속철도 발전 및 쾌속여객운송 네트워크 형성과 동시에 대량화물 철도운송 네트워크 강화 - 국가 도로망 계획 완비, 국가 고속도로망에 있어 건설 미완 구간 및 병목 구간 건설 가속화, 국가급/성급 간선도로의 확대 공사 강화 - 장강 등 내하의 고등급 항로 건설 대대적 추진, 내하운송선박 표준화 및 내하항만의 규모화 발전 추진 - 석탄, 석유, 철광석 및 컨테이너 등의 운송 시스템 완비, 연해지역 항만집적 구역 현대화 수준 향상 - 국제허브공항 및 간선공항을 핵심으로, 지선공항을 보조로 하는 항공네트워크 개선, 민간항공 발전 적극 추진 및 항공구역 관리체제 개혁으로 공공자원 사용 효율 제고
2	도시간 쾌속 교통망 건설	- 도시권 발전 수요에 맞는 궤도교통 및 고속철도를 골간으로 하여 국가급/성급 간선도로를 보조로 해서 도시권에 속한 도시간의 다차원 쾌속 교통망 건설 추진 - 징진찌(京津冀)-장삼각(长江三角洲)-주삼각(珠江三角洲) 등 3대 도시권 내 교통망 건설, 기타 중요 개발지역의 도시간 간선 건설 추진
3	대중 교통의 우선적 발전	- 대중교통의 우선적 발전전략 실시, 도시 대중교통 시스템 대대적 발전을 통한 대중교통 이용률 제고 - 도시궤도교통노선 과학적 기획 및 건설기준 규범화, 경전철/지하철/궤도차 등 도시궤도교통망 건설 추진 - 육상 쾌속버스 시스템 적극 발전, 버스교통망 밀도 제고 및 버스정류장 설치 범위 확대 - 도시 택시업무 규범화, 자가용 이용의 합리적 지도, 비동력 차량 운행 방식 권장 - 환승허브의 기능 및 배치 최적화, 통행 효율 향상 - 도시-농촌 대중교통일체화 발전 전면적 추진
4	운송 서비스 수준 제고	- 여객운송의 'ZERO 환승(환승거리 최단)' 및 화물운송의 '빈틈없는 연계성' 요구에 따라 철도, 도로, 항만 및 공항, 도시 대중교통간의 유기적 연결 강화, 종합교통허브 건설 및 가속화 - 선진 장비 보급, 교통운수 정보화 수준 향상 - 운수 조직 최적화, 서비스 방식 혁신, 여객 환승 티켓 일체화 및 화물의 복합운송 추진 - 에너지 절약형 운송 수단 및 방식 대대적 발전 - Drop and Pull 방식의 도로운송 적극 발전, 안전관리 강화를 통한 운송 안전성 보장

자료: 中央政府門戶网站(www.gov.cn), 國民經濟和社會發展第十二个五年規划綱要(全文) , 2011. 3. 16.

또한 12·5계획은 '종합교통운수체계 구축'을 위한 '7대 교통건설 중점사업'을 제시하고 있다. 즉 철도, 도시궤도(軌道)[41]교통, 도로, 연해항만, 내하수운, 항공, 종합교통허브 건설 부문으로 구분되며, 구체적인 내용은 다음의 표와 같다.

표 4-3-43 '7대 교통건설 중점사업' 주요 내용

구	분	주요 내용
1	철 도	- '4종 4횡'의 여객운송 전용노선 구축, 도시군 내 도시간 궤도교통간선 건설, '란저우~신장우루무치' 철도 제 2 복선 및 '정저우~충칭' 등 구역간 간선 건설 → 쾌속 철도망 기반 형성(철도영업거리 4.5만km, 50만명 이상 인구도시에 파급) - '라사~르커저' 등 서부간선 구축, '산시성 중남부/내몽고자치구 서부~화중 지역' 등 석탄운송로 건설 - 치옹저우해협 연육철교 건설 및 '스촨성~티베트' 철도 건설 연구 진행
2	도시 궤도 교통	- 베이징/상하이/광저우/선전 등 도시궤도교통 네트워크 건설 - 톈진/충칭/선양/창춘/우한/시안/항저우/푸저우/난창/쿤밍 등 도시궤도교통 주요 구도 형성 - 허페이/구이양/스자좡/타이웬/지난/우루무치 등 도시궤도 주간선 계획 및 건설
3	도 로	- 7개 방사성 노선, 9개 종선 및 18개 횡선으로 구성된 국가고속도로망 건설 → 통차거리 8.3만km, 20만 명 이상 인구도시 파급 - 성·시간 노선에 대한 개조역량 강화, 국도 2급 이상 도로거리 비중 70% 이상 실현 → 현·성시로 통하는 2급 이상 표준 구비 도로망 기반 실현
4	연해 항만	- 북방의 석탄 출해항 선적터미널 및 화동/화남지역의 석탄 환적·비축운송기지 건설 - 다롄 등 항만의 대형 원유부두 건설 - 닝보-저우산 등 항만의 대형 철광석부두 건설 - 상하이, 톈진 등 항만의 컨테이너터미널 건설 ⇒ 신규 만 톤급 이상 심수 선석 약 440개 건설
5	내하 수운	- 장강상류 항로 정비, 장강중류 징장 구간 항로정비 실시 → 장강어귀 12.5m 심수항로 상류까지 연장 추진 - 서강 항운간선의 처리능력 확충공정 및 경항운하 업그레이드 공사 실시 ⇒ 장강삼각주 고등급 항로망 및 기타 고등급 항로건설 추진

41) 교통 부문에서 흔히 궤도(軌道)라고 할 경우 철도용의 것으로 한정하여 생각하기 쉬우나, 실제로는 자기부상열차, 모노레일, 경전철 등의 제반 교통시설이 쓰는 도로 외의 시설물을 광범위하게 지칭함.

6	항공	- 베이징 신공항 건설 - 광저우/난징/창사/하이커우/하얼빈/난닝/란저우/인촨 등 공항 확충 건설 진행 - 신규 지선공항과 민영공항 신규 건설 - 청두/칭다오/샤먼 등 신공항 건설 연구 - 신규 항공관리시스템 건설 가속화
7	종합 교통 허브	- 42개 전국성(全国性) 종합교통허브 건설

자료: 中央政府門戶网站(www.gov.cn), 國民經濟和社會發展第十二个五年規划綱要(全文) , 2011. 3. 16.

참고

12·5계획 제3편 제12장 내용 전문(全文)

第十二章 构建综合交通运输体系

按照适度超前原則，統籌各种運輸方式發展，基本建成國家快速鐵路网和高速公路网，初步形成网絡設施配套銜接、技術裝備先進适用、運輸服務安全高效的綜合交通運輸体系。

第一节 完善区际交通网络

加快鐵路客運専線、區際干線、煤運通道建設，發展高速鐵路，形成快速客運网，强化重載貨運网。完善國家公路网規划，加快國家高速公路网剩余路段、瓶頸路段建設，加强國省干線公路改擴建。大力推進長江等內河高等級航道建設，推動內河運輸船舶標准化和港口規模化發展。完善煤炭、石油、鐵矿石、集裝箱等運輸系統，提升沿海地區港口群現代化水平。完善以國際樞紐机場和干線机場爲骨干、支線机場爲補充的航空网絡，積极推動通用航空發展，改革空域管理体制，提高空域資源配置使用效率。

第二节 建设城际快速网络

适應城市群發展需要，以軌道交通和高速公路爲骨干，以國省干線公路爲補充，推進城市群內多層次城際快速交通网絡建設。建成京津冀、長江三角洲、珠江三角洲三大城市群城際交通网絡，推進重点開發區域城市群的城際干線建設。

第三节 优先发展公共交通

實施公共交通优先發展戰略，大力發展城市公共交通系統，提高公共交通出行分担比率。科學制定城市軌道交通技術路線，規范建設標准，有序推進輕軌、地鐵、有軌電車等城市軌道交通网絡建設。積极發展地面快速公交系統，提高線网密度和站点覆盖率。規范發展城市出租車業，合理引導私人机動車出行，倡導非机動方式出行。优化换乘中心功能和布局，提高出行效率。統籌城鄉公共交通一体化發展。

第四节 提高运输服务水平

按照客運零距离换乘、貨運无縫化銜接的要求，加强鐵路、公路、港口、机場、城市公共交通的有机銜接，加快綜合交通樞紐建設。推广先進裝備技術應用，提高交通運輸信息化水平。优化運輸組織，創新服務方式，推進客票一体聯程、貨物多式聯運。大力發展節能环保的運輸工具和運輸方式。積极發展公路甩挂運輸。加强安全管理，保障運輸安全。

专栏 7 交通建设重点

01 铁路

建成"四纵四横"客运专线，建设城市群城际轨道交通干线，建设兰新铁路第二双线、郑州至重庆等区际干线，基本建成快速铁路网，营业里程达到 4.5 万公里，基本覆盖 50 万以上人口城市。建成拉萨至日喀则等西部干线，建设山西中南部、蒙西至华中地区等煤运通道。研究建设琼州海峡跨海工程、川藏铁路。

02 城市轨道交通

建设北京、上海、广州、深圳等城市轨道交通网络化系统，建成天津、重庆、沈阳、长春、武汉、西安、杭州、福州、南昌、昆明等城市轨道交通主骨架，规划建设合肥、贵阳、石家庄、太原、济南、乌鲁木齐等城市轨道交通骨干线路。

03 公路

基本建成由 7 条放射线、9 条纵线和 18 条横线组成的国家高速公路网，通车里程达到 8.3 万公里，基本覆盖 20 万以上人口城市。加大国省干线公路改造力度，国道二级及以上公路里程比重达到 70%以上，基本实现具备条件的县城通二级及以上标准公路。

04 沿海港口

建设北方煤炭下水港装船码头及华东、华南煤炭中转储运基地工程，大连等港口的大型原油接卸码头工程，宁波—舟山等港口的大型铁矿石接卸码头工程，上海、天津等港口的集装箱码头工程。新增万吨级及以上深水泊位 440 个左右。

05 内河水运

整治长江上游航道，实施长江中游荆江河段航道治理工程，稳步推进长江口 12.5 米深水航道向上延伸。实施西江航运干线扩能工程和京杭运河升级改造工程，推进长江三角洲高等级航道网及其他高等级航道建设。

06 民航

建设北京新机场，扩建广州、南京、长沙、海口、哈尔滨、南宁、兰州、银川等机场，新建一批支线机场和通用机场。研究建设成都、青岛、厦门等新机场。加快新一代空管系统建设。

07 综合交通枢纽

建设42个全国性综合交通枢纽。

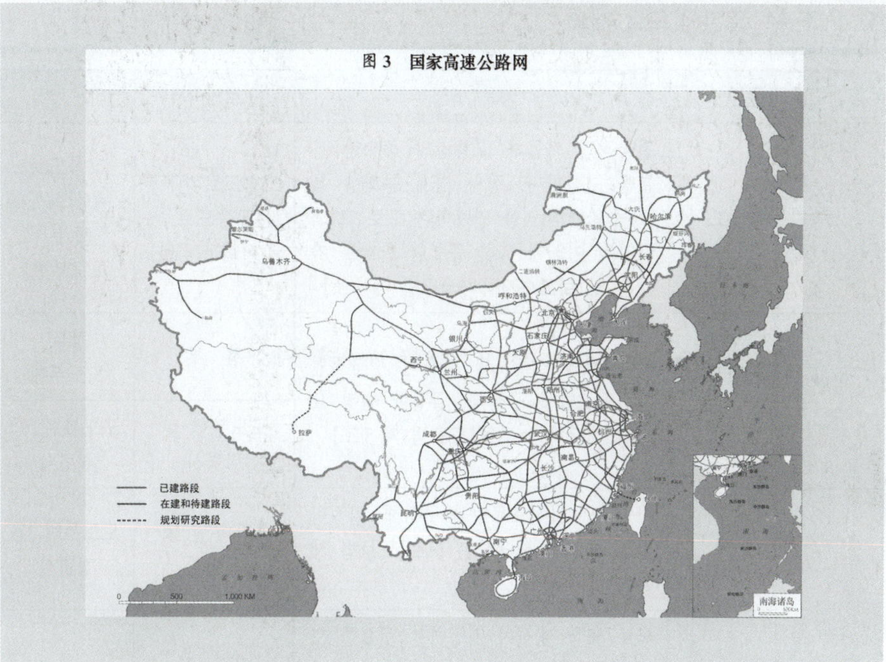

图 3 国家高速公路网

1.4 일본의 현황

1) 도로운송 관련 현황

일본의 도로는 일본 도로법상 고속자동차국도와 일반국도, 광역단체도로, 기초자치단체도로로 분류된다. 일본의 도로는 일본의 주요 수송인프라 중의 하나로 수송기관 분담률은 약 60%를 점유하고 있다. 일본 도로법에서 규정한 도로 이외에, 삼림법에 의한 임로, 항만법에 의한 임항도로, 토지개량법에 의한 광역농로, 도시·자연공원법에 의한 공원로·장거리 산책로, 국유재산법에 의한 이도로, 건축기준법에 의한 사로, 도로교통법 및 도로운송차량법 규정에 의한 도로가 있다.

표 4-3-44 일본의 도로 개요

도로의 종류		정 의	도로관리자	비용 부담
고속자동차국도		전국적인 자동차 교통망의 중요한 부분을 구성하며, 정치·경제·문화상 특히 중요한 지역을 연락하는 도로 그 외 국가의 이해에 특히 중대한 관계를 가지는 도로【고속자동차국도법 제 4 조】	고속도로기구·고속도로 주식회사(정부)	고속도로 주식회사 (정부, 도도부현)
일반 국도	직할 국도	고속 자동차 국도와 아울러 전국적인 간선도로망을 구성해, 일정한 법정 요건에 해당하는 도로【도로법 제 5 조】	정 부	정부, 도도부현
	보조 국도		도도부현 및 정령시	도도부현 및 정령시
도도부현 도로	도도부 (都道府)	지방적인 간선도로망을 구성해, 일정한 법정 요건에 해당하는 도로【도로법 제 7 조】	도도부현 및 정령시	도도부현 및 정령시
	주요 지방도	국토 교통 대신이 지정하는 주요한 도도부현도 혹은 시도이며, 고속 자동차 국도 및 일반 국도와 일체가 되어 광역 교통을 분담하는 광역 간선도로【도로법 제56조】	도도부현 및 정령시	도도부현 및 정령시
시정촌 (市町村)	도 로	시읍면의 구역 내에 간직하는 도로【도로법 제 8 조】	시정촌	시정촌

일본의 도로 종류별 연장 추이를 살펴보면, 2009년 기준 총 연장은 약 121만km, 고속자동차국도는 7.6천km(0.6%), 일반국도는 5.5만km(4.6%), 도도부현도는 12.9만km(10.7%), 시정촌도는 약 102만km(84.1%)로 나타났다.

표 4-3-45 도로 종류별 연장 추이 (단위: 천km)

	전 체	고속자동차국도	일반국도	도도부현도	시정촌도
1985	1,127	3.6	46	127	950
1990	1,115	4.7	47	129	934
1995	1,143	5.7	53	126	958

2000	1,167	6.6	54	128	978
2005	1,192	7.4	54	129	1,002
2007	1,201	7.4	55	129	1,010
2008	1,204	7.6	55	129	1,012
2009	1,208	7.6	55	129	1,016
비중(2009)	100%	0.6%	4.6%	10.7%	84.1%

자료: 일본국토교통성.

도로 너비별 연장 추이를 살펴보면, 표준개량형도로는 1985년 452천km에서 2009년 734천km로 지속적으로 증가하고 있으며, 반대로 미개량도로는 1985년 675천km에서 2009년 474천km로 지속적인 감소추세를 보이고 있다. 도로 너비별 연장에 대한 자세한 내용은 다음의 표와 같다.

표 4-3-46 도로 너비별 연장 추이 (단위: 천km)

	표준개량형도로					미개량도로			
	소 계	19.5m 이상	13.0-19.5	5.5-13.0	5.5 미만	소계	5.5m 이상	3.5-5.5	3.5m 미만
1985	452	2.4	13	199	238	675	18	124	534
1990	540	2.5	14	218	305	574	15	89	470
1995	603	2.8	16	243	341	540	13	81	446
2000	655	3.2	18	265	369	512	12	76	423
2005	705	3.4	20	287	395	488	11	71	406
2007	720	3.5	20	293	403	481	11	70	400
2008	726	3.5	21	296	406	477	11	69	398
2009	734	3.6	21	299	411	474	11	68	396

자료: 일본국토교통성.

2009년 기준 일본의 포장도로 연장은 324천km, 포장률은 26.8%이며, 포장률은 지속적인 증가추세에 있다.

표 4-3-47 도로 포장종류별 연장 추이 (단위: 천km)

	포장도로 소계	포장률	시멘트 도로	아스팔트 도로	단순포장 도로	비포장 도로
1985	214	18.9%	44	170	439	475
1990	246	22.1%	53	194	526	343
1995	269	23.6%	54	215	571	302
2000	290	24.9%	55	235	603	273
2005	311	26.1%	55	256	631	251
2007	317	26.4%	55	262	639	245
2008	321	26.6%	55	265	641	242
2009	324	26.8%	55	269	644	240

자료: 일본국토교통성.

일본의 화물자동차 차종별 보유수를 살펴보면, 2010년 기준 화물차는 총 6,215천대이며, 이중 보통차는 2,272천대, 소형차는 3,790천대, 트레일러는 153천대인 것으로 나타났다.

표 4-3-48 화물자동차 차종별 보유수 (단위: 천대)

	화물차 전체	보 통 차	소 형 차	트레일러
1985	8,306	1,673	6,567	66
1990	8,835	2,206	6,540	89
1995	8,858	2,584	6,153	121
2000	8,106	2,582	5,391	134
2005	7,160	2,468	4,543	149

2008	6,568	2,360	4,052	155
2009	6,362	2,304	3,907	152
2010	6,215	2,272	3,790	153

자료: 일본국토교통성.

주요 지역별 도로 현황을 살펴보면, 2009년 기준 일반도로 연장이 가장 긴 지역은 홋카이도(Hokkaido)로서 약 9만km이며, 이어서 이바라키현(Ibaraki, 5.6만km), 아이치현(Aichi, 4.9만km), 나가노현(Nagano, 4.7만km), 사이타마현(Saitama, 4.6만km)순으로 나타났다.

표 4-3-49 주요 지역별 도로 현황(2009) (단위: km)

	일반도로 연장	일반국도		도도부현도		시정촌도	
		전 체	포 장	전 체	포 장	전 체	포 장
일본전체	1,200,225	54,790	49,956	129,377	80,101	1,016,058	186,032
Hokkaido	89,119	6,587	6,291	11,751	4,610	70,781	9,757
Aomori	19,525	1,409	1,203	2,479	1,483	15,637	3,492
Iwate	32,810	1,774	1,619	2,941	1,408	28,095	2,556
Miyagi	24,455	1,175	1,134	2,264	1,885	21,016	4,303
Akita	23,578	1,344	1,276	2,437	1,359	19,798	1,547
Yamagata	16,293	1,139	1,021	2,520	1,608	12,634	1,453
Fukushima	38,626	1,994	1,569	4,105	2,085	32,527	3,188
Ibaraki	55,935	1,142	1,108	3,419	2,187	51,373	4,097
Tochigi	24,691	904	886	2,813	2,243	20,974	2,593
Gumma	34,824	945	876	2,490	1,918	31,389	3,248
Saitama	46,559	891	867	2,492	2,186	43,176	4,793
Chiba	40,059	1,199	1,187	2,599	2,277	36,260	6,643
Tokyo	23,993	340	340	2,321	2,199	21,333	12,371
Kanagawa	25,189	677	676	1,474	1,330	23,037	12,218
Niigata	36,925	1,983	1,691	4,653	2,723	30,290	3,116
Toyama	13,587	505	485	2,159	1,868	10,923	3,021
Ishikawa	12,987	605	583	1,918	1,424	10,463	1,875
Fukui	10,643	784	680	1,558	920	8,301	1,845
Yamanashi	10,959	620	574	1,441	839	8,898	1,576

Nagano	47,548	1,708	1,435	3,869	1,730	41,971	3,247
Gifu	30,263	1,591	1,435	3,117	2,287	25,555	2,696
Shizuoka	36,268	1,218	1,123	3,208	2,222	31,843	6,402
Aichi	49,556	1,306	1,251	4,222	3,412	44,028	11,974
Mie	24,729	1,189	1,005	2,682	1,436	20,858	2,768
Shiga	12,105	657	624	1,832	1,308	9,616	1,704
Kyoto	15,234	901	859	2,184	1,404	12,150	3,390
Osaka	19,070	620	620	1,781	1,761	16,669	11,693
Hyogo	35,825	1,486	1,430	4,397	3,271	29,942	8,753
Nara	12,525	841	705	1,303	693	10,381	2,303
Wakayama	13,278	1,022	781	1,893	1,072	10,363	4,912
Tottori	8,689	562	546	1,642	1,217	6,485	1,125
Shimane	18,027	937	857	2,518	1,411	14,571	1,200
Okayama	31,660	1,012	955	3,646	1,804	27,002	3,049
Hiroshima	28,306	1,466	1,386	3,668	2,629	23,172	4,879
Yamaguchi	16,189	1,114	1,024	2,769	1,342	12,306	2,713
Tokushima	14,945	719	558	1,776	837	12,449	1,810
Kagawa	10,141	368	363	1,568	1,184	8,205	1,295
Ehime	17,877	1,065	883	2,896	1,167	13,916	1,761
Kochi	13,719	1,043	868	2,105	764	10,571	1,222
Fukuoka	36,907	1,159	1,062	3,483	1,905	32,265	3,151
Saga	10,667	618	581	1,264	832	8,785	1,312
Nagasaki	17,872	951	848	1,660	844	15,261	4,585
Kumamoto	25,534	1,244	1,161	2,951	1,545	21,339	3,486
Oita	17,984	1,055	972	2,527	1,391	14,402	3,836
Miyazaki	19,806	1,156	889	2,020	1,139	16,630	2,394
Kagoshima	26,828	1,284	1,205	3,516	2,022	22,028	2,204
Okinawa	7,919	480	467	1,047	917	6,392	2,480

자료: 일본국토교통성.

일본의 화물운송 실적 추이를 살펴보면, 2009년 기준 전체 실적은 약 48억톤이며, 이중에서 도로가 약 45억톤(92%)으로 가장 많은 비중을 차지하고 있다. 이어서 내항해운이 332백만톤, 철도가 43백만톤, 항공이 1.0백만톤 순으로 나타나고 있다.

표 4-3-50 화물운송 실적 추이(톤기준) (단위: 백만톤)

	전 체	도 로	철 도	내항해운	국내항공
1985	5,597	5,048	96	452	0.5
1990	6,776	6,114	87	575	0.9
1995	6,643	6,017	77	549	1.0
2000	6,371	5,774	59	537	1.1
2005	5,446	4,966	52	426	1.1
2007	5,394	4,933	51	410	1.1
2008	5,144	4,718	46	379	1.1
2009	4,830	4,454	43	332	1.0

자료: 일본국토교통성.

톤·km기준으로 살펴보면, 2009년의 전체 실적은 524십억톤·km이며, 이중에서 도로부문이 335십억톤·km(64%)로 역시 가장 많은 비중을 차지하고 있다. 이어서 톤기준과 마찬가지로 내항해운, 철도, 항공 순으로 나타나고 있다.

표 4-3-51 화물운송 실적 추이(톤·km) (단위: 십억톤·km)

	전 체	도 로	철 도	내항해운	국내항공
1985	434	206	22	206	0.5
1990	547	274	27	245	0.8
1995	559	295	25	238	0.9
2000	578	313	22	242	1.1
2005	570	335	23	212	1.1
2007	582	355	23	203	1.1
2008	558	346	22	188	1.1
2009	524	335	21	167	1.0

자료: 일본국토교통성.

품목별 자동차 화물 운송량 추이를 살펴보면, 전체 운송량은 2000년 약 58억톤에서 2009년 약 45억톤으로 감소추세를 보이고 있다. 2009년 기준 기타를 제외한 가장 많은 비중을 차지한 품목은 Gravel, sand and stone(531백만톤)이며, 이어서 Wastes(478백만톤), Food(444백만톤), Machinery(430백만톤) 순으로 나타났다.

표 4-3-52 품목별 자동차 화물 운송량 추이 (단위: 백만톤)

	2000	2005	2008	2009
전체(Total)	5,774	4,966	4,718	4,454
Cereals	39	44	46	46
Vegetables and fruits	90	84	84	79
Livestock products	44	44	35	43
Fishery products	41	41	37	43
Logs and lumber	191	171	166	158
Gravel, sand and stone	1,380	727	556	531
Industrial non-metallic minerals	240	183	330	292
Iron and steel	93	130	119	115
Non-ferrous metals	33	35	37	34
Fabricated metal products	146	87	99	86
Machinery	417	445	451	430
Ceramic products	449	310	304	247
Petroleum products	216	173	183	169
Chemicals and allied products	153	165	140	155
Paper and pulp	101	120	119	119
Food	427	453	463	444
Daily necessaries	263	294	288	272
Scraps	139	154	173	165
Feed and fertilizer of animal or vegetable origin	110	124	119	131
Wastes	744	743	523	478
기 타	458	439	446	417

자료: 일본국토교통성.

일본의 현재 고속도로 네트워크 현황을 지도를 통해 간략히 살펴보면 다음의 그림과 같다.

그림 4-3-3 일본 고속도로 네트워크 현황

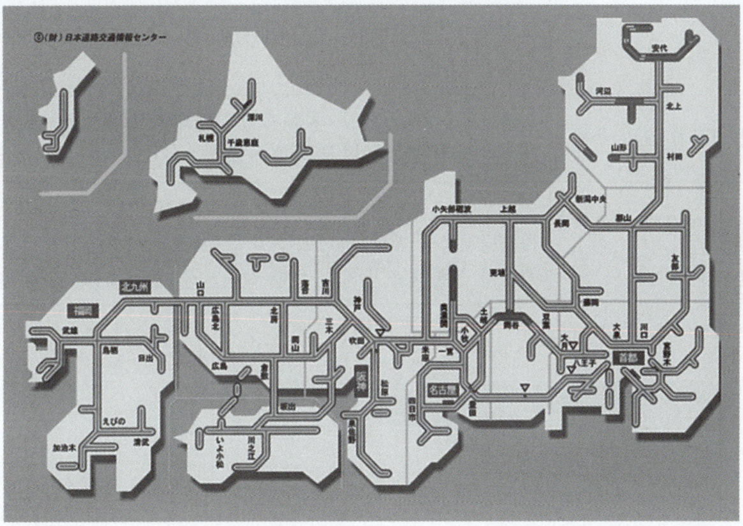

자료: 일본국토교통성.

2) 도로운송 관련 정부정책 방향

일본 물류정책의 기본방향42)은 다음과 같다. 즉, 경제구조의 글로벌화와 지구온난화대책의 필요성 증대, 화물보안 확보 요구의 증대 등 물류를 둘러싼 급격한 환경변화에 신속하고 적절하게 대응하기 위해 2013년을 목표연차로 '글로벌 공급망을 지원하는 효율적인 물류의 실현', '친환경적인 물류의 실현', '안전하고 정확한 물류의 확보' 3가지를 주요 목표로 종합적이고 체계적인 물류시책을 추진중이다.

이러한 일본의 물류정책 기본방향에서 국토교통성의 종합물류시책대강(2009~2013)에서 제시되어 있는 도로운송과 관련한 주요 정책을 간략하게 살

42) 국토교통성 종합물류시책대강(2009~2013) 자료.

펴보면 다음의 표와 같다.

표 4-3-53 도로운송 관련 주요 정책

구 분	주요 내용
기간네트워크 중점 정비	주요 공항 및 공항이나 물류거점으로의 접근성 개선, 대도시권 순환도로 정비 등
친환경 자동차 도입 촉진	화물자동차 연비 향상, 친환경 운전관리시스템(EMS)의 도입, 저공해차량 보급 촉진정책 등을 통해 화물자동차의 CO_2 배출량을 경감
도로운송 안전확보 기술 촉진	안전운행 지원을 위한 도로교통통신시스템(VICS), ETC 등 차세대 차량탑재기의 개발 및 보급, 고속도로교통시스템(ITS)의 추진, 화물트럭 교통사고 방지를 위한 선진안전자동차(ASV) 기술 개발 등

참고

일본의 주요 운송거점(트럭터미널)

전일본트럭터미널협회 자료 기준 주요 운송거점

(1) 삿포로(札幌) 트럭터미널

소 재 지	홋카이도 삿포로시
부지면적	99,954m²
선 석 수	177선석
화물취급능력	약 4,200톤/1일
개장시기	1971년 9월 27일
운영업체	(주)홋카이도트럭터미널
홈페이지	http://www2.ocn.ne.jp/~hototakk

(2) 이와테(岩手) 트럭터미널

소 재 지	이와테현
부지면적	56,156m²
선 석 수	84선석
화물취급능력	약 2,100톤/1일
개장시기	1974년 9월 1일
운영업체	(주)이와테트럭터미널
홈페이지	http://i-tt.jp

(3) 센다이항(仙台港) 유통터미널

소 재 지	미야기현 센다이시
부지면적	31,967m²
선 석 수	30선석
화물취급능력	약 1,100톤/1일
개장시기	1979년 8월 1일
운영업체	(주)센다이항유통터미널
홈페이지	-

(4) 센다이(仙台) 트럭터미널

소 재 지	미야기현 센다이시
부지면적	59,127m²
선 석 수	80선석
화물취급능력	약 2,540톤/1일
개장시기	1962년 11월 19일
운영업체	(주)센다이트럭터미널
홈페이지	-

(5) 센다이(仙台) 남(南)트럭터미널

소 재 지	미야기현 나토리시
부지면적	34,898m^2
선 석 수	40선석
화물취급능력	약 900톤/1일
개장시기	1978년 10월 13일
운영업체	(주)토호쿠고속도로터미널
홈페이지	http://www.tkdt.co.jp

(6) 코오리야마(郡山) 트럭터미널

소 재 지	후쿠시마현 코리야마시
부지면적	67,131m^2
선석수	45선석
화물취급능력	약 1,125톤/1일
개장시기	1976년 8월 1일
운영업체	(주)토호쿠고속도로터미널
홈페이지	http://www.tkdt.co.jp

(7) 아다치(足立) 트럭터미널

소 재 지	동경도 아다치구
부지면적	113,328m^2
선석수	320선석
화물취급능력	약 7,000톤/1일
개장시기	1977년 4월 1일
운영업체	(주)일본자동차터미널
홈페이지	http://www.j-m-t.co.jp

(8) 카사이(葛西) 트럭터미널

소 재 지	동경도 에도가와구
부지면적	184,976m^2
선석수	460선석
화물취급능력	약 11,500톤/1일
개장시기	1983년 4월 1일
운영업체	(주)일본자동차터미널
홈페이지	http://www.j-m-t.co.jp

(9) 이타바시(板橋) 트럭터미널

소 재 지	동경도 이타바시구
부지면적	115,828m2
선 석 수	320선석
화물취급능력	약 7,000톤/1일
개장시기	1970년 10월 26일
운영업체	(주)일본자동차터미널
홈페이지	http://www.j-m-t.co.jp

(10) 케이힌(京浜) 트럭터미널

소 재 지	동경도 오오타구
부지면적	242,068m2
선 석 수	467선석
화물취급능력	약 13,000톤/1일
개장시기	1968년 6월 14일
운영업체	(주)일본자동차터미널
홈페이지	http://www.j-m-t.co.jp

(11) 요카이치(四日市) 트럭터미널

소 재 지	미에현 요카이치시
부지면적	53,579m2
선 석 수	28선석
화물취급능력	약 840톤/1일
개장시기	1987년 4월 1일
운영업체	(주)산토쿠
홈페이지	http://www.s-peace.co.jp

(12) 동오사카(東大阪) 트럭터미널

소 재 지	오사카부 히가시오사카시
부지면적	163,479m2
선 석 수	346선석
화물취급능력	약 6,900톤/1일
개장시기	1968년 2월 15일
운영업체	(주)오사카부 도시개발
홈페이지	http://www.otk-group.co.jp

(13) 도쿠시마현(徳島県) 트럭터미널

소 재 지	도쿠시마현 토쿠시마시
부지면적	43,018m2
선 석 수	67선석
화물취급능력	약 1,300톤/1일
개장시기	1970년 5월 25일
운영업체	(주)오쿠시마현트럭터미널
홈페이지	-

(14) 시코쿠(四国) 트럭터미널

소 재 지	카가와현 다카마츠시
부지면적	76,033m2
선 석 수	102선석
화물취급능력	약 2,700톤/1일
개장시기	1971년 8월 11일
운영업체	(주)시코쿠트럭터미널
홈페이지	-

(15) 텐보잔(天保山) 트럭터미널

소 재 지	에히메현 이마바리시
부지면적	16,177m2
선 석 수	34선석
화물취급능력	약 1,000톤/1일
개장시기	1974년 8월 17일
운영업체	이마바리유통센터 협동조합
홈페이지	-

(16) 카고시마린카이(鹿児島臨界) 트럭터미널

소 재 지	카고시마현 카고시마시
부지면적	70,863m2
선 석 수	96선석
화물취급능력	약 3,600톤/1일
개장시기	1977년 11월 21일
운영업체	(주)카고시마현공동트럭터미널
홈페이지	http://www.j-bee.com/truck

(17) 쿠마모토(熊本) 트럭터미널

소 재 지	쿠마모토현 쿠마모토투시
부지면적	77,742m²
선 석 수	54선석
화물취급능력	약 1,350톤/1일
개장시기	1976년 6월 24일
운영업체	(주)큐슈고속도로터미널
홈페이지	-

(18) 토스(鳥栖) 트럭터미널

소 재 지	사가현 토스시
부지면적	41,164m²
선 석 수	40선석
화물취급능력	약1,000톤/1일
개장시기	1981년 4월 29일
운영업체	(주)큐슈고속도로터미널
홈페이지	-

(19) 히로시마시(広島市) 서부트럭터미널

소 재 지	히로시마현 히로시마시
부지면적	55,853m²
선 석 수	108선석
화물취급능력	약2,700톤/1일
개장시기	1977년 4월 1일
운영업체	(주)히로시마시유통센터
홈페이지	http://www.h-ryutu-c.jp

(20) 오카야마현(岡山県) 트럭터미널

소 재 지	오카야마현 오카야마시
부지면적	107,976m²
선 석 수	180선석
화물취급능력	약4,500톤/1일
개장시기	1975년 4월 3일
운영업체	(주)오카야마현트럭터미널
홈페이지	-

(21) 오사카남항(大阪南港) 트럭터미널

소 재 지	오사카부 오사카시
부지면적	79,142m2
선 석 수	164선석
화물취급능력	약3,621톤/1일
개장시기	1976년 10월 4일
운영업체	(주)오사카항트랜스포트시스템
홈페이지	http://www.opts.co.jp

(22) 북오사카(北大阪) 트럭터미널

소 재 지	오사카부 이바라키시
부지면적	174,607m2
선 석 수	424선석
화물취급능력	약10,000톤/1일
개장시기	1974년 3월 1일
운영업체	(주)오사카부도시개발
홈페이지	http://www.otk-group.co.jp

(23) 카나자와(金沢) 트럭터미널

소 재 지	이시카와현 카나자와시
부지면적	67,715m2
선 석 수	105선석
화물취급능력	약4,133톤/1일
개장시기	1977년 12월 1일
운영업체	(주)호쿠리쿠고속도로터미널
홈페이지	-

참고문헌

교통안전공단, "2008년도 교통부문 온실가스 배출량," 2010.
국토해양부, "제 2 차 도로정비기본계획(2011~2020)," 2011. 6.
국토해양부, "제 3 차 중기교통시설투자계획(안)(2011~2015)," 2011. 9.
국토해양부, "교통SOC 투자효과분석 및 투자효율화 방안 연구," 2010.
국토해양부, "국가기간교통망 제 2 차 수정계획," 2011.
국토해양부, "2010 도로업무편람," 2010. 6.
국토해양부, "2011 도로업무편람," 2011. 5.
국토해양부, "2010 도로현황조서," 2011.
국토해양부, "제 3 차 중기교통시설투자계획(안)(2011~2015)," 2011.9.
국토해양부, "국가기간교통망계획(2001~2020) 제 2 차 수정계획," 2010.
국토해양부, "국가물류기본계획 수정계획 2011~2020," 2011.
한국교통연구원, 2009년 "국가 교통수요조사 및 DB구축사업," 2010.
환경부, "국가온실가스 인벤토리 보고서," 2010.
일본국토교통성(http://www.mlit.go.jp/)
일본총무성통계국(http://www.stat.go.jp/)
중국교통부(http://www.moc.gov.cn/)
중국국가통계국(http://www.stats.gov.cn/)
KITA국제물류지원단(http://kilc.kita.net/kilc/main.jsp)

4-4 철도현황 분석

최근 세계적으로 친환경 운송수단에 대한 선호도가 높아지면서 철도운송에 대한 관심이 높아지고 있다. 철도는 타 운송수단에 비하여 공해물질의 발생이 현저하게 적고 적기에 대량수송이 가능하다는 큰 장점을 가지고 있으며 일본, 미국, 유럽 등 주요 선진국들은 철도 운송을 장려하는 정책을 위주로 내륙운송 정책을 추진하고 있다.

반면에 과거 우리나라는 일본 및 서구선진국과 달리 도로위주의 교통정책을 펼쳐옴에 따라서 친환경 고효율 교통수단인 철도가 도외시되어 왔으며 화물수송 점유율도 전반적인 하락세에 있다. 그러나 최근 정부는 이러한 점에 주목하여 철도 등을 중심으로 하는 녹색교통체계의 구축을 추진하고 있다.

또한 현재는 남북문제로 인하여 대륙과 철도노선의 직접적인 연결은 힘들지만 향후 남북관계 개선시 철도를 통하여 유라시아 대륙과 한반도가 연결된다면 동북아시아지역을 중심으로 물류체계가 급격하게 재편될 것으로 예상되며 이를 통하여 한국이 아시아와 유럽을 잇는 물류중심지로의 도약이 가능할 것으로 예상된다.

따라서 현재 한중일 3국의 철도 운송 현황과 각국의 관련 정책 및 계획 그리고 동북아시아 철도 연결사업 현황 및 계획 등에 대해 알아보고자 한다.

1. 철도 운송 개요

1.1 철도화물운송의 특성

철도화물운송은 비교적 안전한 운송수단으로서 대량의 화물이나 장거리 운송에 용이하며 비용이 저렴하다는 장점을 가지고 있다. 다른 운송수단과 달리 악천후에도 별 영향 없이 정시성을 유지할 수 있어 서비스의 신뢰성을 기할 수 있으며, 속도 면에서도 선박이나 트럭에 비해 크게 떨어지지 않는다. 또한 철도는 비교적 연료 소모량이 적어 연료 효율성이 높으며, 거리에 따른 비용의 증가가 적다. 그러나 도로운송과 비교해 볼 때 운송시간, 운송의 빈도 등에서 탄력성이 떨어지고, 문전에서 문전까지(door-to-door)의 운송이 곤란하므로 자체 완결력이 부족하며 철도시설의 완비를 위한 거액의 건설비 소요 등의 고정비용이 많이 든다는 단점을 가지고 있다.[43)]

표 4-4-1 철도화물운송과 공로화물운송의 비교

구 분	철도화물운송	공로화물운송
화물규모	중대량화물	소중량화물
운송거리	중장거리	단중거리
시장구조	독 점 적	경 쟁 력
시장진입비용	높 음	낮 음
운송완결성	낮음(터미널-터미널간 운송)	높음(door-to-door 운송)
운임수준 및 운임탄력성	장거리에서 낮은 편(비탄력적)	보통-높은 편(탄력적)
유 연 성	낮음(운송과정 및 화물처리의 복잡성)	높 음
접 근 성	낮은(궤도수송)	높 음
안 정 성	높 음	낮 음
환경친화성	높 음	낮 음

자료: 정승주, 문진수, "물류경쟁력 강화를 위한 철도화물운송 활성화 전략," 「한국철도 학회 논문집」, 2004, p. 9.

이와 같은 단점에도 불구하고 환경친화적이고 에너지 효율성이 높아 장래의 교통정책방향에 부응하는 대안 운송수단으로 인식되고 있으며 국제운송경로의 개발로 해상운송과 경쟁하며 지속적인 성장을 거듭하고 있다.[44)]

특히 최근 기후변화에 따른 저탄소 녹색성장 정책과 에너지 관리 및 대

43) 전순환, 「국제운송물류론」, 한올출판사, 2007, p. 182.

44) 정승주, 문진수, "물류경쟁력 강화를 위한 철도화물운송 활성화 전략," 「한국철도 학회 논문집」, 2004, p. 9.

체 에너지 개발정책이 사회·산업 전반에 걸쳐 추진됨에 따라 환경과 에너지 효율성의 중요성이 부각되면서 환경친화적이며 에너지 효율적인 철도 선호도가 증가하고 있다. 운송수단별 에너지 소모 및 CO_2 발생량을 비교해보면 다음 표와 같다.

화물운송을 기준으로 단위거리/무게당 화석연료의 소모를 비교한 결과 철도는 승용차 및 해운보다 현저히 적은 양을 소모하고 있으며, 이산화탄소 발생량도 해운의 약 32% 수준으로서 친환경운송수단임을 나타내고 있다.

표 4-4-2 수단별 에너지 소모 및 CO_2 발생 비교

구 분	구 분	승용차	버 스	철 도	해 운
화석연료 소모	여객 (TOE톤/백만인km)	5,703	1,583	661	9,827
	화물 (TOE톤/백만톤km)	9,520	-	971	3,423
이산화탄소 발생	여객 (톤/백만인km)	168.2	47.6	29.8	315.3
	화물 (톤/백만톤km)	299.6	-	35.9	110.6

자료: 한국철도공사, 「기후변화협약 대비 철도수송 효과 분석」, 2009.

1.2 철도운송관련 환경의 변화

기후변화 문제 해결을 위해 1992년 브라질 리우에서 열린 환경회의에서 기후 변화에 관한 UN협약(기후변화협약)의 채택을 시작으로 환경문제에 대한 국제적인 노력이 시작되었다. 기후변화협약은 2005년 교토의정서가 발효되면서 본격적인 이행체제로 전환되어 2008년부터 2012년까지를 1차 의무공약기간으로 정해 EU를 중심으로 38개 국가가 CO_2 등 6종 온실가스를 1990년 대비 평균 5.2% 줄이기로 합의하였다. 우리나라도 1993년 기후변화협약에 가입하였으며 비록 1차 의무공약기간에 포함되지는 않았지만 2013년부터 시작되는 제 2 차 의무공약기간부터는 의무감축대상국에 포함되어 있다.

온실가스의 배출비중은 산업부분이 가장 크지만, 이 부분을 줄이는 것은 생산활동을 줄이는 것이기 때문에 감축이 상당히 어렵다. 따라서 온실가스 배출비중의 21%를 차지하고 있는 교통물류부분이 주요 감축대상이 됨에 따라 선진국을 중심으로 각국은 교통물류부분에 대하여 친환경 정책들을 수립하고 있다.

특히 도로교통의 경우 교통부분에서 발생되는 온실가스 중 82%가 자동차 배기가스에서 발생되고 있으므로 이에 대한 개선이 시급하다. 이와 같은 도로교통의 문제점에 비하여 철도교통의 에너지 소비는 1/8.4(여객)－1/14.2(화물), CO_2 배출량도 1/13.4밖에 되지 않기 때문에 철도운송은 고효율, 친환경적인 대안으로서 각광받고 있다.

우리나라의 경우도 2013년경에는 온실가스 감축대상 국가에 포함될 전망임에 따라, 육상수송수단중 친환경 운송수단인 철도부문에 대한 활성화를 통해 녹색성장을 견인하는 국가물류정책 수립이 요구되고 있다.

2. 한중일 철도운송 현황

2.1 한　국

그간 우리나라의 물류체계는 화물 자동차 중심의 노동집약적 수송구조와 물류거점시설의 절대부족, 대량화물 운송수단인 철도에 대한 투자부족 및 연계 물류망이 미흡하여 철도화물이 감소하고 도로화물이 대폭적으로 증가해왔다. 이에 따라 국가물류비는 2008년 기준 128조원으로 2001년 이후 연평균 6.83%가 증가하고 있는 실정이다. 특히 수송비가 국가물류비에서 차지하는 비율이 2008년 기준 70.39%이며 수송비의 연평균 증가율은 7.34% 수준으로 전체증가율보다 높아 수송비의 절감이 물류경쟁력 강화를 위해서도 매우 필요한 상황이다.

표 4-4-3 국가물류비 추이 (단위: 십억원)

구 분	수 송 비		물류비총계
	수 송 비	전체대비(%)	
2001년	55,016	68.10	80,792
2002년	63,265	72.69	87,032
2003년	69,470	76.89	90,345
2004년	70,751	76.52	92,459
2005년	76,957	76.18	101,019
2006년	80,398	75.71	106,193
2007년	88,127	75.25	117,112
2008년	90,315	70.39	128,304
연평균 증가율(%)	7.34		6.83

자료: 국토해양부(http://stat.mltm.go.kr/portal/cate/statView.do).

국내철도화물운송 현황을 살펴보면, 철도의 화물수송은 2003년 4,700만톤을 정점으로 감소와 증가를 거듭하고 있으며 2009년과 2010년은 최근 10년간 최저 수치인 3,800-3,900만톤의 화물량을 기록하여 철도를 이용한 화물운송은 전반적인 하락세에 있는 것으로 나타났다. 반면 철도의 총연장을 나타내는 철도킬로는 관련 인프라 투자 및 확충에 따라 최근 증가하고 있는 것으로 나타났다.

철도운송관련 인프라를 살펴보면 전국 주요역에 철도CY, 양회Silo, 철강기지 등 82개의 물류기지와 12,755량의 화차를 운영중이다. 2011년 기준 전체 649개 역 중 134개 역에서 화물을 취급하고 있으며 화물 취급역수는 지속적으로 감소하고 있는 것으로 나타났다.

그림 4-4-1 철도화물 운송현황

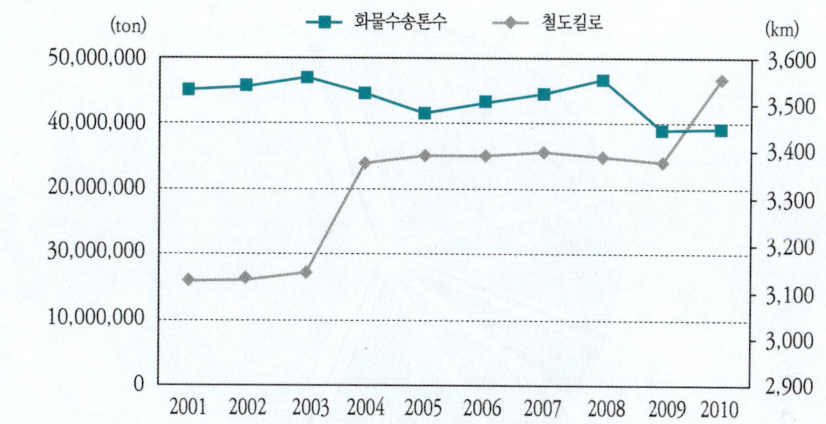

자료: 한국철도공사, 2010년 통계연보.

표 4-4-4 화물취급역 현황

구 분	2005년	2006년	2007년	2008년	2009년	2010년	2011년
화물취급역수	265	233	214	191	162	132	134

자료: 한국철도공사, 전게서.

화물 품목별 수송실적을 살펴보면 2010년을 기준으로 양회가 전체화물의 37.7%를 차지하고 다음으로 컨테이너, 무연탄, 잡화 등의 순이다. 최근 6년간 품목별 증감을 살펴보면 광석, 잡화, 양회, 컨테이너 등의 화물은 전체화물 연평균 증가율인 −1.2%보다 상대적으로 높은 증가율을 보여 그 비중이 증가하는 것으로 나타났다. 반면 청용, 비료, 유류 등은 철도를 이용한 운송량이 꾸준히 감소하고 있는 것으로 나타났다.

그림 4-4-2 2010년 화물 품목별 수송실적 비율

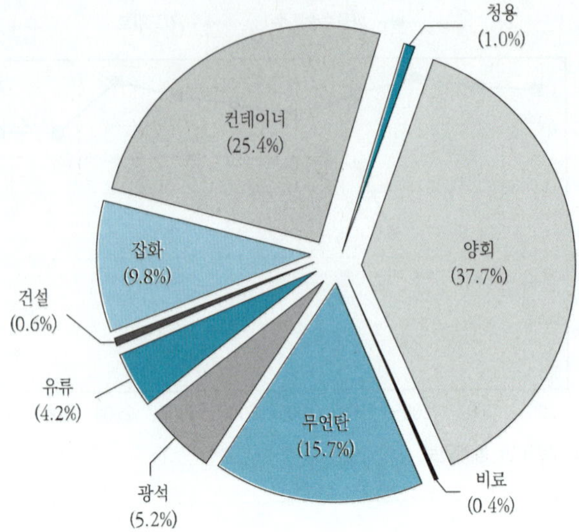

주: 청용(廳用)화물: 철도의 궤도, 노반 등 보수 및 정비에 사용되는 철도청 자체 수송 품목.
자료: 한국철도공사, 전게서.

표 4-4-5 철도화물 품목별 수송실적 (단위: 천톤)

종별 \ 연도	2005년	2006년	2007년	2008년	2009년	2010년	연평균 증감률
양 회 Cement	15,160	15,823	16,478	17,670	16,015	14,791	-0.5%
비 료 Fertilize	352	181	224	262	153	147	-16.1%
무연탄 Coal	6,566	7,368	6,878	7,077	6,367	6,170	-1.2%
광 석 Ore	1,967	1,758	1,999	1,939	1,969	2,023	0.6%
유 류 Oil	2,402	2,202	2,104	2,006	1,818	1,641	-7.3%
건 설 Other	283	256	230	182	252	254	-2.1%

잡 화 Miscell	3,837	3,685	4,237	4,684	3,335	3,850	0.1%
컨테이너 Container	10,034	11,253	11,729	12,443	8,511	9,948	-0.2%
청 용 KNR	1,065	813	652	540	477	393	-18.1%
계 Total	41,669	43,341	44,531	46,806	38,898	39,217	-1.2%

자료: 한국철도공사, 전게서.

국토해양부는 최근 주요정책방향을 "저탄소·녹색 교통물류 실현"으로 설정하고 지속적으로 감소하고 있는 철도화물운송량을 증가시키기 위하여 세부계획을 추진중에 있다. 제 2 차 국가철도망 구축계획(2011-2020)에 따르면 정부는 녹색철도물류체계를 구축한다는 비전아래 산업·물류거점간 대량·고속철도 물류네트워크를 구축할 계획이다.

세부 추진 방안은 다음과 같다.

① 경부 및 호남고속철도 개통 이후 기존 경부선·호남선을 주요 화물 발생 거점과 연계한 화물 중심 노선으로 전환하고 경부선은 충청권, 대경권, 동남권과 연계, 호남선은 충청권, 호남권과 연계 운영함

② 화물수송비율이 높은 주요 선로·구간의 선로용량 증대를 통해 철도의 수송능력을 확충하기 위해 컨테이너, 양회 등 철도의 주 수송품목을 대상으로 수송능력 증대 사업 추진함

- 강원·충청지역의 양회수송 능력 증대를 위해 태백선 제천~쌍용, 중앙선 제천~도담 복선전철화 등 추진
- 광양항·평택항 물동량의 원활한 수송을 위해 경전선 동순천~광양, 포승~평택 노선 등 건설 추진

③ 핵심 물류거점인 항만·산업단지·내륙화물기지를 간선 철도망과 연결하는 인입철도의 지속 확충함

- 부산신항, 광양항, 울산신항, 포항영일신항, 동해항, 마산신항 인입철도 등
- 군장산단, 여수율촌산단, 구미산단, 아산산단, 수도권 북부 내륙화물

기지 인입철도 등

④ KTX 화물전용칸 등을 통해 고부가가치 소량화물을 운송하기 위하여 도시내 당일배송을 전국 당일배송으로 전환하여 고부가가치 소량화물 증가에 대비

- 대량수송체계 도입을 통해 철송의 경쟁력을 제고하기 위하여 수송효율이 높은 2단적재열차를 경전선에 도입하고, 이후 성과에 따라 단계적으로 확대

그림 4-4-3 국가철도망 구축계획

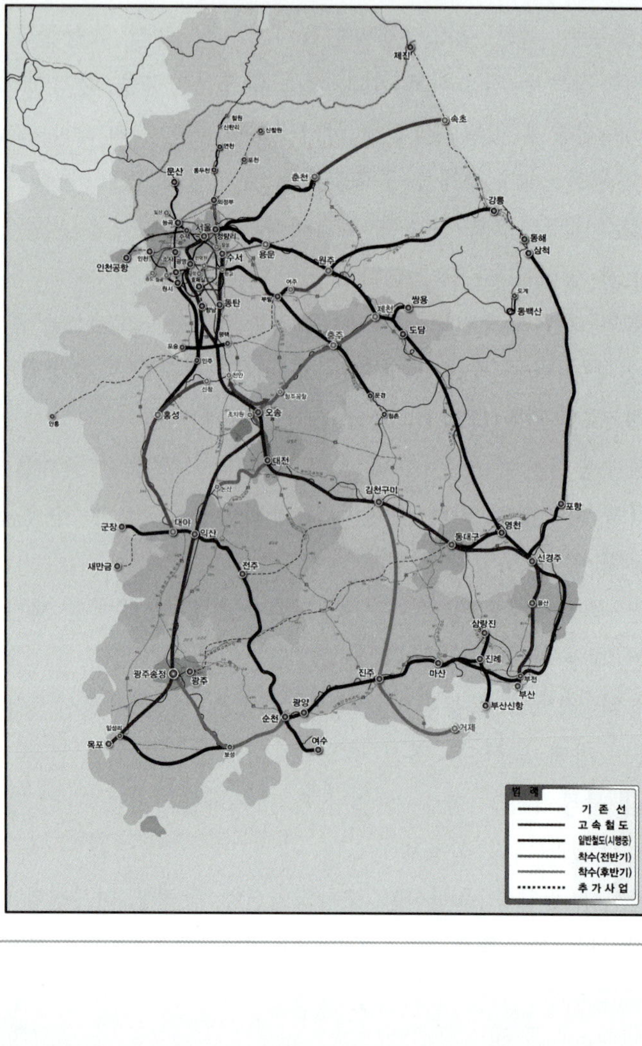

2.2 중 국

중국철도는 광대한 면적의 중국을 사회적으로 통합시키고 경제적으로 결속시키는 데 중요한 역할을 담당하고 있다. 따라서 중국의 주요 기간 철도망은 전 국토를 씨줄과 날줄로 엮는 남북노선과 동서노선으로 구성되어 있다. 남북 기간 철도망은 베이징(北京)을 허브로 베이징(北京)－광저우(廣州), 베이징(北京)－상하이(上海), 베이징(北京)－지우롱(九龙), 베이징(北京)－하얼빈(哈尔滨) 등의 노선으로 편성되어 있고, 동서 기간 철도망은 광저우(廣州)를 허브로 롄윈강(连云港)－란조우(兰州), 란조우(兰州)－우루무치(乌鲁木齐) 노선 등으로 구성되어 있다.[45] 이들 노선은 동부지역은 노선집적도가 높으나 서부지역은 노선집적도가 낮은 동밀서소(東密西疎)의 지역적 편차를 보이고 있다.

중국철도는 주요 에너지원인 석탄수송의 절반가량을 담당하고 있으며, 공산품 중 대형화물의 중·장거리 수송을 주로 담당하는 중요한 운송수단이다. 2010년 말 현재 중국철도의 총연장은 9.1만km로 미국에 이은 세계 2위이고, 2015년까지 12만km로 연장할 계획이며, 복선(复線)구간과 전철화구간도 현재 3.7만km, 4.2만km에서 2015년 각각 6만km, 7.2만km로 확대할 계획이다. 중국철도는 세계 철도 운송량의 24%를 차지할 정도로 이용률이 매우 높은 편이나 최근 폭증하는 인적·물적 수송량의 증가추세를 따라잡지 못하는 포화상태이다.

중국철도화물운송 현황을 살펴보면 철도화물수송량은 1990년대 이후 꾸준히 증가하고 있으며 이는 중국전체의 2000년대 이후 폭발적인 전체 화물수송량 증가에 기인하고 있다. 운송수요는 꾸준히 증가하고 있으나 관련 인프라 등의 한계로 인하여 철도의 화물 수송비중은 전반적으로 감소추세에 있다.

---

45) 원동욱 외, 「WTO와 중국, 그리고 동북아 물류환경」, 2008.

그림 4-4-4 중국철도노선도(2010년)

표 4-4-6 중국 철도운송현황(1990년~2010년)

구 분		1990년	1995년	2000년	2005년	2010년	연평균증가율 (2000-2010)
중국 전체	화물수송량 (억톤)	97.1	123.5	135.8	186.2	320.3	9.0
	화물수송량 (억톤. km)	26,207.6	35,908.9	44,320.6	80,258.1	137,329.0	12.0
철도	총 연장 (천km)	57.8	59.7	68.7	75.4	91.0	2.9
	전철화연장 (천km)	6.9	9.7	14.9	19.4	42.0	10.9

	화물수송량 (억톤)	15.1	16.6	17.8	26.9	36.4	7.4
	화물수송량 (억톤. km)	10,622.4	13,093.0	13,662.6	20,726.0	27,644.1	7.3

자료: 중국 국가통계국(http://www.stats.gov.cn/).

그림 4-4-5 중국 철도운송현황(1990년~2010년)

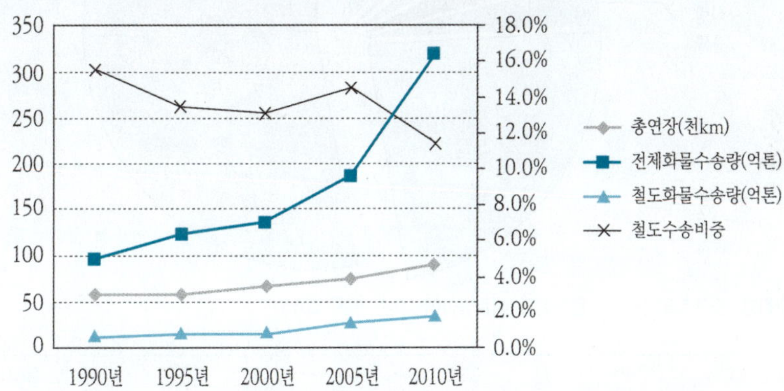

중국의 철도화물은 '계획화물'과 '계획외 화물'로 구분되며, 계획화물은 중국의 주요 에너지원인 석탄, 석유, 철강, 곡물 등 에너지 및 원재료와 전략화물이며, 이들 화물은 우선적으로 운송된다. 구체적으로 중국철도화물의 품목별 비중을 살펴보면 2009년을 기준으로 석탄이 전체화물의 53%를 차지하고 다음으로 금속광석이 23%, 석유, 식량 등의 순이다.

한편 중국의 철도는 대외무역에서도 상당히 중요한 역할을 하고 있는데, 국경을 접하고 있는 주변 16개 국가와의 교역에 있어 철도운송은 매우 중요한 역할을 담당하고 있다. 1992년 말 완공된 롄윈강(连云港)－우루무치(乌鲁木齐) 구간의 TCR(Trans-China Railway: 大陸橋)노선은 중앙아시아를 거쳐 러시아 철도(TSR: Trans Siberian Railway)로 연결됨으로써 유라시아 대륙의 통합적 물류체계를 형성해 가고 있다. 그리고 청두(成都)를 허브로 하는 남서부 철도는 동남아와 중국간의 경제교류에 큰 역할을 담당하고 있고, 베이징－하얼빈노

그림 4-4-6 철도운송화물 품목별 비중(2009년)

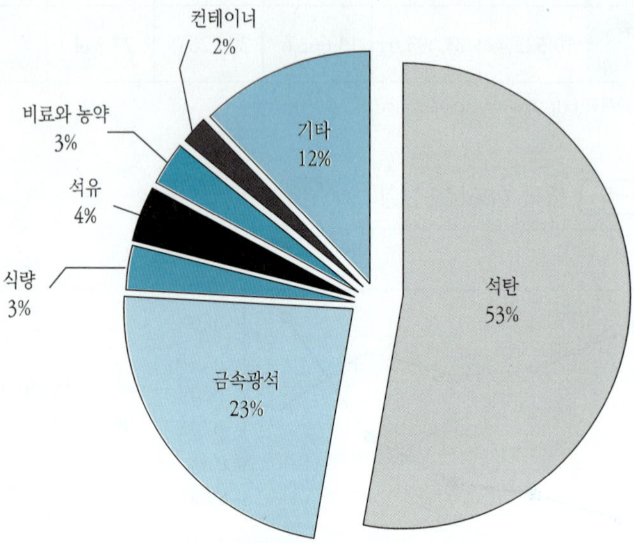

자료: 양경방, 중국철도 물류의 문제점과 해결방안에 대한 연구, 2010.

선은 중간에 북한의 신의주를 거쳐 한반도 종단철도(TKR: Trans Korean Railway)와 연결되기 때문에 향후 우리나라의 유라시아 대륙수송루트로서 중요한 역할을 담당할 수 있을 것으로 보인다.[46)]

중국은 그동안 철도시설에 대한 투자부족과 시스템의 낙후성으로 인해 여객 및 화물수송에 있어서 병목현상을 겪어왔는데 이러한 문제를 해결하기 위해 지난 2004년 1월 중국정부는 「중장기 철도망 계획」을 발표하여 "8종8횡"의 주간선을 강화하고 2020년까지 전국철도 총연장 10만km, 베이징－상하이 노선을 포함한 "4종4횡 여객운송전용 고속철도 건설계획"을 핵심내용으로 하는 전국 철도시설 확충계획을 추진하고 있다.

중장기철도망계획의 주요내용은 여객과 화물의 수요가 많은 주간선의 여객과 화물의 분선건설을 실현하고 복선화 및 전기화 비율을 50% 이상 되게 하여 수송능력을 증가시켜 철도운송수요에 대응하고 주요기술 및 장비의

46) 원동욱 외, 「WTO와 중국, 그리고 동북아 물류환경」, 2008.

수준을 선진국 수준으로 향상시킨다는 것이다. 또한 중국 정부는 여객전용철도를 확충한다는 목표아래 "4종4횡"계획을 추진중이며 주요 내용은 다음과 같다.

표 4-4-7 중국의 4종4횡

구 분	내 용
4종	4종의 여객전용철도 - 베이징(北京)-상하이(上海) 구간(초고속 철도) - 베이징(北京)-우한(武漢)-광저우(广州)-선전(深圳) 구간 - 베이징(北京)-선양(瀋陽)-하얼빈(哈尔滨) 및 다롄(大連) 구간 - 항저우(杭州)-닝보(寧波)-푸저우(福州)-선전(深圳) 구간
4횡	4횡의 여객전용철도 - 쉬저우(徐州)-정저우(鄭州)-란저우(蘭州)구간 - 항저우(杭州)-난창(南昌)-창사(长沙)구간 - 칭다오(青島)-스좌좡-타이위엔 구간 - 난징(南京)-우한(武漢)-충칭(重慶)-청두(成都) 구간
기 타	3대 경제구역 도시간 여객전용철도 - 환발해지구, 장각삼각주지구, 주강삼각주지구의 각 구역내 도시간 여객수송

자료: 무역협회 중국물류DB(http://www.kita.net/chinalogistics/).

중장기 철도망계획에는 철도 컨테이너운송 촉진을 위한 '전국 18대 철도 물류허브 구축사업'이 포함되어 있다. 2010년 7월기준, 6개 허브(상하이(上海)/쿤밍(昆明)/충칭(重慶)/청두(成都)/정저우(鄭州)/시안(西安))가 운영 중이며, 3개 허브(다롄(大連)/칭다오(青島)/우한(武漢))는 2010년내 완공, 나머지 9개 허브(광저우(广州)/선전(深圳)/닝보(寧波)/우루무치(烏魯木齊)/란저우(蘭州)/톈진(天津)/베이징(北京)/선양(瀋陽)/하얼빈(哈尔滨))는 2012년까지 완공할 예정이다. 이러한 컨테이너 철도물류허브 구축사업은 중국 최초의 철도운송 중외합자기업인 CRIntermodal사[47]가 담당하고 있다.

---

47) CRIntermodal(China Railway Intermodal, 中铁联集)사는 7개 주주사에 의해 2007년에 설립되었는데, 등록자본 42억 위안에 투자 지분은 중국철도부 직속의 CRCT(China Railway Container Transport) 34%, 홍콩의 NWS Holdings 22%, CIMC(China International Marine

중국정부는 지난 11·5계획기간(2006-2010) 동안 수송인프라 총 연장을 26.1% 확충함에 따라 여객수송량 59%, 화물수송량 71%가 증가하는 성과를 달성하였다. 동기간동안 철도의 총연장은 약 20% 증가하고 여객수송량은 44.8%, 화물수송량은 35.3% 증가하였다. 또한 12·5(2011-2015)계획을 통해 교통인프라의 확충을 지속하는 한편 기존인프라에 대한 유지관리 및 연계에 집중하여 국토차원의 경쟁력과 연계성을 강화할 계획이며 특히 친환경 교통, 에너지 절약형 교통, 첨단교통기술 등 교통선진국의 기반을 마련할 계획이다.[48]

그림 4-4-7 중국 18대 컨테이너 철도물류허브 위치도

자료: 중국 중장기철도망 계획도: KMI(2010), 중국물류리포트 제10-12호.

Containers) 10%, Hong Kong Promisky 10%, Deutsche Bahn 8%, CMA-CGM 8% 및 ZIM 8%로 구성됨.

48) 국토연구원, 한중간 전략적 복합물류시스템 구축 및 협력방안 연구, 2011.

2.3 일 본

일본의 철도는 여객수송은 활성화된 반면 화물수송에 있어서 철도가 차지하는 역할은 크지 않다. 1950년대 임해공업단지의 발달로 자동차 수송과 내항해운이 급격하게 성장함에 따라 철도화물의 1/3수준으로 형성된 해운운임 등의 요인으로 철도수송량은 점차 감소하고 있는 실정이다. 1950년대 초반 수송분담률의 50% 이상을 차지하였던 철도는 1990년대까지 급격하게 그 비중이 감소하였으며 2007년 수송톤킬로 기준 약 4%의 낮은 비중을 차지하고 있다.

일본의 철도는 일본국유철도(국철)에서 JR그룹으로 1987년 분할·민영화되어 화물운송사업과 부대사업을 중심으로 운영되고 있으며 2010년 기준 총 영업구간은 약 26,915km, 여객수송량은 약 22,669백명, 화물수송량은 약 43,647백톤이다.

그림 4-4-8 운송수단별 수송분담률 추이

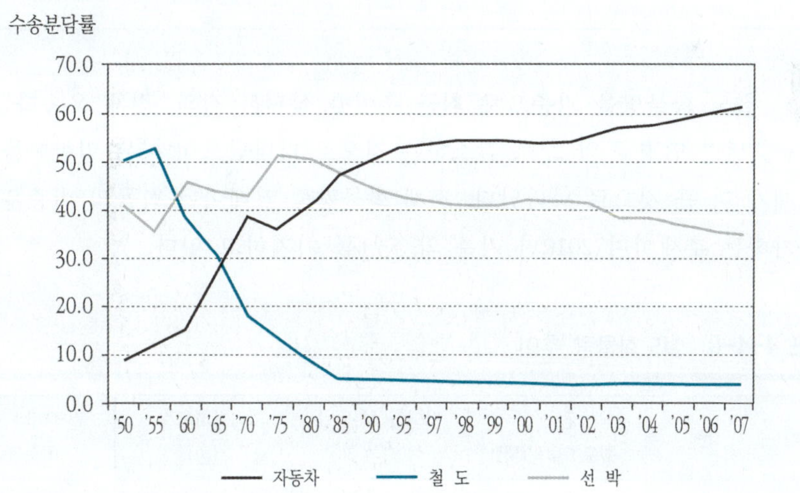

자료: 일본국토교통성, 철도 수송 통계 월보.

그림 4-4-9 일본 철도노선 현황

자료: 한국무역협회 일본물류포털(http://www.japanlogis.net/).

철도 화물량을 기준으로 최근 추이를 살펴본 결과, 전체 운송화물량은 최근 7년간 연평균 약 2.9% 감소하는 것으로 나타났으며 이는 일반화물의 감소세가 더 큰 것으로 나타났다. 전체 화물량중 컨테이너 화물의 비중은 점차 증가하는 추세이며 2010년 기준 약 53%를 차지하고 있다.

표 4-4-8 철도화물량 추이

구 분	전체 철도화물량(톤)	컨테이너화물량(톤)	일반화물량(톤)	컨테이너 화물 비중(%)
2003년	53,602,472	24,676,951	28,925,521	46.0
2004년	52,219,204	24,645,998	27,573,206	47.2
2005년	52,473,492	25,163,697	27,309,795	48.0

2006년	51,871,919	26,241,442	25,630,477	50.6
2007년	50,850,323	26,624,349	24,225,973	52.4
2008년	46,225,217	25,181,675	21,043,542	54.5
2009년	43,250,531	22,987,399	20,263,132	53.1
2010년	43,647,118	23,144,980	20,502,138	53.0
연평균 증가율(%)	-2.9	-0.9	-4.8	

자료: 일본국토교통성, 철도 수송 통계 월보, 2011년(헤이세이 23년) 11월.

화물의 품목별 구성을 조사한 결과 컨테이너가 약 52%, 공업제품 31%, 원재료 15% 등인 것으로 나타났다.

그림 4-4-10 철도화물 품목별 비중

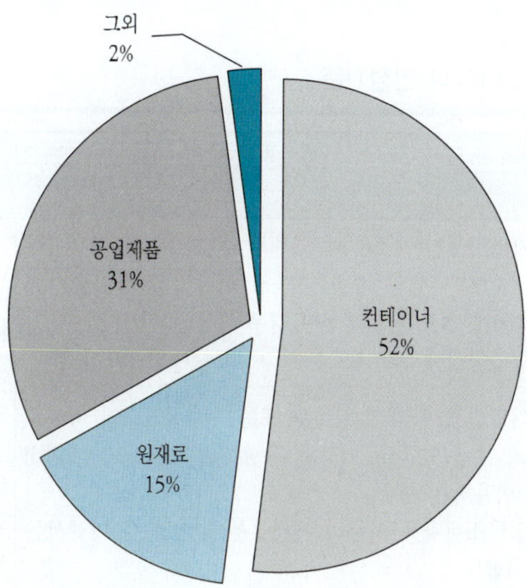

자료: 일본국토교통성, 전게서.

2008년부터 교토의정서의 의무국이 된 일본은 2010년까지 1990년대비 6%의 온실효과가스 배출삭감이라는 과제가 주어지면서 철도를 포함한 모달

시프트 추진을 중심으로 한 환경부하가 작은 물류체계를 구축하기 위하여 노력하고 있다.

일본은 기존의 도로운송에서 철도운송으로의 모달쉬프트를 촉진하기 위해 철도화물협회에 의한 인정(認定)사업을 실시하고 있으며 인정을 받은 기업에 한해 철도화물협회는 에코레일마크를 사용토록 허가하고 있다.

철도화물협회의 인정(認定)사업은 상품과 기업을 대상으로 하며 에코레일마크는 상품이나 카탈로그 등에 표시할 수 있도록 하고 있다. 본 인정(認定)사업의 목적은 일반소비자에게 ① 철도화물수송이 친환경적이며 ② 철도로 수송된 상품을 구입함으로써 CO_2 삭감에 공헌하고 있음을 인식시키고 ③ 기업이 환경문제에 적극적으로 대응하고 있다는 것을 사회에 알리는 것이다.

이런 사업과 함께 일본 정부는 환경친화적인 철도의 활성화를 위한 다양한 정책을 실시하고 있는데 이중 컨테이너 화물열차의 장대편성 등과 같은 철도화물의 수송력 증강정책이 집중적으로 추진되고 있다.

표 4-4-9 에코레일마크의 인정기준

<table>
<tr><th>인정 대상</th><th colspan="2">인정기준</th></tr>
<tr><td>상 품</td><td>1. 해당상품(기업전체의 제조분)에 대해서 수량 또는 수량×거리에 비율로 30% 이상의 수송(500km 이상의 육상화물수송(철도 + 트럭))에 철도를 이용하는 경우
2. 해당상품(동일공장에서의 제조분)에 대해서는 상기와 동일함</td><td rowspan="2">[수량]이란 수, 중량 또는 용적의 중량 중 하나로 함.

500km미만의 전육상화물수운송(철도 + 트럭)의 경우 인정기준을 충족하는 경우도 대상이 됨.</td></tr>
<tr><td>기 업</td><td>1. 해당기업(기업전체)에 대해서 수량 또는 수량×거리에 비율로 15% 이상의 수송(500km 이상의 육상화물수송(철도 + 트럭))에 철도를 이용하는 경우
2. 해당기업(일반소비자용 상품의 제조부문에 한정)에 대해서는 상기와 동일함
3. 해당기업(일반소비자용 제조부문도 포함)에 대해서 수량으로 연간 1만5천 톤 이상 또는 수량 × 거리가 연간 1,500만 톤키로 이상의 수송(500km 이상 육상화물수송 또는 전육상화물수송을 대상으로 함)에 철도를 이용하는 경우</td></tr>
</table>

자료: 물류신문(2011. 03. 14.).

3. 동북아시아 횡단철도 연결사업의 현황과 전망

3.1 아시아 횡단철도 북부노선 연결사업

동북아시아는 면적과 인구가 전세계의 약 1/4을 차지하는 광활한 지역이며, GDP와 무역액 등의 경제규모에서 약 20%를 차지하고 있다. 지속적으로 성장하고 있는 중국, 경제대국인 일본과 함께 동북아지역이 세계경제에서 차지하는 비중은 더욱 커질 가능성이 높다.

동북아지역 국가들은 FTA나 지역통합전략의 향방을 전망하면서 고도 물류시스템 구축을 국가전략의 하나로 추진하고 있으나 동북아지역내 철도운송은 해상 및 항공 운송부문과는 달리 상대적으로 낙후되어 있다. 이는 한반도의 남북한간 철도노선의 단절, 일본과 대륙철도와의 단절, 철도 인프라 부족 등이 주요 원인이며 따라서 철도가 동북아지역 국가를 망라하는 역내 복합수송을 위한 역할을 다하지 못하고 있는 실정이다.

이와 관련하여 UN ESCAP(아시아·태평양 경제사회이사회)은 1992년부터 국제 복합수송체계 구축을 위한 시도로서 아시아횡단철도 프로젝트를 진행하고 있다. 아시아횡단철도사업의 실현을 위해 1단계 아시아횡단철도 노선의 지정, 2단계 국경통과절차 간소화, 3단계 국제협정체결, 4단계 철도운행 추진 등의 순서로 계획을 수립하고 추진하고 있다. 이와 관련하여 동북아시아 지

표 4-4-10 아시아횡단철도 노선과 관련국 현황

TAR노선	관 련 국
북부노선	한국, 북한, 중국, 러시아, 몽고, 카자흐스탄
남부노선	중국남부지방, 미얀마, 방글라데시, 인도, 파키스탄, 이란, 스리랑카, 터키
아시아노선	아세안 국가 및 인도차이나 지역국가
남북노선	북유럽, 러시아, 중앙아시아, 페르시안 걸프지역

자료: Http://www.unesacap.org/tctd/lt/altid.htm

역의 관련국들이 참가하여 아시아 횡단철도 북부노선의 경쟁력을 확보하기 위한 문제점을 협의하고 개선방안을 도출하고자 노력하고 있으나 동북아지역의 남북 분단상황 및 낙후된 철도인프라, 초국경적인 철도정책의 부재 등으로 인하여 더디게 진행되고 있는 상태이다.

동북아시아지역의 철도 연결사업은 크게 TKR과 대륙철도(TSR, TCR)간의 연결관련 사업과 일본철도의 대륙철도 연결을 위한 한일터널을 통한 철도연결 사업 등이 주로 논의되고 있다. 따라서 동북아시아 주요 횡단철도 노선현황 및 각국의 관련 계획을 살펴보고 이에 따른 동북아시아 철도연결사업의 시사점을 살펴보고자 한다.

그림 4-4-11 유라시아 철도망

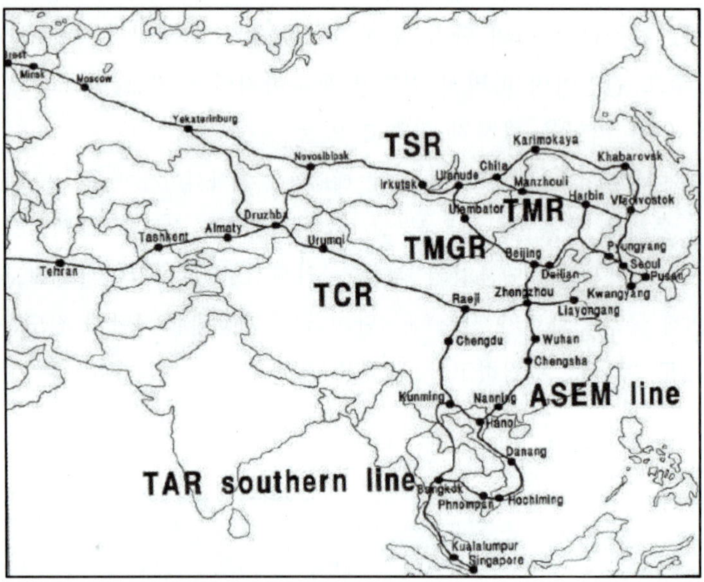

자료: 신종서(2000), 한국철도와 시베리아횡단철도 연결의 기술검토방향.

3.2 동북아시아 횡단철도 노선현황

1) 시베리아 횡단철도(TSR)

시베리아횡단철도(TSR: Trans Siberia Railway)는 노선 총연장이 9,441km로서 시발점인 러시아 핫산역과 보스토치니항에서 모스크바를 연결한다. 보스토치니항은 캄차카반도, 사할린, 일본 및 한반도로부터의 해상화물 집결지이고, 핫산역은 한반도 및 두만강지역으로부터의 화물집결지이다. TSR 노선은 모스크바에서 두 갈래로 분기되어, 상트페테르부르크를 경유, 핀란드로 연결되는 노선과 벨로루시를 거쳐 폴란드, 독일, 헝가리 등으로 연결된다.

TSR의 궤도폭은 광궤(1,520mm)이며, 모든 구간이 복선으로 전철화되어 있다. 모두 36개의 역이 있으며, 그 중 13개 역에서는 40피트 컨테이너를 취급할 수 있는 특수 장비가 갖추어져 있다.

그림 4-4-12 시베리아 횡단철도 노선도

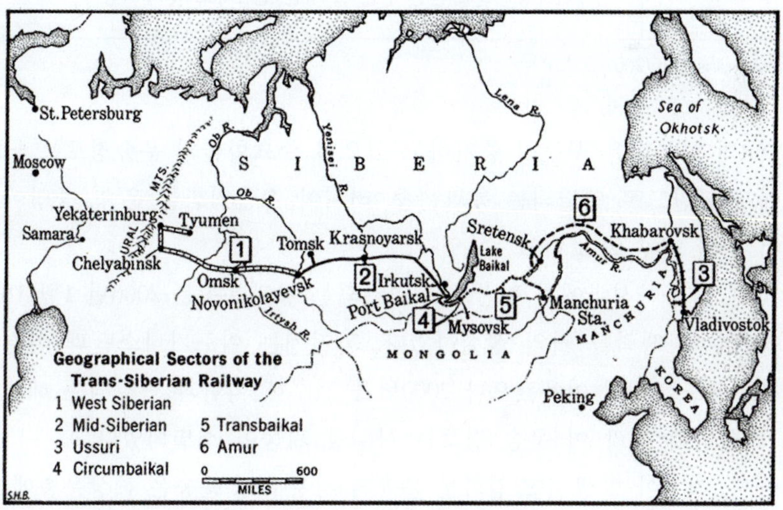

자료: UN ESCAP.

표 4-4-11 시베리아 횡단철도 주요 노선현황

구 간	주요특징 및 운영현황
옴스크(Omsk)~노보시비르스크(Novosibirsk)	• 우랄 공업지대와 쿠즈바스 공업지대를 연결하는 동맥 • 화물운송수요와 열차운행 밀도가 가장 높음
노보시비르스크~타이세트(Taishet)	• 전원공급방식이 직류에서 교류로 바뀌므로 구간 내에서 기관차 교체가 이루어짐 – 노보시비르스크~마린스크(Marinsk) 간은 직류, 마린스크~타이세트 간은 교류임. 따라서 마린스크에서는 기관차 교체가 불가피
타이세트~울란우데(Ulan Ude)	• 바이칼산맥을 횡단하게 되어 있는바, 그 중 일부구간인 지마(Jima)~스루잔카(Suruzanka) 간은 직류전기기관차가 견인하므로 역시 기관차 교체가 요구됨
울란우데~카림스카야(Karimskaya)	• 표고 1,500m 이상의 산악지대를 통과하기 때문에 노반의 기복이나 노선의 만곡이 큼 • 급구배 지역에서는 열차중량 및 속도의 제한, 기관차의 추가사용이 필요함
카림스카야~하바로프스크(Khabarovsk)	• 호안령 부근에서 지형이 험준하고 급구배, 급커브가 많아 시베리아횡단철도 본선 구간 중 평균 열차속도 및 열차중량이 가장 낮음

자료: www.transsib.ru(2007. 5. 12).

TSR의 화물량은 꾸준히 증가하고 있으며 주요화물의 운송경로는 극동아시아에서 핀란드로 연결되는 통과운송, 러시아 수출입화물 운송, 중앙아시아 수출입 화물 운송으로 나눌 수 있다.

첫째, 극동아시아에서 핀란드로 연결되는 통과운송은 2006년 1월 TSR 운임인상이후 경쟁력을 거의 상실하였다. 과거에는 아프가니스탄과 연결되는 통과운송에도 TSR이 이용됐으나 2000년을 전후해 이란과 연결되는 해상운송로가 개설됨에 따라 이 운송 경로는 사실상 기능이 소멸되었다.

둘째, 러시아 발생 수출입화물 운송의 경우 TSR 운송은 해상운송에 비하여 확고한 경쟁력을 가지고 있다. 예를 들면, 부산 → 모스크바 운송의 경우 TSR운송이 FEU 당 5,300USD인 데 비하여 해상운송은 7,200USD로 36% 정도 높다. 뿐만 아니라 운송기간도 TSR이 약 25일인 데 비하여 해상운송은 약 35

일로 TSR 운송이 절대적으로 유리하다. 이에 따라 TSR을 이용한 러시아 수출입화물 운송은 꾸준한 증가세를 유지하고 있다.

셋째, 중앙아시아 수출입화물 운송 역시 해상운송보다 TSR 운송이 운송시간과 비용면에서 유리한 것으로 나타나고 있다. 중앙아시아 수출입화물의 운송은 노보시비리스크에서 TSR과 분기되어 카자흐스탄과 우즈베키스탄으로 연결되는 철도를 이용하게 된다.

TSR은 러시아 수출입 화물 운송에 있어 시간 및 비용면에서 해상운송에 비하여 경쟁우위를 점하고 있으나, 지속적으로 인상되고 있는 운임, 시설낙후로 인한 환적 및 하역시간 지연, 운송정보시스템의 미흡함, 화물운송의 신속성 결여, 운송서비스의 안정성 미확보, 보스토치니항의 환적통관절차 및 화물검사 지체 등으로 인한 체화 등이 개선되어야 할 문제점으로 나타나고 있다.

TSR이 활성화되려면 동북아지역 물류 중심지로서 화물운송이 집하되는 화물운송센터와 철도가 직접 연결되어야 하지만, 현재 러시아 극동의 항구(보스토치니항 등)들이 TSR의 기종점으로서의 역할을 제대로 수행하기에는 일정한 한계가 존재한다. 따라서 TSR이 물동량이 많은 한국과 일본의 육로수송을 담당하기 위해서는 동북아지역 물류센터의 위치에 있는 부산항과 연결되어야 하며, 그러기 위해서는 TKR과의 육로 연결이 필수적이다.

2) 중국횡단철도(TCR)

중국횡단철도(TCR: Trans China Railway)는 연운항을 기점으로 중국대륙 및 중앙아시아, 러시아 및 유럽 등으로 연결되는 복합운송루트이다. TCR은 표준궤철도로 총연장 4,114km이며 3개의 철도노선으로 연결된다. 연운항과 란주간의 용해선(1,795km), 란주와 우루무치간의 란신선(1,892km), 우루무치와 아라산쿠간의 북강선(460km)으로 구성되어 있다. TCR은 1992년에 시베리아 횡단철도와 연결되어 있으며, 복선구간은 76.6%이며 직류전압을 이용하는 전철화구간은 28.8%이다.[49)]

---

49) 이상협, "범아시아철도의 컨테이너 화물수송노선 대안 및 사업추진방안," 『대한토목학회 논문집』, 2002년, p. 631; 하영석, "아시아－유럽 간 대륙철도 복합운송로의 경제성 비교분

중국횡단철도는 북한철도와 연결되며, 바로 TSR과 연계되기도 하고, TMR(만주철도 또는 장춘철도) 및 TMGR을 이용하여 TSR과 연계된다. TCR노선은 2004년 4월부터 중국연운항부터 카자흐스탄 알마티까지 편도로 블록트레인 운송 서비스를 시작하였으며 주 5회 이상을 운행하고 있으며 이를 확대하여 청도항, 천진항에서도 아라산쿠까지 운행하고 있다.

TCR 노선의 문제점[50]으로는 공컨테이너의 회수 전용화차 부족, 중국자국의 석탄수송을 위한 일반화차의 우선배정정책으로 화물의 출발지연, 운송서비스의 신속성 결여, 수송의 안정성문제, 일부국가와의 철도선로 간격의 차이, 화물추적 시스템의 결여, 환적시 역이나 국경의 과도한 환적소요시간 및 도난 및 파손 발생 등이 문제점으로 나타났다.

유라시아 철도연결 사업에 대한 중국의 기본적 입장은 대륙철도를 통해 중국경제가 활성화되고 현재 추진 중인 개방정책이 탄력을 받으며 유럽~아시아 간 교류를 확대할 것이라는 관점에서 유라시아 철도연결을 강력하게 지지하고 있다. 그러나 현재 중국정부는 러시아만큼 남북철도 연결에 커다란 관심을 보이고 있지 않으며, 내심 러시아의 TSR과 경합관계에 있는 TCR을 통해 유라시아횡단철도시스템이 구축되기를 바라고 있다.[51]

TCR의 활성화는 중국 내 주요 에너지 산지와 산업중심지를 연결하며 원거리에 있는 낙후된 지역의 개방을 가속화시켜 중국의 경제성장을 촉진하고 지역간 균형발전을 이루려는 중국정부의 정책에 기여할 것으로 판단하고 있다.

TKR과 TCR이 연계될 경우 가장 우선적으로 전망해볼 수 있는 파급효과는 육상수송로가 확보됨에 따라 중국의 동북3성(길림성, 요령성, 흑룡강성)의 지하자원, 공산품의 對한국·일본 수출확대가 예상된다.

따라서 중국은 대륙횡단철도가 가져오는 막대한 운송수입 및 운송망 확충을 통한 경제성장의 극대화에 있어 철도역할의 중요성을 인식하여 철도의

석," 『한국해운학회지』, 제36호(2002년), p. 50.

50) 이재학 외(2007), pp. 48–51; 한국해양수산개발원(1998), pp. 24–28; 한국교통연구원(2005), pp. 211–212, TCR노선의 문제점을 요약함.

51) 김상균(2010), "동북아 철도망구축을 위한 남북철도인프라 협력사업의 통합적 추진방안 연구."

현대화 작업을 서두르고 있다. 철도의 전철화, 복선화작업이 급속히 진행되고 있으며, 서비스질 향상, 열차속도 개선, 노후화된 철도시설에 대한 개선을 적극적으로 추진하고 있다. 특히 시베리아횡단철도보다 운송거리가 짧다는 이점을 최대한 활용하여 동북아시아지역에서 발생하는 수출입화물운송을 적극 유치하려고 노력하고 있다.

3) 만주횡단철도(TMR)[52]

만주횡단철도(TMR: Trans-Manchuria Railway)는 다롄항을 기점으로 출발하여 투먼을 거쳐 만주지역을 지나 중국과 러시아의 국경역인 만저우리역을 통과하고 러시아의 카림스카야 역에서 시베리아 횡단철도와 연계되어 유럽의 주요도시로 연결된다. TMR의 중간 구간인 빈저우철도는 헤이룽장 성의 하얼빈에서 시작하여 서북쪽의 만저우리로 이어지는 총 연장 935km에 이르는 구간을 운행한다. 빈저우 철도는 동북3성의 대외무역에서 상당히 중요한 역할을 하고 있다. 현재 빈저우 철도는 중국이 주변국가와 왕래하는 몇 개의 간선철도 중에서 가장 중요한 철도로 평가받고 있다. 그리고 하대선(하얼빈~다롄)은 TMR 중 중요한 구간으로 중국 동북을 관통하고 관내(關內)와 관외(關外)를 연결하는 교통 대동맥이다. 하대선의 총 연장은 944km이며, 동북3성의 주요 공업지역, 정치중심지 및 항만과 연결되어 있다. 만저우리시는 유럽과 아시아를 잇는 중국의 교통 허브의 하나로 러시아와 접경하고 있으며 국경의 길이가 54km 이른다. 만저우리역은 빈저우철도의 종착역으로 만저우리시의 북단에 위치하여 있고, 중·러 국경과 9.8km 떨어져 있다. 만저우리역과 접하여 있는 러시아역은 자바이칼스키 역으로 국경선에서 1.3km 떨어져 있다. 중·러 양국의 철도선로가 각각 표준궤와 광궤로 서로 다르기 때문에 이 지역을 통과하는 수출입 화물은 국경역에서 환적이 요구되고 있다.

4) 몽골횡단철도(TMGR)

몽골횡단철도(TMGR: Trans-Mongolia Railway)는 중국의 투먼에서 출발하여 장춘, 선양, 칭황다오, 텐진, 베이징, 울란바토르, 몽골과 러시아의 국경역인

52) 안복균(2011), 한일터널 구상과 동북아 경제통합에 관한 연구.

후허하오터 역을 경유하고 러시아의 울란우데 역에서 TSR에 연계되어 유럽의 주요도시로 연결된다.

TMGR의 주요구간인 지얼 철도는 징바오(베이징~바오토우) 철도가 통과하는 지닝에서 출발하여 서북쪽으로 내몽골 자치구의 중북부에 위치한 에렌호트(Erenhot)에 이르는 구간으로 333km에 이른다. 이 철도는 중국이 몽골과 통하는 중요한 철도간선이자 또한 러시아와 통하는 운송루트이기도 하다. 지얼철도는 빈저우(濱州) 철도의 과중한 운송부담을 줄이고, 관내지역에서 러시아 및 유럽지역에 통하는 가장 짧은 철도운송루트이다.

다롄에서 베이징을 거쳐 에렌호트에 경유해서 모스크바로 가는 것이 만저우리를 경유하는 것보다 1,141km나 단축되는 효과를 갖는다. 그리고 몽골 횡단 철도는 북한철도에서 단둥, 다롄, 선양, 베이징 등을 경유하여 지얼철도와 연계가 이루어지는데, 특히 이 노선은 동북지역 내 경제가 가장 활성화되어 있는 랴오닝 성을 통과함으로써 최근 들어 물동량 증가추세가 뚜렷하게 나타나고 있다.[53)]

몽골은 내륙국가(land-locked country)라는 한계 때문에 항구와 직접 연결할 수 있는 교통로의 확보가 향후 대외경제관계 발전을 가늠할 수 있는 관건이 되고, 이런 관점에서 TMGR을 활성화하려는 전략을 취하고 있다.[54)] 따라서 TMGR이 모스크바와 북경을 연결하는 가장 짧은 육상수송로라는 장점을 강조하면서 현재 동북아에서 논의가 활성화되고 있는 통합운송망 구축과 아시아~유럽 간 국제화물 운송루트 개발에서 자국철도의 위상을 격상시키려는 노력을 진행하고 있다.

또한 동북아를 유럽과 연결하는 대안으로서 몽골 동부~지린~두만강을 연결하는 운송루트를 개발하려는 정책을 추진하고 있는데, 향후 대륙 철도망 연결과 이에 따른 두만강지역 개발 사업이 활성화될 경우이 노선을 통해 태평양으로 진출할 수 있는 수송로를 확보하게 되고, 수송 경로를 따라 장기적으로 낙후된 몽골과 중국과의 국경지역을 개발하는 계기가 될 것이다.[55)]

---

53) 안복균(2011).

54) 나희승, "최근 남북·대륙철도 협력현황과 동북아철도협력 구상,"『한국철도학회지추계학술대회』, 2006, p. 52.

55) 김인혁, "몽골자원개발과 관련한 철도건설계획 및 기존선(대륙철도 TMGR) 현황조사,"

현재 대륙철도망으로서 TMGR의 경쟁력은 다른 노선에 비해 시설과 용량, 서비스 등에서 낙후되어 있기 때문에 조기에 활성화될 가능성은 별로 없지만 TKR~TSR 연결을 계기로 동북아의 통합수송망이 확보되면, 몽골을 포함한 낙후된 동북아지역의 지역개발이 촉진될 것이고, 그에 따라 대안루트를 개발하는 국가 간 지역협력이 진행될 것으로 판단된다.[56)]

5) 한반도종단철도(TKR)

한반도종단철도(TKR: Trans-Korea Railway)는 한반도와 중앙아시아 및 유럽의 연결을 목표로 추진하는 철도 노선으로 2000년 9월에 시작된 남한과 북한 간의 경의선 철도 복원공사를 기점으로 거론되기 시작하였다.

현재 검토되고 있는 TKR을 이용한 대륙철도 연결노선1은 TKR(경원선)－TSR연결노선으로서 한국의 부산에서 출발하여 북한의 원산, 청진, 라진을 경유하고 북한의 국경역인 두만강에서 러시아의 하산을 통과한 후 TSR과 연결되는 노선이다. 부산에서 두만강역까지의 연장은 1,313km이다. 이 노선의 장점은 다른 노선에 비해 국경통과를 한국과 북한국경, 북한의 두만강역과 러시아의 핫산역 사이에서 2회만 시행하면 유럽전역으로 운송이 가능하다는 것이다.

연결노선2는 TKR-TCR-TSR연결노선으로 한국의 부산에서 출발하고 서울, 개성, 평양을 거쳐 북한의 국경역인 신의주에서 중국의 단동으로 이어져 TCR에 연결되는 노선이다. 부산에서 신의주까지의 연장은 945km이며 유럽으로 연결되기 위해서는 중국, 카자흐스탄, 러시아를 통과해야 하므로 총 4회의 국경통과가 발생한다.

연결노선3은 TKR-TMR-TSR연결노선으로 부산, 서울, 신탄리, 평강, 회령, 남양까지의 TKR노선과 중국만주의 도문, 하얼빈, 만주리역까지의 TMR노선 및 TSR노선으로 연결되는 노선이다. 부산에서 남양까지 연장은 1,354km이며 한국, 북한, 중국, 러시아를 통과한다.

『한국철도학회지』, 제12권 제 3 호, 2009, p. 71.

56) 김상균(2010), 동북아 철도망구축을 위한 남북철도인프라 협력사업의 통합적 추진방안 연구.

연결노선4는 TKR-TMGR-TSR연결노선으로 한국의 부산, 서울, 문산을 거쳐 북한의 개성, 평양, 신의주까지의 TKR노선과 TCR의 단둥, 베이징을 거쳐 TMGR의 울란바토르를 통과하여 TSR과 연결되는 노선이다.[57)]

위와 같은 한반도의 대륙연결 철도망을 구축하기 위해서는 먼저 한반도 종단철도의 연결이 선행되어야 한다. 남북한간에는 4개소의 단절된 구간이 존재하며 이중 경의선과 동해북부선은 이미 연결작업이 완료되었으나 북한 당국의 미온적인 자세로 한 차례 시험운행만 한 채 그 이상의 진전을 이루지 못하고 있다.

표 4-4-12 남북철도 단절구간

노 선 명	구 간	연 장
경 의 선	문산-봉동	20km
경 원 선	신탄리-평강	31km
금강산선	철원-기성	76km
동해북부선	강릉-온정	121km

자료: 안병민(2002), "북한의 철도현황과 한반도의 대륙연결철도망."

한반도종단철도와 관련한 북한의 입장을 살펴보면,[58)] 북한은 당초 남·북한 간의 철도연결은 반대하면서 TCR은 신의주, TSR은 나진을 기종점으로 하는 아시아횡단철도 북부조선 구축을 주장했으나 태도를 바꾸어 경의선 철도 복원에 전격 합의하였다. 북한의 이러한 전향적인 태도는 남북 철도망 연결이 김일성 전 북한주석의 일종의 '유훈사업'이고, 또한 남북한 철도연결이 실질적으로 북한에게 거대한 운송수입 증대를 가져올 것이란 경제적인 고려도 있었던 것으로 판단된다.

철도가 연결되면 오랜 분단 상황으로 골이 깊어진 심리적인 거리감과 불신도 상당히 희석되면서 국내 대기업들의 대북진출이 활발해질 것이며, 지금

57) 이광희(2008), 한반도 종단철도(TKR)와 시베리아횡단철도(TSR)연결의 경제적 파급효과에 대한 연구.

58) 안복균(2011).

그림 4-4-13 한반도종단철도(TKR)노선

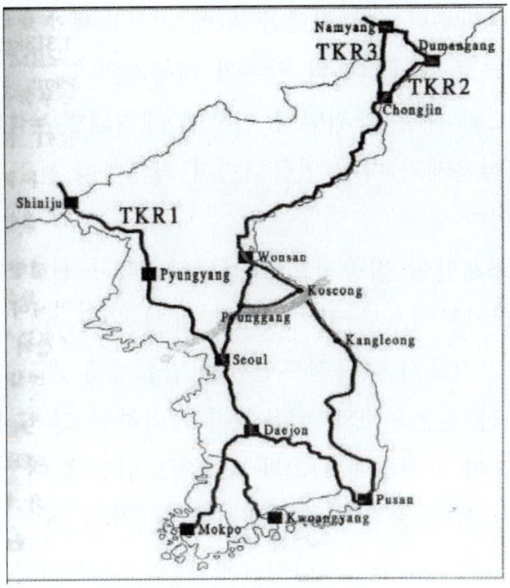

자료: 안병민(2002), "북한의 철도현황과 한반도의 대륙연결철도망."

까지 중소기업 위주의 임가공형태에 머물던 남북경협이 대기업들의 대형투자로 이어지면서 질적·양적 도약을 이룰 것으로 전망된다.

일단 철도연결로 남·북한 간 정기적인 수송이 가능해지면 현재의 단순 임가공 형태의 남북교역은 설비 반출형 위탁가공으로 질적 향상이 촉진될 것으로 기대된다. 그리고 남한의 사양산업으로 인식되던 업종들이 북한으로 생산기지를 이전함으로써 북한의 경공업 육성에 기여할 것이며 자연스럽게 남북 간 산업구조가 기술 집약형 對노동 집약형 산업으로 재편됨으로써 남북 간 상호보완적인 산업구조로의 재편이 가속화될 것이다.

남북 간 철도의 연결은 북한철도의 대대적인 현대화를 요구하게 될 것이며 이러한 작업이 진행됨에 따라 북한 경제의 활성화가 기대되고, 이는 다시 북한경제 회복을 통해 통일비용을 감소시키면서 남북 간의 경제적 동질성을 회복하는 촉매제 역할을 할 것으로 예상된다.

6) 일본철도

일본은 1920년대부터 대륙진출을 위해 시모노세키와 부산을 철도로 연결하는 계획을 최초로 오래전부터 일본과 대륙과의 연결을 구상해오고 있다. 최근에는 2003년 2월 대통령 취임식 이후에 개최되었던 한·일정상회담에서 한일 해저터널 건설문제가 다시 언급되면서 최근까지 한일 터널에 대한 논의가 이어져 오고 있다.

일본은 주로 3개안이 집중적으로 검토되는데 노선은 아래 그림과 같다.

일본의 경우, 기본적으로 장기적 안목에서 중국, 러시아, 몽골 및 유럽 진출을 위한 전초기지로서 대륙철도연결 사업실행에 관심을 갖고 있다. 그러나 일부에서는 최근 일본의 TSR 이용률이 급락하였고, 상대적으로 해운서비스의 대체운송수단이 발전하여 TKR과 대륙철도연결에 대한 경제적 이해관계가 미약한 편이고, 역내 물류시스템 개선측면에서의 이익과 함께 일본이 지지하고 있는 물류시스템과의 시너지효과가 입증되어야만 적극적인 참여를 기대할 수 있을 것이라는 전망이다.

그림 4-4-14 일본의 한일터널 노선안

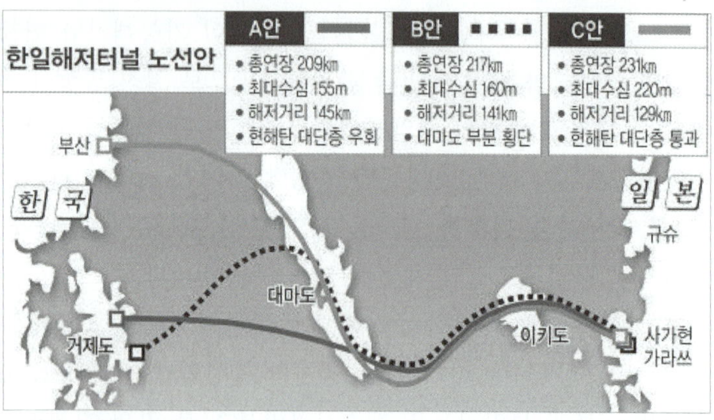

자료: 세계일보, 2008. 06. 28.

이러한 측면에서 일본은 한·일 해저터널을 통해 TKR~TJR 연결이 전제되지 않는 한 TKR~대륙철도 연결사업에 적극적으로 참여할 것으로 기대하기는 어려울 것이며, 오히려 러시아 본토~사할린~홋카이도로 직접 연결되는 프로젝트에 보다 많은 관심을 기울일 것으로 전망된다. 잠정적으로 TKR~대륙철도연결사업이 실현될 경우 일본에 미치는 영향은 일본의 낙후지역인 동해지역(니이가타, 돗토리, 가나자와지역 등)의 경제 활성화가 촉진될 것이며, 이들 지역이 새로운 경제권 형성으로 인한 교통거점으로서의 위상을 확립할 것으로 판단된다. 또한 대륙과의 최단거리 수송망이 확보됨에 따라 일본 관서지역의 對중국, 對러시아, 對몽골, 對북한 수출입화물의 물류비 절감 효과를 기대해볼 수 있다.[59)]

그러나 일본철도－TKR－대륙철도 연결구상은 해저터널건설이 선행되어야 가능한 사업이나 한일해저터널 건설에는 천문학적인 예산(약 10년간 10조엔 추정)이 소요될 것으로 예상되는데 이 경우 상당부분 국가재정의 투입이 불가피할 것으로 예상된다. 따라서 최근 일본의 심각한 재정위기와 한국의 상황을 고려해 볼 때 이런 대규모 국책사업이 양국의 국민적 동의를 획득하는 것은 매우 어려운 과제로 예상된다.

3.3 동북아 철도 연결사업의 전망

위에서 살펴본 바와 같이 동북아 대륙철도가 연결되면 동북아 지역의 주요 거점 철도망의 구축을 용이하게 할 것이며 동북아 지역은 더욱 강력한 초광역 경제권의 지위를 확보하게 될 것이다. 최근 북한의 정권세습이나 천안함·연평도 사건 이후의 관계악화 등으로 인해 남북한 철도연결을 위한 작업이 답보상태에 있으나 주변정세의 호전과 북한의 보다 적극적인 개방에 의해 TKR의 연결이 실현된다면 첨예한 이념대립에 의해 실현되지 못했던 TKR과 대륙철도의 연결을 위한 협력 프로젝트가 전면에 부상하게 될 것이다. 여기에 TKR과 TSR 및 중국횡단철도의 연결은 만주횡단철도와 몽골횡단철도, 더 나아가서는 범아시아 횡단철도와 유라시아 철도망의 구축을 위한 논의를 가

59) 김상균(2010).

속화시키는 계기가 될 것이다.

이와 같은 연결사업은 중국의 풍부한 자원과 노동력, 한국과 일본의 기술과 자본을 결합시켜 동북아시아의 경제권 구축 및 단일 운송망 형성을 촉진시킬 것이며, 유럽과 아시아 및 동북아시아의 삼각 교역 지역을 잇는 주요 루트 역할과 함께 새로운 국제협력체제를 구축하는 데 공헌할 것이다. 또한 단순한 철도운송망 구축의 시각에서만 의미를 갖는 것이 아니라 동북아 역내 해상·육상·항공운송을 연계하는 효율적인 복합운송체계의 완성이라는 의미를 가질 수 있다.

동북아철도망을 완성하기 위해서는 살펴본 바와 같이 인프라의 한계, 남북철도 단절, 초국경적인 철도 정책의 부재 등이 해결해야 할 과제이며 이를 위해 다음과 같은 추진 과제의 실행이 필요하다.

먼저 국제철도망을 활성화하고 동북아 역내 국가간의 교류를 촉진하기 위해서 역내국가 간의 양자간 다자간 인프라 협력이 우선되어야 한다. 따라서 관련국들간 서로 다른 기준과 개념들을 표준화하는 작업을 통하여 기술적, 제도적 기준의 차이를 줄이는 것이 필요하다.

그리고 남북철도가 TSR, TCR, TMGR, TMR 등과 물리적으로 연결되어 동북아 철도망이 완성된다는 단순논리보다 남북 및 대륙철도 개발 방안과 전략에 따라 경쟁우위에 있는 유라시아 철도망과 동북아 철도망으로 업그레이드할 시점이다. 이러한 맥락에서 초기 유라시아 화물철도망 사업은 남·북·러 3자간의 TKR-TSR연결사업으로 추진하고, 동북아 철도망사업은 초기에 남·북·중 간의 컨테이너 전용열차운행을 위한 철도협력 사업으로 추진하되 중장기적으로 남·북·러·중·일·몽을 포함하는 대륙인프라협력 모델로 확대·발전시킬 필요가 있다.[60] 따라서 이런 모델을 일관적이고 지속적으로 추진할 수 있는 공동의 논의기구 및 의사결정기구의 구축이 필요할 것이다.

60) 김상균(2010).

■ 참고문헌 ■

국토연구원, "한중간 전략적 복합물류시스템 구축 및 협력방안 연구," 2011.

김상균, "동북아 철도망구축을 위한 남북철도인프라 협력사업의 통합적 추진방안 연구—한반도 통합철도망을 중심으로—," 서울산업대학교 대학원 박사학위논문, 2010.

김웅희, "한일터널 구상과 동북아 경제통합에 관한 연구," 인하대학교 대학원 석사학위논문, 2011.

김인혁, "몽골자원개발과 관련한 철도건설계획 및 기존선(대륙철도 TMGR) 현황조사," 한국철도학회지, 제12권 제3호, 2009.

김홍섭, "대륙횡단철도를 통한 한반도 물류중심화 전략연구," 물류학회지, 2002, Vol. 12, No. 2.

나희승, "최근 남북·대륙철도 협력현황과 동북아철도협력 구상," 한국철도학회지, 추계학술대회, 2006

물류신문, "일본물류관련단체의 환경대책(2011. 03. 14. 보도자료)," 2011.

부산발전연구원, "동아시아물류동향 5/6월호," 2011.

세계일보, 2008. 06. 28.

송인석(2008), "아시아횡단철도 북부노선에 있어 운송서비스 제공자와 이용자 간의 인식 차이에 관한 연구—TSR, TCR, TMGR, TMR노선의 서비스 중요도와 만족도 중심으로—," 인천대학교 대학원 박사학위논문, 2008.

신종서(2000), "한국철도와 시베리아횡단철도 연결의 기술검토방향," 한국철도학회지, 2000, Vol. 3, No. 3.

안병민(2002), "북한의 철도현황과 한반도의 대륙연결철도망."

안복균, "한일터널 구상과 동북아 경제통합에 관한 연구," 인하대학교 대학원, 석사학위논문, 2011.

양경방, "중국철도 물류의 문제점과 해결방안에 대한 연구," 중앙대학교 대학원 석사학위 논문, 2010.

양운학, "국내화물운송의 경쟁력제고 방안연구: 철도화물운송을 중심으로," 우송대학교 대학원 석사학위논문, 2006.

원동욱 외, "WTO와 중국, 그리고 동북아 물류환경," 2006.

이광희, "한반도 종단철도(TKR)와 시베리아횡단철도(TSR)연결의 경제적 파급효과에 대한 연구," 경원대학교 경영대학원, 2008.

이상협, "범아시아철도의 컨테이너 화물수송노선 대안 및 사업추진방안," 대한토목학회논문집, 2002, Vol. 22, No. 4.

이웅현, "동아시아 철도네트워크의 역사와 정치경제학Ⅱ," 리북, 2008.

이재학, 김동환, "국내복합운송업체의 대륙횡단철도 이용실태 및 TKR 효율적 연계방안," 물류학회지, 2007, Vol. 17, No. 2.

이태현, "철도의 복합운송역량 강화 방안에 관한 연구," 인하대학교 대학원 석사학위논문, 2008.

일본 국토교통성, "철도 수송 통계 월보(헤이세이 23년 11월 기준)," 2011.

전순환, "국제운송물류론," 한올출판사, 2007.

정구용, "저탄소 녹색성장 시대를 대비한 철도의 역할증대방안에 관한 연구," 한남대학교 경영대학원, 2009.

정승주, 문진수, "물류경쟁력 강화를 위한 철도화물운송 활성화 전략," 한국철도 학회 논문집, 2004.

조진구, "동아시아 철도네트워크의 역사와 정치경제학Ⅰ," 리북, 2008.

한국해양수산개발원, "TAR 활용을 통한 國際複合運送網 構築方案," 1998.

최길대, 김선호, "철도공학개론," 구미서관, 2007.

하영석, "아시아-유럽 간 대륙철도 복합운송로의 경제성 비교분석," 한국해운학회지 제36호, 2002.

한국교통연구원, "대륙철도를 이용한 국제운송로 발전전략 비교 연구 : 러시아와 중국을 중심으로," 2005.

한국해양수산개발원, "중국물류리포트," 2010, 제10-12호.

홍갑선, "철도산업론," 21세기한국연구재단, 1996.

한국철도공사, "기후변화협약 대비 철도수송 효과 분석," 2009.

한국철도공사, "2010년 통계연보," 2011.

한국철도기술연구원, "일본 철도의 역사와 발전," 북갤러리, 2005.

국토해양부(http://stat.mltm.go.kr/portal/cate/statView.do)

무역협회 중국물류DB(http://www.kita.net/chinalogistics/)
중국 국가통계국(http://www.stats.gov.cn/)
한국무역협회 일본물류포털(http://www.japanlogis.net/)
UN ESCAP(Http://www.unesacap.org/tctd/lt/altid.htm)
www.transsib.ru

4-5 항공현황 분석[61]

1. 전세계 항공화물 운송 현황

1.1 전세계 항공화물 운송 현황

전세계 항공화물 운송량(화물운송거리 기준)은 2009년 기준 약 1,410억톤킬로이며 1999년 이후 지속적으로 증가추세를 유지하였으나, 2009년에는 세계 경제 침체에 따른 영향으로 다소 감소한 추세를 보이고 있다. 국내/국제 항공운송 화물운송량(운송톤 기준)은 2009년 약 3,800만톤으로 이중 국제화물은 2,300만톤이며 국제화물의 비중은 60.8%이다.

최근 10년간(1999년~2009년) 연평균 증가율을 살펴보면 화물운송 실적의 경우 전체 화물운송톤(국내 + 국제)의 연평균 증가율은 3.0%, 국제선의 화물운송톤 증가율은 2.8%이며, 화물운송톤킬로의 경우 3.7%의 증가율을 나타내고 있다.

표 4-5-1 전세계 항공화물 운송량 추이

연 도	국내/국제 화물운송톤 (백만톤)	국제화물 (백만톤)	국제화물비중	화물톤킬로[62] (백만톤킬로)
1999년	28.1	17	60.5%	108,660
2000년	30.4	19	62.5%	118,080
2001년	28.8	18	62.5%	110,800
2002년	31.4	19	60.5%	119,840
2003년	33.5	20	59.7%	125,760
2004년	36.7	22	59.9%	139,040
2005년	37.6	23	61.2%	142,520

61) 전세계 및 동북아시아 항공화물을 대상으로 함(여객 제외).

62) 화물톤×운송거리(1톤킬로미터＝1톤×1km).

2006년	40	24	60.0%	151,940
2007년	42	26	61.9%	159,050
2008년	40.7	25	61.4%	157,010
2009년	37.8	23	60.8%	140,610

주: 1) 각 년도의 자료는 ICAO 가입국의 유상정기 잠정치 집계 기준임.
2) ICAO 190개 가입국 화물운송량 기준 자료(여객 운송 제외).
자료: ICAO, Annual Report on the Council, 각연호. 항공진흥협회, 항공정보포탈시스템.

전세계 항공화물 운송량은 화물톤기준 및 화물톤킬로 기준 모두 1999년 이후 증가추세를 유지하고 있었으나, 2009년 전세계 경기 침체 영향으로 국제선/국내선 화물 운송톤, 국제선 화물운송톤, 화물운송 톤킬로 각각 −7.1%, −8.0%, −10.4% 감소하였다.

그림 4-5-1 전세계 항공화물 운송량(Ton 기준) (단위: 백만톤)

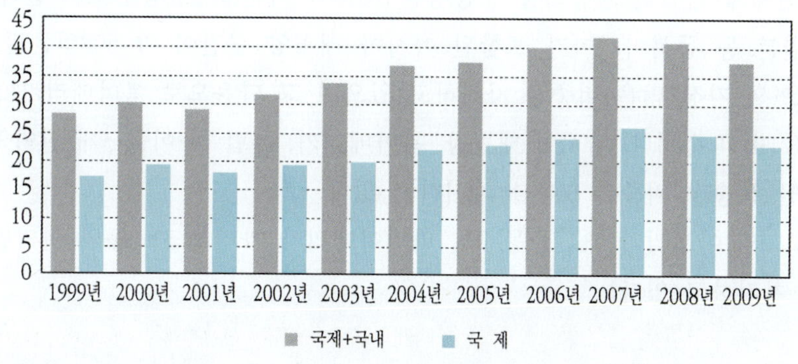

자료: ICAO, Annual Report on the Council, 각연호. 항공진흥협회, 항공정보포탈시스템.

그림 4-5-2 전세계 항공화물 운송량(Ton-km 기준) (단위: 백만톤킬로)

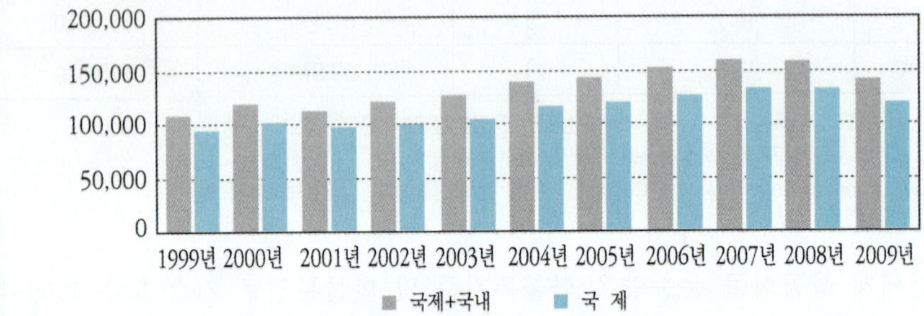

자료: ICAO, Annual Report on the Council, 각연호. 항공진흥협회, 항공정보포탈시스템.

1.2 전세계 권역별 항공화물 운송 현황

전세계 권역별 항공화물 운송량은 2010년 기준(화물운송톤킬로) 한국, 중국, 일본 등 동북아시아가 포함된 아시아 태평양 구간이 약 508억톤킬로로 약 36%의 가장 많은 비중을 차지하고 있으며 그 다음으로 북아메리카(26%), 유럽(24%)의 순이다. 아시아 태평양, 북아메리카, 유럽 등 이들 3개 권역의 항공화물 운송량 비중은 86%를 차지하고 있다.

그 외 아프리카 1%, 중동 9%, 라틴아메리카 카리브 3% 등의 권역별 비중을 차지하고 있다.

표 4-5-2 세계 권역별 항공화물 운송 현황

구 분		2005년		2009년		증가율
		화물운송량 (백만톤킬로)	비 중	화물운송량 (백만톤킬로)	비 중	
국내선+ 국제선	유 럽	37,880	27%	34,267	24%	-10%
	아프리카	2,350	2%	1,900	1%	-19%
	중 동	8,880	6%	12,350	9%	39%

	아시아 태평양	50,100	35%	50,816	36%	1%
	북아메리카	38,800	27%	36,382	26%	-6%
	라틴아메리카 카리브	4,570	3%	4,898	3%	7%
	계	142,580	100%	140,613	100%	-1%

자료: ICAO, Annual Report on the Council, 각연호. 항공진흥협회, 항공정보포탈시스템.

2005년과 2009년을 기준으로 권역별 항공화물 운송량 비중을 비교한 결과 아시아 태평양 권역이 각각 35%, 36%로 가장 높은 비중을 차지하고 있으며, 중동은 6%에서 9%로 전체 항공화물 운송량에서 차지하는 비중이 증가한 반면, 유럽, 북아메리카는 각각 3%, 1%의 비중이 감소하였다.

그림 4-5-3 세계 권역별 항공화물 운송량 비중

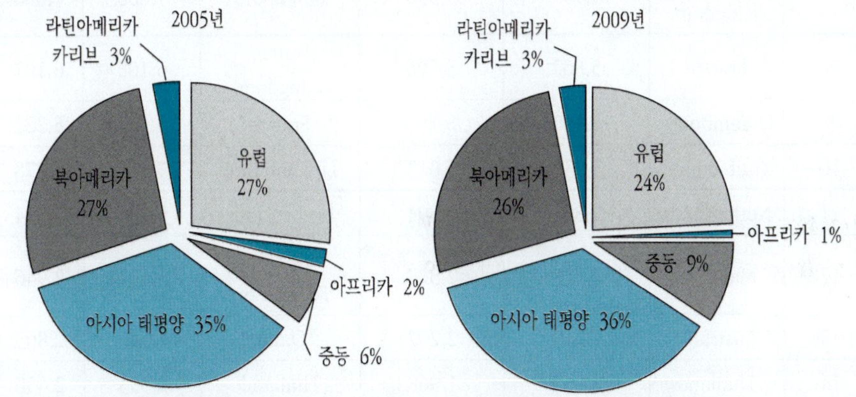

자료: ICAO, Annual Report on the Council, 각연호. 항공진흥협회, 항공정보포탈시스템.

1.3 국가별 항공화물 운송량 순위

ICAO에 가입한 190개 대상 국가별 2005년, 2010년 기준 항공화물 운송량 순위 15개국은 아래의 표와 같다. 2010년 기준 가장 많은 운송실적의 국가는 미국으로 국내+국제 항공화물 운송량은 약 391억톤킬로이며 국제화물운송량은 232억톤킬로이다. 미국 다음으로 중국, 한국, 아랍에미레이트 등의 순

표 4-5-3 국가별 항공화물 운송량 순위 (단위: 백만톤킬로)

순 위	2005년(화물운송톤킬로)			2010년(화물운송톤킬로)		
	국 가	국내+국제	국 제	국 가	국내+국제	국 제
1	United States	37,358	20,489	United States	39,149	23,252
2	Japan	8,549	7,755	China	17,194	12,170
3	Germany	7,722	7,711	Republic of Korea	12,648	12,583
4	China	7,579	4,385	United Arab Emirates	9,666	9,666
5	Singapore	7,571	7,571	Germany	8,906	8,901
6	Republic of Korea	7,433	7,311	Japan	8,303	7,372
7	United Kingdom	5,998	5,996	Singapore	7,088	7,088
8	France	5,802	5,596	United Kingdom	6,108	6,107
9	Luxembourg	5,150	5,150	France	5,343	5,282
10	Gulf States	5,036	5,013	Luxembourg	5,178	5,178
11	Netherlands	4,894	4,894	Netherlands	5,004	5,004
12	Malaysia	2,578	2,527	Russian Federation	3,532	2,946
13	Australia	2,445	2,297	Qatar	2,946	2,863
14	Thailand	2,002	1,968	Thailand	2,593	2,450
15	Russian Federation	1,541	1,041	Malaysia	2,441	2,406

주: 순위는 국내+국제 운송량 기준임.
자료: ICAO, Annual Report on the Council, 각연호. 항공진흥협회, 항공정보포탈시스템.

으로 화물운송량이 많은 것으로 나타났다.

2005년에 비해 항공화물 운송량 순위가 상승한 국가는 중국(2005년 4위, 2010년 2위), 한국(2005년 6위, 2010년 3위)과 2005년에 15위 안에 포함되지 않았으나 2010년 4위국으로 선정된 아랍에미레이트가 대표적이다. 이와는 반대로 순위가 하락한 국가는 일본(2005년 2위, 2010년 6위), 독일(2005년 3위, 2010년 5위), 싱가포르(2005년 5위, 2010년 7위) 등으로 나타나고 있다.

동북아시아의 한국, 중국, 일본은 각각 2005년 6위, 4위, 2위에서 2010년 3위, 2위, 6위 등 항공화물 운송량 기준 상위 순위를 유지하고 있을 뿐 아니라 전세계에서 차지하는 비중이 점차 증가하고 있다. 상위 15개국의 총 운송량(국내+국제) 중 한국, 중국, 일본의 비중은 2005년 21.1%에서 2010년 28%로 증가하였다.

1.4 공항별 항공화물 처리량 순위

ACI(Airports Council International) 가입 공항 대상 공항별 항공화물 처리량 순위는 아래의 표와 같으며 2010년 기준 가장 많은 항공화물을 처리한 공항은 홍콩공항으로 총 417만톤을 처리하였다.

표 4-5-4 공항별 항공화물 처리량 순위

순 위	2005년		2010년	
	공 항 명	화물처리량(톤)	공 항 명	화물처리량(톤)
1	Memphis	3,598,500	Hong Kong	4,165,852
2	Hong Kong	3,433,349	Memphis	3,916,811
3	Anchorage	2,553,937	Shanghai	3,228,081
4	Tokyo-Narita	2,291,073	Inchon	2,684,499
5	Incheon	2,150,140	Anchorage	2,646,695
6	Paris-Charles de Gaulle	2,010,361	Paris	2,399,067
7	Frankfurt	1,962,927	Frankfurt/main	2,275,000
8	Los Angeles	1,938,430	Dubai	2,270,498
9	Shanghai-Pudong	1,856,655	Tokyo	2,167,853
10	Singapore	1,854,610	Louisville	2,166,656
11	Louisville	1,815,155	Singapore	1,841,004

12	Miami	1,754,633	Miami	1,835,797
13	Taipei	1,705,318	Taipei	1,767,075
14	New York-Kennedy	1,660,717	Los Angeles	1,747,629
15	Chicago (O Hare Int l)	1,546,153	Beijing	1,551,471

주: 순위 및 실적은 국내선 + 국제선 기준임.
자료: 국제공항협회(ACI). 항공진흥협회, 항공정보포탈시스템.

그 다음으로는 멤피스(392만톤), 상하이(323만톤), 인천(268만톤), 앵커리지 공항(265만톤) 등의 순으로 처리량이 많은 것으로 나타났다.

동북아시아에 속한 중국, 한국, 일본의 주요 공항 중 상위 15위에 속한 공항은 2005년 4개에서 2010년 5개로 늘어났으며 특히 상해 공항은 2005년 9위에서 2010년 3위로 상승하였고, 2005년 15위권 순위에 포함되지 않았던 베이징 공항은 2010년 15위의 순위를 차지하고 있다. 한국, 중국의 주요 공항들은 대부분 2005년에 비해 순위 상승과 더불어 처리량도 증가한 것으로 나타나고 있으나, 일본의 주요 공항인 도쿄 나리타 공항은 2005년 4위의 처리량 순위에서 2010년 9위로 순위가 하락하였으며 처리량도 감소한 것으로 나타나고 있다.

1.5 항공사별 항공화물 처리량 순위

IATA 회원사 대상 항공사별 화물운송량(톤) 기준 항공화물 운송량 순위는 Federal Express가 약 695만톤으로 가장 많은 항공화물을 운송한 것으로 나타났으며, 그 뒤로 UPS 451만톤, Korean Air 181만톤, Emirates 178만톤 등의 순이다.

2005년 15위권에 포함된 동북아시아 항공사 수는 6개에서 2010년 7개로 증가하였으며, 특히 중국계 항공사는 2005년에 비해 화물톤 및 순위가 모두 증가/상승한 것으로 나타났다. 특히 홍콩의 Cathay Pacific은 9위에서 5위로 순위의 상승폭이 매우 높았으며 화물톤도 41.2%의 높은 증가율을 나타내고 있다.

표 4-5-5 항공사별 항공화물 운송량 순위(화물톤 기준) (단위: 천톤)

순 위	2005년		2010년	
	항공사명	화 물 톤	항 공 사	화 물 톤
1	Federal Express	6,965	Federal Express	6,949
2	United Parcel Service	4,196	UPS Airlines	4,509
3	United Airlines	1,646	Korean Air	1,805
4	Korean Air	1,495	Emirates	1,777
5	China Airlines	1,344	Cathay Pacific Airways	1,579
6	Singapore Airlines	1,214	United Airlines	1,555
7	Japan Airlines	1,161	China Airlines	1,347
8	Lufthansa	1,136	Singapore Airlines	1,149
9	Cathay Pacific	1,118	China Eastern Airlines	1,104
10	Emirates	926	Air China	1,069
11	EVA Air	844	China Southern Airlines	1,055
12	China Eastern Airlines	825	Lufthansa	1,052
13	Air France	779	Japan Airlines	911
14	China Southern Airlines	740	All Nippon Airways	895
15	Air China Limited	716	EVA Air	850

주: IATA 회원사 순위(국내 + 국제)임, China Airlines(중화항공)은 대만계 항공사임.
자료: 항공진흥협회, 항공정보포탈시스템.

항공사별 화물운송량(화물톤킬로) 기준 항공화물 운송량 순위는 2005년에는 American Airlines이 약 234억톤킬로미터, 2010년에는 Federal Express가 약 157억톤킬로미터로 가장 많은 항공화물을 운송한 것으로 나타났다. 2010년 기준 화물운송량이 많은 항공사는 Federal Express, UPS Airlines, Cathay Pacific, Korean Air 등의 순으로 나타났으며, 이중 Cathay Pacific의 경우 2005

년 128억톤킬로미터 12위에서, 2010년 959억톤킬로미터 3위로 운송량이 급증가하였다.

동북아시아에 속한 항공사는 2005년 3개에서 2010년 4개로 증가하였고, 일본계 항공사인 Japan airlines는 2005년 11위에서 2010년에는 15개국에 포함되지 못하는 부진을 보였으며 우리나라의 Asiana airlines는 2005년에 15개국 순위에 포함되지 않았으나, 2010년에 15위로 순위에 포함되었다.

표 4-5-6 항공사별 항공화물 운송량 순위(화물톤킬로 기준) (단위: 백만톤킬로)

순 위	2005년		2010년	
	항공사명	화물톤킬로	항 공 사	화물톤킬로
1	American Airlines	23,407	Federal Express	15,743
2	United Airlines	19,879	UPS Airlines	10,194
3	Lufthansa	19,267	Cathay Pacific Airways	9,587
4	Delta Air Lines	16,957	Korean Air	9,542
5	Air France	16,170	Emirates	7,913
6	Singapore Airlines	15,447	Lufthansa	7,428
7	British Airways	14,850	Singapore Airlines	7,001
8	Federal Express	14,471	China Airlines	6,410
9	Northwest Airlines	14,365	EVA Air	5,166
10	Korean Air	13,900	Cargolux	4,901
11	Japan Airlines	13,287	Air France	4,739
12	Cathay Pacific	12,809	British Airways	4,499
13	KLM	11,673	Air China	4,224
14	Continental Airlines	11,123	KLM	3,698
15	Emirates	9,894	Asiana Airlines	3,400

주: IATA 회원사 순위(국내 + 국제)임, China Airlines(중화항공)은 대만계 항공사임.
자료: 항공진흥협회, 항공정보포탈시스템.

1.6 전세계 항공화물 수요 전망

세계 항공화물의 예측 기관별 수요 전망은 아래의 표와 같으며 국내선 + 국제선 항공화물 운송량은 화물톤킬로 기준 연평균 성장률이 5.4%~6.6%일 것으로 전망되고 있으며 화물톤기준으로는 4.9%~7.3%일 것으로 전망되고 있다.

ICAO는 2025년까지 화물톤킬로 기준 연평균 성장률 6.6%, IATA는 2028년까지 5.3%, Airbus와 Boeing은 각각 5.2%(2009~2028년), 5.4%(2008~2028년)의 성장률을 전망하고 있다.

표 4-5-7 예측 기관별 전세계 항공화물 수요 전망

발표기관	발표기준		예측기간	연평균 성장률(%)
ICAO	국내선 + 국제선	화물톤킬로	2005-2025	6.6
IATA	국내선 + 국제선	화물톤킬로	2009-2028	5.3
IATA	국내선 + 국제선	화 물 톤	2009-2013	7.3
ACI	국내선 + 국제선	화 물 톤	2007-2027	5.1
Airbus	국내선 + 국제선	화물톤킬로	2009-2028	5.2
Boeing	국내선 + 국제선	화물톤킬로	2008-2028	5.4
Airlines survey	국 제 선	화 물 톤	2010-2013	4.9
US FAA	국제선(미국항공사)	화물톤마일	2010-2030	6.3

자료: 항공진흥협회, 항공통계 세계편, 2010.

최근 발표된 Boeing 자료에 의하면 2011~2020년까지의 세계 권역별 항공화물의 수요 전망은 화물톤킬로 기준으로 아시아 퍼시픽이 6.3%의 연평균 성장률을 나타낼 것으로 전망하고 있으며 유럽 4.7%, 아프리카 5.2%, 중동 6.2%, 북아메리카 4.8%, 라틴아메리카 6.1% 등의 연평균 성장률을 전망하고 있다.

표 4-5-8 권역별 항공화물 수요 전망

구 분		Asia - Pacific		Europe		Africa		Middle East		North America		Latin America	
		Total	증감률	Total	증감률	Total	증감률	Total	증감률	Total	증감률	Total	증감률
Boeing (RTK)	2011-2020년 연평균 성장률	6.3%		4.7% (CIS 제외)		5.2%		6.2%		4.8%		6.1%	

자료: Boeing, Current Market Outlook, 2011. 06.

2. 한국의 공항 및 항공사 현황

2.1 한국의 공항 현황

1) 공항별 처리실적

우리나라의 국내+국제 항공화물 운송량은 화물톤킬로 기준 2005년 79억톤킬로에서 2010년 126억톤킬로로 연평균 성장률이 9.7%이며 전체 항공화물 중 국제운송화물의 비중이 2010년 기준 99.5%로 대부분을 차지하고 있다.

표 4-5-9 한국 항공화물 운송 추이 (단위: 백만톤킬로)

구 분	2005년	2006년	2007년	2008년	2009년	2010년
국내 + 국제	7,969	7,752	9,040	8,727	8,480	12,648
국 제	7,838	7,638	8,942	8,658	8,480	12,583

자료: 항공진흥협회, 항공정보포탈시스템.

IATA의 최근 보고서에 의하면 2010년 기준 우리나라 국제 항공화물의 Inbound, Outbound 비중은 44:56으로 비슷한 수준을 보이고 있다.

그림 4-5-4 한국 국제 항공화물의 Inbound & Outbound

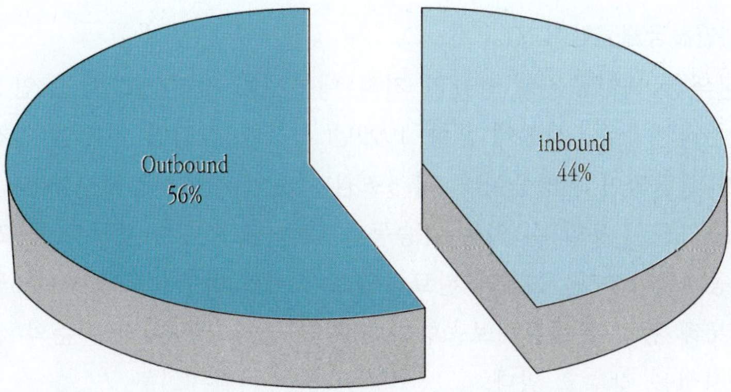

자료: IATA, Airline Forecast 2011-2015, 2011.10의 자료를 기준으로 저자 재산정.

우리나라 공항별 처리실적을 살펴보면 인천공항은 국제 항공화물의 대부분을 처리하고 있으며 김포, 제주, 김해 공항은 국내화물을 위주로 처리하고 있다. 또한, 김포, 제주, 김해 공항은 2005년 이후 도로/철도 운송의 인프라 개선 등으로 인해 항공화물 운송량이 감소하는 추세를 보이고 있다.

표 4-5-10 한국 공항별 항공화물 처리량 추이 (단위: 천톤)

구 분		2005년	2006년	2007년	2008년	2009년	2010년
인천공항	국내+국제	2,133	2,337	2,556	2,424	2,313	2,684
	국 제	2,104	2,308	2,524	2,386	2,268	2,634
김포공항	국내+국제	247	218	187	133	149	130
	국 제	-	-	-	-	-	-
제주공항	국내+국제	277	256	223	158	164	147
	국 제	-	-	-	-	-	-
김해공항	국내+국제	136	90	75	63	56	60
	국 제	-	-	-	-	-	-

자료: 항공진흥협회, 항공정보포탈시스템.

2) 주요 공항 현황

(1) 인천국제공항(ICN)

한국의 국제항공운송 화물의 거의 대부분을 처리하고 있는 인천국제공항은 인천국제공항공사법에 의해 1999년 시장형 공기업 형태인 인천국제공항공사가 설립되어 운영중이다. 약 3조원의 사업비를 투입해 A380과 같은 차세대 항공기를 수용할 수 있는 탑승동과 4천m급 초대형 활주로 등 2단계 공항건설 공사를 2007년 10월에 완료하였으며 이를 바탕으로 2008년 6월 2단계 개항을 통해 동북아 물류허브공항의 입지를 굳히고 세계적 수준의 상업시설과 문화시설을 갖추고 있다.

인천국제공항은 인천에서 북서쪽으로 15km 떨어진 영종도에 위치하고 있으며 취항 항공사는 약 70개, 전세계 169개 도시와의 항공 네트워크를 구축하고 있다.

인천국제공항은 총 47,428km²의 부지면적을 보유하고 있으며 활주로는 3본을 운영중에 있으며 연간 450만톤을 처리할 수 있는 화물터미널을 보유하고 있다.

표 4-5-11 인천국제공항 시설현황

구 분	규 모	2010년 화물 처리량
부지면적	47,428,000m²	2,684,499톤
활 주 로	3,750m×60m(2) 4,000m×60m(1)	
계 류 장	5,269,000m² (여객: 3,743,000m², 화물: 1,526,000m²)	
여객터미널	국내선: 16,000m², 국제선: 480,000m²(연간 4천 4백만명 수용 가능)	
화물터미널	421,000m²(연간 450만톤 처리 가능)	

또한 국제 업무단지 5만평을 보유하고 있으며, 공항신도시(66만평)를 배후에 두고 있다.

그림 4-5-5 인천국제 공항 개요도

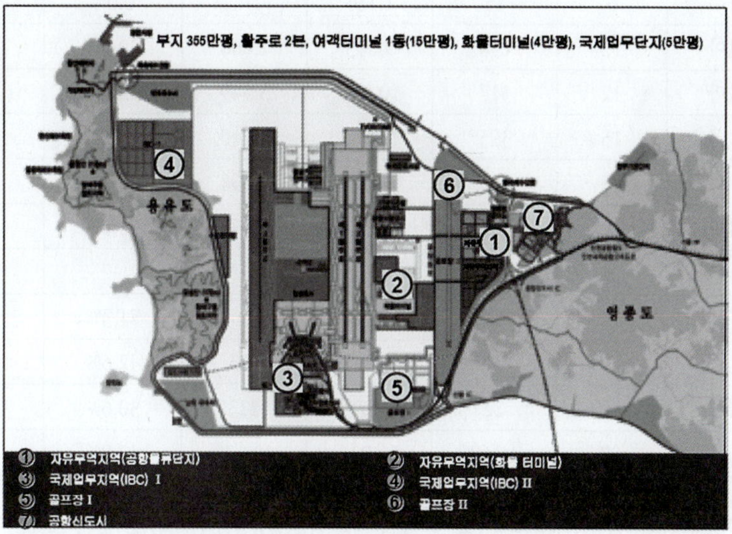

인천국제공항의 항공화물 네트워크는 총 노선수 97개, 주간 1,462회 운항하고 있으며 48개의 항공사가 항공화물 네트워크를 구성하고 있다. 주간 63,036톤의 운송가능용량을 보유하고 있으며 주간 운송가능용량 중 화물기를 이용한 운송비율은 약 48%이다.

남미와 아프리카를 제외한 세계 각 지역으로의 항공화물 네트워크를 구성하고 있으며 특히 중국노선의 경우, 15,887톤으로 가장 많은 운송가능용량을 보유하고 있다.

표 4-5-12 인천국제공항 항공화물 네트워크 현황

지 역	노 선 수	주간 운항횟수	주간 운송가능용량(Tonnes)			취항 항공사수
			전 체	화물기	화물기 비중	
남 미	-	-	-	-	-	-
대양주	6	45	1,135	-	0.0%	2
동남아	12	250	9,093	2,668	29.3%	9
동북아	12	317	10,896	3,549	32.6%	13
중 국	15	395	15,887	6,710	42.2%	18
북 미	18	225	12,875	8,390	65.2%	10
서남아	4	20	845	559	66.1%	3
아프리카	-	-	-	-	-	-
유 럽	22	167	10,789	7,695	71.3%	9
중 동	5	21	787	335	42.6%	4
중앙아시아	3	22	729	223	30.6%	5
Total	97	1,462	63,036	30,128	47.8%	48

주: 연결편 미포함.

자료: 한국교통연구원, 공항 환적물동량 수요 및 경로분석을 통한 물류경쟁력 강화방안 연구, 2009.

2.2 한국의 주요 항공사 현황

한국의 주요 국제 운송 항공사는 대한항공, 아시아나 항공이 있으며, 대한항공의 총 보유 항공기 수는 127기, 아시아나는 69기를 보유하고 있다.

2010년 기준 항공화물 운송량은 국내+국제 화물톤킬로 기준 대한항공은 약 95억톤킬로미터로 전세계 항공사 4위를 기록하고 있으며, 아시아나 항공은 약 34억톤킬로미터로 15위를 기록하고 있다.

표 4-5-13 한국의 항공사 현황

항 공 사	항공기종	소 유	임 대	2010년 화물 운송량 (국내 + 국제)
대한항공 (KE)	B744	22		9,542,407 (천톤킬로미터) 항공사 순위: 3위
	B74E	1		
	B773	2	1	
	A333	14	2	
	B738	3	12	
	B739	12	4	
	AB6	5	3	
	A332	3		
	B773	4		
	B772	17	1	
	B744F	19	2	
	소 계	127		
아시아나 (OZ)	B744F	7		3,400,266 (천톤킬로미터) 항공사 순위: 15위
	B772	10		
	A333	8		
	B744	2		
	B734	5		
	A321	15		
	A320	11		
	B76F	1		
	B74E	3		
	B763	7		
	소 계	69		

자료: 항공진흥협회, 항공연감, 2010.

3. 중국의 공항 및 항공사 현황

3.1 중국의 공항 현황

1) 공항별 처리실적

중국의 항공화물 운송량은(화물톤킬로미터 기준) 2005년 이후 급속한 증가를 보이고 있으며, 2005년 국내+국제 화물운송량 약 76억톤킬로미터에서 2010년 172억톤킬로미터로 2배 이상의 증가를 보이고 있다. 2005년 이후 국내+국제 항공화물 운송량의 연평균 성장률은 17.8%에 달하고 있다.

2010년 기준 전체 화물운송량 중 국제운송의 비중은 71%로 한국에 비해 상대적으로 국내화물의 운송량 및 운송비중이 매우 많다.

표 4-5-14 중국의 항공화물 운송 추이 (단위: 백만톤킬로)

구 분	2005년	2006년	2007년	2008년	2009년	2010년
국내 + 국제	7,579	7,692	11,190	11,386	11,421	17,194
국 제	4,385	4,169	7,234	7,409	7,020	12,170

자료: 항공진흥협회, 항공정보포탈시스템.

2010년 기준 중국 국제 항공화물의 Inbound, Outbound 비중은 48:52로 비슷한 수준을 보이고 있다.

중국의 항공화물 처리 기준 10대 공항은 1위 상해 Pudong 공항, 2위 북경 Shoudu 공항, 3위 광저우의 Baiyun 공항 등의 순이며 2008년 기준 상해 Pudong 공항의 항공화물 처리량은 약 260만톤이며 2위 공항인 북경의 Shoudu 공항과는 100만톤 이상의 격차가 있다.

그림 4-5-6 중국 국제 항공화물의 Inbound & Outbound

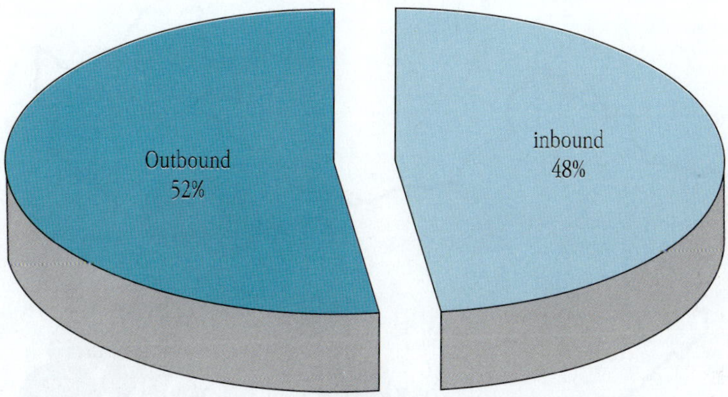

자료: IATA, Airline Forecast 2011-2015, 2011.10의 자료를 기준으로 저자 재산정.

표 4-5-15 중국 항공화물 처리 10대 공항 실적

순 위	도 시	공 항 명	화물 처리량 (톤)		증 감 률
			2008년	2007년	
1	상 해	浦東(Pudong)國際機場	2,603,027.00	2,559,098.20	1.70%
2	북 경	首都(Shoudu)國際機場	1,367,710.30	1,416,211.30	-3.40%
3	광저우	白雲(Baiyun)國際機場	685,867.90	694,926.00	-1.30%
4	선 전	寶安(Bao-An)國際機場	598,036.40	616,046.40	-2.90%
5	상 해	虹橋(Hongqiao)機場	415,726.30	388,812.10	6.90%
6	청 두	雙流(Shuangliu)國際機場	373,067.30	325,856.30	14.50%
7	쿤 밍	巫家壩國際機場	236,347.70	232,588.90	1.60%
8	항 주	蕭山(Xiaoshan)國際機場	210,793.00	195,644.60	7.70%
9	샤 먼	高崎(Gaoqi)國際機場	195,462.90	193,574.00	1.00%
10	난 징	祿口(Lukou)國際機場	187,604.10	180,354.10	4.00%

자료: 중국 민항총국, 2008년 민항 공항 생산통계, 2009. 2. 한국무역협회, 중국물류포탈.

그림 4-5-7 중국 10대 공항 분포 및 2009년 처리 실적

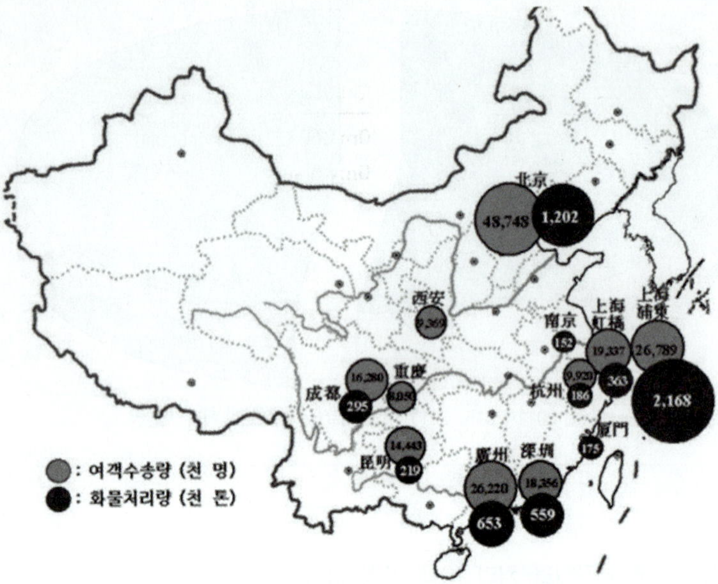

자료: 한국무역협회, 중국물류포탈.

2) 주요 공항 현황

(1) 북경(베이징) 셔우두 공항(PEK)

북경은 중국의 수도로서 인구 1억 2,500만명이 밀집된 정치, 경제의 집결지로 북경 수도 공항은 2010년 항공화물 처리량 약 155만톤을 기록하고 있다. 수도 북경의 유일한 항공관문인 북경공항은 1958년에 개항하였으며 중국 베이징 올림픽 직전에 완공한 3개의 활주로와 3개의 여객터미널을 갖추고 있다. 그 결과 여객 7천 8백만명, 화물 180만톤을 처리할 수 있는 시설 능력을 보유하고 있다.

지속적인 물류수요의 급증에 따른 공항 인프라 시설 부족이 심한 상태이기 때문에 제 4 활주로 건설뿐만 아니라 제2의 국제 공항 건설 등 다각적인 공항 확장 계획을 모색하고 있다.

표 4-5-16 베이징 공항 시설현황

구 분	규 모	2010년 화물 처리량
부지면적	2,900,000m2	1,551,471톤
활 주 로	3,800m×60m(2) 3,800m×50m(1)	
계 류 장	-	
여객터미널	78,200m2 336,000m2 986,000m2 (연간 7천 8백만명 수용 가능)	
화물터미널	572,000m2(연간 180만톤 처리 가능)	

베이징 공항의 항공화물 네트워크는 75개의 노선수가 구성되어 있으며, 이중 19개 노선이 중국 국내선을 운항하는 것으로 나타났다. 50개의 항공사가 항공화물 네트워크를 구성하고 있으며 주간운송가능용량은 약 42,000톤이다. 화물기 취항 노선은 동남아시아, 동북아시아, 북미, 유럽 노선이며, 이중 유럽노선 화물기의 운송가능용량이 55.4%로 가장 크다.

표 4-5-17 베이징 공항 항공화물 네트워크 현황

지 역	노 선 수	주간 Frequency	주간 운송가능용량(Tonnes)			취항 항공사수
			전 체	화물기	화물기 비중	
남 미	1	2	51	-	0%	1
대양주	2	13	332	-	0%	2
동남아	3	69	1,909	223	11.7%	8
동북아	4	177	4,772	467	9.8%	13
북 미	11	93	3,753	1,564	41.7%	6
서남아	4	19	393	-	0%	5
아프리카	3	7	158	-	0%	3

유 럽	18	210	9,774	5,416	55.4%	19
중 동	6	35	792	-	0%	7
중앙아시아	4	13	301	-	0%	3
중국 국내	19	643	19,471	4,995	25.4%	11
Total	75	1,281	41,704	12,625	30.3%	50

주: 연결편 미포함.
자료: 한국교통연구원, 공항 환적물동량 수요 및 경로분석을 통한 물류경쟁력 강화방안 연구, 2009.

(2) 상하이 푸동 공항(PVG)

1999년 10월에 개장한 상하이 푸동공항의 경우 2008년 베이징 올림픽이 개최되기 이전에 2단계 공사가 완공되어 3개의 활주로와 37만m^2의 화물터미널을 갖추는 등 연간 8천만명의 여객과 250만톤의 화물을 처리할 수 있는 능력을 갖추게 되었다.

중국 제1의 화물 처리 공항으로서의 면모를 유지하기 위해 2015년까지 활주로 2기 건설 등 계속적인 공항확장을 계획중에 있다.

표 4-5-18 상하이 푸동 공항 시설현황

구 분	규 모	2010년 화물 처리량
부지면적	40,000,000m^2	3,147,861톤
활 주 로	3,800m×60m(2) 4,000m×50m(1)	
계 류 장	2,400,000m^2	
여객터미널	278,000m^2 486,000m^2 (연간 8천만명 수용 가능)	
화물터미널	370,000m^2(연간 250만톤 처리 가능)	

상하이 푸동 공항의 지역별 항공화물 네트워크는 총 노선수 72개, 주간 1,411회 운항하고 있으며 49개의 항공사가 항공화물 네트워크를 구성하고 있다. 상하이 푸동 공항의 항공화물 운송가능용량 중 화물기를 이용한 운송 비율은 약 68%이며, 남미를 제외한 세계 각 지역으로의 항공화물 네트워크를 구성하고 있다. 중국 국내 노선이 16개 노선으로 가장 높은 비중을 차지하고 있으며 국제노선으로는 유럽지역 17개 노선, 북미지역 9개 노선 등이 구성되어 있다.

표 4-5-19 상하이 푸동 공항 항공화물 네트워크 현황

지 역	노 선 수	주간 운항횟수	주간 운송가능용량(Tonnes)			취항 항공사수
			전 체	화물기	화물기 비중	
남 미	-	-	-	-	-	-
대양주	4	30	870	112	12.8%	4
동남아	9	149	5,832	3,034	52.0%	11
동북아	6	338	14,233	7,419	52.1%	14
북 미	9	156	12,215	10,439	85.5%	11
서남아	4	28	1,472	1,228	83.4%	7
아프리카	1	2	40	-	0.0%	1
유 럽	17	224	13,688	10,464	76.4%	22
중 동	5	28	2,157	1,792	83.1%	6
중앙아시아	1	3	416	416	100.0%	1
중국 국내	16	453	20,365	13,047	64.1%	14
Total	72	1,411	71,289	47,950	67.3%	49

주: 연결편 미포함.

자료: 한국교통연구원, 공항 환적물동량 수요 및 경로분석을 통한 물류경쟁력 강화방안 연구, 2009.

(3) 광저우 바이윈 공항(CAN)

광동지역의 대표적인 도시인 광저우는 중국의 가장 현대화된 도시 중의 하나로 홍콩과 인접해 있다. 광저우 바이윈 공항은 중국에서 3번째로 큰 국제공항이며 중국 남부지방에서 가장 큰 공항으로 중국남방항공의 운영기지이기도 하다.

2010년 기준 약 81만톤의 항공화물을 처리하였으며, 3단계 확장 계획에 따라 여객 8천만명, 화물 250만톤을 처리 가능한 공항으로 확장 계획중이다.

표 4-5-20 광저우 바이윈 공항 시설현황

구 분	규 모	2010년 화물 처리량
부지면적	15,000,000m^2	786,007톤
활 주 로	3,800m×75m(1) 3,600m×45m(1)	
계 류 장	88,000m^2	
여객터미널	79,342m^2 (연간 2천 7백만명 수용 가능)	
화물터미널	80,000m^2	

(4) 선전 바오안 공항(SZX)

광저우 바이윈 공항, 주하이 공항, 홍콩 및 마카오 공항과 함께 주강삼각주 5대 공항의 하나인 선전 바오안 공항의 운영주체는 선전시공항그룹이며 1989년 5월에 창립되었다. 2010년 9월 기준 총 27개(국내 20개, 해외 7개) 항공사가 입주해 있으며, 국제선은 마카오, 싱가포르, 서울, 콸라룸푸르, 오사카, 방콕, 타이베이, 카오슝, 하노이, 호치민 등의 노선이 구축되어 있다.

주변의 광저우, 홍콩 등 초대형 공항과는 자동차로 불과 2시간 이내의 거리에 있어 선정공항은 이들 초대형 공항의 틈새시장을 공략하여 전업화 및 특화를 발전 전략으로 삼고 있다. 특히, 항공화물을 전략사업으로 선정하고 있다. 2015년까지 제 2 활주로(3,600m×60m)와 보조 활주로가 건설 예정이며 여객 수송능력 3,600만명, 화물 180만톤의 처리능력을 갖추는 계획을 시행중에 있다.

표 4-5-21 선전 바오안 공항 시설현황

<table>
<tr><th>구 분</th><th>규 모</th><th>2009년
화물 처리량</th></tr>
<tr><td>부지면적</td><td>10,800,000m^2</td><td rowspan="5">605,469톤</td></tr>
<tr><td>활 주 로</td><td>3,400m×45m(1)</td></tr>
<tr><td>계 류 장</td><td>53개 계류장</td></tr>
<tr><td>여객터미널</td><td>37,550m^2
(연 1,500만명 수용 가능)</td></tr>
<tr><td>화물터미널</td><td>연 70만톤 처리 가능</td></tr>
</table>

(5) 선전 홍차오 공항(SHA)

상하이 홍차오 공항은 중국 국내 거의 모든 도시를 운항하며 한국의 서울 김포공항과 일본 도쿄 하네다 공항간 Shuttle 서비스가 2007년 말부터 운항중이다. 기존의 제 1 터미널은 국제선 터미널로 대한항공, 아시아나항공, 일본항공, 전일본항공 등 국제선 항공사가 입주하고 있으며, 중국 국내 항공사인 동방항공, 상해항공의 국제선이 운항되고 있다.

2010년 제 2 활주로와 제 2 터미널 건설이 완료되어 현재 홍차오 공항의 서설능력은 여객 4,000만명이다.

표 4-5-22 상해 홍차오 공항 시설현황

<table>
<tr><th>구 분</th><th>규 모</th><th>2009년
화물 처리량</th></tr>
<tr><td>부지면적</td><td>-</td><td rowspan="5">439,071톤</td></tr>
<tr><td>활 주 로</td><td>3,400m×60m(1)</td></tr>
<tr><td>계 류 장</td><td>486,000m^2(동시 66대 주기 가능)</td></tr>
<tr><td>여객터미널</td><td>77,000m^2</td></tr>
<tr><td>화물터미널</td><td>-</td></tr>
</table>

3.2 중국의 주요 항공사 현황

중국의 3대 메이저 항공사는 국제항공(Air China, 항공사 코드: CA), 동방항공(China Eastern Airlines, MU), 남방항공(China Southern, CZ)이며, 2009년 기준 국제항공의 화물운송량은 약 35억톤킬로미터이며, 동방항공과 남방항공은 각각 25억톤킬로미터, 18억톤킬로미터이다. 각 항공사의 항공기 보유대수는 국제항공이 260기, 동방항공이 257기, 남방항공이 378기를 보유하고 있다.

표 4-5-23 중국의 3대 메이저 항공사 현황

항 공 사	항공기 보유 현황			2009년 화물 운송량 (국내 + 국제)
	소 유	임 대	합 계	
국제항공(CA)	250	10	260	3,496.2 (백만톤킬로)
동방항공(MU)	-	-	257	2,474.2 (백만톤킬로)
남방항공(CZ)	378	-	378	1,781.3

자료: 항공진흥협회, 항공연감, 2010.

1) 국제항공(Air China, CA)

국제항공은 1988년에 창립되었으며, 2002년 10월 중국항공총공사와 중국서남아항공공사가 통합하여 중국항공집단공사로 창립되었으며 중국국제항공은 중국항공집단공사의 산하조직으로 북경에 본사가 위치하여 있다. 자회사로 마가오 항공과 중국최대 화물항공사인 국화항이 있다. 2009년 기준 국제선 32개 국가 66개도시, 국내선 90개 도시와 연결되어 있다.

표 4-5-24 국제항공 화물 운송량

구 분	2006년	2007년	2008년	2009년
화물운송량(만톤)	101.94	110.39	98.01	97.40
화물탑재비율(%)	54.30	56.43	56.81	54.23

주: 화물운송량은 국내 + 국제 운송량 기준임.
자료: 중국국제 항공 유한공사, 2010.

2) 동방항공(China Eastern Airlines, MU)

2002년 종전의 동방항공, 서북항공 및 운남항공이 합병되어 재 창립한 회사이다. 상하이를 기준으로 하는 중국동방항공집단공사의 산하조직으로 2009년 상해항공 인수 발표 후 합병 진행중이다. 2008년 기준 여객운영항로 423개(국내 332개, 국제 91개), 화물운영항로 16개(국내 1개, 국제 15개) 등 21개국 134개 도시와 연결되어 있다.

표 4-5-25 동방항공 화물 운송량

구 분	2006년	2007년	2008년	2009년
화물운송량(만톤)	2,417.12	2,614.07	2,420.14	2,474.19
화물탑재비율(%)	51.68	51.34	50.36	50.45

주: 화물운송량은 국내 + 국제 운송량 기준임.
자료: 중국동방 항공 유한공사, 2010.

3) 남방항공(China Southern, CZ)

2002년 10월 중국남방항공공사와 중국북방항공공사가 통합하여 중국남방항공집단공사가 창립되었으며 남방항공은 중국항공집단공사의 산하조직으로 광저우에 본사를 두고 있다. 2010년 기준 항공기 보유대수 378대이며 여객운송 기준 중국 최대의 항공사이다. 해외 65개 도시, 국내 56개 도시와 연결되어 있다.

표 4-5-26 동방항공 화물 운송량

구 분	2006년	2007년	2008년	2009년
화물운송량(만톤)	819	872	835	862
화물탑재비율(%)	63.8	65.1	64.4	65.2

주: 화물운송량은 국내 + 국제 운송량 기준임.
자료: 중국남방 항공 유한공사, 2010.

4. 일본의 공항 및 항공사 현황

4.1 일본의 공항 현황

1) 주요 공항별 처리실적

일본 전체 항공화물 운송량은 2005년 이후 감소추세를 보이고 있으며 연평균 성장률은 −0.6%이다. 2010년 기준 국내+국제 항공화물 운송량은 83억톤킬로미터이며 이중 국제화물 운송량은 74억톤킬로미터로 88.8%의 비중을 차지하고 있다.

표 4-5-27 일본의 항공화물 운송 추이 (단위: 백만톤킬로)

구 분	2005년	2006년	2007년	2008년	2009년	2010년
국내+국제	8,549	8,480	8,435	8,173	7,018	8,303
국 제	7,755	7,669	7,616	7,287	6,171	7,372

2010년 기준 일본의 국제 항공화물의 Inbound, Outbound 비중은 52.8 : 47.2로 수입 비중이 약간 높은 것으로 나타나고 있다.

그림 4-5-8 일본 국제 항공화물의 Inbound & Outbound

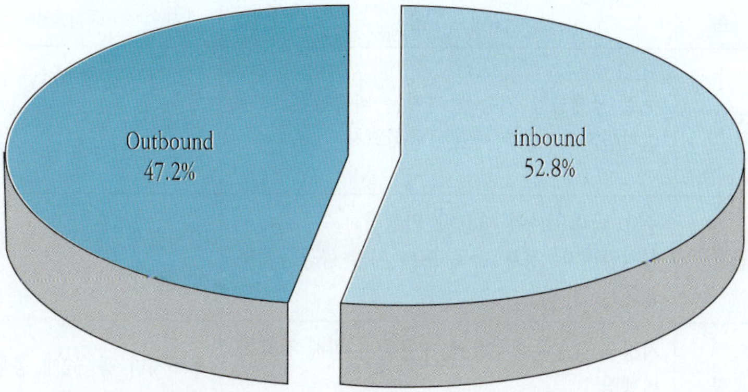

자료: IATA, Airline Forecast 2011-2015, 2011. 10의 자료를 기준으로 저자 재산정.

일본은 1968년 이후 7차례에 걸쳐 시행된 '공항정비 5개년 계획(제 7 차는 7년계획)'에 따라 공항 증설과 항공기 대형화에 따른 정비를 진행해 왔다. 1990년대를 전후해 항공 수요가 계획 대비 못미치는 실적을 보이자 국토교통성은 2001년 공항정책을 전환하여 외딴 섬 등을 제외한 지방공항 신설을 허용하지 않고 있다.

일본에는 약 100개의 공항이 있다. 제 1 종 공항은 5개, 제 2 종 공항은 26개, 제 3 종 공항 55개, 기타 14개 등이다. 제 1 종 공항은 모두 국제공항으로 나리타, 간사이, 도쿄(하네다), 오사카, 주부국제공항이며 나리타, 간사이, 주부국제공항은 각 공항별 주식회사에서 설치, 관리하나 관제시설은 국토교통대신이 설치, 관리한다. 도쿄(하네다), 오사카 국제공항은 설치관리자가 국토교통대신이며, 여객터미널은 민간에서 설치, 관리하고 있다. 제 2 종 공항은 국토교통대신이 설치, 관리하나, 일부 공항은 지방공공단체에서 관리 및 기본시설의 설치관리를 담당하며 여객터미널은 민간에서 설치, 관리한다. 제 3 종공항은 지방공공단체에서 설치, 관리하며 관제시설은 국토교통대신이, 여객터미널은 지방공공단체와 민간에서 함께 설치, 관리하기도 한다.

표 4-5-28 일본의 공항위계별 체계

구 분	내 용	대상공항
제 1 종 공항	주로 국제공항 기능을 가지는 비행장 설치관리자: 정부, 공단, 주식회사	신동경국제(나리타), 동경국제(하네다), 오사카국제, 간사이국제, 중부국제 등 5개 공항
제 2 종 공항	주요 국내노선에 필요한 비행장 설치관리자: 정부 단독 또는 지방 공공단체와 공동	신치토세, 후쿠오카, 신키타큐슈 등 25개
제 3 종 공항	지방의 항공운송수요에 대응하기 위해 필요한 비행장 설치관리자: 지방공공단체	후쿠시마 등 52개 공항 건설 및 검토 중: 3개 공항
공용비행장	기능: 방위에 필요한 비행장 설치관리자: 방위청 또는 미군	치토세, 코마츠 등 6개 건설 중: 1개
기타비행장	지방공공단체 및 민간이 설치관리 하는 소규모공항	서히로시마 등 14개

자료: 간사이공항조사회, Airport Handbook 2005, 2006.

일본의 제 1 종 국제공항 중 주요 4개 공항에 대한 항공화물 처리량 추이는 다음의 표와 같으며 나리타 공항과 간사이 공항은 국제 항공화물 위주의 처리공항이며, 하네다, 오사카 공항은 국내화물 위주의 처리 공항인 것으로 나타나고 있다.

2010년 기준 나리타 공항의 국제항공화물 처리량은 약 213만톤이며 간사이 공항은 약 70만톤, 하네다 공항과 오사카 공항은 각각 36톤, 17톤을 처리하였다.

표 4-5-29 일본 주요 공항 항공화물 처리량 추이 (단위: 천톤)

구 분		2005년	2006년	2007년	2008년	2009년	2010년
나리타공항	국 내	7	6	6	4	3	4
	국 제	2,233	2,236	2,212	2,059	1,810	2,126

간사이공항	국 내	41	44	53	68	41	37
	국 제	799	768	764	753	546	702
하네다공항	국 내	672	695	714	762	703	725
	국 제	0.8	5	5	11	12	36
오사카공항	국 내	651	649	621	597	469	485
	국 제	17	15	16	17	13	17

자료: 국제공항협회(ACI).

2) 도쿄 나리타 공항(NRT)

도쿄 나리타 국제공항은 2005년 "신도쿄국제공항"에서 "나리타국제공항"으로 명칭이 변경되었으며 일본 공항간 역할분담으로 대부분 국제선을 처리하며, 오사카, 후쿠오카, 나고야, 삿뽀로 지역의 일부 국내선만을 처리하고 있다. 국제선의 대부분은 도쿄국제(하네다)공항에서 처리하고 있다.

표 4-5-30 나리타 공항 시설현황

구 분	규 모	2010년 화물 처리량
부지면적	10,840,000m^2	2,130,000톤
활주로	4,000m×60m(1) 2,500m×50m(1)	
계류장	2,480,000m^2(143대 동시주기)	
여객터미널	449,600m^2 303,000m^2	
화물터미널	249,000m^2	

도쿄 나리타 공항의 국제선 지역별 항공화물 네트워크는 총 92개 노선수를 갖고 있으며, 95개의 항공사가 항공화물 네트워크를 구성하고 있다. 주간

그림 4-5-9 나리타 공항 전경

운송가능용량은 89,015톤으로 이중 화물기 비중은 약 55%이다.

가장 많은 노선수를 가지고 있는 지역은 북미 지역으로 19개 노선이 있으며 주간 465회의 운항횟수, 26,375톤의 운송가능용량을 가지고 있다. 이중 화물기의 비중은 약 65%이다.

표 4-5-31 도쿄 나리타 공항 항공화물 네트워크 현황

지 역	노 선 수	주간 운항횟수	주간 운송가능용량(Tonnes)			취항 항공사수
			전 체	화물기	화물기 비중	
남 미	3	9	251	-	-	2
대양주	12	121	3,215	-	0.0%	10
동남아	11	302	14,164	7,547	53.3%	14
동북아	11	331	15,451	8,306	53.8%	16
중 국	12	412	18,178	9,715	53.4%	14
북 미	19	465	26,375	17,137	65.0%	16
서남아	6	21	379	-	0.0%	4

아프리카	-	-	-	-	-	-
유 럽	15	228	10,828	5,891	54.4%	16
중 동	2	5	135	-	0.0%	2
중앙아시아	1	3	39	-	-	1
Total	92	1,897	89,015	48,596	54.6%	95

주: 연결편 미포함.
자료: 한국교통연구원, 공항 환적물동량 수요 및 경로분석을 통한 물류경쟁력 강화방안 연구, 2009.

3) 오사카 간사이 공항(KIX)

간사이 공항은 140만톤의 화물처리가 가능하며, 개발 계획중인 제2활주로 개통 이후 175만톤까지 처리 가능할 전망이다. 공항주변 이내 105만평 규모의 린쿠우타운이 개발되어 남쪽은 다국적기업과 연구기관, 유통센터로 개발할 예정이며 북쪽은 호텔 등 상업시설로 운영하고 있다. 국제 비즈니스 중심지 개발을 위해 Pacific City(약 10만평)를 조성하고 있다.

표 4-5-32 간사이 공항 시설현황

구 분	규 모	2010년 화물 처리량
부지면적	5,103,000m^2	739,000톤
활주로	3,600m×60m(1)	
계류장	970,000m^2(55개 주기장, 여객: 41, 화물: 11)	
여객터미널	291,269m^2	
화물터미널	264,000m^2(연간 140만톤 화물 처리 가능)	

그림 4-5-10 간사이 공항 전경

4) 도쿄 하네다 공항(HND)

일본 국내 정기선 여객의 60% 이상을 처리하는 도쿄국제(하네다)공항은 이미 처리능력의 한계를 보이고 있어, 제 4 활주로의 개발이 진행중이다. 하네다공항은 국내선 수요는 물론 한국, 중국 등 근거리 노선을 중심으로 국제선 수요를 확대해 나가겠다는 것이 일본 정부의 구상이다.

표 4-5-33 하네다 공항 시설현황

구 분	규 모	2010년 화물 처리량
부지면적	1,100,000m^2	761,000톤
활주로	3,600m×60m(1) 2,500m×45m(1) 3,150m×60m(1)	
계류장	1,865,000m^2	
여객터미널	292,500m^2 180,000m^2	
화물터미널	-	

그림 4-5-11 하네다 공항 전경

5) 오사카 국제공항(ITM)

오사카 국제공항은 오사카 부도요나카시와 이케다시, 효고 현이타미시에 걸쳐 있는 공항이다. 공항의 대부분이 이타미시에 속하므로 이타미공항이라고도 불린다. 국제공항이라는 이름이 붙기는 했으나, 실제로 취항하는 국제선은 없다. 1994년 간사이 국제공항이 개항한 이후로는 국내선만 취급하는 공항이 되었다.

표 4-5-34 오사카 국제공항 시설현황

구 분	규 모	2010년 화물 처리량
부지면적	3,110,000m^2	502,000톤
활 주 로	1,828m×45m(1) 3,000m×60m(1)	
계 류 장	-	

여객터미널	-	
화물터미널	-	

그림 4-5-12 오사카 국제공항 전경

4.2 일본의 주요 항공사 현황

제2차 세계대전 이전까지 대일본항공, 만주항공 등의 국책항공사 및 소규모 항공사가 존재했지만 교통기관으로서 수송역할을 담당하지 못하였으며, 종전 후 미군의 점령 하에서 비행기의 생산 및 운항이 금지되었다.

1952년 샌프란시스코 평화조약의 체결을 계기로 일본의 항공사업은 산업으로서 부흥하게 되었으며, 1972년 정부의 방침에 따라 국제선과 국내 간선을 분담하는 일본항공(現 일본항공 인터내셔널), 국내전반을 분담하는 전일본공수 그리고 국내 로컬선을 분담하는 동아국내항공(現 일본항공 인터내셔널)의 대형 3사의 체제가 확립되었다.

일명 45/47체제로 명명되는 일본정부의 산업보호 정책 하에, 일본의 항공산업은 순조롭게 성장하였으며, 1985년 일본의 新항공정책에 따른 규제완화로 전일본공수, 일본에어시스템의 국제노선 참여와 국내 주요노선의 복수업체 참여가 가능해지고 일본항공은 완전 민영화하는 계기가 되었다.

일본의 항공 운송업계는 일본항공(日本航空: JAL)과 전일본공수(全日本空輸: ANA)의 2개사로 집약된다. 이외에도 부정기 항공노선 사업자 및 근거리 거점을 운항하는 지역항공회사 및 물류기업의 화물수송을 위한 화물전문 항공회사가 있다.

표 4-5-35 일본의 주요 항공사 현황

구 분	항공사명	약 자	비 고
일본항공(日本航空)그룹	Japan Airlines International	JAL	일본 최대 항공회사
	JAL 웨이즈(JAL ways)	JAZ	재팬에어채터가 전신
	일본 에어트랜스오션 항공(Japan Transocean Air)	JTA	민영공동운영의 제 3 섹터기업
	홋카이도 에어 시스템(Hokkaido Air System)	HAS	홋카이도 지역항공
	류큐(琉球) 에어 커뮤터(Ryukyu Air Commuter)	RAC	오키나와(沖縄)의 이도노선 운항
전일본공수(全日本空輸)그룹	전일본공수(All Nippon Airways)	ANA	최대 국내 노선을 보유
	에어닛뽄(Air Nippon)	ANK	일본 국내 소형제트 여객기를 운항
	에어닛뽄네트워크(Air Nippon Network)	AKX	터보프로프기를 운항
	에어 넥스트(Air Next)	NXA	큐슈(九州)·오키나와(沖縄) 관련 국내노선을 운항
	에어 재팬(Air Japan)	AJX	국제선만운항

자료: 한국무역협회, 일본물류토탈, http://www.japanlogis.net

일본의 주요 국제 운송 항공사는 일본항공 인터내셔널(Japan Airlines International: JAL)과 전일본공수(All Nippon Airways: ANA)가 있다.

일본항공 인터내셔널(JAL)은 1951년 일본항공 설립 후 1953년에는 일본 항공법에 근거한 새로운 일본항공을 설립하였으며 1987년 완전 민영화하여 2004년 현회사명으로 명칭을 변경하였다. 2006년에는 (주)일본항공 저팬과 합병하였다. 2010년 기준 항공기 보유대수는 185대이며, 화물운송량은 약 28억 톤킬로미터이다.

전일본공수(ANA)는 1952년 일본 헬리콥터 수송 주식회사를 설립하고 이듬해인 1953년에 영업을 개시하였으며 1957년 현재의 전일본공수 주식회사로 명칭을 변경하였다. 2010년 기준 항공기 보유대수는 206대이며 화물운송량은 약 23억톤킬로미터이다.

표 4-5-36 일본의 항공사 현황

항 공 사	항공기종	소 유	임 대	2010년 화물 운송량 (국내 + 국제)
일본항공 인터내셔널 (Japan Airlines International: JAL)	B747	1		2,849,543 (천톤킬로미터)
	MD-90	16		
	B744F	6		
	B744	36		
	B738	4	8	
	B734	1		
	AB6	18	3	
	MD-81	6	4	
	B767	19	26	
	B76F		3	
	B777	25	3	
	ERJ-170	6		
	소 계	185		

전일본공수 (All Nippon Airways: ANA)	B773	7		2,310,026 (천톤킬로미터)
	DH4		14	
	B735	10	9	
	B73G	14	4	
	B772	18	5	
	B76F		4	
	B763	42	11	
	B74D	10		
	B744		3	
	B738	8		
	A320	15	14	
	DH3	1	4	
	B773	10	3	
	소 계	206		

자료: 항공진흥협회, 항공연감, 2010.

■ 참고문헌 ■

민연주, 강성철, 예충열, 공항 환적물동량, 수요 및 경로분석을 통한 물류경쟁력 강화 방안 연구, 한국교통연구원, 2009.

ICAO, Annual Report on the Council, 각 연호.

항공진흥협회, 항공통계 세계편, 2010.

항공진흥협회, 항공연감, 2010.

Boeing, Current Market Outlook, 2011. 6.

IATA, Airline Forecast 2011－2015, 2011. 10.

중국 민항총국, 2008년 민항 공항 생산통계, 2009. 2.

간사이공항조사회, Airport Handbook 2005, 2006.

항공진흥협회, 항공정보포탈시스템, http://www.airportal.co.kr

국제공항협회(ACI), http://www.airports.org

한국무역협회, 중국물류포탈, http://www.chinalogis.net

한국무역협회, 일본물류포탈, http://www.japanlogis.net

중국국제 항공 유한공사 홈페이지, http://airchina.com

중국동방 항공 유한공사 홈페이지, http://www.ceair.com

중국남방 항공 유한공사 홈페이지, http://www.csair.com

1_ 물류경쟁 및 협력의 정의

2_ 동북아 물류시설의 전략적 위치

3_ 동북아 국가의 물류경쟁 및 협력

4_ 동북아시아 물류협력 방향

5 동북아 국가의 물류경쟁 및 협력

Chapter 05

동북아 국가의 물류경쟁 및 협력

1. 물류경쟁 및 협력의 정의

1.1 물류경쟁의 의미

물류경쟁은 여러 곳의 물류처리 거점이 경쟁하고, 이를 통하여 경쟁력이 낮은 곳에서 높은 곳으로 화물이 집중하는 현상이라 할 수 있다. 항만산업의 경우 아시아에서 전통적 의미의 물류거점은 싱가포르(Singapore), 홍콩(Hong Kong), 카오슝(Kaoshisung), 부산(Busan)이었다. 하지만 동 지역 각국의 경제가 경쟁상황에 놓이게 되면서 기존의 물류거점 형태에 변화가 오게 된다. 새롭게 부상하는 상하이(Shanghai), 탄정팔레파스(Tanjung Pelepas), 센젠(Shenzhen), 양산(Yangshan) 등이 거점허브로 부상하게 된다. 국가간에 허브 지위를 놓고 경쟁하는 이유는 허브가 됨으로써 좀 더 많은 무역과 투자를 유치할 수 있기 때문이다. 고용창출과 같은 경제의 선순환 효과가 나타나며, 항만 및 공항은 규모의 경제(Economics of Scale)를 이루면서 대규모 화물처리 기지가 된다. 또한 다른 나라와 촘촘한 네트워크를 형성함으로써 국제거래를 원활하게 할 수 있는 장점을 가진다. 하지만 모든 국가나 거점이 허브의 지위를 가질 수는 없다. 허브지위를 갖기 위하여 제시된 기본적인 조건은 주요 무역거래가 이루어지는 지역과 가까운 중심성을 확보하여야 하며, 물리적·정보적으로 적절한 시설을 구비하여야 한다. 물류처리 속도와 서비스의 신뢰성을 높이기 위하여 높은 수준의 효율성이 확보되어야 하며, 다양한 피더항만(Feeder ports)과 잘 연계되는 높은 빈도의 피더서비스(Feeder service)를 갖추어야 한다. 또한 뛰어난 시장 접근성과 부가가치 서비스를 제공할 수 있어야 한다.

포터의 다이아몬드 모델을 항만에 확장하여 적용한 사례를 살펴보면 항만이 경쟁력을 갖기 위하여 어떠한 요소가 필요한지 확인할 수 있다(Haezendonck and Notteboom, 2002). '경쟁 결정요소'는 '기본요소'와 '상위요소'로 구분되며, 이는 다시 '지역기반 요소'와 '비지역 기반요소'로서 구분된다. 예를 들어 '지리적 위치'는 기본요소이면서 동시에 지역기반 요소에 속한다. 근래에는 항만을 구성하는 기본요소에 항만의 위치, 접근도, 항만시설, 배후지 접근도 등의 요소를 고려한다. 하지만 비지역 기반요소에 속하는 전문노동력, 기술, 노하우 등의 요소 역시 단기간에 획득할 수 없으며, 항만 경쟁력에 상당한 영향력을 미칠 수 있다는 관점에서 중요시되고 있다. 항만의 수요에 관련해서는 항만사용자에 해당되는 상품 제조업자, 정기선·부정기선 등의 해운회사 등이 연관되어 있다. 항만이 경쟁력을 갖기 위해서는 내실 있는 지원산업 구조를 가져야 하며, 해운대리점, 선박수리업, 세관, 예선서비스, 준설업체 등 다양한 종류의 산업이 이에 포함된다. 또한 정부는 다양한 시설공사, 투자 보조금 등의 정책집행 행위를 통하여 항만 경쟁력에 영향을 미칠 수 있다. 항만에 연관이 있는 기회요소는 위험에 관련된 요소로서 홍수, 지진, 정치적 안정도 등이 있다.

그림 5-1 항만의 경쟁력

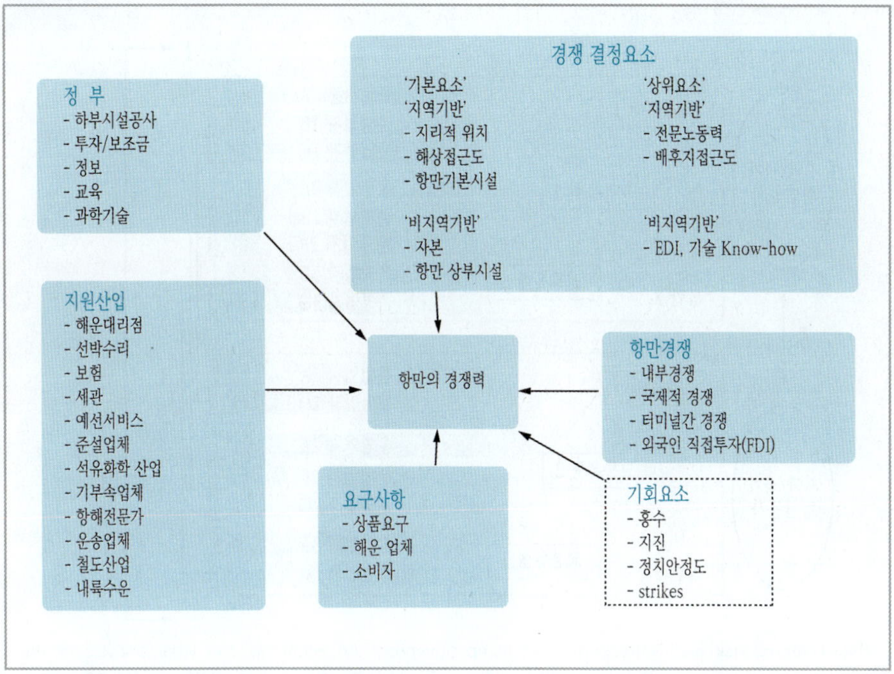

한편 항만의 경쟁은 터미널 내의 선석간, 타 항만간, 지역 및 국가의 항만운영주체 간에서 발생될 수 있다.[1)]

그림 5-2의 경쟁 개념도에서 1A, 1B, 1C, 2A 등의 기호체계 중 숫자는 운송수단을, 영문자는 운영업자를 나타낸다고 가정하면, 첫 번째로 고려할 수 있는 경쟁은 '운영업자 측면의 항만내 경쟁(Intra-port competition at operation level)'이다. 개념도의 '항만 X'에서 교통유형 1 내에 위치하는 운영업자 1A, 1B, 1C 간의 경쟁에 해당하며, 부산항에서 운영 중인 컨테이너 터미널 운영업체간의 경쟁을 사례로 들 수 있다. 두 번째 경쟁은 '운영업자 측면의 항만간 경쟁(Inter-port competition at operation level)'이다. 그림에서 운영업자 1A는 '항만 X'와 '항만 Y'에서 동시에 터미널을 운영 중이므로 경쟁의 대상이 아니다. 하지만 '항만 X'의 운영업체 1B, 1C와 '항만 Y'의 운영업체 1H 간에는 경

1) Haezendonck and Notteboom, Port competitiveness: An economic and legal analysis of the factors determining the competitiveness of seaports, De Boeck Ltd., 2002, pp. 11-12.

그림 5-2 항만경쟁 개념도

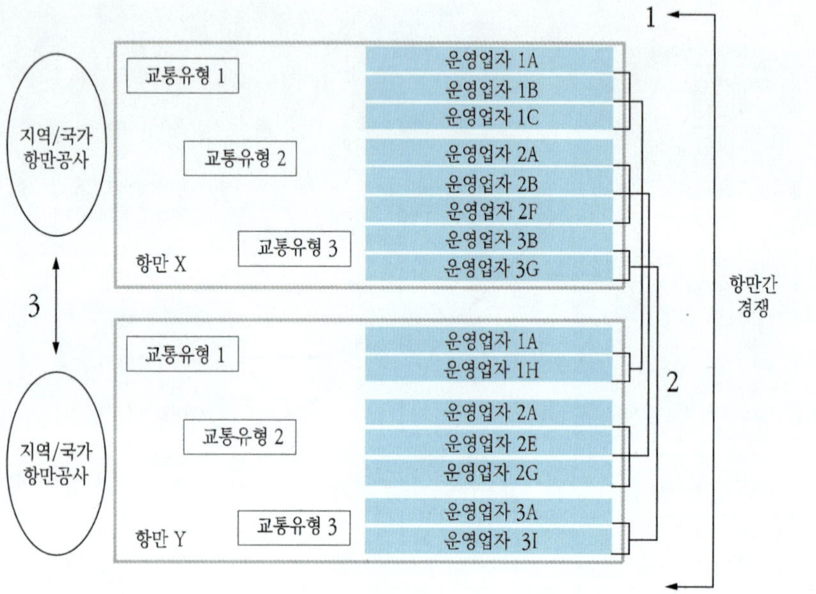

자료: Haezendonck and Notteboom, Port competitiveness: An economic and legal analysis of the factors determining the competitiveness of seaports, De Boeck Ltd., 2002, pp. 11-12.

쟁이 발생할 수 있다. 마지막 세 번째 경쟁은 지역 또는 국가의 '항만관리기관 또는 항만공사 간의 경쟁(Intra-port competition at port authority)'을 들 수 있다.

동북아시아에서는 이미 고강도의 항만경쟁 현상이 나타나고 있다.[2] 중국의 부상은 부산, 홍콩 및 카오슝 항만에 그림자를 드리우고 있다. 예를 들면 2003년 세계 3위의 컨테이너 처리실적을 가진 부산은 중국항만인 상하이와 센젠 항만에게 각각 3위 및 4위의 지위를 물려주고, 5위의 자리로 밀려났

2) 항만의 경쟁은 동북아시아뿐 만아니라 동남아시아에서도 일어나고 있다. PSA(Port of Singapore Authority)는 말레이시아의 탄정팔레파스(Tanjung Pelepas)의 출현에 고전하고 있다. PSA가 여전히 높은 빈도의 선박서비스 및 대형선박의 원활한 서비스를 강점으로 우위를 점하고 있지만, 탄정팔레파스 역시 PSA를 컨테이너 부문뿐만 아니라 비컨테이너 부문까지 운영을 확대하면서 추격을 계속하고 있다. 한편 탄정팔레파스는 말레이시아 국내의 포트켈랑(Port Klang)과 국내항만간의 경쟁도 휘말리는 등 복잡한 양상을 띠고 있다.

다. 이러한 성장의 배경에는 2001~2005년 사이 연 30%씩 성장하는 중국의 컨테이너 물동량이 자리한다. 또한 중국항만에 직기항하는 선사의 증가는 한국항만의 물동량을 큰 폭으로 감소시켰다. 홍콩 역시 센젠이라는 강력한 경쟁자를 Pearl River Delta를 공유하며 지근거리에 두고 있다. 이러한 항만의 경쟁은 각국 항만에 대규모 투자가 이루어지게 하는 모멘텀이 된다. 중국은 2020년까지 상하이 양산항에 총 52선석을 개발할 계획이며, 닝보(Ningbo), 칭다오(Qingdao)항만의 개발도 본격화하고 있다. 이에 맞서 한국은 부산과 광양항에 대규모의 선석개발을 진행 중이며, 일본 역시 게이힌(Keihin), 한신(Hanshin), 이세만(Yisheman) 지역에 초집중화 항만전략(Super Centralized Ports Plan)을 구상하면서 기존항만 서비스 가격보다 30% 정도를 낮추어 고객을 유치한다는 전략을 가지고 있다.

1.2 물류협력의 의미

협력은 최소한 둘 이상 연관되어 있는 기관에서 행해지는 공동활동(Joint activities)의 일반적인 표현이다. 각 기관에서는 금융자산, 노하우(Know-how), 시간 등을 공동활동의 대상으로 하며, 이러한 활동으로 인해 금융비용 절감, 서비스 질의 향상, 마켓쉐어(Market share) 증가 등의 선순환 효과를 거둘 수 있기 때문에 모든 참가 기관이 윈-윈(Win-win)의 편익을 거둘 수 있다. 예를 들어 선사와 항만공사 또는 항만운영자간의 협력은 참가자 모두에게 이익을 줄 수 있다. 선사의 서비스는 물동량, 비용, 서비스의 질, 국가의 수송정책 등에 따라 고정적이지 않고 변동이 심하다. 이러한 상황에서 선사는 화주에게 안정적인 서비스를 제공하고자 항만에 직접투자를 하여 터미널을 개설하거나 대리점을 개설하고자 한다. 항만공사와의 협력을 통하여 터미널 운영권 및 토지를 임대하여 안정적인 사업을 수행할 수 있다.[3] 효과적인 수송은 안정적인 화물의 최신정보에 의지하므로 정보부분의 협력은 중요한 역할을 하게 된다. 출항항에서 생성된 정보는 수송 네트워크상의 모든 주체들과 공유

3) 이러한 형태의 협력은 선사와 지역 항만운영자 간에 조인트벤처(Joint-venture) 형태로 나타나기도 한다.

되어야 하며, 특히 양하항에서는 중요한 의미를 지닌다. 이러한 측면에서 항만공사는 항만운영에 필수적인 선박의 출항, 화물명세, 위험화물에 대한 정보를 공유하는 협력을 수행하여야 한다. 선사 대리점에서 생성되는 화물적하계획(Plan of loading of the ship)을 EDI 등의 전자매체를 통하여 교환하는 것도 원활한 항만운영을 위하여 중요한 협력의 요소이다.

최근 대형선사의 얼라이언스(Alliances) 정책에 따라 항만기항(Port calling)은 주요항만(Main port)에 집중되고 있다. 즉, 항만물동량은 소위 허브항만(Hub port)에 집중되는 경향을 나타내고 있다. 이러한 현상에서 선택받기 위하여 항만은 막대한 투자, 기술 및 시설향상 등의 출혈경쟁(Destructive competition)을 벌이고 있는데, 이는 화주, 선사, 터미널 운영자 등의 협력에 의하여 문제를 해결할 수 있다. 특히 민간사업자의 항만참여가 활성화되면서 최신 컨테이너 터미널로 기능을 향상하거나, 육상측 장비 현대화는 민간(Private sector)이 맡고, 기본적인 항만의 시설인 준설, 방파제 건설, 매립 등은 공공 및 정부에서 투자하는 형태의 협력이 증가하고 있다. 또한 항만의 서비스는 수출되지 못하는 속성이 있지만, 서비스 측면에서의 협력은 가능하다. 즉 선사의 경우 기항하는 각국에 안정적인 서비스를 제공하기 위하여 자본을 이동하여 대리점을 개설할 필요가 발생한다. 이러한 선사의 필요를 해결하기 위하여 현지지역 파트너를 활용하여 안정적인 서비스를 제공하면서 자본의 소모를 최소화하는 협력의 방법을 사용할 수 있다.

협력적 측면에서 동북아시아를 살펴보면, 정치적 긴장감, 불신, 영토분쟁 등의 문제로 인해 서로 협력적인 발전관계를 맺는 것이 어려운 상황이었다. 따라서 동북아시아의 협력은 유럽(EU)의 협력과는 다른 점이 존재한다.[4] 즉 동북아시아 지역의 협력은 정부주도 정책(State-directed policy)에 따라 협력 프로젝트를 추진하는 반면에, 유럽의 경우 신자유주의 사상의 실현에 입각한 비정부 집단의 자유로운 참여에 의하여 진행되고 있다는 큰 차이가 있다. 1990년 이후 동북아시아에서의 협력은 한국, 중국, 일본을 중심으로 금융, 정보기술(IT), 물류분야 등의 기능적인 분야에서부터 이루어지기 시작하였

4) Hidetaka Yoshimatsu, Developmentalism and Policy Networks in Regional Cooperation in Northeast Asia, 2008. 11.

다.[5)6)] 이후 신지역주의(Regionalism)가 등장하면서 다차원적인 문제접근 방법에 의하여 국가적 차원의 해결에 한계가 있던 문제들을 다루기 시작한다. 이러한 사상의 기저에는 경제적 개방과 신자유주의(Neoliberalism)가 바탕이 되고 있다. 문제해결에는 경제, 안보, 문화 환경 등 다양한 부문이 포함되며, 해결의 주체로서 다양한 비정부단체(Non-state actors)가 관여하기 시작한다.

최근 다행스럽게도 동북아지역에서 정부간 양자 교통물류협력 현상이 한·러, 중·러, 일·러간 이루어지고 있으며, 북·중, 북·러 간의 협력도 진행되고 있다. 동북아시아의 다자간 협력의 사례를 찾는 것은 쉽지는 않으나, 2000년 이후 진행되고 있는 동북아철도망(TKR-TSR) 연계를 위한 남·북·러의 철도협력이나, 한·중·일 물류장관회의는 다자간 협력의 단초를 제공하는 중요한 계기가 되고 있다.

2. 동북아 물류시설의 전략적 위치

2.1 중국의 부상

중국은 1978년 12월 제 11기 중국공산당 중앙위원회 제 3 차 전체회의에서 등소평의 경제개혁과 대외개방 노선이 채택된 이후 20여 년간 연평균 9.6%의 고도성장을 이룩하며 발전해 왔다. 2005년 이후 흑자폭이 급상승하여

5) 1990년 이후 동북아시아의 한국, 중국, 일본은 협력을 위한 공식적인 기구설립을 시작한다. 1999년 11월 한국대통령 김대중, 중국총리 주룽지, 일본총리 게이조 오부치는 마닐라의 아시안+3개국 정상회담에서 별도의 조찬모임을 갖는다. 삼국의 정상회담은 근대사에서 처음 있는 일이다. 오부치에 의해서 제안된 회의는 특별한 공식적인 아젠더 없는 비공식적인 모임의 형식으로 시작되어, 2000년부터는 정기적인 형태의 모임으로 발전하였다. 2003년 5번째 정상회담에서는 한국, 중국, 일본의 삼국간 협력을 위한 공동선언문을 발표하고, 투자, IT 산업, 환경보호 등의 14개 분야에 협력을 약속하였다. 또한 한반도의 비핵화를 중심내용으로 하는 북한 핵문제에 대한 협력방안도 포함되었다. 2004년 회의에서는 삼국간 투자확대와 FTA 확대를 위한 공동노력을 경주할 것을 체결하였다.

6) 교통분야의 협력은 2000년 이후 동북아시아 항만국장 회의형태로 구성되었다. 이 회의에서 한국, 중국, 일본은 해상운송망과 항만물류 및 관련산업의 발전을 위한 협력분야를 협의하였다. 항만국장으로 구성된 회의는 각국의 장관이 참석하는 회의로 격상되었으며, 2006년 서울에서 처음으로 각국 교통부장관이 참석하는 해상수송 및 물류에 관한 국제회의가 이루어졌다. 이 회의에서 12개 분야에 대한 협력계획이 수립되었다.

2009년 외환보유고가 2조 달러를 돌파하면서 세계 최대의 외환보유국이 되었으며, 이러한 결과로 미국과 중국을 지칭하는 G2라는 용어가 등장하였다. 2010년 1월 1일부터는 아세안 10개국과 차세안(차이나+아세안) 자유무역지대가 출범하면서, 인구 19억, 국내총생산 6조달러가 넘는 EU 및 미국에 이어 세계 세 번째의 경제블록으로 성장하였다.[7)] 이러한 성장의 배경에는 중국의 각 지역별로 발전한 산업클러스터가 중요한 역할을 수행하고 있다. 상하이 푸동을 중심으로 한 양쯔강 삼각주 경제권, 베이징·톈진이 중심인 환발해 클러스터, 광저우·선전이 중심이 되는 주강(珠江) 클러스터 등 3대 클러스터가 핵심적인 역할을 담당하고 있으며, 양쯔강 삼각주 경제권은 경제규모가 이미 1조 달러를 육박하고 있다.

늘어난 경제규모 및 생산량의 증대로 인하여 이를 이동시킬 물류의 필요성은 증대되고 있다. 중국은 '중국화물은 중국의 항만에서(National Cargoes, National Ports)'라는 정책을 추진하고 있다. 이러한 정책하에서 외국자본, 기술, 관리 노하우에서 벗어나 자주적인 항만체계를 갖추는 데 성공하였다. 최근에는 항만에 부가하여 항만배후지 및 항만연계체계를 확장해 나감으로써 항만의 위상을 더욱 굳건히 하고 있다.

항만의 처리물동량 측면에서 살펴보면, 중국항만의 빠른 성장세를 쉽게 확인할 수 있다. 중국의 남부지역에 위치한 센젠(Shenzhen)항과 광저우(Guangzhou)항의 물동량을 홍콩항과 비교하여 보면 1997년 각각 182만 TEU와 1,456만 TEU를 처리하여, 남부지역의 2항만을 모두 합하여도 홍콩의 1/8에 해당하는 작은 물량에 그쳤다. 하지만 2006년 각각 2,506만 TEU, 2,353만 TEU를 처리하면서 홍콩항의 물량을 넘어서기 시작하였으며, 2010년에는 각각 3,506만 TEU, 2,353만 TEU를 처리하면서 큰 격차를 내면서 홍콩항만을 능가하고 있다.

7) 이천우, 신아시아 경제론, 두남, 2011.

표 5-1 중국 남부지역 항만의 컨테이너 처리량 (단위: 1,000TEU)

항 만	센 젠 (A)	광저우 (B)	합 계 (C=A+B)	홍 콩 (D)	차 이 (C-D)
1997	1,148	680	1,828	14,567	-12,739
1998	1,952	847	2,799	14,582	-11,783
1999	2,986	1,180	4,166	16,211	-12,045
2000	3,994	1,430	5,424	18,100	-12,676
2001	5,076	1,730	6,806	17,900	-11,094
2002	7,614	2,180	9,794	19,144	-9,350
2003	10,615	2,762	13,377	20,449	-7,072
2004	13,656	3,304	16,960	21,984	-5,024
2005	16,197	4,685	20,882	22,602	-1,720
2006	18,469	6,600	25,069	23,539	1,530
2007	21,099	9,200	32,099	23,998	6,301
2008	21,414	11,001	32,415	24,494	4,931
2009	18,250	11,190	29,440	21,040	8,400
2010	22,510	12,550	35,060	23,532	11,528

자료: Containerization International, CI online.
Note: The Port of Shenzhen includes the port of Yantian, Shekou. Chiwan, Da Chan Bay, and the Port of Guangzhou includes the port of Juhai, Nansha, Huangpu, Neigang, and Sinsia.

한편, 중국 북부지역 항만의 처리물동량 역시 급격한 성장세를 보여주고 있다. 과거 컨테이너 화물의 환적을 주로 부산항에 의존하던 칭다오(Qingdao), 천진(Tianjin), 다롄(Dailian)항만과 부산항을 비교하여 살펴보면 다음과 같다. 1998년 북중국 세 개 항만의 합계와 부산항의 처리물동량은 각각 270만 TEU와 594만 TEU를 처리하여, 북중국 3항만을 모두 합하여도 부산항의 1/2에 해당하는 작은 물량에 불과하였다. 하지만 2005년 각각 1,376만 TEU, 1,184만 TEU를 처리하면서 부산항의 물량을 넘어서기 시작하였으며, 2010년에는 각각 2,733만 TEU, 1,415만 TEU를 처리하면서 상당한 차이를 내면서 부산항만을 능가하고 있다.

표 5-2 중국 북부지역 항만의 컨테이너 처리량 (단위: 1,000TEU)

항 만	칭다오 (A)	천 진 (B)	다 롄 (C)	합 계 (D=A+B+C)	부 산 (E)	차 이 (D-E)
1998	1,214	1,018	475	2,707	5,946	-3,239
1999	1,540	1,302	740	3,582	6,440	-2,858
2000	2,120	1,708	1,011	4,839	7,540	-2,701
2001	2,640	2,010	1,209	5,898	8,073	-2,214
2002	3,410	2,410	1,352	7,172	9,453	-2,281
2003	4,239	3,015	1,670	8,924	10,408	-1,484
2004	5,140	3,814	2,211	11,165	11,492	-327
2005	6,207	4,801	2,655	13,763	11,843	1,920
2006	7,702	5,950	3,212	16,864	12,030	4,834
2007	9,462	7,103	3,813	20,378	13,270	7,108
2008	10,320	8,500	4,503	23,323	13,452	9,871
2009	10,260	8,700	4,552	23,512	11,955	11,557
2010	12,012	10,080	5,242	27,334	14,157	13,177

자료: Containerization International, CI online.

중국항만의 성장세는 북미와 유럽을 연결하는 메인트렁크(Main Trunk Routes)를 운행하는 대형 컨테이너 선박의 직접 기항(Direct Calls)을 증가시켰다. 기항빈도를 살펴보면 극명하게 이러한 현상을 확인할 수 있다. 북중국항만의 칭다오와 다롄항만은 2000년 각각 12개와 4개의 직접기항 선사를 확보하고 있었으나, 2010년 각각 25개와 9개로 성장률 측면으로 환산해 보면 각각 208%와 225%의 수직상승 현상을 확인할 수 있다. 하지만 과거 이들 항만의 환적항만 역할을 수행하던 부산항만은 상대적으로 정체 및 감소현상을 면하지 못하고 있다. 즉 2000년도 35개이던 직기항 노선 빈도는 2005년 48개 증가하였으나, 2010년에는 40개로 감소추세로 돌아섰다. 또한 중국의 동해안 중간지역에 위치하는 닝보 항만의 경우에는 2000년도 5개이던 직기항 노선 빈도가 2010년 50개로 증가하여 무려 1000%의 상승률을 나타냈다. 한편 남부에 위치한 센젠 항만 역시 2000년도 29개이던 직기항 노선 빈도가 2010년 92개로 증가하면서 63개의 추가선사가 기항하는 대기록을 작성하였다. 이러한 중국항만의 성장세와는 대조적으로 대만의 카오슝 항만이나 홍콩항만에 기항하는 선사의 숫자는 감소추세를 면하지 못하고 있다.

표 5-3 중국항만에 기항하는 직기항 선사의 숫자

지 역	항 만	2000	2005	2010
북중국 지역	부 산	35	48	40
	칭다오	12	20	25
	신 강	7	10	14
	다 렌	4	7	9
중간 지역	상하이	23	62	69
	카오슝	42	41	29
	닝 보	5	37	50
남중국 지역	홍 콩	71	90	60
	센 젠	29	90	92
	광저우	-	-	5

자료: Ocean Commerce Ltd, International Transportation Handbook, 2010, 2000, 2005.
Note: The Port of Shenzhen includes the port of Shekou, Yantian. Chiwan, and Da Chang Bay. Port of Guangzhou includes the port of Nansha, and Sinsia.

중국의 위협적인 성장에 대비하여 한국은 부산항만을 위시하여 항만확대 정책을 펴고 있다. 부산항의 경우 1,376만 TEU의 처리능력을 1,416만 TEU로 확대하였다. 항만배후지(Port Hinterland)를 추가지정하고 있으며, 이로 인하여 2000년 이후 8곳의 추가 항만배후지가 지정되었다. 부산항의 경우, 2013년까지 총 2,486,000㎡의 배후부지가 추가건설될 예정이다. 건설된 항만배후지에는 자유무역 기능(Free Trade Zone Functions)[8]을 도입하고 있다. 항만배후

8) 자유무역지대는 외국인의 투자, 수출입 촉진, 제조 및 물류기능의 원활한 이동을 위하여 건설되며, 관세의 면제, 할인 및 유보 등의 인센티브를 제공한다. 현 한국은 공항 1지역 및 항만 4지역을 지정하여 운영하고 있다.

지에 형성된 자유무역지역을 통하여 다국적 물류기업을 유치하고 이를 통하여 수출입물동량을 증대시키고 항만을 활성화[9]시키는 전략을 구사하고 있다.

2.2 동북아 항만의 지형도

동북아시아는 한국, 중국, 일본, 몽골, 러시아로 구성되며, 아시아 태평양 지역에 속하며, 아시안 시장의 가장 중요한 국가로 자리 잡고 있다.[10] 특히 한국과 중국은 가장 빠른 속도로 경제성장 및 시장점유율을 높여가고 있는 나라이다. 한중일 삼국은 전 세계 선박톤수의 33.5%와 세계무역의 20.6%를 점유하고 있다.[11]

즉 동북아시아 지역은 해운 및 컨테이너 처리에 있어서 전세계의 중심적인 역할을 담당하고 있으며, 중국의 폭발적인 경제성장에 힘입어 동 지역에 유출입되는 화물량은 지속적으로 증가하고 있으며, 물동량 처리를 위한 항만의 성장 역시 뚜렷이 나타나고 있다. 2010년 기준 세계 10대 컨테이너 항만 중 7개가 동지역의 항만이며, 부산항을 제외한 6개 항만이 중국항만이었다.

9) 항만활성화를 위하여 추가적인 항만요율 인하를 시행하고 있다. 2010년의 요율은 3－4년 전의 요율에 비하여 40% 정도 낮은 상태이다.

10) 세계인구의 55%를 점하는 아시아는 중앙아시아(내륙아시아), 동북아시아(한국, 중국, 일본, 몽골, 러시아), 동남아시아(인도차이나반도, 말레이반도), 서남아시아(인도, 파키스탄) 등으로 구분된다.

11) G-T Yeo, D-W Song, J Dinwoodie, M Roe, Weighting the competitiveness factors for container ports under conflicting interests, Journal of Operational Research Society, Vol. 61, pp. 1249－1257.

표 5-4 주요 컨테이너 항만의 처리량

2010 Ranking	2009 Ranking	Port	2010(TEU)
1	2	Shanghai	29,069,000
2	1	Singapore	28,325,333
3	3	Hong Kong	23,532,000
4	4	Shenzen	22,509,738
5	8	Ningbo	13,144,000
6	5	Busan	12,946,722
7	6	Guangzhou	12,550,000
8	9	Qingdao	12,012,000
9	10	Rotterdam	11,100,000
10	11	Tanjung	10,080,000
11	12	Kaoshiung	9,114,619
12	13	Antwerp	8,400,000
13	16	Los Angeles	7,825,333
14	18	Long Beach	6,090,667
15	7	Dubai	1,160,000
16	15	Hamburg	--

자료: Chien-Chang Chou, The recent logistics trend in the Marine Studies, International Academic Workshop & Open Forum, University of Incheon, 17 February, 2011.

중국의 성장은 부산, 홍콩, 카오슝 등 인근의 대형항만에게는 심각한 위협을 주고 있다. 기존의 세계 해상루트(Traditional main trunk route)는 유럽을 출발하여 싱가포르, 홍콩, 대만(카오슝, 기륭), 한국(부산), 일본(고베, 요코하마)을 거쳐 미국으로 향하는 노선을 지칭하였다.12)

12) G-T Yeo, M Roe, J Dinwoodie, Evaluating the competitiveness of container ports in Korea and China, Transprtation Research Part A, Vol. 42, pp. 910-921.

그림 5-3 전통적 개념의 세계 해상루트

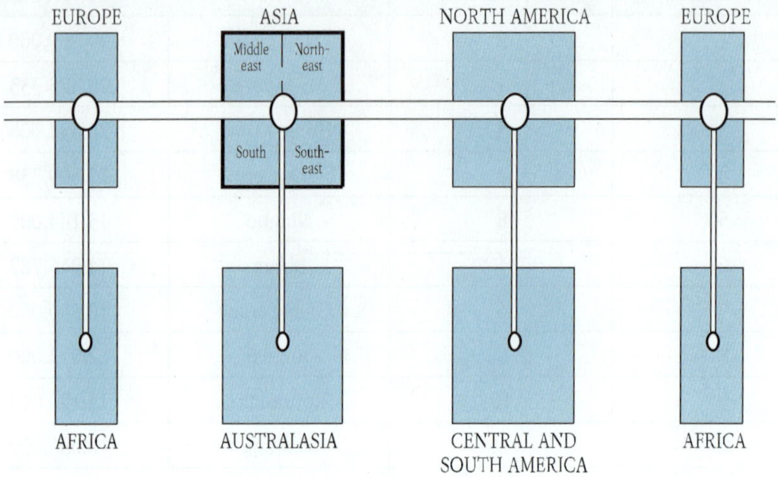

자료: Peter Rimmer, Australian logistics & connections with the world logistics system, Incheon Port International Academic Conference 1-3 July 2010.

하지만 중국의 부상은 이러한 전통적인 해상루트에 중국의 많은 항만이 포함되는 새로운 루트로 변모시켰다.

중국 이외의 인근 항만들은 허브항만의 지위를 놓치지 않기 위하여 다양한 전략마련에 부심하고 있지만, 그리 낙관적이지는 않은 상황이다. 이러한 이유로서는 중국의 항만개발은 지속적으로 추진될 전망이며, 이는 중국지역을 넘어선 항만마켓을 형성할 가능성이 높기 때문이다. 또한 허브항만은 지리적 이점, 컨테이너 물동량, 저렴한 비용 등의 강점을 가진 곳이 역할을 하게 되는데, 노동 및 상품가격 등의 측면에서 한국, 홍콩, 일본 등은 중국의 경쟁력을 극복할 수 없는 상황이다. 한편 환적화물 처리에 의존하여 허브항만의 지위를 유지했던 기존항만들은 중국의 대규모 항만개발에 따른 물동량의 이전현상을 경험하고 있으며, 물동량이 집중되는 중국의 항만지역에 선사들은 직기항을 늘리고 있다. 대표적인 환적지역인 북중국의 청도, 천진, 대련지역의 2010년도 처리량은 2천6백만 TEU를 넘어섰으며, 향후 2-3년 후에는 3

그림 5-4 중국항만이 포함된 세계 해상루트

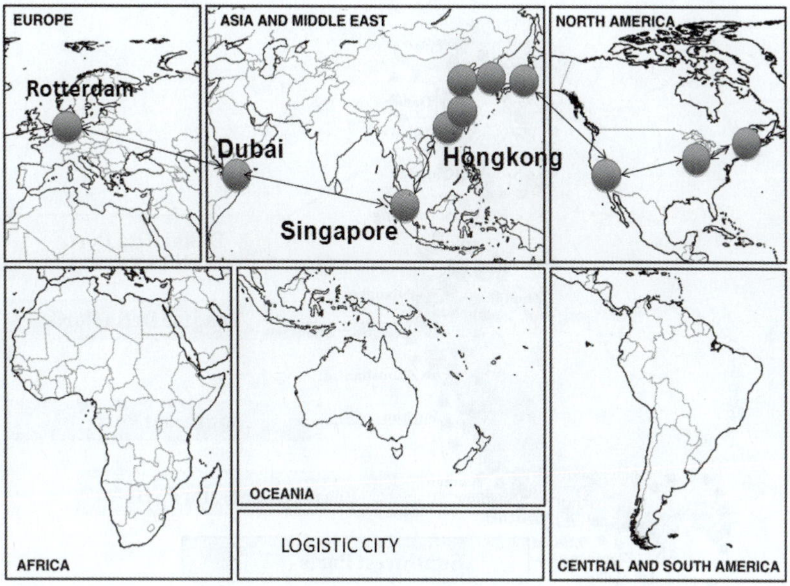

자료: Peter Rimmer, Australian logistics & connections with the world logistics system, Incheon Port International Academic Conference 1-3 July 2010.

천만 TEU를 달성할 전망이다. 이러한 현상이 심화되면 기존 동지역의 환적화물을 많이 처리하던 부산항의 물동량은 줄어들 전망이다.[13]

13) Hyung-Tae Kim, Premier port competition and its prospect in East Asian Region, 2011. 6, pp. 120−131.

그림 5-5 중국항만의 현황

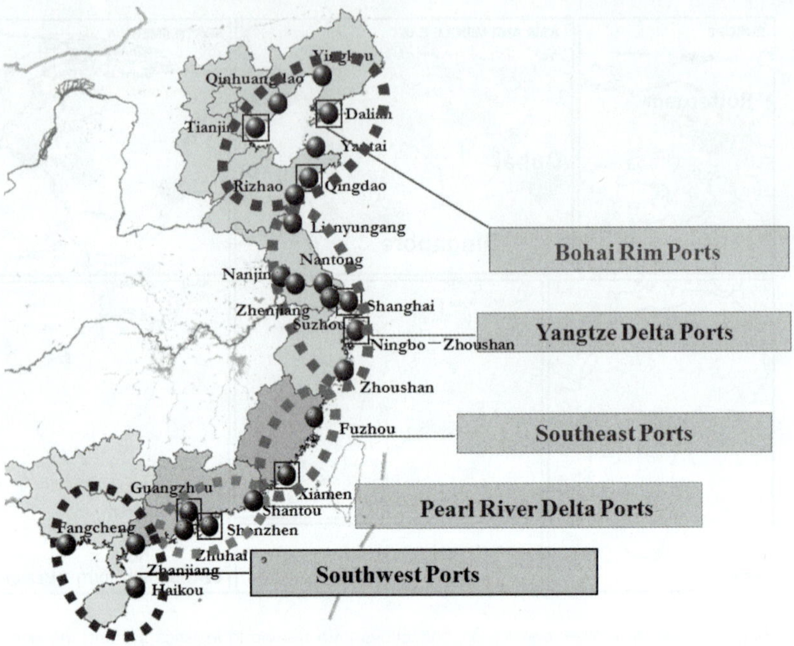

자료: Adolf, NG, The Connectedness of Chinese Seaports with Foreland Markets: A New Trend?, Incheon Port International Academic Conference 1-3 July 2010.

동북아지역 국가 간의 물류흐름을 해상물동량 측면에서 살펴보면, 중국은 외부로 향하는 물동량이 많고, 일본은 내부로 향하는 물동량이 많으며, 한국은 내·외부 물동량이 대략 균형을 맞추는 형태를 갖고 있다. 중국과 한국 간 컨테이너 및 카페리 노선운행은 매주 총 87척의 선박에 의하여, 46,156 TEU정도가 운송되며, 한국과 일본 노선은 매주 총 73척의 선박에 의하여, 47,293 TEU 정도가 운송된다.

표 5-5 한중일간 해운서비스(연도: 2007년 기준)

	Vessels	Controlled capacity	Frequency	Average size of vessel
	No.	TEUs	Per week	TEUs
China-Korea	87	46,156	122	530
Korea-Japan	73	47,293	111	620
China-Japn	103	60,173	86	580

자료: Peter Rimmer, Evolving logistics networks in Northeast Asia: gateways and corridors, 2010 PCRD International Conference, p. 4.

좀 더 세부적으로 살펴보면, 중국은 홍콩, 대만, 일본, 한국으로 연간 504만 TEU의 물동량을 유출하고, 동지역으로부터 370만 TEU의 물동량을 유입하였다. 일본은 205만 TEU의 물동량을 유출하고, 동지역으로부터 336만 TEU의 물동량을 유입하였다. 한국의 경우, 187만 TEU의 물동량을 유출하고, 동지역으로부터 172만 TEU의 물동량을 유입하였다.

표 5-6 동북아시아 국가간 컨테이너 유출입량(연도: 2006년 기준)

	Hong Kong	Taiwan	China	Japan	South Korea	Total
Hong Kong	0	103	1,207	329	138	1,777
Taiwan	326	0	800	95	62	1,283
China	1,513	350	0	2,160	1,021	5,044
Japan	387	201	965	0	506	2,059
South Korea	241	126	731	780	0	1,878
Total	2,467	780	3,703	5,364	1,727	12,041

자료: Peter Rimmer, Evolving logistics networks in Northeast Asia: gateways and corridors, 2010 PCRD International Conference, p. 5.

동북아시아지역은 2015년까지 세계 컨테이너 처리 물동량의 30%를 점할 것으로 예상된다. 이러한 시점이 도래하면 가장 중요한 이슈로 부상될 사항은 지역내의 원활한 물동량을 처리하기 위하여 촘촘한 피더망을 어떻게 구축하는가의 문제가 대두될 것이다.14)

2.3 동북아 공항의 지형도

항공운송은 동북아지역 국가 간 인적·물적교류의 가장 중심적인 역할을 수행하고 있다. 동북아 항공시장은 역내외 교역의 활성화와 항공운송부문의 자유화에 힘입어 지난 20여 년간 빠른 성장을 이어왔다. 여객·km기준으로 세계 항공시장의 25%를 차지하고 있으며, 세계 25대 항공사에 동지역의 5개 항공사가 포함된다. 화물취급 실적에서는 4개의 공항이 세계 10대 공항에 포함되며, 4개의 항공사가 세계 10대 정기항공화물 운송사에 기록되었다.

특히 이러한 교류는 한국, 중국, 일본 공항간의 300km 정도 핵심 중심원 내에서 대부분의 활동이 일어나고 있다. 하지만 이들 지역과 주변의 몽골, 북한, 러시아 극동지역과의 연계는 상대적으로 적다. 항공기의 주별 배정편수를 살펴보면, 인천공항은 129편, 북경공항은 134편, 일본 도쿄공항은 160편이며, 특히 중국의 상하이 공항은 160편이 취항하여 가장 네트워크 연결력이 좋은 것으로 나타났다.

표 5-7 공항간 주간 서비스 수(연도: 2009년 기준)

	TPE	HKG	XMN	SHA	TAO	PEK	SEO	PUS	OSA	TKO	FNJ	ULN	VVO	
TPE	0	34	2	4	1	2	6	6	5	16	0	0	0	76
HKG	34	0	14	28	1	18	10	2	7	14	0	0	0	128
XMN	2	14	0	20	6	14	1	0	1	3	0	0	0	61
SHA	4	28	20	0	18	48	15	4	9	18	0	0	0	164
TAO	1	1	6	18	0	16	8	1	1	2	0	0	0	54

14) Peter Rimmer, Evolving logistics networks in Northeast Asia: gateways and corridors, 2010 PCRD International Conference, pp. 1-25.

PEK	2	18	14	48	16	0	10	3	4	16	1	2	0	134
SEO	6	10	1	15	8	10	0	32	12	32	0	2	1	129
TKO	6	2	0	4	1	3	32	1	3	8	0	0	0	160
OSA	5	7	1	9	1	4	12	3	0	51	0	0	0	93
PUS	6	2	0	4	1	3	32	1	3	8	0	0	0	60
FNJ	0	0	0	0	0	1	0	0	0	0	0	0	0	1
ULN	0	0	0	0	0	2	2	0	0	0	0	0	0	4
VVO	0	0	0	0	0	0	1	0	0	0	0	0	0	1
	76	128	61	164	54	134	129	60	93	160	1	4	1	

Note: TPE Taipei; HKG Hong Kong; XMN Xianmen; SHA Shanghai; TAO Qingdao; SEO Seoul; TKO Tokyo; OSA Osaka; PUS Busan; FNJ Pyongyang; ULN Ulsan; VVO Vladivostok.
Source: OAG, 2009.

중국의 부상, 항공기술과 공항발전과 더불어 항공교류가 주변지역으로 늘어나고는 있지만, 여전히 삼국의 핵심지역을 중심으로 일어나고 있는 항공 집중화가 이루어지고 있다. 동북아지역에서 이들 핵심지역은 항공여행, 항공 관리, 복합연계 운송의 사용, 항공화물의 허브지역으로 발전 등의 다양한 측면에서 중요한 의미를 가지고 있다.

이들 핵심지역을 좀 더 자세히 살펴보면, 항공화물, 항공여객, 컨테이너 처리량, 인터넷 등 4개 요소에서 모두 세계 50위권에 속하는 동경－요코하마, 북경－천진, 상해－닝보, 홍콩－광저우 등 4개권역과 컨테이너처리량을 제외한 3개 요소에서 세계 50위권에 속하는 서울－인천 권역이 핵심거점 지역에 해당된다.[15]

15) 우리나라는 2006년 한·중 단계적 항공자유화, 2007년 한일노선 항공자유화 체결을 비롯하여 2009년 12월 기준 19개국과 항공여객 및 화물자유화를, 12개국과는 항공화물 자유화를 체결하였다.

그림 5-6 동북아시아 핵심 거점지역

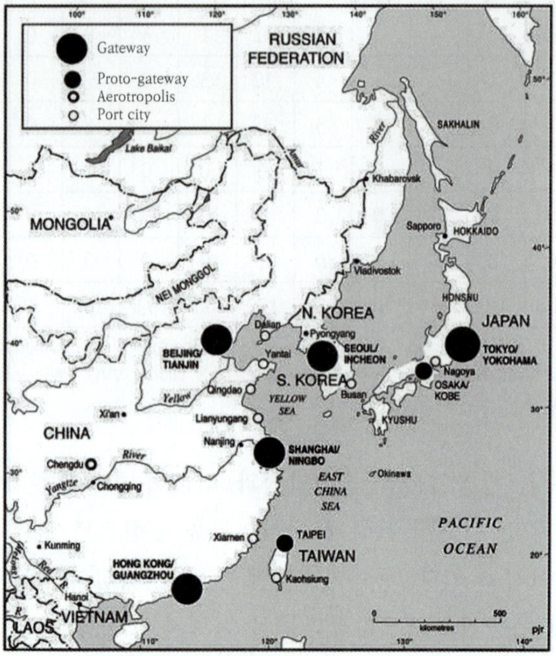

자료: Peter Rimmer, Evolving logistics networks in Northeast Asia: gateways and corridors, 2010 PCRD International Conference, pp. 1-25.

핵심물류거점간의 항공이동 시간을 살펴보면, 서울-상하이간은 891km로서 1시간 6분 만에 이동이 가능하며, 가장 거리가 먼 북경-도쿄 간은 2,104km로서 2시간 37분에 접근이 가능하다.

표 5-8 동북아 공항간 소요시간

	상하이	베이징	서 울	도 쿄	오사카	부 산	
상하이	0	1hr 21min	1hr 6min	2hr 13min	1hr 45min	1hr 3min	Time
베이징	1089	0	1hr 11min	2hr 37min	2hr 13min	1hr 32min	

서 울	891	958	0	1hr 26min	1hr 2min	25min	
도 쿄	1781	2104	1159	0	30min	1hr 13min	
오사카	1379	1788	830	403	0	44min	
부 산	845	1239	329	975	592	0	
	Distance(km)						

자료: Travelmath, 2010.

3. 동북아 국가의 물류경쟁 및 협력

3.1 물류경쟁 현상분석

항만의 경쟁력은 위치의 양호성, 항만에 대한 수요, 항만에 관여하는 수요자의 정책 등에 의하여 환적활동, 보관 및 유통, 항만배후지에서의 제조활동, 부가가치 물류활동의 다양한 특성에 의하여 정해진다. 1991년 이후 현재까지 폭발적인 물동량 증가세를 유지하고 있는 동북아 권역의 경우, 국제간선 항로에 위치하고 있는 부산항, 고베항, 카오슝항, 홍콩항, 싱가포르항 등과 같은 항만들이 생성되었으며, 이들 간에 경쟁이 가속화되고 있다. 특히 신흥항만이 거대화되면서 서울을 중심으로 반경 1,000km 이내에 위치한 광양항, 닝보항, 상해항, 청도항 및 천진항 등이 경쟁하고 있다.[16)]

16) Koh, Y.-K. and Yeo, T.-D. (2003), A study of the Competition and Cooperation between Ports as an Industrial Logistics Policy: Past Lessons and Future Opportunities for the Ports of Busan & Kwangyang, Korea Logistics Review, 13(2), 139–160.

그림 5-7 동북아시아 항만의 경쟁현황도

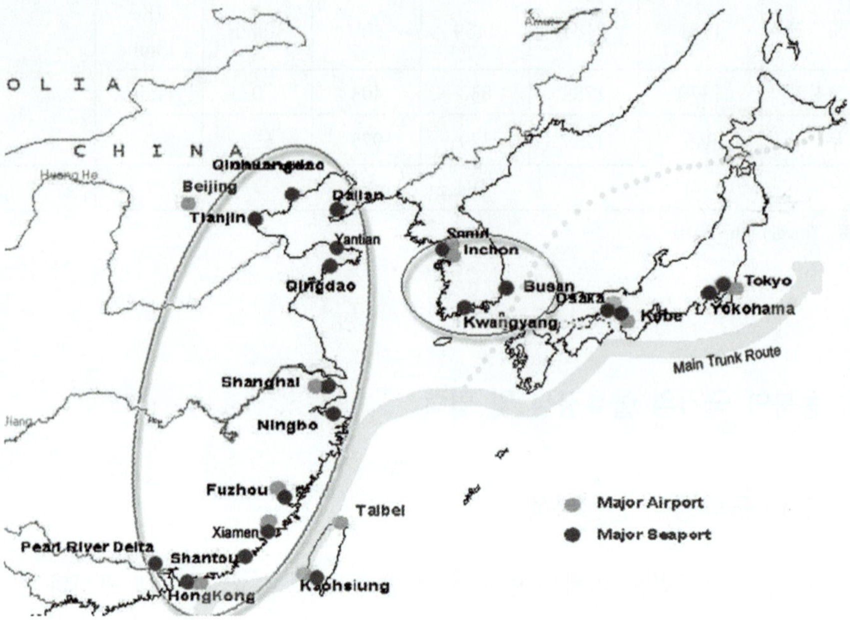

자료: 저자작성.

국가별 항만경쟁 전략을 살펴보면, 중국 정부는 상해항과 선전(Shenzen)항을 양대 컨테이너항만(Top Two Box Ports)으로 육성한다는 방침 아래 대대적인 항만 개발사업을 추진하고 있는데, 특히 한국의 최대 경쟁항만으로 부상한 상해항은 중국정부가 1997년 '상해국제해운센터' 구상을 발표한 이래 중국동북부 교역의 중심항만으로 집중 육성하고 있는 실정이다. 한편 일본 정부도 국제 허브항만 육성을 위해 '슈퍼중추항만 육성계획'을 수립하였으며 도쿄, 요코하마, 나고야, 고베, 오사카, 키타큐슈 및 하카타 7개 항만을 1차 후보 항만으로 선정하였다. 한편, 홍콩의 경우, 세계 1위의 컨테이너항의 자리를 지키고 인근 경쟁항인 선전항 컨테이너 터미널과의 경쟁에서 우위를 가질 수 있도록 배후단지 확충, 컨테이너 처리 시설 확충을 진행하고 있다. 최근 항만의 경쟁력 증감을 중국항만뿐만 아니라 인접 동북아항만까지 확대하여 파악한 결과에 의하면,[17] 경쟁력의 상승현상이 발생하는 중국항만으로 인하여 경쟁력 상위 3개 계층에 부산, 카오슝 항만을 제외한 모든 항만이 중국항만으로 채워지는 현상이 벌어지고 있다.[18] 이와 상대적으로 한국과 일본항만은 경쟁력에서 뒤쳐지면서 상대적으로 낮은 계층 4와 계층 5에 주로 위치하는 뚜렷한 하향조정 추세를 나타내고 있다.

동북아지역의 물동량 증가는 항공측면에서도 공항의 확충 및 화물유치를 위한 경쟁현상을 낳았다. 일본의 간사이 공항, 홍콩의 첵랍콕공항, 상하이 푸동공항, 인천공항 등이 지속적인 확충을 유지하며 허브공항 경쟁을 가속화하고 있다.[19] 각 국별로 살펴보면, 중국은 3대 허브공항인, 베이징, 상하이, 광저우 공항을 집중적으로 발전시키고 있으며,[20] 일본은 일본 제 1 의 관문공항인 나리타공항의 지속적인 확장을 계획하고 있다. 구체적인 확장계획을 살펴보면, 베이징공항은 제1의 관문공항의 기능을 충실히 수행할 수 있도록 노력하고 있으며, 증가하는 항공수요를 충족하기 위하여 제 2 베이징국제공항을 베이징 남서쪽 40km 떨어진 지역에, 여객 6천만명, 화물 130만톤을 처리할 수 있는 신공항을 계획 중이다. 광저우의 바이윈공항은 홍콩 첵랍콕공항과 경쟁체계로 발전시키고 있으며, 현 3,800m 및 3,600m 활주로에 추가하여, 2020년까지 활주로 1본을 추가하고, 총처리능력을 여객 5,200만명, 화물 200만톤으로 증가하여 처리할 계획이다. 일본의 하네다 공항은 재확장사업으로

17) 여기태, 퍼지클러스터링에 의한 중국항만 분류에 관한 연구, 한국해운물류연구, 제25권 제4호 2009. 12.

18) 연구에서는 2003년부터 시계열적으로 변화하는 항만의 경쟁력 증감을 분석하였으며, 분석대상 항만 중 가장 경쟁력이 뛰어난 계층 1(B 군집)에 상하이항만, 계층 2의 경쟁후보군 군집(E 군집)으로는 홍콩, 선전항만이 분류되었다. 한편, 최근 급상하고 있는 광저우, 닝보, 칭다오항만은 계층 3의 군집(D 군집)으로 분류되었으나, 계층 2의 항만과 추격하기에는 다소 무리가 있음을 확인하였으며, 계층 4의 군집에는 급격한 신장세를 나타내는 샤먼항과 다롄항이 포함되며, 마지막으로 중국항만 중 가장 낮은 경쟁력을 갖춘 계층 5의 군집(A 군집)에는 롄윈강, 옌타이, 잉커우, 타이창스 항만이 속함을 확인하였다.

19) 동북아 항공허브로서의 위상을 차지하기 위한 경쟁도 치열하다. 중국 베이징의 셔도우(首都)공항, 광저우의 바이윈(白雲)공항 등의 확장사업이 추진되고 있어 우리나라의 인천공항과 경쟁이 예상된다. 특히 2004년부터 공격적인 항공자유화협정을 체결하면서 적극적인 화물 및 수송경쟁이 이루어지고 있다; 김태승, 서비스 선진화를 위한 공개토론회 — 물류분야: 글로벌 물류 산업 육성을 위한 정책 대안, 한국개발연구원, 2009.

20) 중국은 5대 지역허브인 청두, 쿤밍, 시안, 우한, 선양에 2015년까지 신공항을 건설하려는 목표를 수립하고 있다.

그림 5-8 동북아항만의 위상변화 - 기존연구와 비교분석

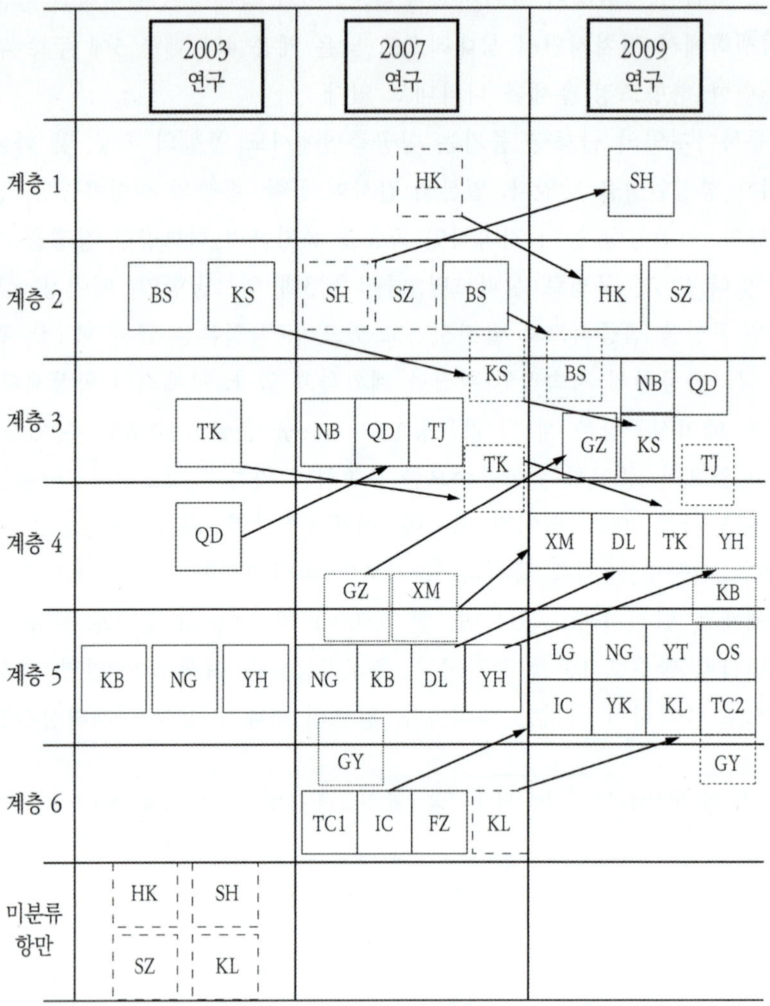

주: HK: Hong Kong, SH: Shanghai, SZ: Shenzhen, BS: Busan, NB: Ningbo, QD: Qingdao, GZ: Guangzhou, KS: Kaohsiung, TJ: Tianjin, XM: Xiamen, DL: Dalian, TK: Tokyo, YH: Yokohama, KB: Kobe, LG: Lianyungang, NG: Nagoya, YT: Yantai, OS: Osaka, IC: Inchon, YK: Yingkou, KL: Keelung, TC1: Taichung, TC2: Taicang, GY: Gwangyang, FZ: Fuzhou (항만의 순서는 2009년도 본 연구 분석결과의 계층순서임).

자료: 여기태, 퍼지클러스터링에 의한 중국항만 분류에 관한 연구, 한국해운물류연구, 제25권 제 4 호 2009. 12.

표 5-9 주요 공항의 현황 및 확장 계획

구 분	인 천	나리타	간사이	베이징	상하이	광저우	첵랍콕	창 이
활주로(개)	3(4)	2	1(3)	3	2(4)	2(3)	2(2)	2
여객터미널 (천m^2)	662 (1,344)	479	300 (604)	1,400	281 (791)	310 (991)	548 (891)	505
화물터미널 (천m^2)	258 (421)	215	201	572	50 (792)	112	297 (1,155)	250
운항횟수 (만회/년)	41 (48)	20	16 (23)	50	12 (32)	23 (62)	32 (32)	36 (51)
여객처리 (만명/년)	4,400 (1억)	3,500 (4,620)	2,500 (4,000)	8,200	2,000 (8,000)	3,000 (7,500)	4,500 (8,700)	4,400 (5,000)
화물처리 (만톤/년)	450 (700)	200	139 (175)	180	75 (500)	100 (217)	300 (900)	350

주: ( )는 최종년도 확장.
자료: 1. 한국항공진흥협회, 「항공연감」, 2008.
2. 항국항공진흥협회, 「항공현황」, 2008.
3. 중국 민용 공항 생산 통계 공보, 2007.
4. 광저우 백운 공항 확장 공정 보고서, CAAC, 2008.
5. 각 공항공사 홈페이지.

활주로 1개를 추가하여 공항용량을 2010년 41만회로 증설하였다.

한편, 세계 최고수준의 17개 공항에 대한 연구에 의하면,[21] 인천공항은 중국의 상하이 푸동공항과 같은 위치를 차지하는 것으로 나타났다. 인천공항은 국제항공위원회(ACI: Airports Council International)로부터 2005~2009년까지 전 세계에서 가장 좋은 공항으로 선정되었으나, 평가지수별로 확인해 보면 다소 미흡한 점이 발견되었다. 즉 인천과 푸동공항이 속한 그룹은 착륙비 및 화물처리량 측면에서는 다소 앞서는 '경제적 화물위주의 공항'을 분류되었는데, 이는 상대적으로 여객수, 연결수준, 취항수준, 시설효율성 측면에서 개선의 여지가 있는 그룹이다. 즉 타그룹으로 묶여진 홍콩, 두바이, 뉴욕의 공항

21) T. W. Chung and J. K. Han, A study on operation efficiency of Incheon international airport by comparison of world kindred airports, The 4th International Conference of Asian Shipping and Logistics, 2011. 7, pp. 487-501, Tainan, Taiwan.

그림 5-9 세계공항의 동종공항 분류

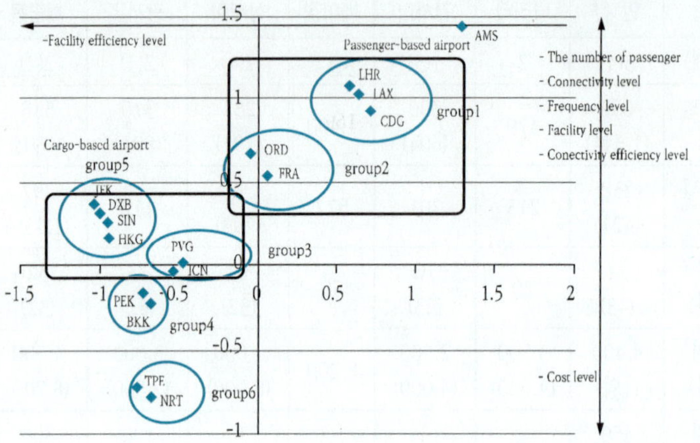

주: LHR; 런던 히드로, LAX; LA공항, CDG; 파리 샤골드골, ORD; 시카고 오헤어, FRA; 프랑크푸르트, JFK; 뉴욕 JFK, DXB; 두바이공항, SIN; 싱가포르공항, HKG; 홍콩 첵랍콕, PVG; 상하이 푸동공항, ICN; 인천공항, PEK; 북경 베이징, BKK; 방콕 수안나폼, TPE; 대만 타이페이, NRT; 도쿄 나리타.

은 '여객 및 화물위주의 공항'의 면모를 갖추어 모든 측면에서 경쟁력이 우수한 것으로 나타났다.

구체적으로 살펴보면, 총 20개의 평가요소를 고려할 때, 인천과 상하이 푸동공항은 타그룹에 속한 공항들의 우수한 요소를 벤치마킹할 필요가 있는 것으로 분석되었다. 특히, 항공기 빈도, 여객수, 취항항공사 수, 시설운영 효율성, 연계운영 효율성 측면이 부족한 것으로 제시되었다. 항공여객수 측면에서 살펴보면, 인천공항은 뉴욕공항에 비하여 1,723만 정도의 여객수가 적으며, 홍콩과도 1,688만 정도의 차이가 있다.

표 5-10 평가요소별 동종공항 현황

Attributes	Group 1		Group 2			
	Incheon (ICN)	Shanghai (PVG)	Hongkong (HKG)	Dubai (DXB)	Singapore (SIN)	New York (JFK)
Flight frequency (number)	200,692	231,995	288,169	281,175	446,459	416,945
Passenger (number)	28,677,161	26,789,125	45,559,000	40,902,000	37,204,000	45,915,000
Cargo(Ton)	2,313,001	2,543,394	3,385,313	1,927,520	1,660,724	1,144,894
Flight airline(number)	62	50	90	130	80	44
Flight cities(number)	169	209	150	210	200	220
Landing charge(won)	3,457,000	3,179,732	3,198,373	2,824,992	3,391,144	3,833,000
Runway(number)	3	3	2	2	2	2
Gate(number)	113	76	102	55	116	110
Total terminal area(m2)	229,000	370,000	342,000	342,000	220,000	430,000
Passenger/ Runway	9,559,054	8,929,708	22,779,500	2,0451,000	18,602,000	2,2957,500
Passenger/Gate	253,780	352,488	446,657	743,673	320,724	417,409
Passenger/ Terminal area	125	72	133	120	169	107
Cargo/Runway	771,000	847,798	1,692,657	963,760	830,362	572,447
Cargo/Gate	20,469	33,466	33,189	35,046	14,317	10,408
Cargo/ Terminal area	10	7	10	6	8	3
Passenger/ Flight airline	462,535	535,783	506,211	314,631	465,050	1,043,523
Passenger/ Flight cities	169,687	128,178	303,727	194,771	186,020	208,705
Passenger/ Flight frequency	143	115	158	145	83	110
Flight availability/ Flight airline	3,237	4,640	3,202	2,163	5,581	9,476
Flight availability/ Flight cities	1,188	1,110	1,921	1,339	2,232	1,895

자료: T. W. Chung and J. K. Han, A study on operation efficiency of Incheon international airport by comparison of world kindred airports, The 4th International Conference of Asian Shipping and Logistics, 2011. 7, pp. 487-501, Tainan, Taiwan.

3.2 물류협력 현상분석

동북아지역은 세계 전체 GDP의 17.5%, 세계인구의 23.6%, 세계 외환보유고의 51.7%를 차지하고 있으며, 지난 20~30년간의 고도경제성장의 결과에 따라 유럽연합(EU) 및 북미자유무역협정(NAFTA)과 더불어 세계 3대 경제권으로 성장하였다. 특히 최근 상호보완성의 필요성이 커지면서 중국과 북한의 우수한 노동력, 극동러시아와 몽골의 풍부한 천연자원, 한국과 일본의 기술 및 자본력이 상호협력의 대상으로서 주목받고 있다. 특히 경제발전 단계가 상이하여 경제협력 관점에서는 수직적 통합이 필요하며, 경제구조의 보완에 대한 필요성에 때문에 좀 더 빠르게 협력할 수 있는 요소를 가지고 있다.

표 5-11 동북아 역내국가간 경제적 상호보완성

국가/지역	장 점	단 점
일 본	자본, 첨단기술, 자본재, 신속히 이동 가능한 고급기기, 고급공업제품, 경영기법	에너지, 공업 원자재 대외 의존, 가축사료용 곡물과 일부 농산물 부족, 노동력 부족
한 국	과잉자본, 산업기술, 이동 가능한 기기, 중간재생산	에너지와 공업 원자재의 대외의존, 가축사료 부족, 노동력 부족
중국 (동북지역)	석유, 석탄, 농림자원 풍부, 일정한 중화학공업의 기초, 건축재료 한방약, 풍부한 노동력, 광대한 시장	자본, 선진설비, 기술과 경영경험 부족, 정비된 인프라의 상대적 미비
러시아 (극동지역)	풍부한 산림, 비금속광석, 석유, 가스, 석탄자원, 일부 중화학공업제품	농산물과 경공업제품의 심각한 부족, 노동과 자본의 부족, 낙후된 산업구조와 경제 기술
북 한	광물자원, 금속광석, 초급가공품, 수산물, 양질의 노동력	자본과 기술 부족, 농산물과 경공업품의 부족, 낙후된 산업과 기술, 인프라 미비
몽 골	풍부한 축산품 및 광물자원, 형석	

자료: 진흥상·박승록(2005), pp. 90-91 수정.

하지만 인프라, 네트워크, 운영 및 제도 등의 한계로 인하여 지속적인 성장에 제약이 따르고 있다. 특히 교통인프라 측면을 살펴보면, 육상교통물류 인프라의 경우 접경지역에서 인프라의 취약성, 연계시스템의 부족현상이 나타나고 있으며, 해운 및 항공의 경우 역내수요보다는 타 지역과의 연계에 보다 집중하고 있다. 효율적인 교통물류체계를 구축하여 지역내 산업의 경쟁력을 제고한 EU와 NAFTA의 사례를 참고할 때, 동북아지역의 교통물류협력은 긴요하다. 성공적인 물류협력은 운송비 감소, 생산성 증진, 역내 경제성장 및 고용안정 등의 다양한 선순환 효과를 가져올 것이다.

동북아 협력분야에 있어서 교통물류분야의 협력은 권력적, 이익적, 이념적 장애물을 가지고 있는 타 분야의 협력보다는 그 실현가능성이 비교적 높다. 최근 치나친 물류허브 경쟁으로 인한 공멸의 위기의식이 높아지면서, 지역 국가간 전체적 이익을 증대시키는 공생의 아젠더는 매력적이다. 즉 물류분야의 협력은 국가간 이해의 충돌성이 낮은 영역이며,[22] 협력을 통하여 역내 단일시장 형성, 지역내 긴장완화, 평화구축을 실현할 수 있는 계기를 제공할 수 있다.

표 5-12 동북아 양자간·다자간 교통물류협력

양자협력	개시년도	협의내용	주요성과
한·중 유통물류정책협의회	'04	한중 양국간 유통물류분야 협력의 구체화, 정책 및 정보 공유, 주요현안 토의	'06년까지 3차 협의회 개최 한중일 유통물류백서 발간('06.1)
한·중 물류표준협력체	'06	양국의 물류표준화 실태조사 및 분석, 물류표준화 공동세미나 및 기술지도 협력	'06년 구성
한·일 교통협력회의	'99	도시교통·물류·ITS·자동차 분야에 관한 정보 교환	양국 물류정책방향에 대한 정보 교환

22) 교통부분의 협력은 제로섬 게임(Zero-sum game) 형태보다는 협력을 통하여 공동의 이익을 구현하는 형태로 진행되어야 한다.

한·중 물류협력회의	'05	양국 물류분야 교류와 협력 증진	물류분야 협력에 관한 양해각서체결 (차관급)
한·중 항공협력회의	'99	항공분야 정보교류 및 협력	항공분야 인적·물적 교류 촉진
한·일 항공협력회의	'05	항공분야 정보 교류 및 협력	항공분야 인적·물적 교류 촉진
한·중 도로협력회의	'96	도로분야 정보교류 및 협력	공사·공단 등 기관간 협력체계 개선
한·일 도로협력회의	'95	도로분야 정보교류 및 협력	'08년까지 12회 개최
한·중 철도협력회의	'98	철도분야 교류협력	'08년까지 7회 개최
한·일 철도협력회의	'04	철도관련 공동 관심사항에 대한 협력을 통해 공동발전 도모	'08년까지 5회 개최
한·중 해운협력회의	'93	양국 해운정책방향에 관한 상호 이해 등	'08년까지 16회 개최
중·일 교통협력회의	'04	교통분야와 관련된 차관급 수준의 의견교환 및 협력	'08년까지 5회 개최 (차관급)
한·중·일 물류장관회의	'06	3국간 막힘없는 물류체계 구축 친환경 물류체계	'08년까지 2회 개최 (장관급)

자료: 원동욱, 노상우, 녹색성장을 위한 동북아 교통물류 협력방안 연구, 한국교통연구원, 2009, p. 18.

이러한 측면에서 동북아 국가의 물류협력은 지속적으로 제기되어 왔고, 몇 가지 의미있는 계획들이 만들어지거나 시도되었다. 남북철도, 중국횡단철도 및 시베리아 횡단철도의 연계를 구축하는 동북아 통합 교통물류망 구상이 수립된 바 있으며, 유엔경제사회이사회(UN ESCAP)에 의해 추진된 범아시아 철도망(TAR: Trans Asian Railways) 추진을 위한 정부간 협정이 맺어지기도 했다.[23] 북핵문제로 인하여 교착상태에 접어든 물류분야의 협력은 한중일 열차페리 또는 해저터널과 같은 대안적 수송로에 대한 관심을 불러일으키고 있다. 한중일 물류장관회의에서 시행하기로 합의한 국가간 물류협력 행동계획은 다음과 같다.

23) 2006년 11월 부산에서 개최된 교통장관회의에서 정식 체결되었다.

표 5-13 동북아 물류협력 모델

1. 불합리한 물류관련 제도와 시스템, 해외 진출시 문제점의 개선
2. 동북아의 막힘없는 물류체계의 실현을 위한 여건조성
3. 3국의 효과적인 역내 물류정보 네트워크 구축을 위한 노력
4. 동북아의 해상운송과 물류에 관한 정보 교환
5. 물류장비의 표준화: 국내 화물용 컨테이너의 표준화에 관한 공동연구
6. 항만간의 밀접한 협력관계 증진
7. 물류 보안의 확보와 물류 효율화의 양립을 위한 시책
8. 상호교류, 협력 및 공동연구 추진
9. 동북아 항만국장회의 등의 물류분야에서 보고된 토론 결과 공유
10. 효율적이고 환경부하가 작은 물류체계의 구축을 위한 시책
11. 3PL 사업의 촉진을 위한 여건 조성
12. ASEAN과의 협력관계구축

자료: 해양수산부(2006), 한중일 물류장관회의 결과.

특히 2008년에 개최된 제 2 차 한중일 물류장관회의에서는 원활한 물류체계 실현, 환경 친화적 물류구축, 물류보안과 물류효율화의 조화, 국제협력 등에 대하여 집중적으로 협의하였으며, 토론결과 12개의 실행과제를 선정하고 의제별 주관국가를 설정하고 워킹그룹(Working group)을 운영하는 등의 구체적인 합의가 이루어졌다.

표 5-14 한중일 물류장관회의의 12개 실행과제와 의제별 주관국가

실행과제	내 용	주 관 국
1	불합리한 물류제도와 시스템, 해외진출시 문제점	한 국
2	동북아의 막힘없는 물류체계 실현을 위한 여건조사(trailer Chasis)	일 본
3	3국 물류정보 네트워크 구축	중 국
4	동북아 해상운송 및 물류정보 교환	중 국
5	물류장비 표준화, 화물용 컨테이너 표준화	일 본
6	항만간 밀접한 협력관계 증진	-

7	물류보완 확보와 물류 효율화 방안 모색	한 국
8	상호교류, 협력, 공동연구 추진	한 국
9	동북아항만국장비회의 등 협력채널 논의사항 공유	-
10	환경친화적 물류정책 수립	일 본
11	3PL 사업 촉진 여건 조성	일 본
12	ASEAN과 협력가능성 모색	한 국

자료: 원동욱, 노상우, 녹색성장을 위한 동북아 교통물류 협력방안 연구, 한국교통연구원, 2009, p. 166.

동북아의 중심적인 역할을 담당하고 있는 한국, 중국, 일본이 동북아 교통물류의 허브가 되기 위한 경쟁적인 인프라 개발에 몰두하고 있는 현실에서, 역내 물류인프라 공급과잉을 방지하고 효율적인 교통물류체계를 구축하기 위한 노력이 절실하다. 좀 더 구체적으로 살펴보면, 해운과 항만부분에서는 동북아시아 국가들은 원활한 컨테이너 물동량의 처리를 위하여 허브엔 스포크(Hub and Spoke) 네트워크를 형성하면서 서로 협력하고 있다. 이러한 측면에서 한국, 중국, 일본 사이의 허브엔 스포크 네트워크를 통한 협력은 증가할 것이다. 한국과 일본 사이에 대표적인 컨테이너 피더서비스(Feeder service)는 1991년 조직된 한국 연근해화물조합(Korea Nearseas Freight Conference)에 의하여 독점적으로 제공되고 있다. 아시아의 한국, 일본, 중국, 러시아의 22개의 선사가 참여하고 있으며, 적정한 운임유지, 보조금 조정, 구성원간 협력 등의 정책을 수립하여 집행하고 있다. 예를 들어 간부페리(Kampu Ferry)와 같은 RO/RO 선박의 경우, 일본의 Nippon Express와 한국의 대한통운(Korea Express)간의 조인트벤처(Joint venture)형태로 1972년에 만들어져, 일본 서부의 시모노세키(Shimonoseki)로부터 부산간 매일 운항을 하고 있다. 또한 아시아 북미간 메인트렁크(Main Trunk) 측면에서 살펴보면, 한국, 일본, 중국의 항만간에 효율적인 수출입화물의 흐름을 보장하기 위하여 협력이 이루어지고 있다. 예를 들어 NYK의 북중국 급행편(North China Express)을 살펴보면 대련－천진－청도－부산－미국 롱비치(오클랜드)를 차례로 기항하고 있으며, MOL사의 태평양 북서편(Pacific Northwest)은 카오슝－홍콩－엔티엔－상하이－부산－

도쿄를 경유하여 기항하고 있다. 이러한 동북아시아 및 북미간에서 이루어지고 있는 선사들의 피더 및 RO/RO 서비스는 컨테이너 운송측면에서 허브, 스포크(Hub and Spoke)간을 연결하고 협력을 이루어내는 중요한 역할을 수행하고 있다.[24)]

한편, 아태지역의 항공분야 협력을 위한 정부간 협의체는 아태 항공국장회의이며 1960년 제 1 차회의를 필리핀에서 개최한 이후로 2010년까지 총 47차의 회의를 개최하였다. 아태지역은 전 세계 항공운송량의 27%를 차지하는 항공운송시장으로서 2025년에는 32%까지 증가될 것으로 예측되며, 북미시장을 넘어 세계 제 1의 시장이 될 전망이다. 이러한 상황에서 역내국가 간의 항공분야의 협력 역시 매우 중요하다.

4. 동북아시아 물류협력 방향

전략적 제휴의 유형은 8가지로 분류할 수 있는데, 조직간의 의존도가 거의 없는 경우에는 기술연수나 창업원조계약 등의 일회성 계약형태로 협력하게 되며, 의존도가 높아질수록 생산계약, 조립계약, 재판매계약 등의 이윤획득이 가능한 수단으로 진행된다. 좀 더 의존도가 높아지면 지분교환이나 지분투자 및 합작투자의 성격으로 발전된다.

동북아시아 지역의 항만과 공항의 물류협력을 제시된 제휴유형과 비교해 보면 초기상태에서 벗어나고 있지 못하다. 특히, 선의의 경쟁은 필요하지만 과대 중복투자는 동북아시아 지역에서 피해야 할 중요한 과제이다. 한국의 경우 부산항과 광양항을 확장 개발하는 데 큰 관심을 가지고 있으며, 양츠강으로 인한 얕은 수심으로 고민하고 있는 중국은 상하이 항만의 처리능력을 증강하는 데 큰 관심을 가지고 있다. 2005년도 5개의 대수심 신항만 터미널이 개장하였으며, 향후 50개의 터미널이 더 건설될 예정이다. 일본 역시 동지역에서 좀 더 많은 환적화물(Transshipment Cargoes)을 유치하기 위하여 항

24) Mariner Wang, Port Cooperation and Competition among Korea, Japan, and China: From the Perspective of Shipping Network and Port Development, 2007. 11.

표 5-15 파트너 간 상호의존성에 따른 제휴유형 분류

제휴유형	상호의존도
합작투자(Independent Joint Venture)	강함 ↑ ↓ 약함
상호지분교환(Limited Cross Equity Ownership)	
소수지분(Minority Equity)	
폭 넓은 연구개발협약(Broad R&D Agreements)	
세컨드 소스협약(Second Source Agreement)	
컴포넌트 소싱협약(Component Sourcing Agreements)	
노하우 특허권 라이센싱 협약(Know-How Patent Licensing Agreements)	
유통협약(Distribution Agreements)	

만확장의 장기계획을 수립하고 있다. 하지만 이러한 경쟁은 최소한의 항만투자로 컨테이너 터미널 간 적절한 선의의 경쟁이 될 수 있도록 국가차원의 배려가 필요하다. 동북아시아 지역의 잠재력을 생각할 때, 한국·중국·일본의 삼국은 화물과 여객의 원활한 이동이 이루어질 수 있도록 최대한 협력하여야 하며, 국경을 넘나드는 이러한 이동을 위하여 기술적인 표준화 즉, 전원, 철도레일 간격, 도로안전 규칙 등에 대한 지속적인 논의가 필요하다. 제도적인 메커니즘 부분에 있어서도 정부, 항만당국, 관련 민간기업 등이 참여하는 해운 및 항만협의체를 형성하고, 해상수송과 항만의 발전을 위하여 전문가의 교환, 자문, 기술적 협조 등의 활동이 필요하다.

특히, 동북아시아에서 해운 및 항만의 협력은 동 지역의 경제적 발전을 위하여 매우 중요하다. 조화로운 해운 및 항만의 발전을 위하여 몇 가지 해결하여야 할 문제점들이 있다. 먼저 해운 및 항만의 균형 잡힌 메커니즘이 부족한 상황이다. 선박증가 대비 항만건설이라는 상관관계가 잘 작동하지 않으며, 해운산업의 마켓진입에 대한 규정이 여전히 걸림돌로 작용하고 있다. 주요 국가 간에 동북아시아 해운포럼 및 항만운영자 포럼 등이 존재하지만, 동 지역의 해운 및 항만산업을 효율적이고 강력하게 지휘할 조직이 없는 실정이

다. 또한 지역의 발전보다는 각국의 이해관계를 우선시하기 때문에 EU와 같이 지역 국가간 가까운 관계를 형성하지 못하고 있다. 해운 항만에 대한 정보 공유가 부족하기 때문에 동 지역의 최적 선대, 터미널 건설 용량 등에 대한 공동문제 해결이 어려운 실정이다. 이러한 문제를 해결하기 위해서는 해운 및 항만에 대한 정보를 수집하고, 각국의 유관기관에 상황을 상시 전달하며, 연구기관을 설립하여 해운항만 정책을 개발할 필요가 있다. 이를 통하여 선박과 항만터미널 건설에 대한 규정을 제정하고 시행할 필요가 있다. 또한 해운 및 항만업체들이 새로운 사업기회를 만들기 위하여 조인트 벤처(Joint Venture) 회사를 다양하게 설립할 필요가 있으며, 이러한 회사를 돕기 위하여 각국은 세금혜택 등의 다양한 정책을 시행하여야 한다. CIQ 절차의 간소화 및 협력은 동 지역의 화물 및 여객의 운송을 더욱 용이하게 할 것이다.[25)]

공항측면에서 살펴보더라도, 공항시설에 투자된 비용은 대부분 회수 불가능한 매몰비용(Sunk cost)에 해당되기 때문에 입지선정의 실패 및 공항서비스의 중단은 막대한 국가재원의 낭비를 초래한다. 따라서 동북아 공항간 협력이 긴요하다. 다행히 동북아 국가간에는 2001년 제주도에서 동아시아공항협력체(EAAA: East Asia Airports Alliance)를 설립하여 매년 정례회의를 개최하고 있다. 회의 아젠더는 공항표준화, 공동 고객만족 캠페인, 운영효율화 방안 모색 등이며, 이를 통하여 회원국간 환승절차를 간소화하여 서비스의 질을 제고하는 것에 합의점에 이르렀다.

표 5-16 EAAA 협의 의제(2002~2007년)

의 제	내 용
공항 공식 웹사이트 간 연동 및 다국어 지원	동아시아를 여행하는 여객이 관련 공항에 대한 정보를 쉽게 얻을 수 있도록 소개 사이트에 EAAA 회원 공항의 웹사이트 링크를 제공하며, 회원 공항의 웹사이트를 4개 국어(한글, 영문, 중국, 일문)로 제공
공항 Signage 표준화	공동 작업한 EAAA 선호 픽토그램과 용어집에 근거하여 향후 확장 및 재건축되는 공항 터미널에 쓰여질 픽토그램과 용어의 표준화 추진

25) Customs, Immigration and Quarantine 세관, 출입국 관리, 및 검역을 지칭한다.

공동 고객 만족 캠페인	고객에게 더 나은 서비스를 제공하는 방법에 관해 의견을 공유하고, 2005년 7월부터 "Real The Asian Way"라는 주제로 공동 CS 캠페인 추진
운영 효율화 방안	회원 공항들은 공항 운영 및 건설에 있어서의 비용 절감과 이윤 극대화에 관해 다양한 의견을 나누고, 각각 공항의 현재 상황을 이해하기 위해 공항시설 현황 자료인 "공항 시설 차트" 공유
환승 절차의 편리화	제5차 정례회의를 통해 각 공항 간의 환승 절차에 대한 의견과 이해를 나누고, 회원 공항 간의 환승 절차 편리화에 대한 상호효과를 낼 수 있는 합작투자사업의 설립에 대한 가능성에 대해서도 토의
공항마케팅 프로모션	고객의 기대에 부응함으로써 지속적인 발전을 향한 각 공항의 전반적인 사용을 활성화하기 위해서, 각 공항 편의시설의 각 분야에서의 모범사례 공유
보안(공항장 회의)	각 공항의 대표자들이 한자리에 모여 각 공항의 보안상황을 소개하고 의견 교환
유니버셜 디자인	회원공항들은 시설과 서비스부분에서의 유니버셜 디자인에 대한 지식을 공유하고, EAAA 회원공항을 이용하는 고객들에게 보다 좋은 정보를 제공하기 위하여 "유니버셜 디자인 시설 및 서비스 차트" 작성

자료: 김민정, 김연명, 안미진, 동북아 공항 간 전략적 제휴 추진 방안 연구, 한국교통연구원, 2009.

공항간의 전략적 제휴는 글로벌 네트워크 구축, 운영 시너지효과, 비용절감, 전략적 제휴 항공사간 연관성, 리스크 분담 등의 동기 때문에 형성된다.

표 5-17 제휴방안

동 기	제휴 추진 방안
글로벌 네트워크 구축	- 허브공항과 제휴를 통한 피더공항으로 노선 확대 - 피더공항과 제휴를 통한 자국의 포인트 활용
운영 시너지 효과	- 벤치마킹을 통한 경영 노하우 습득과 경영관리상의 협력, 공동 지상조업, CRS 공동 운영 등 기술적 요소를 교류하여 운영의 효율성을 제고 - 제휴를 맺은 공항 간 신속한 통관절차, 전용 Gate 확보, 원스톱서비스 등 우선권 부여 및 안정적인 서비스 제공
비용 절감	- 공항시설 및 장비는 많은 고정비가 투자되는 것을 감안하여, 유휴시

	설을 활용하여 과도한 투자 방지 - 제휴 공항 간을 이용하는 항공사들에게 착륙료 감면 등 공항 사용료를 인하하는 방안 제시
전략적 제휴 항공사 간 연관성	- 항공사의 전략적 제휴를 적용하여 항공사 제휴그룹의 허브공항 간 전략적 제휴를 체결 - 항공사들에게 환승 편의, 저요율 적용 등 항공사 혜택 부여
리스크 분담	- 상호지분 획득 합작회사 등 설립 - 대상 공항은 신규공항보다는 브랜드 명성이 높은 공항 선택

자료: KOTI-Brief. vol. 2 no. 2 (2010.1.29), 한국교통연구원.

전략적 제휴는 여러 가지 선순환 효과를 기대할 수 있는데, 글로벌 네트워크 구축을 통하여 시장진입의 속도를 높일 수 있으며, 제휴공항과의 기술 및 경영노하우를 상호 교환함으로써 운영효율성 및 경쟁력을 제고할 수 있다. 비용절감이 이루어지고, 위험을 공유하고, 공항관련 산업의 활성화가 이루어진다.

■ 참고문헌 ■

김민정, 김연명, 안미진, 동북아 공항 간 전략적 제휴 추진 방안 연구, 한국교통연구원, 2009.

김태승, 서비스 선진화를 위한 공개토론회 — 물류분야: 글로벌 물류 산업 육성을 위한 정책 대안, 한국개발연구원, 2009.

여기태, 퍼지클러스터링에 의한 중국항만 분류에 관한 연구, 한국해운물류연구, 제25권 제4호 2009. 12.

원동욱, 노상우, 녹색성장을 위한 동북아 교통물류 협력방안 연구, 한국교통연구원, 2009.

이천우, 신아시아 경제론, 두남, 2011.

Adolf, NG, The Connectedness of Chinese Seaports with Foreland Markets: A New Trend? Incheon Port International Academic Conference 1－3 July 2010.

Containerization International, CI online.

Chien－Chang Chou, The recent logistics trend in the Marine Studies, International Academic Workshop & Open Forum, University of Incheon, 17 February, 2011.

G-T Yeo, D-W Song, J Dinwoodie, M Roe, Weighting the competitiveness factors for container ports under conflicting interests, Journal of Operational Research Society, Vol. 61, pp. 1249－1257.

G-T Yeo, M Roe, J Dinwoodie, Evaluating the competitiveness of container ports in Korea and China, Transprtation Research Part A, Vol. 42, pp. 910－921.

Haezendonck and Notteboom, Port competitiveness: An economic and legal analysis of the factors determining the competitiveness of seaports, De Boeck Ltd.,

2002, pp. 72－73

Hidetaka Yoshimatsu, Developmentalism and Policy Networks in Regional Cooperation in Northeast Asia, 2008. 11.

H. T. Kim, Premier port competition and its prospect in East Asian Region, The 4th International Conference of Asian Shipping and Logistics, 2011. 7, pp. 120－131, Tainan, Taiwan,

KOTI-Brief. vol. 2, no. 2 (2010. 1. 29), 한국교통연구원.

Mariner Wang, Port Cooperation and Competition among Korea, Japan, and China: From the Perspective of Shipping Network and Port Development, 2007. 11.

Peter Rimmer, Australian logistics & connections with the world logistics system, Incheon Port International Academic Conference 1－3 July 2010.

Peter Rimmer, Evolving logistics networks in Northeast Asia: gateways and corridors, 2010 PCRD International Conference, pp. 1－25.

T. W. Chung and J. K. Han, A study on operation efficiency of Incheon international airport by comparison of world kindred airports, The 4th International Conference of Asian Shipping and Logistics, 2011. 7, pp. 487－501, Tainan, Taiwan.

Y.-K. Koh, and T.-D. Yeo (2003), A study of the Competition and Cooperation between Ports as an Industrial Logistics Policy: Past Lessons and Future Opportunities for the Ports of Busan & Kwangyang, Korea Logistics Review, 13(2), 139－160.

6
동북아 국가의 물류미래

Chapter 06

동북아 국가의 물류미래

1. 동북아 경제공동체 형성

1.1 동북아 경제공동체 논의

1995년 WTO 설립 이후 역내 교역의 증가에 따라 전 세계적으로 EU, NAFTA, ASEAN, MERCOSUR 등 지역무역협정(Regional Trade Agreement: RTA)이 지속적으로 확대되고 있다. 2011년 기준 전 세계적으로 총 259건의 지역무역협정의 발효 중에 있는데, 이 중 WTO 설립 이후 체결된 건수가 206건에 달한다(OECD, 2011). 우리나라의 경우에도 44건의 FTA를 추진하고 있으며, 그 중 7건은 발효 중에 있다(외교통상부, 2011).

이와 같은 최근의 지역무역협정 확대 추세에 따라 한·중·일을 중심으로 하는 동북아 국가들도 지역 경제 공동체 결성 가능성이 대두되고 있다. 특히, 동북아 지역은 전 세계 경제성장을 견인하고 있으며, 앞으로도 역내 교역과 상호 무역의존도가 지속적으로 증가할 것으로 전망되고 있어 그 필요성이 강조되고 있는 실정이다. 최근에 들어 다시 동북아 경제공동체에 대한 논의가 시작되었는데, 2009년 하토야마 유키오 일본 총리가 한·중·일을 아우르는 "동아시아 공동체" 설립을 제안하였다. 이후 이에 대한 검토를 계속하고는 있으나, 현재 큰 진전을 이루고 있지는 못한 실정이다. 그러나 동북아 지역의 물류시장은 경제공동체 형성 여부에 따라 많은 변동이 예상된다. 만약 동북아 경제공동체가 가시화되면 추가적인 역내 교역량 확대에 기여할 수 있어 물류수요의 폭발적인 증가도 예상된다. 아울러 대륙연계 수송망 구축에 대한 가능성도 더욱 제고될 수 있을 것이다.

동북아 지역의 중요성과 역내 교역량 확대는 거대한 물류시장을 형성할 것으로 전망되고 있다. 동북아 물류시장 규모(전세계 물류시장의 20% 점유, 제 4차 한·중·일 물류장관회의, 2012)는 중국을 중심으로 비약적인 성장세를 유지하고 있으며, 중국 경제가 연착륙할 시 지속적인 경제성장에 따른 안정적 성장이 예상되고 있다.

이러한 지역 경제공동체, 역내 교역량 지속 증가, 물류시장 규모 성장은 동북아 지역의 통합물류시장 형성에 기반을 제공할 것으로 예상된다. EU도 국가간 교역이 증가함에 따라 경제공동체를 우선적으로 형성하고, 이후 통합물류시장 형성을 위한 교통 네트워크[1)] 구축 등을 적극적으로 추진하고 있다.

1.2 동북아 경제공동체 형성

동북아 지역의 경제공동체 형성은 현재 구상단계에 머물러 있다. 아주 오랜 기간 동안 회자되었고, 공식적으로는 2009년 일본에서 최초 제안되었으나, 단순히 경제적 측면의 실익뿐만 아니라 정치적·군사적 측면도 함께 고려되고 있기 때문에 신속한 진행을 기대하기는 어렵다. 일부 전문가를 중심으로 한·중·일 동북아 3국의 입장을 고려한다면 "동아시아 경제공동체"는 향

1) TEN(Trans-European Network)－T 프로그램: 유럽 전역을 지리적, 경제적으로 연계시키는 범유럽 통합교통망구축 프로젝트로 도로, 철도, 내륙수로, 공항, 항만 및 교통시스템에 대한 개발계획임.

후 10년내에 가시화될 것으로 전망되고는 있으나, 앞길이 쉽지는 않다.

그러나 글로벌화는 속도를 더해가고 전 세계 대부분의 지역이 지속 가능한 발전을 위해 지역공동체를 구성하거나, 시도 중에 있는 현 상황에서 동북아 지역 국가도 현재와 같은 독자적인 행보를 지속하기는 어려울 것으로 판단된다. 특히, 동북아 지역은 국가 간 경제발전 속도, 산업구조, 산업기술 차이 등의 이유로 분업구조가 잘 발달되어 있어 협력을 통해 발전할 수 있는 잠재력이 매우 높은 지역이다.

따라서 동북아 경제공동체의 형성은 동북아 경제의 폭발적인 성장과 이에 파급되는 물류시장의 급성장을 견인할 수 있으며, 이렇게 성장한 경제와 물류를 통합하는 단계로 접어들 수 있을 것이다. 역사적으로 살펴보면, 우선적으로 경제 통합을 이루고, 이후 지역공동체의 인프라 연결을 강화한 이후 통합물류시장을 형성하고 있어, 동북아 지역도 경제통합을 가장 서둘러야 할 것이다.

2. 동북아 역내 교역 성장

1) 역내 교역 규모

동북아 역내 교역 규모는 중국경제의 지속적 성장, 3국간 지리적 인접성, 산업 기술의 차이 등으로 꾸준한 성장을 지속하고 있다. 2000년 동북아 역내 교역 총 교역 규모는 1,667억 달러였으나, 2011년에는 6,703억 달러로 약 4배 규모로 증가하여 연평균 13.5%의 높은 성장세를 기록하고 있다. 특히, 한·중 간에는 교역 규모 증가속도가 더 높은데, 동기간 연평균 19.4%의 폭발적인 증가세를 기록하였다. 아울러 한중간에는 한국의 대중국 의존도가 높아지는 것으로 나타나고 있다.

이러한 역내 교역 증가에 따라 3국간 교역의존도도 높아지고 있다. 중국의 경우 수출은 여전히 미국 비중이 높으나, 수입의 경우에는 2011년 일본과 한국이 각각 1위, 2위를 차지하고 있다. 이러한 수입의 일본 및 한국의존도는 분업구조의 안정화에 따라 지속될 것으로 전망되고 있다.

그림 6-1 중국의 주요 교역대상국 변화

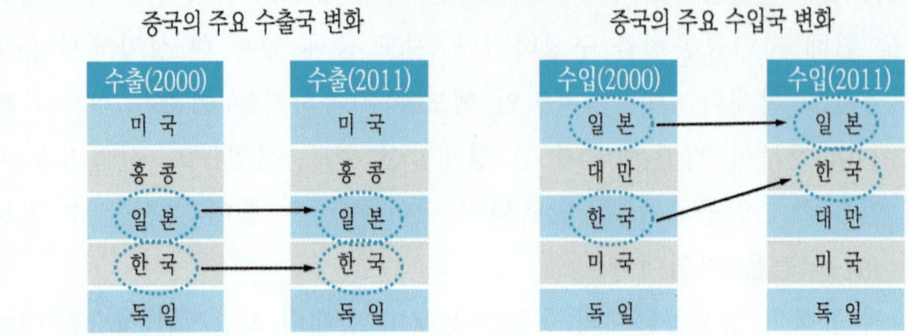

자료: KITA. net.

한국의 경우에도 마찬가지로 동북아 국가의 교역 의존도가 높은데, 2011년 기준 수출, 수입 모두에서 중국이 최대 교역국의 지위를 유지하고 있다. 동북아 3국의 지리적 인접성, 산업기술의 차이 등으로 인해 역내 교역 의존도 또한 한동안 강화될 것으로 전망된다.

교역의존도 증가의 원인은 주요 교역품목에서 그 원인을 찾을 수 있는데, 반도체, 평판디스플레이, 의류, 자동차부품, 무선통신기기 등 생필품, 부품 등의 교역비중이 매우 높기 때문이다. 이러한 부품 등의 교역의존도 증가는 동북아 지역의 분업화를 형성시켜 더욱 강력한 연결고리를 만들고 있다.

그림 6-2 한국의 주요 교역대상국 변화

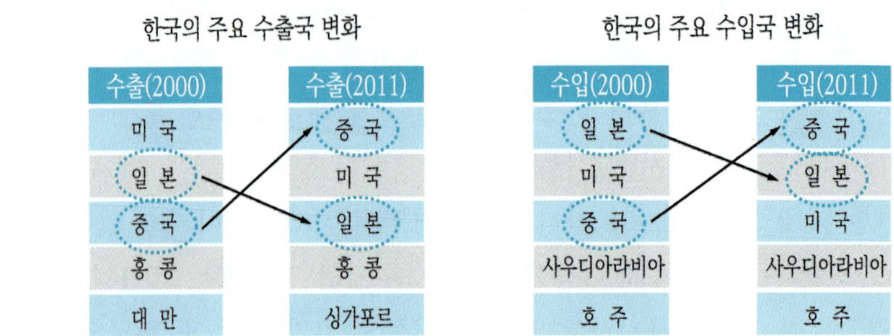

자료: KITA. net.

그림 6-3 한국의 대중국 주요 수출입 품목

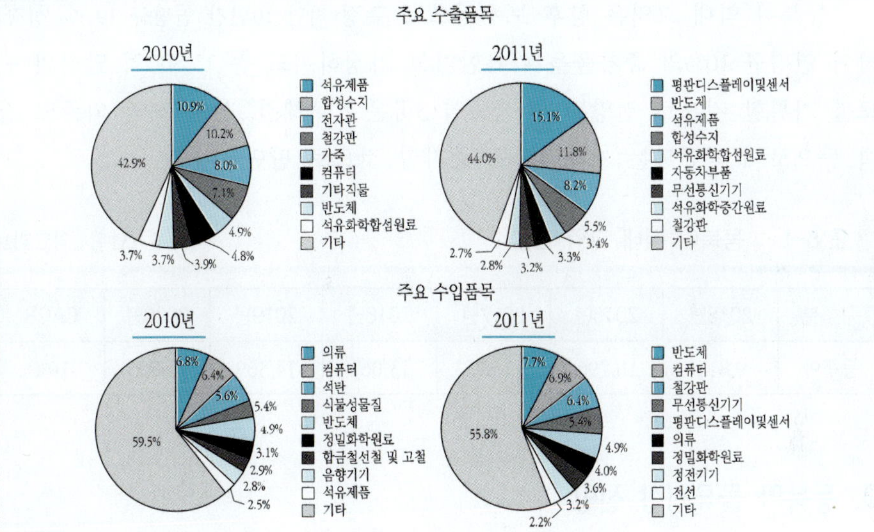

자료: KITA. net.

그림 6-4 한국의 대일본 주요 수출입 품목

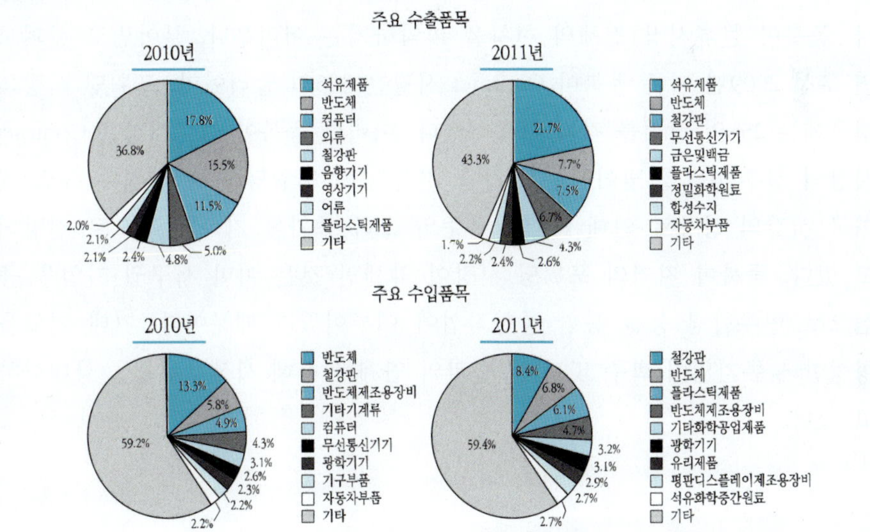

자료: KITA. net.

2) 동북아 역내 교역 전망

동북아 역내 교역은 향후 보수적으로 추정(지난 10년간 연평균 19.4% 성장)하여 연평균 10%의 증가율을 기록한다고 가정하여도 총 15,806억 달러의 규모를 기록할 것으로 전망된다. 한중일 3국은 FTA체결, 상호 교역 의존도 강화 등으로 교역규모는 지속적으로 증가할 것으로 판단된다.

표 6-1 동북아 역내 교역 전망 (단위: 억달러)

구 분	2015년	2016년	2017년	2018년	2019년	2020년	CAGR
동북아	9,814	10,796	11,875	13,063	14,369	15,806	10%

3. 동북아 물류시장 전망

1) 동북아 물류시장 규모

동북아 물류시장은 경제성장과 더불어 지속적인 증가세를 기록하고 있다. 동북아 물류시장 전체의 현황을 파악하기는 어려우나, 분야별로 살펴보면 우선 2009년 기준 동북아 Contract 시장은 355억 달러이며, 포워딩 시장의 경우에는 258억 달러를 각각 기록하였다. 이러한 동북아 물류시장은 Contract 시장의 경우 10%를 넘어서는 성장을 지속하고, 포워딩 시장의 경우 유럽 및 미국 시장의 강세로 인해 약 3% 수준의 소폭 증가를 기록할 것으로 전망되고 있다. 동북아 지역의 포워딩 시장이 약세인 것은 이미 서구권 기업을 중심으로 인수합병 등을 통한 통합작업이 이루어졌기 때문이다. 거대 기업을 형성한 물류기업이 화주 및 선사 등과의 연계를 통해 시장점유율을 극대화하고 있다.

그림 6-5 동북아 3PL 시장 규모 전망

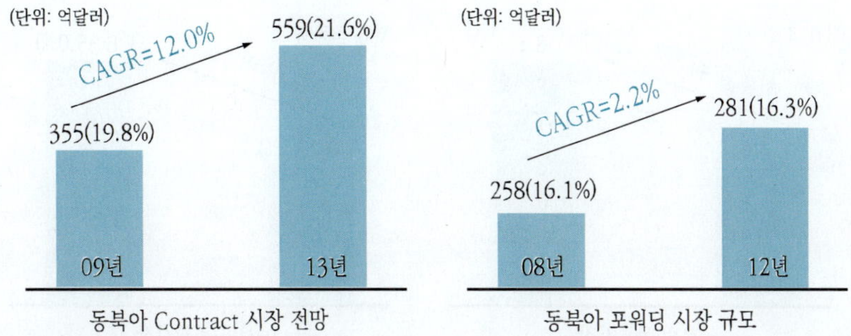

주: ( )는 세계 동북아시장 대비 비중.
자료: The Global Contract Logistics, 2010; Global freight forwarding, 2009.

2) 동북아 물류시장 전망

동북아 물류시장의 규모를 전망하기 이전, 글로벌 물류시장은 전 세계 경제의 안정적인 성장세를 반영하여 2020년에는 연평균 7.0% 증가한 8.1조 달러를 기록할 것으로 전망되고 있다. 8.1조 달러의 규모를 이해하기 쉽게 비교해보면 2012년 중국의 GDP를 약 8조 달러로 전망하고 있다(IMF). 즉, 중국 전체의 GDP와 맞먹는 규모의 물류시장이 형성될 것으로 전망되고 있는 것이다. 이러한 글로벌 물류시장의 지속적인 성장을 이끌어 가는 시장이 아시아 물류시장이 될 것으로 전망된다. 아시아 물류시장은 2008년 약 1조 달러로서 글로벌 물류시장의 29.1%를 점유하고 있으나, 2020년에는 2.8조 달러까지 성장하여 전 세계 물류시장의 35.0%의 점유율을 기록할 것으로 전망된다. 이러한 아시아 시장에서 동북아 지역이 차지하는 비중은 매우 높다고 할 수 있다. 2010년 기준 동북아시아의 컨테이너 물동량이 전 세계 물동량의 38.1%를 점유하는 사실이 이러한 비중을 증명한다고 할 수 있다.

그림 6-6 아시아 물류시장 규모 전망

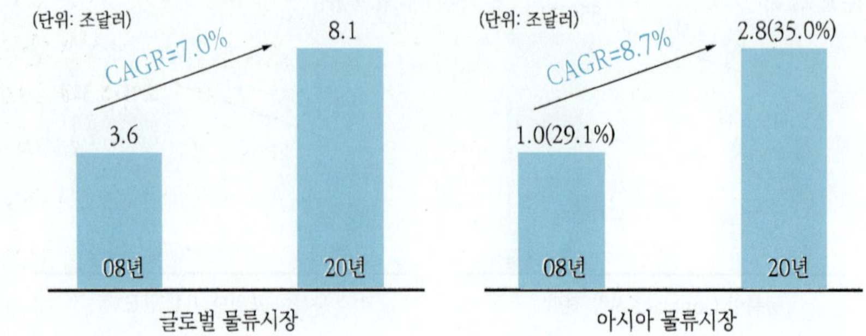

주: ( )는 글로벌 물류시장 대비 비중.
자료: IMF, Datamonitor, KMI 전망.

4. 통합물류시장 형성

4.1 물류시장 통합

1) 경제공동체 구축

물류통합을 위한 선행조건은 경제의 통합이다. 물류통합을 통해 경제통합을 견인하는 것은 현실적으로 많은 한계가 있다. 우선 경제통합을 통해 해결 가능한 물류장벽을 해소시키고, 이후 중장기적 관점의 물류장벽은 다양한 방식을 통해 해결해야 한다. 한중일은 경제적인 문제뿐만 아니라 역사적인 장벽이 많아 경제통합의 필요성은 인지하나 국민들의 공감대를 확보하는 것은 간단한 문제가 아니다. 그러나 세계의 중심으로 급부상하고 있는 동북아가 이 시기에 진정한 세계의 중심이 되기 위해서는 역사적 가치관을 떠나 경제적 가치관 중심의 사고와 정책추진이 필요하다. 최근 한중일 3국의 FTA 추진이 탄력을 받고 있다. 이러한 것이 경제공동체의 중요성을 설명하고 있다.

2) 동북아 물류네트워크 구축

동북아시아의 물류네트워크는 그 시장 규모와 달리 항만, 도로, 철도 등 인프라 간 상당한 단절구간이 상존하고 있다. 따라서 동북아의 통합물류 시장 형성을 위해서는 우선적으로 물류네트워크를 구축하는 것이 가장 시급하다 할 수 있다. 유럽의 경우 경제통합 이후 TEN-T 프로그램을 통해 전 유럽의 인프라를 연결하고 있다. 이는 역내 교역의 증가, 경제통합의 강화 지원 목적으로 이루어지고 있고, 유럽연합 차원에서의 자금 지원이 이루어지고 있으며, TEN-T EA(Executive Agency)가 자금 실행 및 관리를 책임지고 있다.

동북아도 물류네트워크 구축을 위해서는 화물의 자유로운 이동을 보장하는 물류인프라 조성이 가장 중요하다. 동북아 지역 물류분야의 국가 또는 민간 중심의 협력은 장기간 추진되고 있으나, 그 열매를 수확하는 것은 오랜 기간을 두고 해결해야 할 문제가 많이 산적해 있다. 국가간 단절 없는 화물 이동 또는 물류흐름이 통합물류네트워크를 실현하는 척도가 될 것이다. 최근, 한·중·일 물류장관회의를 통해 동북아의 막힘 없는 물류 실현을 위한 노력을 지속하고 있어 단계별 해결이 기대되고 있다.

3) 동북아 통합 통관 네트워크 구축

동북아 국가는 미국, 유럽 등에 비해 표준화가 매우 미흡한 수준에 있다. 미국의 경우 C-TPAT 등을 통해 국가간 통관 표준화를 시행하고 있다. 그러나 가장 거래가 많은 동북아 국가간의 통관에는 많은 한계점이 있으며, 특히 국제정치에 통관자체가 많은 영향을 받고 있는 실정이다. 가령 중국의 정치행사, 국제행사 등으로 인한 통관정책 강화로 가장 먼저, 가장 크게 피해를 보는 국가는 한국과 일본이 되는 것이다.

앞으로는 한국으로 중심으로 한 통관네트워크 구축의 효율성 추진이 중요하다. 한국의 관세행정은 세계 최고의 효율성을 보여주고 있어, Worldbank에서 발표하는 관세행정분야에서 세계 최고 수준으로 인정받고 있다.

따라서 AEO[2]의 MRA[3] 등과 같은 상호인증프로그램 도입을 통해 세관검사 축소, 화물통관 전용통로 등을 구축·이용하고, 동북아시아 국가간 신속한 통관 및 안정성이 실현될 수 있도록 해야 할 것이다.

4.2 동북아 물류실크로드 구축

1) 동북아 물류기업 설립

동북아 국가는 정보공유, 통관, 교통 인프라 등 막힘 없는 물류 흐름을 저해하는 해결되지 않은 많은 문제들이 산적되어 있다. 이러한 문제들은 국가 간 입장, 상호 이해관계, 자국 이익 및 기업 보호 등 다양한 원인에 따라 해결되지 않거나 많은 시간이 소요되고 있다. 따라서 이러한 각 국가 간 이해관계를 넘어선 해결을 위해서는 동북아 국가 상호간 출자를 통해 통합물류기업의 설립을 고려해 봐야 할 것이다. 통합물류기업은 개별 국가의 이익을 넘어 동북아 국가 전체의 이익을 대변하게 될 것이며, 이를 통한 표준화, 통관용이 등 다양한 문제의 해결을 가능하게 하는 가장 강력한 수단이 될 수 있을 것이다. 지금 동북아 지역은 세계의 거대 기업으로부터 시장을 잠식당할 것이냐 석권할 것이냐의 기로에 서 있다고 볼 수 있다. 가장 무한한 가능성을 가진 시장이기 때문에 외부의 시장 진입 강화가 이루어지고 있으며, 이로 인한 내부의 경쟁력 약화가 자연스럽게 수반되고 있다. 즉, 대승적인 차원에서의 접근을 통해 시장을 지키지 못할 경우 동북아 시장을 벗어난 해외로의 진출만이 유일한 수단이 될 수 있을 것이다. 그러나 물류분야의 거대 공룡기업들의 성장 과정을 분석해 보면 대부분 자국내 또는 지역내에서의 시장 통합, 역량 강화 등을 통해 해외로 진출했다고 볼 수 있다. 반면 동북아 지역은 상호 협력 부족에 따라 거대

---

2) AEO(Authorized Economic Operator): 세관에서 수출기업이 일정 수준 이상의 기준을 충족할 경우, 통관절차를 간소화시켜주는 제도로서, 9.11테러 이후 미국 세관에서 안전을 강조하면서 통관이 지연되자 세계관세기구(World Customs Organization: WCO)에서 관련규정을 강화하기 위해 도입한 제도.

3) MRA(Mutual Recognition Agreement): 둘 이상의 국가가 AEO와 같은 물류보안 인증제도를 상호 인증해 주기로 협정을 맺는 것임. 현재 우리나라의 경우에는 미국, 싱가포르, 캐나다, 일본, 뉴질랜드와 MRA를 체결하고 있음.

물류시장을 가지고 있음에도 불구하고 거대 물류기업은 보유하고 있지 않는 실정이다. 2010년 세계 10대 물류기업 중 중국의 Sinotrans만이 유일하게 포함되어 있는 실정이다. 그 외 Contract, 3PL, Warehousing 등 다양한 물류분야에서도 동북아 기업은 거의 포함되고 있지 않은 실정이다.

유럽, 미국 등의 물류기업은 국가간 경계를 벗어나 상호 통합, 인수합병 등을 통해 그 규모와 시장점유율을 확대해 나가고 있다. 이제 우리도 이러한 규모의 경제 실현을 위한 통합체계를 구축하고, 그 체계의 최전선에 동북아 물류기업이 자리잡을 수 있도록 해야 할 것이다.

아울러 초기의 한중일 삼국을 넘어 향후에는 몽골, 러시아, 중앙아시아 등 전체를 포괄할 수 있는 기업으로서 역할을 확대해야 할 것이다.

표 6-2 2010년 기준 글로벌 Top10 포워딩 기업

기 업	국 적	매출(억달러)
DHL Global Forwarding	독 일	305
Kuehn+Nagel-Sea/Air Freight	스위스	195
DBSchenker-Air/Ocean Freight	독 일	190
Panalpina-Air/Ocean Freight	스위스	69
UPS SCS	미 국	87
Sinotrans-Freight Forwarding	중 국	63
CEVA	미 국	91
Expeditors	미 국	60
Bollere/SDV	프랑스	62
DSV-Air&Sea Freight	덴마크	76

자료: Amstrong & Associates.

2) 동북아 물류 실크로드 구축

동북아 물류 네트워크 구축의 핵심은 한중일 3국뿐만 아니라 러시아, 몽고, 북한 등 극동아시아 국가 전체의 막힘 없는 물류 흐름이 이루어져야 할 것이다. 특히, TSR, TCR, TMR 등 다양하게 구상되어 있는 교통 네트워크를

구축하게 된다면 동북아시아 전체는 하나의 초거대 물류시장을 형성하게 될 것이다.

그림 6-7 동북아 물류실크로드 구축 절차

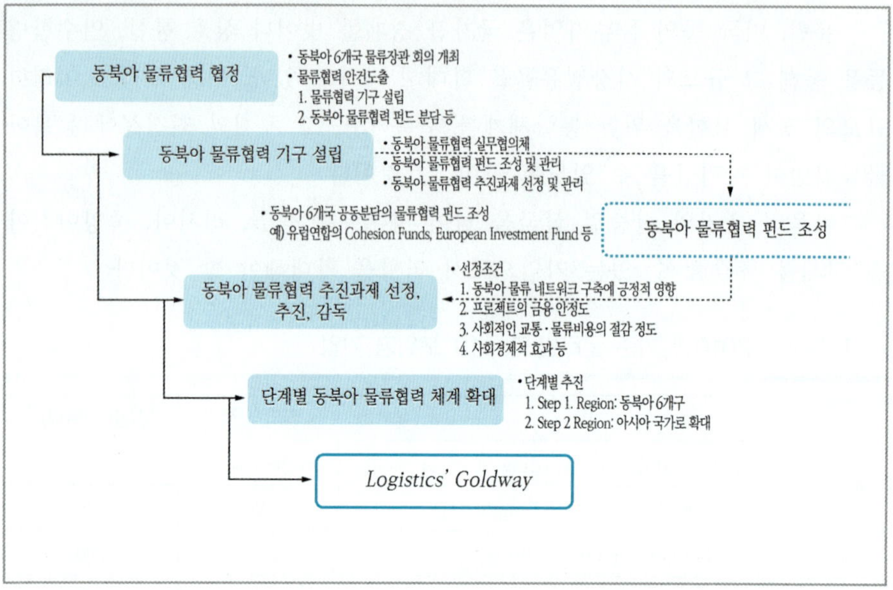

이러한 신 물류실크로드 구축을 위해서는 우선 동북아 국가간 물류협력 협정이 필요할 것이다. 한중일 3국은 이미 물류장관회의 등을 통한 협력을 진행하고 있으나, 이는 매우 지엽적인 논의로서 진정한 협력을 위해서는 몽고, 러시아, 북한까지도 포함할 수 있는 협력체 구성이 필요하다. 대륙간 연결을 위해서는 북한의 철도를 이용한 연계수송망이 무엇보다 중요하고 이를 통해 육해공 복합운송도 가능해질 수 있을 것으로 판단된다.

극동아시아 지역은 매우 넓은 지역을 보유하고 있는 만큼 국가간 이해관계도 매우 복잡하다. 그러나 어려운 시작을 통해 물류 실크로드를 구축하게 된다면 세계 최고의 네트워크도 갖출 수 있게 될 것이다.

그리고 협력기구의 창설도 필요하다. 협력기구를 통해 네트워크 구축을 위한 실무협의체 구성, 협력펀드 구성, 추진과제 및 실적관리를 면밀하게 해야 할 것이다. 그 다음으로는 물류협력 펀드를 조성해야 한다. 동북아 여건을 반영하면 초기부터 큰 규모의 펀드를 조성하기 어렵기 때문에 한중일을 중심으로 경제규모에 맞는 설정 및 배분이 중요할 것이다. 이를 통한 성공적 추진으로 향후 동북아 6개국으로 확대를 넘어 아시아 전체를 대상으로 네트워크를 구축할 수 있도록 해야 할 것이다.

찾 아 보 기

공저자 약력

여 기 태

영국 University of Plymouth(경영학박사)
항만경제학회 부회장/편집부위원장, 한국해운물류학회 상임이사, 한국물류학회 상임이사
현, 인천대학교 동북아물류대학원 교수
저서: Asian Port Industry: development, competition and co-operation, Edward Elgar Publisher 외 국내외 8권. 논문: Journal of Operational Research Society, Transportation, Transportation Research Part A: Logistics and Policy 등의 SCI, SSCI, SCIE 학술지 등 국내외 총 100여 편

정 태 원

한국해양대학교 물류시스템공학박사
한국해운물류학회 총무이사, 한국항만경제학회 편집위원
현, 성결대학교 유통물류학부 교수
저서: 인천지역의 복합운송 거점화를 위한 역할과 과제, 인천발전연구원 외 4권. 논문: "A study on Selections of Strategic Type of Business in Air-logistics Industry Cluster" 등 국내외 논문 다수

김 운 수

한국해양대학교 공학박사(물류시스템 전공)
한국해양수산개발원 책임연구원, 항만경제학회 이사, 한국해운물류학회 이사
현, 인천발전연구원 연구위원
저서: 한국의 항만, 물류백서 등. 논문: 한국항만경제학회, 해운물류학회 학회지 총 10여 편

김 근 섭

한국해양대학교 (공학박사)
현, 한국해양수산개발원 책임연구원
저서: Ports in Proximity: Competition and coordination among adjacent seaports－Port Challenge in Northeast Asia: Korea's 2-hub port strategy, 「ASHGATE」 외 국내외 10권. 논문: 해운물류학회, 항해항만학회 등 등재지 10여 편

김 동 열

인천대학교 동북아물류대학원(박사)
라스코해운주식회사 2등 항해사, AMI Korea, (주)큐웨더
현, 어플라이드웨더테크 운항부장
전략적 제휴에 영향을 미치는 문화적 요인에 관한 연구 외 다수

송 재 영

한국해양대학교 물류시스템공학과 (물류시스템공학박사)
현, 한진물류연구원 선임연구원
한국항해항만학회지 등 국내 학술지에 논문 10여 편

유 주 영

한국해양대학교 (물류학박사)
한국해운물류학회 이사, 한국녹색물류학회 이사, 인천광역시 물류정책위원
현, 인천발전연구원 부연구위원
저서 및 연구보고서: 인천－중국 카페리를 이용한 복합운송 활성화 방안 연구(인천발전연구원 2012) 외 5편. 논문: 한국항해항만학회, 한국해운물류학회 등 10여 편

장 윤 정

중국 인민대학교 법학박사(경제법 전공), 중앙대학교 국제대학원 석사, 대만국립정치대학 졸업
인천발전 연구원 연구위원, (재)인천국제교류센터 전문위원, 프로그램 심의위원회 사외전문가
현, (주)투어소프트 경영기획팀 차장
저서: 세계도시정보－상하이, 세계도시정보－요코하마 등 공저. 연구보고서: 중국 환황해 주요도시 발전전략 연구(2010), Territorial review of trans-border linkages between cities in Northeast Asia(OECD 수탁연구, 2008) 등 한중일 관련 연구보고서 14편

최 민 승

한국해양대학교 물류시스템공학과 (물류학박사)
현, 한진물류연구원 선임연구원
한국항해항만학회지 등 국내 학술지에 논문 10여 편

동북아물류

초판인쇄 2013년 2월 10일
초판발행 2013년 2월 20일

지은이 여기태 외 공저
펴낸이 안종만

편 집 김선민 · 마찬옥
기획/마케팅 김중용
표지디자인 김지은
제 작 우인도 · 고철민

펴낸곳 (주) 박영사
서울특별시 종로구 평동 13-31번지
등록 1959. 3. 11. 제300-1959-1호(倫)
전 화 02)733-6771
f a x 02)736-4818
e-mail pys@pybook.co.kr
homepage www.pybook.co.kr
ISBN 978-89-6454-351-1 93320

정 가 26,000원